The SAGE Handbook of **Philosophy of Education**

교육철학 1

-이론과 역사-

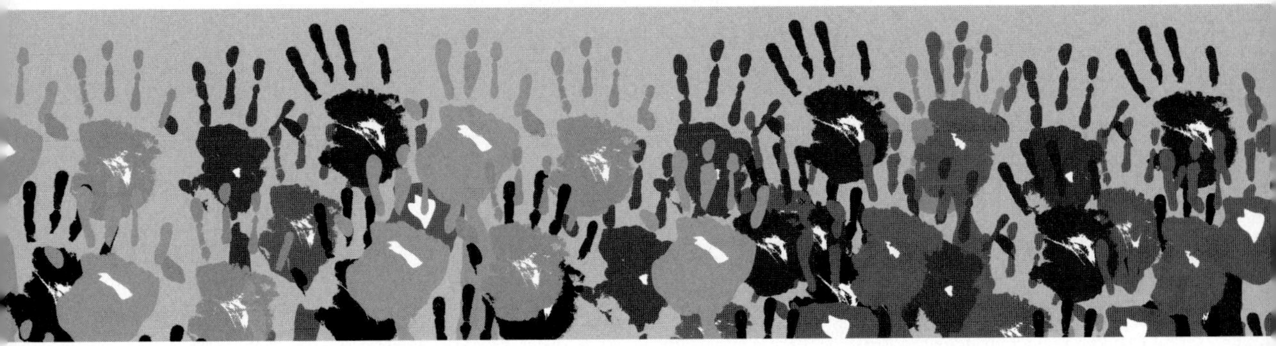

R. Bailey · R. Barrow · D. Carr · C. McCarthy 공편
이지헌 역

학지사

The SAGE Handbook of Philosophy of Education
by Richard Bailey, Robin Barrow, David Carr and Christine McCarthy

역자 서문

교육철학은 무엇을 어떻게 탐구하는 학문 영역인가? 교육철학은 지난 반세기에 엄청난 발전을 이루었다. 영어 사용 국가에서 나타난 교육철학의 최신 동향에 관심을 갖는 분들에게 이 책은 큰 도움이 될 것이다. 이 책의 원본은 R. Bailey, R. Barrow, D. Carr, C. McCarthy가 공동편집하여 2010년에 출간한 *The Sage Handbook of Philosophy of Education*이다. 교육철학의 최근 동향이 34개의 주제에 걸쳐서 총괄적으로 소개되고 있다. 원래 이 책은 I, II, III 부로 구성되어 있으나, 그중 I, II부를 『교육철학 1-이론과 역사-』로, III부를 『교육철학 2-가치와 실천-』으로 나누어 출판하였다.

1권인 『교육철학 1-이론과 역사-』에서 독자들은 교육의 철학, 이론, 실천 간의 관계, 그리고 교육철학의 역사적 인물을 이해하게 될 것이다.

제I부에서 저자들은 '교육철학과 이론의 관계'를 자세히 밝힌다. 이를 위해 네 가지 질문을 중심으로 논변을 전개한다. 즉, 교육철학이란 무엇인가? 교육철학에서 여러 가지 학파(사조, 이즘, 설)를 어떻게 이해할 것인가? 교육철학과 교육이론은 서로 어떤 관계에 있는가? 교육철학과 교육실천 간의 관계는 어떠한가?

제II부에서는 교육철학의 역사적 인물과 여러 가지 학파를 다루고 있다. 제5장에서 제9장까지는 역사적 인물로 플라톤, 루소, 듀이, 엘리엇, 피터스 등을 다루고, 제10장에서 제12장까지는 교육철학의 학파로서 탈구조주의, 포스트모더니즘, 페미니즘, 가톨릭 전통을 다루고 있는 점이 독특하다. 그리고 제13장은 이 책 전체에서 언급되거나 관련성이 있는 여러 교육사상가를 간략하게 소개하고 있다.

2권인 『교육철학 2-가치와 실천-』은 교육실천에서 중요하다고 간주되는 스물한 가지 주제들을 폭넓게 논의하고 있다. 교육철학이 교육실천의 여러 가지 차원에 대해서 어떻게 접근하고 있는지, 그리고 다양한 교육실천을 위해서 교육철학이 어떤 기여를 할 수 있는지를 알 수 있다. 구체적으로 살펴보면 2권은 다시 세 부분으로 나뉠 수 있다. 제1장부터 제4장까지는 '교육/가르침의 일반적 문제'를 다룬다. 4개의 장에 걸쳐서 교육과 가르침의 전문적/윤리적/시민적 차원들이 논의되고 있다. 제5장에서 제12장까지는 '지식, 학습, 교육과정'에 관한 문제를 다룬다. 8개 장에 걸쳐서 교화, 진리, 지식, 마음, 학습, 동기, 기능, 평가에 관한 철학적 논의를 살펴볼 수 있다. 교육심리학, 교육과정, 교육방법, 교육평가 등 다양한 분야의 교육학자들이 흥미를 가질 부분이다. 제13장에서 제15장까지는 포용과 다양성, 평등과 정의, 개인과 공동체 등과 연관된 '교육의 사회적 원리들'을 다룬다. 여기서 교육에 대한 정치/사회철학적 논의가 전개되고 있다. 제16장에서 제21장까지는 예술, 종교, 체육, 공학, 인성, 환경 등 '교육의 제반 측면'을 자세히 다루고 있다.

독자들은 2권을 통해서 교육철학의 연구가 교육사회학, 교육심리학, 교육과정, 교육평가, 교육행정과 같은 여러 탐구 분야의 관심사와 밀접하게 연결될 뿐만 아니라, 예술교육, 종교교육, 체육교육, 교육공학, 도덕교육, 환경교육과 같은 교과교육의 주요 관심사와도 긴밀하게 연결되고 있음을 파악하게 될 것이다. 특히 교육철학이 그동안 교육 현장이나 교육실천에 가까이 다가서기 위해서 어떤 노력을 기울였으며, 어떤 성과를 낳고 있는지를 알 수 있을 것이다.

번역은 '가시밭에서 춤추는 일'이라는 말을 새삼 실감하였다. 이 책은 아주 광범한 주제를 최신의 학문적 관점에서 포괄적으로 다루고 있어서 역자의 능력으로 쉽게 번역하기가 어려웠음을 고백하지 않을 수 없다. 그러나 최선을 다하여 번역함으로써 다양한 독자가 가능한 한 평이하게 읽을 수 있도록 하였다. 또한 교육철학의 새로운 탐구자들이 핵심 용어를 이해하는 데 도움이 되도록 괄호 안에 영어를 많이 표시해 두었다. 그리고 참고문헌에는 우리나라에 번역된 책이 있을 경우 이를 밝혀 두었다.

이 책은 누구에게 도움이 될 것인가? 무엇보다도 역자 자신이 교육철학이라는 학문 세계의 최신 동향을 폭넓게 그리고 깊이 있게 공부할 수 있었다. 둘째, 교육철학을 연구하는 대학생과 대학원생이 영미 중심 교육철학을 이해하는 데 도움이 될 것이다. 셋째, 교육학자들이 '교육철학은 어떤 학문인가?'를 이해하는 데 큰 도움이 될 것이다. 넷째, 교과교육 전문가들도 관심을 갖고 있는 '똑같은' 교육적 이슈나 문제에 대해서 교육철학이 독특한 학문적 시각에서 접근하고 있음을 알 것이다. 다섯째, 철학자들도 교육철학이라는 학문 분야가 다양한 교육적 주제를 철학적 차원에서 깊이 있게 다루고 있음을 이해하고, 교육 문제에 더 큰 관심을 쏟을 수 있는 계기가 될 것이다.

오역되어 있거나 이해가 미흡한 점을 알려 주신다면 바로잡을 것을 약속드리며, 2권 제12장을 살펴보고 자세하게 조언해 준 염시창 교수에게 감사드린다. 학지사 김진환 사장님과 출판을 도와주신 이지혜 편집부장님, 그리고 참고문헌 중에서 국내에서 출판된 번역서를 찾아 준 최만 선생에게 감사드린다.

2013. 2. 28.
빛고을 광주에서
이지헌

편저자 서문

이 책은 교육에 관한 이론 연구, 혹은 교육의 기초학문 연구 중에서 특히 교육철학을 공부하는 분들에게 유용한 자료가 될 것이다. 또한 현대 교육의 이슈에 대한 최신 교육사상에 쉽게 접근하기를 원하는 현장 교사들, 그리고 교육철학의 성격, 역사, 최근 동향에 관해서 자세한 안내가 필요한 교육학자들에게 유익한 자료가 될 것이다.

전반적으로 균형이 잡힌 책이 되도록 세 가지 점에 유의하였다. 첫째, 교육에 관한 철학적 사고의 여러 가지 스타일이나 양식이 두루 포함되도록 하였다. 둘째, 과거와 현재의 교육철학을 적절하게 다루려고 노력하였다. 셋째, 교육철학의 '영원한' 이슈들과 현대 교육의 구체적 관심사를 적절하게 다루려고 하였다.

1권의 제I부에서는 상이한 교육철학관을 다루고 그와 관련된 관심사나 방법론을 구체적으로 탐구하였다. 또한 교육철학이 교육이론의 다른 영역들, 그리고 교육실천의 문제나 상황과 어떤 관계에 있는지를 검토하였다.

제II부에서는 교육사상가를 다루었다. 교육철학의 발전에서 아주 중요한 인물로 플라톤; 루소, 듀이 등을 논하고, 또한 현대의 철학적 논의에 영향을 미친 현상학자와 탈구조주의자를 논하고 있다. 교육철학의 역사와 연관된 문제도 다루었다. 이와 관련하여 어떤 사상가나 학파를 선정할 것인가는 아주 중요한 문제일 것이다. 여러 가지 사항을 확실하게 충족시켜 줄 인물이 누구인가에 대해서 견해 차이도 많고, 선정의 준거도 다양할 것이다. 여기에서는 연구할 만한 가치가 있는 사람만 다루려고 하지 않았다. 그 대신 철학적 사유라고 인정받을 수 있는 논변들을 중심으로 교육의 이론과 실천에 대해 체계적이고 종합적인 견해를 제시했다고 분명히 말할 수 있는 인물들을 다루었다. 또 여러 학파를 (일정 기간 동안) 대표한다고 볼 수 있는 학자들에게 중점을 두었다. 아울러 연속성, 연관성, 발전과정, 양상을 독자들이 알아보거나 관련 문헌을 찾아보도록 하기 위해서 특히 지속적인 영향과 관계를 드러내려고 노력하였다. 제II부의 끝에서는 수많은 교육사상가의 간단한 전기를 사전 형식으로 제시하였다. 다른 장에서 다루지 못했던 인물들을 간단히 살펴볼 수 있다. 교육사상에 중요한 공헌을 한 인물들의 핵심이 무엇이고, 그들의 저술에 어떤 것이 있는지를 보여주고 있다.

2권에서는 현대 교육에 대한 철학적 사고를 보여 준다. 즉, 현대 교육의 특수한 문제점을 철학적으로 다룰 수 있는 기반과 참조 틀을 제시한다. 종전의 교육철학 서적에서 공통적으로 나타났던 한계는 교육철학 이외의 분야에서 연구하는 사람들의 필요와 관심사를 충분히 다루지 못했다는 점이다. 2권에서는 이런 비판을 감안하였다. 철학적 주제라고만 볼 수 없지만 철학적 이슈를 제기해 준다고 볼 수 있는 주제들이 많다. 이런 주제들에 관한 논의를 포함시키는 것이 아주 중요하다. 교육적 관심사를 다양하게 논의하면서 거기에 철학적 성격이 들어 있다는 점이 확실히 드러날 것이다. 실제로 교육적 이슈는 지식/가치에 관한 가정들과 관련되어 있고, 핵심 개념들에 대한 비판적 고찰로부터 도움을 얻을 수 있는 것이다. 2권에서는 철학이 교육실천에 어떻게 기여할 수 있는가를 탐색하고 있으므로 학자들뿐만 아니라 학부모, 교사, 정책결정자들도 교육철학으로부터 도움을 받을 수 있을 것이다. 따라서 한편으로 교육의 본질에 대한 전통적 성찰과 현대적 성찰, 그리고 철학자와 교육이론가의 연구 업적을 포괄적으로 끌어들이는 데 중점을 두었다. 다른 한편으로는 포괄적으로 다루면서도 피상적으로 흐르는 일이 없도록 핵심 주제들을 통찰력 있게, 또 비교적 상세하게 검토하려고 노력하였다. 2권에 속하는 여러 장은 편의상 크게 ‘가르침과 일반교육’, ‘지식, 학습, 교육과정’, ‘교육의 사회적 원리’ 그리고 ‘교육의 제 측면'의 네 가지로 구분할 수 있다.

독자들이 교육사상가나 교육적 주제에 대한 철학적 논의를 통해서 철학적 탐구와 교육 연구가 서로 깊은 관련성을 갖고 있음을 깨닫기 바란다. 건전한 교육정책과 교육실천에 핵심이 될 질문을 다음과 같이 제시할 수 있다. '어떤 종류의 교육과정이 다음 세대들을 위해서 도덕적/영적 차원 그리고 물질적/경제적 차원에서 더 나은 미래와 삶의 질을 보장해 줄 수 있는가?' 이 문제를 다룰 때에는 무엇보다도 철학적 명료성, 그리고 사상과 논변의 깊이가 절실히 필요하다. 이런 점들이 교육에 관한 논의에서 누락되는 경우가 너무 많아서 안타까운 현실이다. 만일 이 책의 독자들이 철학은 교육적 사고나 교육적 실천과 연관된 다른 학문들이나 과학의 시녀일 뿐이라고, 혹은 대체로 그런 것이 아닌가 하는 인상을 갖는다면 안타까운 일일 것이다. 철학은 (그리스 이후로 지식이나 지혜의 사랑이며) 사람들이 '스스로 생각할 것'을 요청한다. 따라서 칸트는 철학을 가리켜서 학습할 수 있는 것이 아니라고 했다. 철학하기는 스스로 배워야 하는 것이다. 그렇다고 해서 철학자가 고독한 명상의 삶을 살아야 한다는 뜻은 아니다. 철학에서는 스스로 생각하지 않을 수 없다는 뜻이다. 철학적 대화의 특징은 애매함과 복잡함이라고 느끼는 사람이 많을 것이다. 그러나 중요한 문제가 단순한 대답으로 끝나는 경우는 드물다. 다른 사람의 도그마와 교설을 무비판적으로 끌어들이려고 하는 사람은 그렇게 생각해 버릴 수 있다. 러셀이 말했듯이, 그렇게 무비판적으로 살아가기로 작정한 사람들은 "상식이라든가, 자기가 속한 시대와 국가의 인습적 신념이라든가, 혹은 신중한 이성의 도움/동의도 없이 자기 맘대로 키워 온 확신 등으로부터 끌어모은 편견 속에 갇힌 채로 살아갈 것이다." 그러므로 우리는 철학이 근본이라고 말하고 싶다. 교육에 관한 저술을 남기고 사라진 철학자들의 영원한 논의는 내재적 가치를 갖고 있고, 흥미를 불러일으킬 뿐만 아니라 상당한 유용성도 갖고 있다.

Richard Bailey, Robin Barrow, David Carr, Christine McCarthy

차 례

제 I 부 교육철학과 교육이론

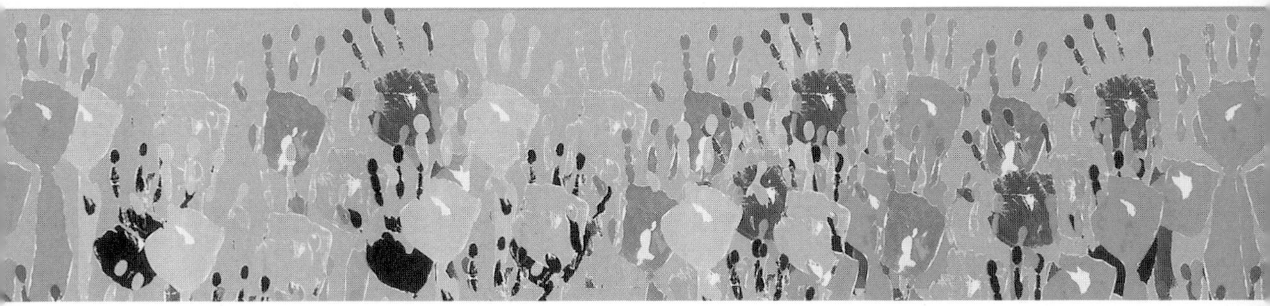

The SAGE Handbook of
Philosophy of Education

제1장

교육철학이란 무엇인가

D. C. Phillips

서너 살쯤 된 아이를 둔 부모는 알 것이다. 아이가 '~이 뭐예요?'라고 자꾸 질문하면 골치가 아파진다. 어떤 대답이 아이를 만족시킬 것인가? 도대체 분명하지 않다. 모두 경험하는 일로 아이들은 만족하는 법이 없다. 어떤 대답을 해 주면 또 다른 질문을 던진다. (이번에는 어른이) 철학자에게 질문을 던진다고 하자. 처음이나 그다음이나 나오는 대답이 썩 만족스럽지 못할 것이다. 아주 곤혹스러운 상황이 되고 만다. 이것은 철학자의 본능 때문이다. 철학자에게 "X는 무엇인가?"라고 물어보면 그는 X의 성격을 그냥 말해 주지 않는다. 대신 질문 자체를 분석하기 시작한다. 다시 말해서, 묻는 사람은 간단히 질문하는데 철학자는 다음과 같이 대답한다. "음, 'X는 무엇인가?'라고 말하는데, 묻고 있는 바가 무엇이오? 분명하지가 않소." 이러면 어리둥절하고 말 것이다. 철학자는 뜸을 들인

다음에 다시 묻는다. 지금 찾고 있는 것이 X에 대한 언어적 정의인가, X의 사례를 확인할 수 있도록 X를 보다 충실하게 기술해 주기를 원하는가, 혹은 X의 사례를 그냥 제시해 주면 되겠는가? 아니면 X의 '본질'을 찾고 있는 것인가, X가 어떻게 되어야 하는가를 묻고 있는가, 혹은 X에 대해서 고민해야 할 이유를 알고 싶은가? 이렇게 되면 최악의 상태가 되고 말 것이다.

철학자에게 물어볼 '~은 무엇인가?'라는 질문의 ~에 '철학'이라는 단어를 집어넣을 수 있다. 여기서 곧바로 간단한, 직설적인 대답이 나올 것으로 기대하지 말아야 한다. 왜냐하면 '철학'의 의미가 분명해지기 전에는 알 수 없다고 대답할 것이 뻔하기 때문이다. 철학의 성격은 '본질적으로 논란거리'다. 이는 아주 합당한 생각일 것이다. 바로 이것이 이 장의 출발점이다.

교육철학이란 무엇인가? 얼핏 보면 단순한 질문인데 철학자는 그에 대해 천천히, 복잡하게, 우회적인 대답을 내놓을 것이다. 앞서 지적한 대로 철학 자체의 성격에 관해 이야기를 꺼낼 것이다. '철학이 무엇인가'에 대해서 생각이 전혀 다를 경우에는 '교육철학이 무엇인가'에 대해서도 전혀 다른 설명이 나올 것은 뻔하다. 안타깝게도 이런 기본적인 문제에 대해서 수많은 견해가 아주 다양하게 나타났다.

미리 몇 가지 사항을 검토하고 넘어갈 필요가 있겠다. 먼저 사전의 정의는 별로 도움이 되지 못한다. 사전을 찾아보면 '철학'은 '철학자처럼 사변하거나 추론하는 일'이라고 나온다. '철학자'는 '철학의 전문가 혹은 철학을 공부하는 대학생'이라고 나온다. 그다음에도 별로 도움이 안 되는 정의가 나타난다. 즉, '철학자'는 '깊이 있게 생각하는 사람'이라고 나온다. 이것은 두 가지 점에서 우스꽝스러운 이야기다. 첫째, 누구든지 어떤 문제에 대해서 깊이 생각한다. 그렇다면 모두가 철학자란 말인가? 둘째, 깊이 있게 생각하고 싶을지라도 실제로 (철학자도 마찬가지이지만) 모두 그렇게 되는 것은 아니다. 고심하여 생각해 보았으나 성공하지 못한 사람도 있다. 그렇다고 그런 사람은 철학자가 아니라고 하는 것도 약간 이상한 말이다.

(분명히 '모두'는 아니지만) 수많은 교육철학자가 깊이 생각한다는 사실에 대해서는 결코 부정할 수 없다. 그러나 그저 '깊이 생각한다.'는 점은 철학을 정의하는 특성이 될 수 없다. 그 점을 가지고 교육철학과 다른 활동을 구별할 수는 없다. 또한 깊이 생각해야 할 정도로 중요하고도 복잡한 교육 문제가 굉장히 많다. 이 점도 부정할 수 없다. 따라서 깊이 있는 철학적 성찰은 특별한 공헌을 할 수 있다. 이 장에서 그리고 이 책 전체를 통해서 바로 그런 점이 분명해지기를 기대한다.

위에서 암시된 점을 더욱 확실히 해 보자. '철학'이라는 단어나 이와 관련된 용어는 크게 보아 두 가지 방식으로 사용된다. 이 두 가지를 혼동해서는 안 된다. 첫째, 철학은 그냥 비전문적 용어로 사용되기도 한다. 중요한 사회 문제에 대해서 추상적으로 사고하는 사람을 철학자라고 말하기도 한다. 오래전에 사람들이 어느 유명한 미식축구 감독을 가리켜 철학자라고 불렀던 것을 나는 기억하고 있다(그가 게임을 깊이 분석했던 점 때문에 그런 말을 했을 것이다). 또한 TV에서는 불행한 처지에 놓인 사람들에게 조언을 해 주는 사람을 철학자라고 말하기도 한다. 대형 서점에 가면 이런 의미를 가진 철학 서가를 찾아볼 수 있다. 나는 이런 철학에 관심이 없다. 둘째, 그보다 더 전문적인 의미의 '철학'(그리고 '교육철학')을 밝혀 보고자 한다. 이것은 대학의 철학과나 혹은 교육철학 전공에서 하는 일을 가리킨다(물론 이런 철학이 대학 안에서만 이루어진다는 말은 아니다). 앞에서 말했듯이, 이런 철학은 아주 어렵다. 왜냐하면 전문적인 철학 세계 안에서도 '철학이 성취할 수 있는 바는 무엇인가?' 그리고 '철학에 적용될 엄밀성의 기준은 무엇인가?'에 대해서 견해 차이가 아주 크기 때문이다. 이 세상의 모든 철학자를 끌어들인다고 해도 결코 합의에 도달하는 일이 없을 것이라는 말은 그 점을 아주 잘 지적해 준다(Lucas, 1969: 3).

철학(그리고 교육철학)을 정의하는 다른 방식이 또 있을 것이다. 이 역시 사전을 살펴보는 것과 마찬가지로 혼란스러울 것이다(다음에서 분명해질 것인데, 나는 이 전략의 변종을 택할 것이다). '철학이란 철학자들이 하는 일이므로 철학자들의 사례를 몇 가지 살펴본다면 거기서 설명을 이끌어 낼 수 있다.' 이런 식의 정의도 문제임이 곧바로 드러난다. 어떤 철학자들을? 또 어떻게 살펴볼 것인가? 누구를 철학자로 간주할 수 있는가? 그것을 어떻게 정할 것인가? 나는 다른 글에서 이런 접근방식을 '폭스트롯(foxtrot) 문제'라고 언급하였다. 만일 폭스트롯이 무엇이냐고 묻는다면 사교춤이라는 대답이 나올 것이다. 그것이 무엇인지를 더 알고 싶다면 그런 사교춤을 추는 사람을 찾아보아야 한다. 그러나 그 춤이 어떤 것인지를 모른다면 언제, 누구를 찾아갈 수 있을 것인가? 그것을 어떻게 정할 것인가? 그뿐만 아니라 춤을 추고 있는 사람에게 폭스트롯을 추고 있는가를 묻는 것도 충분하지 못하다. 왜냐하면 그들이 (폭스트롯을 다른 춤으로 착각하는 경우) 대답하는 것도 틀릴 수 있기 때문이다. 이와 마찬가지로 사람들이 철학을 하고 있다 혹은 교육철학을 하고 있다고 주장할지라도 그것은 틀릴 수 있을 것이다(아마 그들은 틀리지 않다고 생각할 수 있지만).

이런 이야기는 상당히 허황된 것처럼 들릴 것이다. 그러나 실제로는 중요한 문제가 될 수 있다. 가령 (앞에서 언급했던) 미식축구 감독을 철학자라고 하는 말을 듣고서 미식축구에 대한 그의 생각을 따라서 철학을 생각한다고 하자. 이런 경우는 루트비히 비트겐슈타인(Ludwig Wittgenstein)이나 칼 포퍼(Karl Popper)가 하는 일을 토대로 삼아 철학을 생각하는 경우와 전혀 다를 것이다. 여기서 '철학'과 '철학자'라는 용어에 두 가지 의미가 있음을 깨닫고는 전문적 의미를 따를 수 있다(이에 따르면, 비트겐슈타인과 포퍼는 철학자이고 미식축구 감독은 철학자가 아닐 것이다). 그럼에도 불구하고 문제가 아예 없는 것은 아니다. 왜냐하면 전문적인 철학에도 이질적인 전통들이 공존하고 있기 때문이다. 지리적으로 말하기는 어렵지만 대체로 유럽 대륙에서 발전된 철학 전통이 있고(Smeyers, 1994), 영어 사용권에서 발전되어 퍼져 나간 철학 전통이 또 있다. 한 가지 전통을 따르는 철학자들은 다른 쪽의 철학을 쉽게 받아들이지 못한다. 어떤 철학자를 선정하여 따를 것인가? 보편적으로 옹호받기란 어려운 일이다[프랑스의 저명한 해체주의자로 자크 데리다(Jacques Derrida)가 있다. 1992년 케임브리지 대학은 그에게 명예 박사학위를 수여하려고 했으나 예상치 못한 사태가 벌어졌다. 논란이 분분했고, 열띤 논쟁이 벌어졌다. 그의 철학은 엉터리며 반(反)철학이라고 폄하하는 반대자들도 있었고, 참신한 철학이라고 칭송하는 지지자들도 있었다. 마침내 케임브리지 대학의 모든 철학 교수가 모여 투표를 했고 가까스로 통과되어 명예박사학위가 수여되었다. 케임브리지의 모든 철학자가 합의에 도달한다는 것은 정말 불가능한 일이다!].

(전문적인) 철학의 예를 한 가지 더 살펴보자. 사실 내가 별로 좋아하지 않는 예를 들어 보겠다. 물론 나는 (언어와 개념에 관한 관심, 가정에 대한 비판 등으로 볼 때 분명히 철학에 속한다고 생각하는) 이 철학적 전통을 철학이 아니라고 생각하지는 않는다. 그것은 내가 잘 모르는 철학 전통이고, 또 이런 전통에서 철학 문제를 탐구하는 방식이 나에게는 못마땅할 뿐이다.

> 일반적 경향으로서 탈구조주의는 인간의 활동과 문화에서 언어가 차지하는 중요성, 즉 언어의 물질성, 그것의 언어학적 성격, 그리고 그것의 온갖 이데올로기적 특성을 부각시킨다. 탈구조주의는 담론의 자기부정적, 자기 해체적 성격을 강조한다……. 무엇보다도 그것은—텍스트와 텍스트적인 것들에 대한—새로운 '독해,' 그리고 새롭고 실험적인 형식의 '글쓰기'의 실천을 제시한다. [그것은]…… 일련의 (텍스트에 관한) 이론, (제도에 대한) **비판**, (권력에 대한) **새로운 개념, 새로운 형태의 분석**을 제공한다……(Peters & Burbules, 2004: 5).

(철학자의 마음의 활동을 가리켜 주는 한 예로서) 이와 같은 논의가 모종의 설득력을 갖고 있을지라도, 이 장은 그와 다른 전통에서 출발할 것이다. 다음에서 나는 '철학' 및 철학과 연관된 용어의 전문적 의미에 초점을 두고, 철학이 어떤 일인가에 대해서 내 나름대로의 설명을 제시할 것이고, 전문적인 문헌을 끌어들이면서 그 설명을 보완할 것이다. (위에서 언급한 대로, 내가 넓은 의미에서 영어

사용권의 철학적 전통에 뿌리를 두고 있음은 분명한 사실이다. 그렇지만 나는 데리다에게 명예박사 학위를 수여하자는 제안에 여하튼 찬성했을 것이다. 철학과 교육철학의 성격에 관한 다른 견해들은 이 책의 몇몇 장에서도 찾아볼 수 있다.) 이제 이런 점을 염두에 두면서 철학 및 교육철학이 무엇인가를 분명히 밝혀 보고자 한다.

1. 간단한 사례

그동안 철학 분야에서 여러 가지 지적 전통들이 나타났다. 이런 지적 전통들을 논의하는 것은 자칫 난해한 이야기에 빠질 위험이 있다. 따라서 몇 가지 구체적인 사례들을 가지고 출발하는 것이 좋겠다(이 모든 사례는 교육적으로 연관성이 있다). 이런 사례들은 간단하게 제시할 수밖에 없다. 그러나 철학 영역의 범위에 관해서 나중에 언급할 사항을 잘 드러내 줄 수 있을 정도로 적절하게 제시할 것이다. 그리고 독자들은 이들 사례 중에서 최소한 한 가지를 아주 난해하게 느낄 것이다. 아무튼 그 난해한 영역으로 들어가 보자.

1) 구성주의

수학교육/과학교육의 교육과정 전문가들, 교사교육 종사자들, 그리고 많은 교사는 교수-학습에 대해서 **구성주의**라고 하는 관점을 지지한다. 에른스트 폰 글라저스펠트(Ernst von Glasersfeld)가 주장하는 '급진적 구성주의'는 특별한 영향력을 미쳤다(Glaserfeld, 1995, 2007). 그러나 지난 20여 년간의 교육학 학술지를 살펴보면, 글라저스펠트뿐만 아니라 다른 학자들까지 포함하는 넓은 의미의 구성주의적 관점을 인용한 사례가 엄청나게, 즉 수천 가지가 나타난다. 이에 대해 그동안 제기되었던 문제점은 이 입장의 핵심에 대해서 분명한 설명이 없으며, '구성주의자'라고 확인할 수 있는 사람들이 신봉하는 바가 무엇인지를 확실히 알기도 어렵다는 것이다. 실제로 그런 상황이다. "아주 넓은, 느슨한 의미에서 볼 때 오늘날 우리 중에 구성주의자가 아닌 사람은 없다." (Phillips, 1995: Curren, 2007: 399에서 재인용)

모든 형태의 구성주의에는 어떤 공통 요소가 들어 있다. 즉, 지식은 인간에 의해서 발견되는 것이 아니고 만들어지거나 구성된다는 것이다. 그러나 이 말은 여러 가지 복잡한 문제점을 감추고 있으며, 다양한 집단의 구성주의자들에 의해서 다양한 방식으로 해석되었다. 일찍이 이 입장을 구체화한 유명한 진술은 이마누엘 칸트(Immanuel Kant, 1781)에 의해서 나타났다. 우리가 주목할 점은 칸트가 그런 말에 들어 있는 복잡한 문제들을 다루기 위해 추상적인 방대한 저서를 저술했다는 것이다.

> 그러나 우리의 모든 지식이 경험에서 시작될지라도, 그것이 모두 경험에서 생긴 것이라고 볼 수 없다. 왜냐하면 우리의 경험적 지식이라 할지라도 우리가 인상들을 통해서 수용한 것들, 그리고 우리의 지식 기관이 자체로부터 제공하는 것들로 이루어질 수 있기 때문이다(Kant, 1959: 29).

여기서 몇 가지 흥미로운 문제가 발생한다. 우리의 지식이 대부분(모두?) 우리 자신의 지식 구성 기관이나 능력에 의해서 구축되는 것이라고 하자. 우리가 구성하는 것들이 과연 우리의 외부에 있는 우주 안에 존재하는 실재와 어떤 식으로라도 동일한 구조이거나 혹은 그에 상응하는 것이라고 믿을 수 있는가? 그뿐만 아니라 우리가 각자 갖고 있는 지식이 우리 자신에 의해서 구축된 것이라고 하자. 내가 구성한 지식이 당신이 구성한 지식과 동일하거나 혹은 서로 부합될 수 있는 것이라는 점을 보장할 수 있는가? 그리고 학생이 구성하는 지식이 교사가 구성하는 지식과 동일한 것이라는 점을 보증할 수 있는가? 어쩌면 교실 안에 있는 모든 사람(교사나 개별 학생들)이 각자 스스로 구성한 세계 속에 거주하고, 다른 사람들의 세계와 진정한 접촉이 없을 수 있다. 이것은 구성주의 교사들이 얼핏 보기에 아주 진지하게 받아들이는 시나리오이겠지만, 17세기 인식론(지식이론) 이후로 많은 철학자가 그것이 받아들일 수 없는 것임을 밝혀냈다.

그러나 이러한 문제점만 있는 것이 아니다. 구성주의의 여러 형태에 관해서 최근에 활발하게 벌어진 담론 속에는 서로 다른 몇 가지 명제가 뒤섞여 있다. 그 결과 굉장한 혼란이 생겨났다. 이런 혼란은 철학자의 분석 작업을 통해서 정리될 수 있었다. (다음 설명은 Phillips, 1985/2007, 2000을 기반으로 한 것이다.) 먼저, 인간은 자신의 지식을 구성한다고 이야기한다. 여기서 두 가지의 서로 다른 과정이 각각 혹은 동시에 우리의 관심을 끌 것이다.

① 개별 학습자 혹은 인식자는 학습되는 자료나 혹은 수용되는 자극에 대해서 자신의 인지적 이해를 구성한다. 우리의 논의를 위해서 이것을 '개인 심리' 중심의 구성주의라고 하자.

② 물리, 생물, 역사, 경제와 같이 공적으로 활용될 수 있는 학문들 혹은 지식체제들이 구성된다. 이것들은 인간의 구성물이지만, 인류의 지성사를 통해서 수많은 개인들이 기여함으로써 발전된 것이다. 이를 '공적 학문' 중심의 구성주의라고 하자.

이 구분을 받아들인다면 많은 점이 더 분명해질 것이다. 이처럼 전혀 다른 두 가지 과정을 논의할 때, 개인이 구성하는 활동의 역할을 강조하는 학자들이 있는 반면, 그런 개인의 활동이 사회적/공동체적 힘에 의해서 영향을 받는다는 점을 강조하는 학자들이 있다. (개인이 이해를 구성하는 것을 개인주의적 측면에서 다루고, 지식체제의 구성은 사회적-공동체적 측면에서 다루는 경향이 있었는데, 이는 혼란을 불러일으킨다.) 예를 들어, '개인 심리' 중심의 구성주의를 살펴보자. 장 피아제(Jean Piaget)라는 위대한 발달심리학자는 (무엇보다도) 개별 학습자들이 어떻게 해서 논리적 원리를 발전시키고, 환경에 관한 지식체제를 구성하는가에 대해서 관심을 쏟았다. 그의 거의 모든 관심은 아이라는 개별 학습자에 있었고,

또한 아이의 인지적 장치 안에서 무슨 일이 일어나는가에 있었다. 피아제의 모델은 흔히 혼자서 이해에 도달하려고 노력하는 어린 탐구자였던 것 같다. 레프 비고츠키(Lev Vygotsky)라는 사회심리학자는 어떻게 해서 개인이 주변 세계에 대한 자신의 이해를 구성하는가에 관심을 가졌다. 그러나 그는 그런 개인의 학습에서 사회적 메커니즘이 수행하는 역할을 강조하였다. 이와 달리 공적 학문의 발전을 살펴보자. 여기서도 위와 비슷한 구분이 가능하다. 다시 말해서, 개별 탐구자들의 역할에 초점을 둔 학자들이 있는 반면, 지식의 사회적 구성, 즉 공적 학문을 형성시켜 온 사회적 혹은 공동체적 과정이나 영향력에 대해서 초점을 둔 학자들도 있었다.

우리가 이와 같은 구분을 받아들인다고 하자. 여기서 확실한 것은 흔히 사용되고 있는 '지식의 사회적 구성'이라는 말은 그 자체만 가지고 생각할 때 우리가 착각하도록 오도할 수 있다. 왜냐하면 '개인 심리' 중심의 구성주의에서건 혹은 '공적 학문' 중심의 구성주의에서건 간에 모두 사회적 과정의 중요성을 강조하는 학자들이 있기 때문이다.

2) 인간 행위를 설명하기: 행동 혹은 마음 상태

하버드 대학 심리학자인 스키너(B. F. Skinner, 1904~1990)는 '르네상스인'과 같은 사람이었다. 그는 20세기의 행동주의라는 학파를 발전시킨 두세 명의 인물 중 하나다. 그는 천부적 작가[1948년에 쓴 그의 소설 『월든 투(*Walden Two*)』(Skinner, 1962)와 여러 권의 자서전], 과학적 연구의 성격에 관한 탁월한 논객이자 우상 타파자, 그리고 그의 심리학적 입장이 갖는 심오한 사회적/이론적 함의를 내다볼 수 있는 능력을 가진 사람이었다.

스키너의 행동주의 심리학에는 동물 행동 연구에서 심리학자들이 이룩한 업적에 의해서 촉발되었던 측면도 들어 있다. 당연히 거기서는 관찰 및 실험 방법만 통용되었다(동물은 면접이 불가능하다!). 게다가 그의 업적은 과학의 성격에 관한 그의 확고한 견해에 따라 나타난 것이었다. 그의 견해는 그가 대학원생이었을 때 미국 및 여러 나라에서 나타난 논리실증주의(logical positivism)의 영향을 받은 것이다(논리실증주의를 발전시킨 핵심 인물은 대부분 과학, 수학 혹은 논리학에 종사하였다). 이런 철학적 입장은 형이상학에 대해서 적대적이었다. 이런 입장은 관찰이나 행동의 차원에서 정의될 수 없는 개념은 무의미한 것이라는 생각에 기반을 두었다. 따라서 논리실증주의의 입장에서 볼 때 '영혼'이라는 형이상학적 개념은 무의미한 것이다. 왜냐하면 그것은 관찰에 의해 정의될 수 없기 때문이다. 이 말은 모든(오직) 인간이 영혼을 갖는다고 주장하는 사람과 그런 것이 없다고 믿는 사람 간에 논란을 불식시킬 수 있는 증거가 없다는 뜻이다. 다시 말해서, 형이상학에서는 진리와 오류를 구별할 길이 없다는 것이다. 논리실증주의자들은 '영혼'과 같은 형이상학적 용어는 '정의적 의미(emotive meaning)'를 가질 수 있으나, 실질적 의미는 전혀 가질 수 없다는 점을 받아들인다. 그런 용어들은 무의미한 소리에 불과하다는 말이다.

스키너는 이런 관점을 인간 행동 연구, 특히 사람들이 행동하는 원인을 발견하려는 연구에 적용하였다. 그의 주장에 따르면, 행동과학이 가능하려면 행동 자체와 그것이 발생하는 조건들(행동의 결과가 주는 강화/약화 효과와 같은 것들)에 대한 관찰을 기반으로 삼아야 한다. 행동과학은 욕구나 감정과 같이 보이지 않는(볼 수 없는) 내면적 상태나 사건들에 의거해서 행동을 설명하려고 하는 '전(前)과학적' 방법들을 뛰어넘는 것이다. 스키너는 우리에게 들어 있다고 가정된 심리적이고 심적인 내면적 주체(그가 말하는 '자율적 인간'; Skinner, 1972, Ch. 9)의 행위에 귀인시킬 수 있는 '심적, 내면적 원인'이라고 말하는 것들에 대해서 가혹할 정도로 이야기하였다. 『과학과 인간행동(*Science and Human Behavior*)』(1953)이라는 고전적 저술에서 그는 다음과 같이 말했다.

> 내면적 인간은 운전석에 앉아서 차를 모는 사람과 아주 비슷하게 신체를 움직이는 것으로 간주된다. 내면적 인간이 행동을 의도하고 외부적 인간은 그것

> 을 실행한다. 내면적 인간이 식욕을 상실하면 외부적 인간은 먹기를 중단한다……. 내면적 인간은 외면적 인간이 복종할 충동을 갖는다……. 내면적 인간은 비정상적인 행동이 무질서한 인성에 귀인되는 경우처럼 분명하게 의인화되기도 한다. 혹은 행동이 정신과정, 기관, 특성에 귀인될 때 그는 파편화된 것으로 취급될 것이다(Skinner, 1953: 29).

'행동의 실험적 분석'은 비생산적인 방식으로 인간 행동을 설명하는 것을 포기할 수 있도록 만든다. 과거의 유산이 없어지는 것이다. 우리는 (그의 또 다른 저서의 제목처럼) '자유와 존엄을 넘어' 갈 수 있다(인간 행동을 설명할 때 이런 개념들을 사용하는 것에서 벗어날 수 있다). 그의 분석은 다음과 같다.

> 자유를 위해 인간이 투쟁하는 것은 자유롭게 되고자 하는 의지 때문이 아니라 인간 유기체의 특징적인 어떤 행동과정 때문이다. 그 주된 효과는 환경의 혐오적 특성이라고 말할 수 있는 것으로부터 벗어나거나 그것을 회피하는 것이다(Skinner, 1972: 42).

행동주의는 교육실천에 지대한 영향을 미쳤다. 당연히 교사와 학부모들에게는 '질문에 대해 올바른 반응을 제시함' 혹은 '명령이나 지시를 따름'과 같은 것을 강화하는 일이 흔한 일이 된다. 강화시키는 것(보상)은 칭찬, 특별한 교실 특권, '금별' 따기, 'A' 학점 받기 등이 될 것이다. 부정적 강화나 처벌을 사용함으로써 비협동적 혹은 방해되는 행동의 빈도를 낮추거나 소멸시키려는 시도가 나타나게 된다. 스키너의 원리에 따라 수십 년 전에 프로그램 학습과 교수기계(teaching machines)가 만들어졌는데, 실제로 질문에 대한 올바른 반응은 곧바로 인정받고 칭찬을 받는다. 행동주의의 많은 요소는 여전히 현대의 일부 교육학자의 연구에서도 나타난다. 그들은 개념들을 '조작적으로 정의' 한다(즉, 관찰 가능한 것으로 정의한다). 또한 '객관적 척도들'을 사용한다. 이는 연구 대상의 주관적 신념/신봉에 대한 판단에 의존하지 않는 것들이다.

3) '자연에 따른 교육'과 진보주의 운동

1749년 더운 여름날, 장 자크 루소(Jean-Jacques Rousseau)는 (당시 수감 중이던) 프랑스 철학자 데니스 디드로(Denis Diderot)를 방문하러 가는 중이었다. 신문을 뒤적거리고 있다가, 그는 문득 디종 학술원(Dijon Academy)에서 에세이를 공모한다는 기사를 보았다. 주제는 '과학과 예술의 진보는 도덕을 타락시켰는가 혹은 개선시켰는가?'였다. 루소는 가슴이 벅차 올랐다. 새로운 우주가 보였고, 흥분 상태에 빠져서 정신을 잃어버릴 정도였다(Rousseau, 1781/1953). 친구에게 보낸 편지에서 그는 나무 밑에서 하염없는 눈물을 흘렸다고 고백했다. 갑자기 그에게 분명해진 것이 있었다. 보통 사람들이 생각하는 것과는 달리, 과학과 예술의 진보는 인간의 덕이나 행복에 아무런 공헌도 하지 못하고 오히려 타락과 왜곡의 근원이 되었다고 그는 깨달았다. 예술과 과학은 인간의 자연스러운 성향을 위장, 억압하는 데 기여함으로써 그것이 방해받지 않고 표현되는 길을 가로막아 버린다. 그것은 그 나무 밑에서 그가 그의 (자연적인) 정서에 자신을 낭만적으로 맡겨 버리는 가운데 생겨난 통찰이었다. 그는 놀랍게도 최고상을 받고 유명해졌다. 유명해짐과 동시에 그의 "불행한 운명의 기나긴 사슬"(Rousseau, 1953: 326)이 시작되었다. 그는 자서전에 자신이 비극적이고 낭만적인 영웅의 전형이었다고 적었다. 그는 그 해 여름에 깨달은 바를 여러 책과 논문으로 발전시켰고, 그중 하나가 교육철학의 대작이 될 줄은 그 자신도 몰랐다. 또한 그 책 때문에 자신이 아동의 해방자로 유명해지고, 그 책이 유럽 각지에서 교수형 집행인에 의해서 불태워질 것이라는 점도 예상하지 못했다.

이 문제의 책이 바로 『에밀, 혹은 교육에 대하여(*Emile, or On Education*)』(1762)다. 주인공인 에밀이 유아 때부터 성인이 되어 가정을 꾸릴 때까지의 생애를 이야기하는 소설이다. 그 주제는 다음과 같이 유명한 말로 표현된다.

> 신은 모든 것을 선하게 만들지만 인간은 그것을 타락시키고 악하게 만든다. 인간은 저 땅의 산물을 이 땅에서 기르도록 강요하고, 저 나무의 열매를 이 나무에서 맺도록 강요한다. 그는 시간, 공간, 자연환경을 혼란스럽게 만든다. 그는 자신의 개, 말, 노예를 불구로 만든다. 그는 모든 것을 파괴하고 흉하게 만든다. 그는 이상하고 기괴한 것을 좋아한다. 그는 자연이 만든 그대로 놓아두는 법이 없을 것이다. 심지어는 인간까지도 승마용 말처럼 걸음을 걷게 하고, 정원의 나무들처럼 주인의 기호에 맞게 만들어 버린다(Rousseau, 1955: 5).

사회 속에는 예술, 과학뿐만 아니라 사회적 인습 등이 자리를 잡고 있다. 이런 것들은 아동의 자연적 성향을 왜곡시키기 때문에 교육자는 강요된 선택에 직면한다. 인간(자연스러운 인간)이 교육받을 수 있는가, 아니면 시민(사회 속에서 사회에 의해서 형성되는 인간)이 교육받을 수 있는가? 루소는 양자의 조화가 불가능하다고 한다. "자연이나 사회를 배척할 수밖에 없다면 이 중에서 선택을 해야만 하고…… 양자를 모두 훈련시킬 수는 없다." (Rousseau, 1955: 7)

에밀의 부모는 (당연히 루소의 지혜를 갖고 있는) 가정교사로 하여금 시골에 있는 그들의 땅으로 에밀을 데리고 가서, 거기서 문명화된 사회의 힘에 얽매이지 않은 채 그의 자연적 성향을 드러낼 수 있도록 하였다. 에밀은 읽기를 배우고 싶을 때(예를 들어 파티 초대장을 읽어야 할 때) 배우고, 또 그가 배우고 싶어 하기 때문에 읽기를 쉽게 배운다. 시골환경이 적절한 흥미를 불러일으킬 때에는 다른 것도 같이 배운다. 자신의 행위의 자연적 결과를 겪음으로써(가령 거짓말을 한다면 시골 사람들이 그를 불신하게 되므로) 도덕적 규범을 배우게 된다. 에밀은 좋은 책을 읽어서가 아니라 자연의 책을 공부함으로써(그리고 시골 길을 걷다가 만나는 '사보야르 신부'와 오랜 대화를 나눔으로써) 종교적 이해를 갖게 된다. 성경이나 교회의 형식적 가르침은 강조되지 않는다. 이것이 바로 여러 지역에서 『에밀』이라는 소설이 박해를 받게 된 한 가지 이유다. 간단히 말해서, 에밀은 책에서 배우는 것이 아니라 **사물**로부터 배운다. 그가 여러 해 동안 읽을 수 있는 유일한 책은 『로빈슨 크루소(*Robinson Crusoe*)』다(생각해 보면 놀라운 일이 아니다). 이 책은 외딴 섬에서 문명의 장식물도 없이 혼자서 살아가기를 배우는 꾀가 많은 인간에 관한 이야기다(혹은 그렇게 볼 수 있다).

나중에 에밀은 영혼의 동반자인 소피를 만난다. 루소는 소피의 교육을 언급한다. 에밀의 교육은 미래 지향적으로 설명되고 있는 반면, 소피를 위해 마련된 길은 정말 놀라운 것이다. 그 의미는 몇 마디에서 알 수 있다. "여자는 남자의 기쁨을 위해서 만들어졌다……. 여자는 남자가 보기에 즐겁도록 처신해야 하며 그를 화나게 해서는 안 된다. 여자의 힘은 그녀의 매력에 있다." (p. 322)

루소가 살았던 시대에는 『에밀』을 교육적 청사진으로 이용하려는 시도가 안타깝게도 많이 나타났다. 그러나 루소는 경악했다. 그 소설은 교육의 원리가 되어야 할 점을 잘 보여 주기 위해서 쓴 것이지 결코 실천적 안내서는 아니었다. 그러나 수십 년이 지나면서 '자연에 따르는 교육'이라는 아이디어는 널리 퍼졌고 19, 20세기 진보주의 교육 운동의 핵심 주제가 되었다. 루소의 아이디어는 미국의 위대한 철학자이며, 교육자인 존 듀이(John Dewey)의 교육철학에도 영향을 미쳤다. 그리고 그것은 영국의 유명한 '자유학교'인 **서머힐 학교**에도 영향을 미쳤다. 닐(A. S. Neill)은 서머힐 학교를 세우고 교장이 되었다. 1960년에 그는 『에밀』을 읽은 바가 없다고 주장하였으나, 그럼에도 그는 루소의 아이디어가 널리 퍼져 있는 환경에서 교육 활동을 했고 교육을 논의하였다. 루소의 지적 영향은 간접적이었지만 실질적인 것이었을 수도 있다. 아래 인용문은 루소의 아이디어를 닐이 활용하고 있음을 분명히 보여 준다. 물론 닐이 그것을 루소에게서 직접 끌어들인 것은 아니었을지라도 말이다.

> 처음 나의 아내와 내가 학교를 세우기 시작했을 때 우리는 한 가지 아이디어에 몰두했다. 학교를 아동에게 맞추자. 아동을 학교에 맞추지 말자……. 우리가 만들고자 했던 학교는 아동에게 자기 자신이 될 자유를 허용하는 것이었다. 그러기 위해서 우리는 모든 훈육, 모든 지시, 모든 암시, 모든 도덕적 훈

런, 모든 종교적 가르침을 거부해야 했다(Neill, 1960: 4).

2. 여러 가지 철학관

이제 앞에서 미루어 두었던 핵심 주제로 되돌아가 보자. 철학이란 무엇인가? 그리고 이 질문에 대한 대답에서 볼 때 교육철학이란 무엇인가? 철학자들의 일은 여러 가지로 기술할 수 있다. 이것은 앞서 설명한 세 가지 사례를 가지고 밝혀 볼 수 있다. 가령 어떤 사건(정치적 집회)에 대해서 **상이하지만 상반되지 않는** 기술을 여러 가지로 제시할 수 있는 것처럼 철학도 그렇게 기술하거나 설명할 수 있다. 다음을 보자.

① 앞에서 논의했던 사례 중에서 두 번째 사례가 아마 가장 특이할 것이다. 스키너는 유명한 심리학자였다. 그는 하버드인(따라서 교양인)이었다. 그럼에도 불구하고 그는 철학과 교수가 아니었다. 그런데 왜 그를 여기서 한 가지 사례로 들고 있는가? 그 이유는 간단하다. 최소한 (앞서 언급했던) 그의 두 가지 저서에서 그는 철학을 하고 있는 셈이다. 그를 그렇게 간주할 수 있게 해 주는 중요한 철학관이 거기에 들어 있다.

학자들은 자신의 전공 영역에서 연구도 하고 실천 활동도 한다. 예를 들어, 경제학자, 물리학자, 역사학자, 수학교육자, 예술가들을 살펴보자. 그들 간에는 학문적인 교류가 나타난다. 어떤 경우에는 그런 교류가 해당 전공 영역에서 새로운 변화나 발견으로 이어지기도 한다. 이런 일은 '일차적 수준'에서 혹은 '연구 대상 수준'에서 나타나는 담론이라고 말할 수 있다. 가령 이런 수준에서 벌어지는 물리학자들의 이야기 속에는 온도, 압력, 브라운 운동, 원자, 광속, 사건의 공시성, 에테르, 만유인력 등이 나타난다. 또 그런 것들의 일부를 서로 연결시키는 법칙이나 이론들도 언급된다. 더불어 그와 다른 물리적 실체나 성질과 연관된 실험이나 관찰이 언급되기도 한다. 이처럼 전공 영역의 실천가들 간에 '연구 대상 수준'에서 담론들이 전개된다. 그러나 그 영역에서 연구하는 철학자들, 예를 들어 과학철학자, 경제철학자, 수학철학자, 역사철학자 등은 그런 면에서 실질적 공헌을 하지 못하고 지낸다(위의 예에서 보자면, 물리철학자는 철학자이지 물리학자가 아니다). 이 점을 약간 특별한 언어로 말해 보자. 철학자들은 보다 높은 혹은 추상적 수준에서 연구한다. 그들은 일차적 수준에서 혹은 연구 대상 수준에서 실천가들 사이에 전개되는 담론을 내려다보면서 연구한다. 즉, 실천가들 사이에서 주고받는 담론들에 대해서 의문이나 문제를 제기하는 것이 철학자의 일이다. 간단히 말해서, 철학자들은 **메타 수준**(meta-level)에서 연구하고, 연구 대상 수준에 관한 **메타 질문**(meta-questions)을 제기한다. 구체적으로 물리철학자들이 거론하는 질문은 다음과 같다.

- 물리학자들이 두 사건을 동시적이라고 말할 때, 바로 이 연구 대상 수준의 담론에서 나타나는 '두 사건의 동시성'이 의미하는 바는 무엇이며, 그것을 어떻게 확인할 수 있는가?
- 두 개의 천문학적 실체 사이에 존재하는 만유인력을 연구할 때, 두 대상 사이에 있는 공간의 성격에 대해서 어떤 가정을 하고 있는가? 그런 공간은 유클리트적인 것이라고 가정되고 있는가?
- 일부 물리학자가 옹호하는 소위 '끈이론(string theory)'은 어떻게 검증할 수 있는 것인가? 검증할 수 없는 것이라고 한다면 그것은 과학이론이라기보다는 형이상학적 이론이 아닌가?
- 물리학자들은 지극히 추상적인 이론들 안에서 다양한 종류의 실체의 존재를 전제하고 있으며 그런 실체들이 '실재적(real)'인 것이라고 가정하는데, 이는 어떤 의미로 가정될 수 있는 것인가? 만일 그렇지 못하다면 그것은 '편의적인 허구(convenient fictions)'에 불과한 것인가?

여기서 철학자들은 메타 수준에서 연구하는 사람이라고 설명하고 있다. 이런 설명은 모두는 아니어도 수많은 철학자에게 적용된다. 요즈음 (최소한 영어 사용권 국가에서는) 대부분의 철학과에서 우리는 과학철학자, 수학철학자, 사회과학철학자들을 찾아볼 수 있다. 그들은 제각기 관련 영역에서 나타나는 연구 대상 수준의 담론을 분석, 명료화, 성찰한다. 그런데 여기서 한 가지 중요한 사실을 강조할 필요가 있다. 어떤 학자들이나 연구자들은 (스키너와 마찬가지로) '연구 대상 수준'에서 '메타 수준'으로 올라가서 거기서 자기 전공을 내려다보고 성찰하는 경우가 있다. 그들은 바로 철학자들이 궁리하는 그런 문제를 가지고 고민한다. (바로 그들이 해당 분야를 이끌어 가는 '선도적 학자들' 이라는 것은 바로 그들이 자신의 연구 대상 수준에서 벗어나서 그것을 성찰할 수 있는 능력을 갖고 있기 때문이라고 말할 수 있다.) 이런 맥락에서 흥미로운 것은 철학 영역에서 중요한 참고 서적인 블랙웰 출판사의 『과학철학 안내서(*A Companion to the Philosophy of Science*)』(Newton-Smith, 2000)다. 이 책에는 보어(Bohr), 다윈, 아인슈타인, 갈릴레오, 라이프니츠(Leibniz), 마흐(Mach), 뉴턴, 휴얼(Whewell) 등에 관한 논문이 들어 있다.

스키너로 되돌아가 보자. 이제 분명해졌을 것이다. 그는 '인간 행동의 설명' 이라는 연구 영역에 관해서 메타 질문을 제기하였다고 나는 말했다. 스키너는 이런 연구 영역을 내려다보면서 확신하였다. 그에 의하면, 인간 행동이 '흥미', '욕구', '내적 충동', '자율성' 등과 같은 형이상학적 실체에 의거해서 연구되고 있다고 보았다. 그리고 그는 관찰될 수 없는 그런 것들에 의거해서 제시된 설명은 확증하거나 부정할 수 있는 방법이 뚜렷하지 않다고 지적하였다. 여기서 스키너는 메타심리학을 하고 있으면서 동시에 철학을 하고 있는 셈이나 다름이 없다. 그런데 내 생각으로 스키너는 그런 일을 아주 믿음이 갈 수준에서 수행하였다. 물론 나는 그의 결론은 전혀 틀린 것이라고 판단한다. (참고로, 내가 꼭 지적해 둘 것이 있다. 위에서 소개했던 블랙웰 출판사의 『과학철학 안내서』에서 우리는 스키너에 대한 긍정적 평가를 찾아볼 수 있다. 행동의 예언 및 설명을 위해 사용되고 있는 의도에 대해서 스키너는 부정적 입장을 갖고 있는데, 그중 한 가지 측면에 대해서 앞과 같은 긍정적 평가가 내려지고 있다. 이렇게 보면 스키너는 철학을 하고 있었던 것이 분명하다!)

스키너에 대해서 더 이야기할 것이 있다. 그리고 이런 논의는 적절한 과정을 거친 후에 다시 그에게로 되돌아갈 것이다. 철학에 관한 두 가지 핵심 사항을 여기서 중점적으로 다시 언급하고 넘어가는 것이 좋을 것 같다. 첫째, 철학 활동은 대부분 메타 수준에서 일어난다. 거기서 연구 대상 수준에 관해서 문제가 제기된다(때때로 다루어지기도 한다). 둘째, 소수의 학자는 자신의 전공 영역에 대해서 형이상학적 질문에 집중할 수 있는 유리한 지점에 도달하기도 한다. 이렇게 하는 정도만큼 그들은 철학을 하고 있는 것으로 간주할 수 있다.

② 철학에 관해서 전혀 다른 방식으로 생각할 수 있다. 이는 (메타 수준에서건 아니건 간에) 하고 있는 일이 어떤 유형의 것인가에 중점을 두는 철학관이다. ①에서는 이 점이 모호한 채로 남아 있었다. (나는 나뭇가지에 앉아서 주위 사람들이 정원에서 하고 있는 일을 내려다보면서 무슨 일을 하고 있는지를 묻거나 논평할 수 있다. 이 경우 나는 메타 논평을 하고 있는 것이겠지만, 내가 **어떤 종류의 질문**이나 논평을 하고 있는지를 전혀 알려 주지 못하는 것이다.)

탁월한 도덕철학자인 윌리엄 프랑케나(William Frankena)는 [미국철학회(American Philosophical Association) 회장을 역임했고, 교육철학에 대해 큰 관심을 갖기도 했는데] 전통적으로 철학자들이 추구했던 세 가지 유형의 활동을 다음과 같이 밝힌 바 있다.

> 그 역사를 되돌아볼 때, 철학은 세 가지 종류의 일을 했던 것으로 보인다. 철학은 우주관과 그 모든 측면, 그리고 우주 안에서 인간의 지위를 밝혀내려고 하였다. 이런 일은 종합적인 것이었다……. [또한] 철학자들은 인간사의 영위에 대해서 모종의 지혜를 제시하려고 하였다. 즉, 그들은 목표, 규범 혹은

> 표준을 발견하거나 형성함으로써…… 행위의 지침을 제공하려고 노력하였다……. [셋째] 철학자들은 그보다 덜 인상적이지만 핵심적인 종류의 탐구, 즉 분석이나 비판에 자주 몰두하였다. 이것은 철학자들뿐만 아니라 과학자나 일반 사람들이 사용하는 가정이나 방법을 비판적으로 평가하는 일을 포함한다……(Frankena: Lukas, 1969: 287에서 재인용).

이 세 가지를 가리켜서 사변적/형이상학적(나는 임의로 프랑케나의 용어에 두 번째 용어를 추가한다), 규범적, 분석적 활동이라고 이름 붙일 수 있다. 물론 이 세 가지가 서로 동떨어진 것은 아니다. 간단한 예를 들어 보자. 만일 규범적 입장에서 당신이 당신의 친구를 위해 행위의 지침을 제공한다고 할 때, 이 지침은 어떤 것에 의해 뒷받침될 필요가 있을 것이다. 왜냐하면 그 지침을 수용하는 친구들은 무엇이 그들에게 어떻게 살아가라고 말할 권리를 **당신에게** 부여해 주는지를 알고 싶어 할 것이다. 흔히 당신이 (철학자로서) 제공해 줄 지침은 당신이 수행한 분석적, 사변적/형이상학적 활동으로부터 어떤 식으로든 파생되거나 그것에 의해서 보증되거나 정당화될 것이다. 이 점이 부모가 하는 일과 유사함을 지적해 두는 것도 좋을 것이다. 왜냐하면 부모가 자녀를 대할 때는 규범적인 경우가 많기 때문이다. 다시 말해서, 부모는 자녀를 위해서 지침을 제시할 뿐만 아니라 그들이 그것을 따라야 한다고 요구한다. 최소한 어떤 부모는 자신들의 규범적 요구에 대해서 근거를 갖고 있다. 이런 요구는 변덕이 아니라 부모의 뼈저린 인생 경험, 오랜 공부와 성찰, 혹은 사회적/종교적 확신에 근거를 둔 것이다.

프랑케나의 분류는 앞서 언급했던 사례를 가지고 다시 이야기해 볼 수 있다. 첫째, 구성주의를 보자. 앞에서 우리는 세밀한 분석적 작업이 학자/연구자/실천가들의 활동에 기여할 수 있음을 밝혀 보았다. 구성주의자들이 따랐던 혁명적이지는 않으나 중요한 입장은 사실상 전혀 다른 몇 가지 입장을 뒤섞어 놓은 것에 불과하다는 점이 분석을 통해서 분명히 밝혀졌다. 그런 몇 가지 입장은 서로 구별되고 별개의 것으로 다루어질 필요가 있다고 하였다. (프랑케나는 분석적 작업이 '덜 인상적'이라고 지적하였는데, 과연 구성주의에 대한 분석적 작업이 그런 것인지는 독자가 판단할 일이다.)

둘째, 루소를 보자. 『에밀』에는 아동을 기르는 과정에서 무엇을 하고 무엇을 하지 말아야 하는지, 그리고 교육적 과정의 목적이 무엇이어야 하는지에 대한 규범적 조언도 많이 들어 있음은 분명한 사실이다. 예를 들면, 아동의 자연적 성향을 간섭하거나 억누르지 말라, 아동이 배울 준비가 되어 있을 때 무엇인가를 가르치라, 책 공부를 아동교육의 주된 방법으로 삼지 말라, 아동이 일차적으로 '사물'로부터 배우게 하라, 도덕적 지식의 습득을 다른 유형의 지식 습득과 다른 것처럼 취급하지 말라 등이 들어 있다. 이와 비슷하게, '자연적인 것이 좋다.'는 루소의 사변적/형이상학적 이론도 들어 있다. 이 이론은 『에밀』의 첫 부분에 감동적으로 요약되어 있다. 그러나 지적해 둘 점이 있다. 루소는 치밀한 사상가가 아니었다. 이 말은 루소가 그의 아이디어를, 특히 여기서 거론하고 있는 자연적 선에 관한 이론을 발전시킬 때 세밀한 분석이나 모순 제거와 같은 방법들을 갖고 접근하지 않았다는 뜻이다. 따라서 현대의 분석적 교육철학의 선구자라고 할 수 있는 하디(C. D. Hardie)는 1941년도에 출판한 책에서 '자연에 따르는 교육'이 의미할 수 있는 것들을 세분하였고, 그러한 점들이 옹호될 수 없는 것임을 밝혀냈다(Hardie, 1941/1962, Ch. 1).

셋째, 스키너를 보자. 스키너의 연구에는 규범적 요소가 강하게 들어 있다. 그는 과학적 연구의 성격에 대해서 분명한 견해를 갖고 있었다. 그것은 분명히 논리실증주의자들의 분석에서 파생된 견해였다. 그는 인간/동물 연구에서 중점을 두어야 할 것은 관찰이 가능한 것, 즉 행동과 그 결과라는 점을 자주 강조했다. 이 입장의 근거는 그의 분석적 작업이다. 이를 통해서 그는 내적 과정이나 실체에 의거해서 행동을 설명하는 것은 의미가 없는 일임을 밝혀냈다(최소한 스스로 만족했다).

스키너가 그토록 형이상학을 거부했던 점, 사람들이 흔히 가리키는 실체들이 사실상 존재하지 않는 것이라는 그의 주장, 그리고 그러한 실체들을 언급하면서 내놓는 설명은 좋게 말해서 공허한 것이고 솔직히 말해서 무의미한 것이라는 주장에 대해서 우리도 흥미로운 철학적 메타 질문을 던질 수 있다. 그런 입장은 **그 자체로서** 일종의 형이상학적 이론이 아닌가? 형이상학을 하건 하지 않건 간에 그가 한 일이 프랑케나가 말했듯이 사변적인 것이었음은 분명하다. 스키너는 『월든 투』에서 유토피아적 사회를 설명하고 있다. 그것은 전적으로 행동주의 심리학의 원리에 따라 조직된 사회다. 이 원리에 따라서 운영되는 사회가 어떻게 해서 시민들이 각자 선택한 목표를 추구할 수 있도록 해 주는 것인지를 그는 밝혀 주었다. 그 소설은 '아웃사이더'가 던지는 회의적인 질문들에 대해서 그가 대답할 수 있도록 구성되었다. (만일 우리가 루소를 『에밀』 때문에 철학자라고 간주한다면 스키너도 『월든 투』 때문에 철학자라고 보아야 한다. 그의 다른 책들은 말할 것도 없다!)

③ 철학을 기술하는 다른 방식이 또 있을 것이다. 그것은 학술도서 출판사의 출판서적 목록이라든가 대학 철학과의 안내문을 살펴본 사람이면 잘 알 것이다. 그것은 앞에서 언급했던 철학 활동의 세 가지 구분을 가로질러 기술하는 방식이다. 물론 이 세 가지 철학 활동이나 ①에 제시된 철학 구분과도 중복되는 점이 없지 않다. 이렇게 철학을 기술하는 방식(③)에서 중점을 두는 것은 **활동의 유형**(형이상학적/사변적, 규범적, 분석적)이나 **수준**(메타 수준, 연구 대상 수준)이 아닌 **영역**이다. 철학 활동의 영역이란 지식, 도덕과 윤리, 미, 시민성, 다원주의 사회의 개인/집단 권리 등에 관한 질문/문제에 초점을 둔 것이다. 유명한 블랙웰 출판사의 '철학 안내서(Companions to Philosophy)' 시리즈는 바로 이런 방식으로 조직되어 있다. 인식론, 윤리학, 미학, 정치철학, 마음의 철학, 형이상학, 논리학, 과학철학, 언어철학, 종교철학, 페미니스트 철학, 인지과학 등에 관한 철학 안내서가 별도로 출간되었다.

우리가 앞서 논의했던 세 가지 사례는 이런 방식과 연관 지어 살펴볼 수 있다. 첫째, 구성주의는 인간 지식에 관한 일련의 (혼란된) 견해를 가리킨다. 그 주된 관심은 지식이 구축되는 방식들에 관한 것이다. 그러나 많은 구성주의자는 (어떤 수단에 의해서건) 구성된 신념들이 '참인' 것으로 적절하게 분류될 수 있는지의 문제를 다루기도 한다. ('지식'이라는 단어를 사용한다는 것은 현재 문제시되고 있는 신념들이 참이라는 점을 암시한다.) 따라서 구성주의의 철학적(그리고 분석적) 논의를 **인식론**에 포함시키는 것이 가장 좋을 것이다. 둘째, 스키너의 연구는 아주 폭넓은 편이어서 각 부분마다 분류가 달라질 수 있다. 심리학의 연구를 어떻게 추구해야 하는가에 관한 그의 견해는 **과학철학**(더 정확하게 말하면 **사회과학 및 행동과학의 철학**이라는 하위 영역)에 포함시켜야 될 것이고, '자율적 인간'이나 '내면의 작은 인간'과 같은 정신적 실체에 대한 그의 공격은 **마음의 철학**이나 **형이상학**이라는 영역에서 거론되는 주제에 딱 들어맞는 것이다. 셋째, 『에밀』은 사회 문제의 근원에 대한 통렬한 분석, 그리고 과학의 진보가 근대사회의 삶에 미치는 영향에 대한 부정적 평가와 해결책이라는 점에서 볼 때 **정치철학**의 중요한 연구로 간주되어야 한다.

3. 중요한 단서

교육철학으로 되돌아가기 전에 또다시 강조해야 할 것이 있다. 앞에서 논의했던 철학의 성격을 기술하는 세 가지 방식은 서로 배타적인 것이 아니다. (그 중에서 꼭 한 가지 방식만 타당한 것은 아니다.) 따라서 과학철학자는 과학철학이라는 영역에서 메타 수준의 연구를 할 수 있지만 (동시에) 분석적 연구를 할 수도 있다는 말이다. 이런 연구의 핵심은 이 영역 안에서 지식 주장들이 어떻게 보증되거나 지지받을 수 있는가에 관한 몇 가지 (인식론적) 이슈를 명료화하는 일이다. 그리고 과학철학자는 그런 분석을 기반으로 삼아 과학자들의 지식 검증 절차에 관해서 어떤 규범적 조언을 제공할 수 있을 것으로 기대할 수 있다.

약간 과장해서 말한다면, 철학자는 사냥꾼처럼 (다양한 기능을 갖고) 일정한 영역 안에 갇혀 있기를 거부한 채 자유롭게 어슬렁거리면서 발걸음이 닿는 곳마다 도전적인 게임을 추구할 수 있을 것이다.

4. 그렇다면 교육철학이란 무엇인가

철학의 성격에 관한 이제까지의 설명에 비추어 볼 때, 다음과 같은 결론을 내리는 것이 자연스러울 것이다. 즉, 교육철학이란 대체로 과학철학이나 정치철학에 견줄 수 있는 활동 영역이다. (앞서 언급했던 블랙웰 출판사의 철학 안내서 시리즈의 편집자들은 이런 견해를 갖고 있으며 최근에 이 시리즈에 '교육철학'을 추가하였다; Curren, 2003 참조) 그러나 이런 견해는 적절하지 않은 것 같다. 교육은 아주 광범위하고 복잡한 영역이고, 사회의 많은 측면과 얽혀 있으며, 사회에서 근본적으로 중요한 것이기 때문에 철학적 연구의 방향은 거의 무한정한 것 같다. 나의 (사변적) 제안에 따른다면, 교육철학이라는 영역은 그 복잡성에서 볼 때 어느 한 가지 철학 분야에 속하는 것이라기보다는 철학의 **전체 영역에 걸쳐 있는** 것이다.

따라서 교육철학의 영역에서 우리는 이 장에서 개괄한 온갖 활동을 찾아볼 수 있다. (일부 교육연구자, 교육과정 이론가와 마찬가지로) 일부 교육철학자는 (교육연구자들 간의, 교사와 교장 간의, 혹은 교사와 학습자 집단 간의 연구 대상 수준의 상호작용이나 담론에서 생기는) 메타 질문을 던지고, 메타이슈를 탐구한다. 일부 교육철학자는 (교육의 목적에 관해서, 아동을 어떻게 대우해야 하는가에 관해서, 우리가 교육을 통해서 어떤 종류의 정의로운 사회를 실현해야 하는가에 관해서) 규범적 작업을 수행한다. 일부 교육철학자는 (학교에서 어떤 지식을 가르쳐야 하는가, 그리고 그런 지식의 정당화나 보증을 어느 수준에서 가르쳐야 하는가, 교육과정 속에 지식으로 간주되지 못하는 아직 제대로 정립되지 못한 신념들이 들어갈 자리가 있는가,

교육심리학의 연구자들이 발견한 바가 실제로 적절하게 보증될 만한 것인가와 같은) 인식론적인 이슈를 탐구한다. 일부 교육철학자는 (아동은 교육에 대해 어떤 권리를 갖는가, 성장하는 아동의 이익이 그 아동의 교육을 통제할 부모의 권리라고 가정하는 것과 갈등을 일으킬 경우에 누구의 권리와 이익을 우선시해야 하는가, 아동의 자율성을 발달시키면서 동시에 신앙 공동체로 끌어들일 수 있는가와 같은) 정치철학의 중심 이슈에 대해서 탐구한다. 그리고 일부 교육철학자는 (교실에서 교사와 학생 혹은 학생들 간의 상호작용, 학생 개인을 '연구 대상'으로서 취급하는 방식과 같은) 윤리적 이슈에 초점을 두기도 한다.

이 장의 서두에서 '교육철학이란 무엇인가?'라는 질문에 감추어져 있는 여러 가지 가능성을 확인해 보았다. 만일 사전적 정의를 내려야 한다면 다음과 같은 정의가 모든 사람에게 만족스러운 것이 될 것이다. **교육철학이란 교육이라는 세계에서 발생하는 이슈들에 중점을 두고 철학적 탐구를 추구하는 탐구 영역이다.** 만일 교육철학자들이 (집단적으로) 하는 일이 무엇인가를 설명해야 한다면, 이렇게 요약한 정의가 나의 최선의 대답이 될 것이다. 만일 교육철학자가 하고 있는 일의 사례를 제시해 달라고 요구한다면, 나는 (주저되기도 하지만) 이 장을 모두 살펴보라고 말할 것이다. 그러나 '무엇인가?'라는 질문에 깔려 있는 관심사가 '교육철학은 왜 중요한가?' 일 수 있다. 이 질문은 다음과 같은 질문들과 다름없는 것이다. 우리가 실천하는 일에 대해 성찰한다는 것은 왜 중요한가? 우리의 신념에 들어 있는 모순된 측면을 피하려고 하는 것은 왜 중요한가? 우리가 내세우는 원리를 주장하면서 우리가 헌신, 신봉하는 것이 무엇인가를 깨닫는 것은 왜 중요한가? 교육철학자들이 탐구하지 않았다면 결코 밝혀질 수 없었던 대안적인 목표나 이상을 고려함으로써 가능성의 지평을 확대하는 것은 왜 중요한가? 만일 이런 점들을 독자들에게 설득시키지 못한다면 이 두 권의 책은 결함이 있는 책이 되고 말 것이다.

참고문헌

Curren, R. (Ed.) (2003) *A Companion to the Philosophy of Education*. Oxford: Blackwell.

Curren, R. (Ed.) (2007) *Philosophy of Education: An Anthology*. Oxford: Blackwell.

Frankena, W. (1969) 'Toward a philosophy of the philosophy of education', Reprinted in C. Lucas (Ed.), *What is Philosophy of Education?* Toronto: Macmillan, pp. 286-291.

Glasersfeld, E. von. (1995) *Radical Constructivism: A Way of Knowing and Learning*. London: Falmer Press.

Glasersfeld, E. von. (Ed.) (2007) *Key Works in Radical Constructivism* (Ed. Mary Larochelle). Rotterdam: Sense Publishers.

Hardie, C. (1962) *Truth and Fallacy in Educational Theory*. New York: Teachers College Bureau of Publications. 임태평 역(1992). 『교육이론의 진위』. 서울: 교육과학사.

Kant, I. (1959) *Critique of Pure Reason*. London: Dent/Everyman. 백종현 역(2006). 『순수이성비판 1, 2』. 서울: 아카넷.

Lucas, C. (Ed.) (1969) *What is Philosophy of Education?* Toronto: Macmillan.

Neill, A. (1960) *Summerhill: A Radical Approach to Child Rearing*. New York: Hart. 강성위 역(1980). 『섬머힐』. 서울: 배영사.

Newton-Smith, W. (Ed.) (2000) *A Companion to the Philosophy of Science*. Oxford: Blackwell.

Peters, M. and Burbules, N. (2004) *Poststructuralism and Educational Research*. Lanham, MD: Rowman and Littlefield. 심승환 역(2007). 『탈구조주의와 교육』. 서울: 교육과학사.

Phillips, D. (1985) 'Philosophy of education', in T. Husen and N. Postlethwaite (Eds.), *International Encyclopedia of Education*. Oxford: Pergamon.

Phillips, D. (Ed.) (2000) *Constructivism in Education: Opinions and Second Opinions on Controversial Issues*. 99th Yearbook of the NSSE. Chicago: University of Chicago Press.

Phillips, D. (2007) 'The good, the bad, and the ugly: the many faces of constructivism', Reprinted in R. Curren (Ed.), *Philosophy of Education: An Anthology*. Oxford:

Blackwell, pp. 398–409.

Rousseau, J-J. (1953) *The Confessions of Jean-Jacques Rousseau* (trans. J. Cohen). London: Penguin Books. 이용철 역(2012). 『고백록』. 서울: 나남.

Rousseau, J-J. (1955) *Emile* (trans. B. Foxley). London: Dent/Everyman. 김중현 역(2003). 『에밀』. 파주: 한길사.

Skinner, B. (1953) *Science and Human Behaviour*. New York: Free Press.

Skinner, B. (1962) *Walden Two*. New York: Macmillan. 이장호 역(2006). 『(스키너의) 월든 투』. 서울: 현대문화센터.

Skinner, B. (1972) *Beyond Freedom and Dignity*. London: Jonathan Cape. 정명진 역(2008). 『자유와 존엄을 넘어서』. 서울: 부글북스.

Smeyers, P. (1994) 'Philosophy of education: Western European perspectives', in T. Husen and N. Postlethwaite (Eds.), *The International Encyclopedia of Education*, 2nd edition. Oxford: Pergamon, pp. 4456–4461.

제2장
교육철학의 학파

Robin Barrow

1. 교육철학을 가르치는 다양한 방식

연구하거나 혹은 가르치기 위해서 교육철학 영역을 조직화하는 방식은 많을 것이다. 예를 들어, 교육과 관련된 이야기를 했던 (플라톤, 루소 등과 같은) 저명한 철학자들을 역사적 순서대로 연구할 수 있다. 철학자건 아니건 간에 (페스탈로치, 프레이리와 같은) 저명한 교육사상가들을 철학적 방향에서 탐구할 수 있다. (도덕철학과 도덕교육, 과학철학과 과학교육 등과 같이) 철학의 어떤 영역에 중점을 두면서 교육적 시사점을 찾아볼 수 있다. 일부 사람들은 이상적으로 볼 때 교육철학이 존재/실존의 성격에 관한 궁극적 질문을 체계적으로 탐구하는 분야(형이상학), 인간이 알 수 있는 바에 관한 지식이론(인식론), 그리고 다양한 종류의 (도덕적, 미학적, 경제적) 가치 문제에 대한 관심(가치론)을 포함해야 한다고 주장한다. 이렇게 되면 실제로 교육철학은 철학과 구별되기가 어려워진다. 이와 달리 일부 사람들은 현대의 구체적인 교육 문제에 초점을 두기도 한다. 그로부터 철학적 질문이 제기되기 때문이다[예를 들면, 포용(inclusion) 정책은 교육적으로 바람직한가? 그것은 도덕적으로 요청되는 일인가? 도덕적 명언과 교육적 명언 사이에는 어떤 관계가 있는가?]. 그런데 또 다른 견해를 가진 사람들도 있다. 그들에 따르면, 교육철학은 교육적 개념들을 비판적으로 검토하는 일에 중점을 두어야 한다(예를 들면, 교육받은 인간이란 어떤 사람인가? 지식의 성격은 무엇인가? 알아야 할 가치가 있는 것은 어떤 것인가?).

20세기 중반, 미국에서 아주 유행했고 또 지금도 널리 퍼져 있는 한 가지 접근 방식이 있다. 그것은 '학파(사조, schools of thought)'라고 부르거나, 혹은 '실재론'이나 '관념론'과 같이 '—론 혹은 —주의(isms)'라고 부르는 것을 기반으로 하는 접근 방식이다.[1] 앞으로 언급하게 될 것이지만, 여기에는 많은 문제점이 따른다. 학파/사조를 특수한 철학적 교설/이론/방법과 구분하거나 혹은 학파/사조를 이데올로기와 구별하는 데에는 어려움이 따른다. 또한 —론, —주의, —사조 등을 논리적으로 구분하는 데에도 문제가 있다. 그뿐만 아니라 구체적인 철학적 관점과 일반적인 교육적 관점을 구분하는 데에도 문제가 있다. 이와 같은 점들을 분명하고 일관성 있게 구분하기가 어려운 일이기 때문에 여러 가지 텍스트나 교수요목 안에 아주 다양한 '학파/사조'의 목록이 나타나게 된

1) 허스트(Hirst)의 책(*Philosophy of Education*, 1983)을 논평하면서 피터스(R. S. Peters)는 다음과 같이 말했다. "그(1965년 무렵) 이전에 교육철학은 정리가 안 된 상태에서 다양하게 해석되고 있었다. 무엇보다도 미국의 교사양성 대학에서 교육철학을 가르쳤던 많은 사람이 추구하던 패턴이 있었다. 그들은 자신들이 철학을 제대로 하고 있음을 인문학부 교수들에게 납득시키려고 하였다. 그들은 '관념론', '실재론', '실용론'과 같은 학파들을 기반으로 삼아 그것들의 교육적 시사점을 찾아내려고 노력하였다. 사실상 내가 처음 교육철학에 입문했을 때 가장 널리 퍼져 있었던 질문은 철학이 교육을 위해서 갖고 있는 '시사점들'이 무엇인가 하는 것이었다."

다. 물론 그것이 단순히 판단이나 선정의 문제에 불과한 것일 수도 있다. 그러나 학파/사조가 정확하게 무엇을 의미하는가에 대한 혼란 때문에 그런 일이 생기는 경우도 없지 않다.

그럼에도 불구하고 비교적 고정적으로 언급되고 있는 —론이나 —주의가 있다. '관념론', '실재론', '자연주의', '실용주의' 등이 그것이다. 이런 범주는 다시 세분할 수 있다. 예를 들면, '관념론' 이나 '종교적 관념론' 혹은 '실재론' 이나 '신학적 실재론' (토마스 아퀴나스 이후의 '토미스트 실재론' 이라고 하는 것)으로 나눌 수 있다. 더욱 최근의 예로서 —주의, —이즘, —학을 들 수 있다. '마르크스주의', '실존주의', '포스트모더니즘', '현상학', '해석학' 등이 그것이다. 드물지만 '재건주의', '행동주의' 그리고 갖가지 '동양철학' 도 나타난다.

중대한 사항은 '철학적 분석(Philosophical Analysis)' 이라는 독특한 학파를 거기에 포함시킨다는 것이다. 이것에 주목해야 할 이유가 있다. '학파/사조' (—론, —주의, —학)라는 일반적 분류 속에 '철학적 분석' 을 포함시키고 있는데 이것을 심각한 문제라고 보기 때문이다. 다음에서 더 자세히 언급하겠지만, '철학적 분석' 은 '실재론' ('자연주의', '관념론')과 같은 종류에 속하는 것이 결코 아니다. '철학적 분석' 을 분석적 접근의 특수한 종류를 가리키는 것으로 볼 때에도 마찬가지다. '철학적 분석' 의 기반에는 한 가지 신념이 있을 수 있는데, 그것은 철학이 수행해야 할 과제에 대한 한 가지 견해(즉, 개념의 분석)다. 이와 달리 '실재론' 은 사물의 본성에 대해서 일단의 실질적인 신념을 포함하는 것이고, 따라서 철학자의 방법에 대한 직접적 언급과는 무관한 것이다. 따라서 '철학적 분석' 과 '실재론' 은 서로 경쟁하는 별개의 학파가 아니다. '학파' 가 무엇을 의미하건 간에 '철학적 분석' 과 '실재론' 을 똑같이 학파라고 하는 것은 잘못이다.

위에서 언급한 학파들 중에는 독자들에게 아주 낯선 것도 많을 것이다. 따라서 여기서 주장하고 있는, 그리고 다음에서 보다 자세하게 논의하게 될 근본적이고 일반적인 두 가지 사항을 강조할 필요가 있다. 첫째, 흔히 병렬적으로 열거되고 있는 여러 가지 학파나 ─주의는 동일한 속(genus)의 서로 다른 종(species)이 아니라 실제로 서로 다른 속에 속하는 것이다. 다시 말해서, 사상을 조직한 결과로서 그 내용이 서로 다른 것이 아니라 사상을 조직하는 방식 자체부터가 서로 다른 것이다. 둘째, 특별히 주장해야 할 점으로, '철학적 분석'은 학파나 '─주의'가 아니다. 따라서 '철학적 분석'은 '실재론'이나 '관념론'과 똑같은 수준이나 똑같은 종류의 것이 아니라고 말할 수 있다.

끝으로 서론에서 지적해 둘 것은 이 장에서 나의 논변은 전반적으로 '학파식' 접근에 대해서 다소 비판적이라는 점이다. 그러나 그렇다고 해도 다양한 학파나 '─주의'를 공부하는 데에도 분명히 몇 가지 장점이 있음을 나는 인정한다.

2. 학파의 구체적 사례와 그것을 가르치는 장점

교육철학에 대한 학파적 접근은 분명히 장점을 갖고 있다. 특히 친숙한 학파에 초점을 둘 경우 그렇다. '관념론'을 예로 들어 보자. 그것은 본질적으로 그리고 전형적으로 플라톤적 견해를 가리킨다. 그에 따르면, 실재는 아이디어/마음 속에 있다. 실재는 물질 세계나 물질적 지각 속에 있는 것이 아니다. '관념론'은 서양철학의 체계적 서술의 출발점이었고, 오늘날에도 어떤 형태로든지 강력하게 지속되고 있는 관점이다. '관념론'을 소개하는 일은 플라톤 철학의 중심을 차지하며, 거대한 영향을 미쳤던 부분을 안내하는 일이다. 그것을 공부한다면 강력하게 지속되어 온 철학적 '─론'을 파악하게 될 것이다. 그것은 또한 교육철학이 마침내 부딪혀야 할 다음과 같은 질문들에 근접하게 될 것이다. 실재의 본질은 무엇인가? 진리란 무엇인가? 참된 지식은 무엇인가?

'실재론'도 마찬가지다. '실재론'이란 실재는 물질적 세계이며, 감각적 지각이 일차적이라고 보는 견해를 가리킨다. '실재론' 은 '관념론' 의 반대 입장이며, 지속적인 영향력을 미쳤고 추종자도 많았다. 따라서 실재/진리/지식에 대한 물음을 다룰 경우에는 '관념론' 과 더불어 '실재론' 을 고찰해야 한다.

역사적 연구는 가치 있는 일이다. 그것은 일반적으로 학파적 접근과 연관되어 있다. '실재론' 은 예를 들어 존 로크(John Locke)와 연관시킬 수 있으나, 흔히 아리스토텔레스(Aristoteles)와 함께 소개된다. 아리스토텔레스는 경험적 관찰, 그리고 특수한 것들로부터 일반적 법칙을 연역하는 것을 강조하였다. 이런 이야기는 플라톤의 '이데아(혹은 형상) 이론' 을 구체적으로 비판하면서 전개된다. 철학적 관점들은 다른 것도 대개 그렇겠지만 과거에 대한 반작용으로 발전하는 것임을 인정해야 할 것이다. 따라서 '종교적 관념론' 의 출현을 '기독교적 신플라톤주의자들' 의 업적으로, 그리고 성 어거스틴(St. Augustine)에 이르러 최고조에 도달한 플라톤 철학의 결과로 생각하는 것은 흥미로운 일이다. 이와 비슷하게, '종교적 실재론' 의 출현은 토마스 아퀴나스(Thomas Aquinas)와 같은 사람들이 기독교의 프리즘을 통해서 아리스토텔레스적 관점을 발전시킨 것이라고 볼 수 있다.

루소의 견해도 역사적 변화를 대표한다. 왜냐하면 '자연주의' 사조는 루소의 명제, 즉 진리와 선은 자연 상태 안에서 찾거나 혹은 자연적 환경에서 성장함으로써 찾아야 한다는 명제와 연관되기 때문이다. 원칙적으로 말해서 '관념론자' 이건 '실재론자' 이건 간에 모두 루소의 견해를 받아들일 수 있다. 왜냐하면 루소는 그의 논변을 실재나 지식의 본질에 관한 논변으로서 제시하지 않았기 때문이다. 루소의 논점은 어떤 종류의 양육이 어떤 종류의 지식/인식/인격으로 나타날 것이라는 주장에 집중하고 있다. 다시 말해서, 에밀이라는 주인공의 양육과정을 상세하게 기술하고 있는 그의 『에밀』은 교육적 명제이며, 지식과 진리에 관한 함의를 포함한다. 이와 달리 플라톤의 '이데아 이론' 은 인식론적 명제이며, 교육을 위한 함의를 갖고 있을 것이다(나중의 논의 참조). 교육철학자들이 실재와 진리에 대해서 생각할 필요가 있음은 의문의 여지가 없다. 또한 자연에 관해서 생각하는 것도 중요한 일이다. 자연이 가장 복잡한 개념 중 하나임은 널리 알려져 있다. [논리적 연결을 시도할 수는 있겠으나, 루소의 명제는 그와 동시대인인 데이비드 흄(David Hume)의 견해와 직접 연관된 것이 아니다. 흄은 '사실(is)' 로부터 '당위(ought)' 는 결코 도출될 수 없다고 보았다. 또한 루소의 명제는 무어(G. E. Moore)의 경고와 아무런 직접적 관계가 없다. 무어는 '자연주의적 오류' 를 범하지 말라고 경고하였다; Moore, 1962, Bk 3, Part 1, Sec 1] 그러나 '자연' 과 '자연적' 에 관한 루소의 다양한 주장들이 결국 어떤 것인가를 정확하게 밝혀내고, 또 어느 특정 의미에서 자연적인 것이 어떤 것이며, 이것이 교육과 어떻게 연결되어야 하는지를 확인하는 데에는 어려움이 따른다. 그렇다면 교육은 자연적이지 않고, 자연적이어서도 안 되며, 오히려 '자연(본성)' 이 문화화/문명화되는 과정이라고 확실히 주장할 수 있을 것이다. 이런 주장은 루소의 면제를 꼭 지지해 주는 것이 아니며, 오히려 자연이라는 개념이나 자연주의라는 학파의 복잡성을 인정해 주는 것이다.

'프래그머티즘' 은, 19세기 말 찰스 퍼스(Charles Peirce), 윌리엄 제임스(William James), 존 듀이(John Dewey)와 같은 철학자들과 특별히 연관된 것으로, 진리(truth)를 유용한 것, 혹은 결과를 산출하는 것과 연결시키려고 한다. 이것은 특히 미국적인 관점이다(부분적으로는 미국의 프론티어 정신이라고 하는 것의 산물일 수 있다). 그것은 인간의 아이디어가 단순히 추상적 사고에서 생기는 경우는 거의 없으며 상황의 산물이기도 하다는 점을 강하게 환기시켜 준다. 이런 사실을 무시하는 것도 위험한 일이지만 그렇다고 해서 그런 아이디어가 태어난 시대의 산물에 불과한 것이라고 간주하는 것도 마찬가지로 위험한 일이다.

몇 가지 가능한 학파들에 대한 간단한 논평을 마무리하자. '마르크스주의' 는 (가치, 종교적/도덕적 믿음을 포함해서) 모든 아이디어가 특정한 사회적/경제적 구조의 산물에 지나지 않는다는 견해를 갖고 있다. (이 견해를 앞에서 이미 비판했다.) '마르크스주의' 와 같은 풍부한 사상을 그런 식으로 요약할 경우에는 그 사상이 왜곡될 위험성이 있다. 그러나 여기서 고찰해야 할 문제점의 일단이 드러난다. 수백 명의 다양한 '마르크스주의' 지식인들을 가장 저급한 공통된 특징에 따라서 분류하거나 아니면 그들의 다양한 차이점들을 제대로 다루어 주거나 해야 한다. 후자의 경우, 하나로 인식될 수 있는 '학파' 라는 것은 별로 중요하지 않다. '실존주의' 는 장 폴 사르트르(Jean Paul Sartre)가 말한 것처럼 인간의 실존이 본질에 선행한다는 견해, 우리는 주어져 있는 것이 아니라 우리 자신의 본성/성격/미래를 창조하기(루소를 참조) 때문에 우리의 존재에 대해 궁극적인 책임을 갖는다는 견해로 정의할 수 있다. 또한 그런 인식은 허무/소외/불안의 감정으로 이어진다고 주장할 수 있다. '포스트모더니즘' 그리고 그 밖의 보다 현대적인 '-주의' 나 학파를 따로 고찰할 필요가 있다(아래에서 상대주의에 관한 절을 참조). 왜냐하면 그것들은 이제까지 논의했던 '학파' 의 모델과 딱 들어맞지 않는 것이기 때문이다. 여기서 일반화시켜서 이야기한다면, 그런 사조들은 상대주의적 관점으로 흐를 경향이 있으며, 그 결과 인습적/전통적 의미의 지식은 불가능하게 된다.

학파나 '-주의들' 을 공부함으로써 교육철학에 접근하는 것은 연속성/발전 과정을 보여 주는 순서대로 주요 철학적 아이디어를 안내받을 수 있다는 이점을 갖고 있다. 이런 접근에서 만나게 되는 개별 철학자 중에는 철학적으로 상당히 중요한 인물이 많다. 그런 아이디어 중에는 철학적으로 중요한 의의를 갖고 있는 것도 많다. 또한 그중에는 교육에 관해서 생각하고자 하는 사람들에게 중요한 것도 있다. 교육을 공부/이해하기를 원하는 사람들에게 정말 필요한 것은 진리/지식의 본질이 무엇인가, 인간됨의 의미가 무엇인가, 실재를 이루는 것이 무엇인가, (온갖 다양한 의미에서) 자연적인 것이 무엇인가, 자연의 어떤 측면에 대해서 우리가 관심을 가져야 하는가를 고찰하는 일이다.

3. 학파의 분류에 따르는 몇 가지 문제점

이제 문제점을 살펴보자. 가장 확실한 첫 번째 문제점은 이미 암시했듯이 이러한 학파들이 실제로 제각기 동질적인 것은 아니라는 점이다. 그것은 다양한 (때로는 서로 부합될 수 없는) 입장을 포괄하는 명칭으로 '마르크스주의' 만 그런 것이 아니다. 학파 중심적 접근을 따르고 있는 교재를 몇 가지 살펴보면 이를 알 수 있다. ① 텍스트의 저자에 따라서 특정 학파/사조에 소속시키는 철학자들이 달라진다. ② 특정 교재에서 어떤 −주의로 분류된 여러 사람들이 동일한 견해는 말할 것도 없고 특별히 비슷한 견해를 갖고 있는 것도 아니고, 이들 간에 서로 차이가 나타나는 정도가 다른 −주의로 분류된 사람들과의 차이보다 더 큰 경우도 있다. (예를 들어, '마르크스주의' 를 그리고 트로츠키주의자와 다른 '마르크스주의자들' 간의 투쟁을 생각해 볼 수 있고, 세속적인 아리스토텔레스의 '실재론' 과 기독교적인 아퀴나스의 실재론 간의 긴장관계를 생각해 볼 수 있다.) '관념론' 은 언제나 플라톤과 연관되는데, 일부 사람은 버클리 주교(Bishop Berkeley)나 칸트(Kant) 혹은 헤겔(Hegel)을 더 참조하기도 한다. 그들보다 덜 알려져 있는 현대적 인물(예: Herman Horne, J. Donald Butler)도 있을 것이다. 어떤 목적에서든 그런 사람들을 한 집단으로 묶는 것이 잘못은 아니겠지만 그들이 동일한 견해를 갖고 있는 것도 아니며, 특별히 비슷한 견해를 갖고 있지 않은 경우도 있다. 이런 점은 일반적인 철학적 입장에서만 아니라 특수한 문제에 대해서도 나타나는 현상이다. 아주 단순하게 개략적으로 말한다면, 칸트는 플라톤의 '이데아 이론' 과 상당히 다른 것을 믿고 있다. "존재한다는 것은 지각되는 것이다."라는 버클리의 견해는 플라톤의 견해와 다르다(물리적 세계가 신에 의해 영원히 지각된다는 근거 위에서 그것의 '실재' 를 플라톤이 받아들이는 것은 결코 아닐 것이다; Berkeley, 1934). 헤겔의 인식론이 아주 구체적이고 진지한 방향에서 플라톤의 인식론과 견줄 수 있는 것이라는 생각은 결코 수용될 수 없다. 핵심을 말한다면, 루소를 '실용주의자'로 예시한다거나(예: Ozmon & Craver, 2008), 그의 "낭만적 자연주의는 관념론과 유사한 것이었다."라고 주장한다거나(Neff, 1966: 28), [철학적으로나 교육적으로 볼 때 루소의 옆에 결코 둘 수 없는 허버트 스펜서(Herbert Spencer)와 함께] 루소를 '자연주의'의 대표자로 제시한다는 것(Gutek, 1988)은 의문스러운 일이다. 이렇게 산만하고 엉뚱한 분류가 만들어지고 어울리지 않은 짝들이 생기는 것은 바로 그 범주(명칭)들이 너무 넓어서 무의미한 결과를 낳기 때문이다.

일반적인 요점을 지적하는 데 충분할 만큼 밝혀졌을 것으로 생각한다. 학파는 아주 부정확한 범주들이다. 따라서 분류하는 사람들에 따라서 동일한 사람들이 다르게 분류되는 경우가 많다. 그렇다면 플라톤, 버클리, 칸트와 같은 사람들을 어떤 단일한 학파에 속하는 사람으로 보지 않고, 개인별로 특별한 입장을 검토하는 것이 오히려 더 의미 있고 더 유용할 수 있다. 그들에게 어떤 공통점이 있을 수 있고, 다른 전통보다는 이런 전통에 속하는 사람들이라고 말할 수 있겠으나, 결코 그들은 동일한 명제를 옹호하는 사람들이 아니다. 그러나 이런 주장에 대해 반대할 수도 있다. 소위 '공리주의' 철학자들이라고 해서 모두 똑같은 마음을 갖고 있는 것은 아니라고 하면서 말이다. 그들이라고 해서 모든 측면에서 똑같을 수는 없을 것이다. 그렇지만 공통된 학설(doctrine)을 갖고 있기 때문에 그들을 '공리주의자'로 분류하는 것이 틀린 것은 아니다. (공통된 학설이 얼마나 구체적인 것인가 하는 점은 분류체계에 따라 달라진다. A와 B를 '규칙 공리주의자'라고 말하는 것은 그들이 모두 '공리주의자들'이라고 말하는 것보다 더 정확한 표현이다. 이와 비슷하게, '쾌락주의적' 혹은 '이상적 공리주의자'라고 말함으로써 더 구체화할 수 있다.) 그러나 벤담(J. Bentham)과 밀(J. S. Mill)을 가리켜 모두 '공리주의자'라고 말하는 것은, 헤겔과 버클리를 '관념론자'라고 말하는 것에 비해서 훨씬 더 정확하고 의미 있는 표현이다.

다양한 '–주의들'을 범주화하지만 여기에 정확성이 부족하다는 것은 특별히 놀랄 일이 못 된다. 왜냐하면 무엇을 분류하거나 집단을 만드는 일은 그 일의 목적/관심에 따라서 상당히 달라지기 때문이다. 식물학자가 다양한 식물을 분류하는 목적은 가정주부가 색상의 조화를 시도하거나 나무를 크기에 따라 심는 일의 목적과는 전혀 다를 수 있다. 이와 비슷하게 철학에서도 그 관심/초점을 인식론, 도덕관, 정치적 의도, 교육적 의도 중 어느 것에 두는가에 따라서 두 명의 철학자를 함께 분류하는 것이 다소 적절한 일이 될 수 있다.

둘째는 더욱 심각한 문제점이다. 그것은 예를 들어 '관념론' 과 '실재론' 이라는 기초적 구분을 넘어설 경우 '-주의들' 의 논리적 지위, 혹은 학파의 성격이 다양해진다는 점이다. 기초적인 구분에서도 그 두 가지가 전적으로 양극단에 놓여 있다고 믿을 필요가 있는지, 그리고 실제로 그렇게 믿는 사람들이 있는지는 의문스럽다. 양자를 대조시키는 것이 교육적으로 유리할지 모르나, 실제로 플라톤이 물질 세계의 실재를 믿지 않았다거나 로크가 사상의 실재를 믿지 않았다고 단순하게 말하는 것은 우리를 오도할 수 있다. 상식적인 사람들과 마찬가지로, 플라톤과 로크는 '관념론' 과 '실재론' 이 어느 정도 진리임을 인정할 것이다. 플라톤의 요지는 막대기가 없다거나, 막대기로 눈을 쑤셔도 아무렇지 않다는 말이 아니다. 분명히 말한다면, 그의 요지는 겉모습은 변하는 것이고 속일 수 있다는 것, 그리고 가령 우리가 정의의 본질을 이해하고자 할 때 정의의 사례를 관찰함으로써 접근할 것이 아니라 그에 관해서 생각할 필요가 있다는 것이다. 아리스토텔레스는 전자의 방법을 강조하는 경향이 있다. 그럼에도 불구하고 그들이 실재에 대해서 정반대의 견해를 갖고 있었다는 말이 아니다. (실제로 그들은 그렇지 않았다. 아리스토텔레스를 '실재론자' 로 구분한다면, 일부 특수한 비판에도 불구하고 그리고 우리가 알고 있는 한 그가 '이데아 이론' 을 결코 거부하지 않았으며, 따라서 헤겔보다 더 쉽게 아리스토텔레스를 '관념론자' 로 분류할 수 있다는 사실이 감추어져 버린다.)

그러나 나의 요지는 '관념론' , '실재론' , '실용론' 이 각각 실재와 진리에 관한 특수한 철학적 명제라는 점에서 직접 비교될 수 있는 반면, '자연주의' 는 이들과 종류가 다른 것이라는 뜻이다. 만약 '자연주의' 가 루소, 페스탈로치(J. H.

Pestalozzi), 스펜서의 다양한 업적 속에 구체화되어 있는 것이라고 가정할 경우, 그것은 정말 "정의하기가 어려운" 것이 되고 만다(Gutek, 1988: 68). 그뿐만 아니라 '자연주의'는 플라톤이 이데아에 관한 명제를 제시했던 것과 똑같은 방식으로 자연에 관한 명제를 제시하는 것이 아니다. 만일 우리가 '실재론'에서 '토미스트 실재론'으로 옮겨 간다면, 여기서 우리는 감각적 지각이 일차적이라는 기본 아이디어를 단순히 수정하는 데 그치지 않고 지식이론에서 (이와 전혀 다른 영역인) 실질적 신념의 이론으로 옮겨 가는 셈이다. 다시 말해서, 우리는 지식에 관한 추론된 명제보다는 신의 존재나 종교의 진리에 관한 추론되지 않는 명제를 갖게 된다.

'마르크스주의'는 우리를 '학파'보다는 흔히 말하는 '이데올로기'에 더 가까워지도록 만든다. '마르크스주의'는 단순히 한 가지 설명이나 방법, 혹은 일단의 결론을 포함하는 것이 아니라 하나의 설명체제이기 때문이다. ('관념론자'는 플라톤의 '이데아 이론'을 믿겠지만, 이런 믿음은 그에게 다른 문제를 어떻게 탐구할 것인가에 대해서 아무 말도 해 주지 못하며, 또 그런 믿음을 견지할 것이라는 보장도 해 주지 못한다.) 그런데 하나의 학파로서 '마르크스주의'는 어떤 상황이나 어떤 질문에 대해서건 간에 일정한 형태의 설명을 갖고 접근할 수 있음을 시사한다. 원칙적으로 말해서 누구나, 모든 것에 대해서 '마르크스주의적' 설명을 제시할 수 있다. 이것은 누구든지, 무엇을 믿고 있거나 관계없이 '가톨릭적' 설명을 제시할 수 있는 것과 마찬가지다.

이렇게 볼 때 흥미로운 것은 『교육에 대한 철학적, 이데올로기적 관점(*Philosophical and Ideological Perspectives on Education*)』(Gutek, 1988)이 '학파적 접근'을 따르고 있는 책이라는 점이다. 거기에는 '자유주의', '보수주의', '유토피아주의', '마르크스주의', '전체주의'와 같은 이데올로기뿐만 아니라 '실존주의', '항존주의', '진보주의', '사회재건주의'와 같은 '교육이론들'도 들어 있다. 그러나 결코 분명하지 않은 점이 있다. 그것은 이론, 이데올로기, 철학적 관점(=학파?) 간에 어떤 차이점이 있는가 하는 점이다. 그뿐만 아니라 그 책에는 '실존주의', '항존주의'에 관한 장들은 있으나 '공리주의', '데카르트주의', '페미니즘'에 관한 장은 찾아볼 수 없는데, 그 까닭은 무엇인가? 이 점이 불분명하다. 이와 마찬가지로 흥미로운 점이 또 있다. '마르크스주의'는 구텍(Gutek)에게는 이데올로기이지만 오즈먼과 크레이버(Ozmon & Craver, 2008)에게는 철학적 '-주의'다. 구텍의 책에서는 왜 '실존주의'를 교육이론으로 분류하고 있는가? 이 모든 점에서 볼 때, 이러한 학파 분류는 거의 대부분 임의적인 것이고, 분명하고 일관된 선정 기준이 없다고 말할 수 있다. 여기서 제기될 문제는 이렇게 '학파'로 구분한 일부/모든 것이 공부하고 생각해 볼 만한 것인가가 아니다. 오히려 그것이 과연 효과적이고 의미 있는 혹은 사상사를 제대로 다루고 있는 조직체계인가 하는 문제다. 나는 개별적으로 철학자나 사상가를 공부하는 것이 훨씬 더 생산적일 것이라고 또다시 제안하고 싶다.

4. 학파와 교육이론의 관계

이제 우리는 핵심 문제에 도달했다. 그것은 사상사 혹은 철학에 대한 '-주의' 접근의 가치에 관한 것이 아니다. 핵심 문제는 '-주의' 접근이 교육철학을 위해서 어떤 가치를 갖는가에 관한 것이다. 다양한 학파와 교육의 관계는 무엇인가? 이에 대해 필립스(D. C. Phillips)는 이미 말했다. "한 인간이 철학적으로, 가령 관념론, 실재론, 실용론에 대해서 믿는 바와 그의 일상적 신념이나 행위 사이에 단순한 일대일 상관관계라는 것은 없다."(Husen & Postlethwaite, 1994, Vol. 8: 4451) '관념론자'가 된다는 것이 교사나 교육이론가가 된다는 것에 대해서 특별한 의미를 꼭 부여해 주는 것은 아니다. '관념론자'나 '실재론자'가 교육에 대해서 동일한 견해를 갖는다는 것은 전혀 문제가 되지 않는다. 이 경우에 다음과 같이 질문할 사람이 있을 것이다. '그렇다면 보통 텍스트에서 일정한 학파를 신봉한다는 것이 교육의 목적, 교육과정, 교수법에 주는 시사점을 언급하고 있는데, 이것은 어찌되는 것인가?' 그것은 작은 것에 집착하느라 큰 것을 놓치는 일이라고 나는 대답할 수 있다.

어떤 일이 벌어지는가? 텍스트에서는 철학적 '관념론'('실재론', '실용론' 등)을 넓게 제시한 후에 이와 약간 다른 교육적 '관념론'('실재론', '실용론' 등)을 보여 준다. 이 경우, 그것은 약정(stipulation)에 의해서 그렇게 하거나 혹은 '관념론자'('실재론자' 등)로 (스스로 분류하거나 타인들에 의해서) 분류되는 현대 교육자들의 견해로부터 추정함으로써 그렇게 한다. 논의되는 '—주의'와 이에 귀속시키는 교육관 사이에는 흔히 가족 간의 유사성이라고 볼 수 있는 것이 없지 않겠지만 논리적 연관성이 분명한 경우는 별로 없다. 실제로 '—주의'에서 도출되는 교육적 언명에서 확실한 점은 다만 논의되고 있는 '—주의'가 진리로 취급될 것으로 기대한다는 점뿐이다. 예를 들어 보자. 교육을 위해서 플라톤의 '관념론'('이데아 이론')으로부터 도출될 수 있는 것은 무엇인가? 거기서 직접 도출되는 것은 그것이 진리인 한 학생들은 '이데아 이론'을 공부하거나 배워야 한다는 결론뿐이다. 플라톤이 갖고 있는 여러 가지 교육관이 마치 그의 '관념론'에서 도출되는 것처럼 생각하는 것은 잘못이다. 왜냐하면 그렇게 도출되는 것이 아니기 때문이다. 예컨대, '관념론자들'이 교육적 엘리트주의자가 되기는 쉽다고 흔히 말한다. 그러나 플라톤이 교육적 엘리트주의자가 될 수 있겠지만 그가 '관념론자'이기 때문에 그런 것은 아니다. 오히려 '이데아'에 관한 지식에 도달할 수 있는 사람이 거의 없다는 별도의 신념을 그가 갖고 있기 때문에 그런 것이다. 그런데 이런 신념 자체는 그의 '관념론'이나 다른 사람의 '관념론'의 일부분이 아니다. 우리는 버클리나 헤겔을 가리켜서 엘리트주의자로 가정할 수 없다(그들이 그럴지도 모르지만). 루소를 '낭만적 관념론자'라고 생각하는 사람들에게 루소는 전혀 엘리트주의자가 아니다. 플라톤의 '관념론'으로부터 그가 추상적/지적 교육과정을 옹호할 것이라거나 더 구체적으로 그가 수학 공부를 옹호할 것이라고 추론할 수 있을지 모른다. 그러나 이런 추론조차도 그의 '관념론'으로부터 자동적으로 도출되는 것은 아니다. 그것은 또 다른 전제, 즉 실제로 사람들이 수학을 미리 공부한 다음에 개념 공부에 접근한다면 이런 공부가 더 쉽게 될 것이라는 전제를 깔고 있다. 버클리와 헤겔이 '관념론자'이기 때문에 교육과정에서 수학의 비중을 높여야 한다는 캠페인을 벌일 것으로 우리는 가정해야 하는가? 그뿐만이 아니다. 비록 플라톤이 지적 삶을 최선의 일로 생각했을지라도 실제로 대다수 사람에게 직업적인 혹은 전문적인 교육을 권장했던 것은 확실하다. 우리는 이런 권장을 좋아하지 않을 것이나, 그것이 꼭 그래야 되는 것도 아니다. 오늘날 '관념론자' 는 그가 '관념론자'이면서도 종합학교, 능력별 편성, 성교육, 역사, 체육, 자동차 정비 등에 대해서 찬성할 수도 있고 반대할 수도 있다. 이것은 전혀 잘못이 아니다. '관념론' 이 '관념론자들' 에게 요구하는 바는 실재와의 관계에서 마음의 중요성을 믿으라는 것 뿐이다.

어떤 일이 생기는가? 다양한 인물의 철학에 대한 우리의 전반적 지각은 일반적으로 그 철학의 교육적 개념에 영향을 미친다. 철학적 '관념론' 은 플라톤의 '이데아 이론' 과 긴밀한 관계에 있는 것인데, 교육적 '관념론' 은 흔히 플라톤의 교육철학이라고 (그릇되게) 간주되는 것으로 연결된다(이에 대해서는 나중에 논할 것이다). 여기서 분명 혼란이 생긴다. 일반적으로 '관념론자들' 은 인류가 이제까지 생각하고 말한 것 중에서 최고의 것을 공부하는 일, 엄격한 훈육, 인격 형성 등을 옹호하는 것으로 가정하고 있지만, 그럼에도 불구하고 플라톤은 발견학습이나 대화와 같은 진보주의적 수업방법을 옹호하는 사람이라고 보는 이들도 많다. 이런 혼란을 조장시키는 것은 두 가지다. 첫째, '자신의 잠재력의 충실한 실현', '진리 추구의 장려', '모범으로서의 교사', '아동에게 잠재된 것을 계발함', '생각하도록 가르침', '홀리스틱 스터디' 등과 같은 말을 사용하는 것이다. 이는 '관념론' 과 같은 특정 학파의 교육적 시사점을 밝혀내기 위한 것이다. 그런 말들은 무엇을 의미하는가? 그것들을 반대할 사람은 누구인가? 무엇보다도 그것들이 '관념론' 에 의존하는 것이라고 가정하는 이유는 무엇인가? 실제로는 결코 그렇지 않다. 왜냐하면 위와 같거나 유사한 말들이 다른 교육적 '–주의'를 설명할 때에도 사용되고 있기 때문이다. 둘째, 다양한 '–주의'는 서로 논리적 층위가 다른 경우가 많다. '자연주의' 자체의 교육적 시사점을 많이 끌어낼 수 없는 까닭은 '자연주의'의 수많은 서로 다른 종을 '자연주의'라는 한마디 말로 모두 포괄해 버리기 때문이다. 때로는 아주 모순된 명제들이 함께 포함되기도 한다. 그러나 루소로부터 우리는 꽤 많은 것을 끌어낼 수 있는데, 『에밀』이 일차적으로 교육적 명제이기 때문이다. 자연의 개념에 대해서 여전히 혼란스럽지만 루소는 하나의 교육이론을 구체화한 책을 저술하였다. 최소한 루소의 경우에서만큼은 '자연주의'가 하나의 교육이론이다. 그러나 '관념론'은 그렇지 못하다. 물론 플라톤도 교육이론을 갖고 있기는 했다. 헤겔 철학을 정, 반, 합을 수단으로 삼아 가르치라는 논변으로 잘못 받아들인다면 혹시 모를까 그의 철학으로부터 교육을 위해서 끌어낼 수 있는 것은 아무것도 없다. 칸트와 로크가 교육에 관한 글을 썼을 때 그들이 말하는 내용이 그들의 철학과 거의 아무런 관계도 없었다는 비평은 상식이나 다름없다.

5. '–주의'와 대조되는 철학적 분석

앞서 지적한 대로, 학파적 접근에서는 '철학적 분석' 혹은 '분석철학'을 마치 다른 '–주의'와 견줄 수 있는 것처럼 다루고 있다. 그러나 그렇지 않다. 그것은 앞에서 언급했던 모든 '–주의', 이데올로기, 학파와는 구별되는 것이다. 그리고 이 사실은 교육철학을 이해하는 데 아주 중요한 점이다.

전형적인 '–주의들'은 특수한 문제에 대한 특수한 철학적 관점이라고 말하는 것이 보다 충실하고 또 정확할 것이다. 그것들을 믿는다는 것은 특수한 문제에 대해서 한 가지 견해를 주장하는 것이다. 이와 달리, '마르크스주의'와 같은 다른 것들은 모든 문제에 대한 적절한 해답에 관해서 한 가지 견해를 갖고 있다는 점에서 다르다. 그것은 모든 상황에 맞을 것으로 간주되는 하나의 설명체제를 제공한다. 비록 제대로 인정받지 못한 경우도 많았지만, 경제적 조건이 신념을 결정한다는 마르크스의 통찰은 당시에는 지극히 귀중한 것이었다. 그것을 일부 질문들과 연관된 한 가지 종류의 설명으로 인정하는 것은 여전히 중요하다. 그러나 그것이 마치 모든 사건에 대해서 적절하고 유일한 설명인 것처럼 계속 간주하는 것은 무비판적이고 자기만족적인 (상당히 분명하게 그릇된) 일이다.

그러나 분석철학은 활동이라고 정의된다. 즉, 그것은 개념들을 보다 날카롭게 묘사하고 구별하기 위해서 탐구하는 일이다. 그것은 특정한 관점(철학에서 어떤 문제에 대한 이론적 관점)이나 (최소한 획일적인) 어떤 설명체제도 아니다. 방법론의 차원에서 철학적 분석을 어떤 특수한 방식(예: 언어적 철학, 일상언어 철학, 후기 비트겐슈타인 철학)이나 혹은 가끔 논리실증주의와 같은 진짜 '一주의'와 혼동하는 경향이 일반적으로 나타나기 때문에 여기서 상당한 혼란이 야기된다. 그러나 분석철학을 언어적 분석이나 논리실증주의와 동일시해서는 안 된다. 그것은 그것이 다루는 과제에 의해서만 정의되어야 하는 활동이다. 즉, 그것은 개념들을 보다 충실하게 그리고 보다 정합성 있게 분석, 설명, 이해하는 활동이다. 분석철학은 학파를 기반으로 저술된 책들에서 아무런 자리를 차지하지 못함에도 불구하고 연관성을 갖는다. 이와 달리 학파적 접근은 흔히 가정하는 바와 달리 교육철학에 접근하는 한 가지 방식으로서 추천할 만한 것이 못된다. 이런 결론은 우리를 또 다른 가정으로 이끌어 간다. 이 책에서 전반적으로 암시되고 있듯이, 교육을 이해하려고 한다면 우리는 논리적으로 서로 구분되는 여러 가지 철학적 입장을 뒤섞어 놓은 것에 초점을 두기보다는 핵심 개념들을 분석하는 일에 초점을 두는 것이 더 좋을 것이다. 특정 인물의 교육관에 초점을 두거나 (이 책의 제II부에서처럼) 특정한 철학적 주장들에 초점을 두거나 혹은 (2권에서처럼) 교육적 문제나 개념들에 초점을 두는 것이 의미 있는 일이 될 것이다. 이와 달리 다양한 철학적 학파를 통해서 교육을 비판적으로 연구하려고 하는 일은 설령 그와 같은 '一주의들' 의 목록을 수정하여 앞에서 지적했던 단점들을 일부분 극복한다고 할지라도 별로 권장할 것이 못 된다. 이상적으로 말해서, 교육철학자는 가능한 한 특정 학파를 먼저 신봉하지 말고 핵심적인 교육 개념들에 초점을 맞출 필요가 있다.

6. 상대주의와 몇 가지 최신 학파

철학의 역사를 관통하는 한 가지 이슈가 있다. 그것은 상대주의다. 이는 교육철학과 교육실천에서 중요한 핵심 이슈다. 나는 상대주의를 어떻게 생각하는가? 상대주의란 진리가 사회에 따라 상대적이라고 보는 견해다. 그리고 주관주의(subjectivism)란 진리가 개인에 따라 상대적이라는 견해다. 그러나 이런 구분은 현재 우리의 목적을 위해서 그다지 중요한 것이 못 된다. 중요한 것은 다양한 탐구 영역에서 진리와 지식의 가능성에 대한 상대주의적 입장과 객관주의적 입장 간에 나타나는 긴장이나 잠재적 갈등이라는 문제다. 중요한 것은 모든 혹은 일부 영역에서 우리가 원칙적으로 안다고 말할 수 있는 객관적 진리가 있는가에 대한 우리의 견해다. 이런 문제와의 관계 속에서 우리는 현대의 몇 가지 '—주의' 나 학파들을 고찰할 필요가 있다.

철학의 역사를 관통하여 다음과 같은 문제를 놓고 논변이 지속되었다. 세계에 관한 진리가 있는가 없는가, 우리는 세계를 지각할 수 있는가, 그리고 어떻게 지각할 수 있는가? 이런 논쟁은 교육을 위해 아주 중요한 것이다. 교육은 진리와 허위, 의견과 지식, 올바른 것과 올바르지 못한 것, 더 좋은 것과 더 나쁜 것을 식별하는 일에 관심을 갖기 때문이다. 아무리 극단적인 상대주의자라 할지라도 그들 역시도 다른 사람들이 자신들의 견해를 받아들이기를 원할 것이다. 그리고 상대주의자들은 교육제도가 무수히 많은 신념이나 의견 사이에서 모종의 지침을 제공해 주기를 원할 것이다. 이런 측면에서 볼 때, 중요한 점은 '실용주의적' 진리이론이 다른 것들보다 더 설득력이 있는가 그렇지 못한가가 아니다. 중요한 것은 진리와 허위의 구분을 전제하는, 그리하여 지식과 의견의 구분 가능성을 허용하는 이론과 그렇지 못한 이론을 대조시키는 일이다. '관념론', '실재론', '실용론' 등은 모두 진리가 있다고 가정한다. 그리고 교육의 관점에서 그 점은 대체로 다음과 같은 것을 의미한다. 즉, 세 가지 이론은 지식의 이론적 기반에 대해서 견해 차이가 있음에도 불구하고 '우리가 알고 있고 또 전수하고 싶은 보다 중요한 것은 무엇인가?' 라는 또 다른 질문에 대해서 동의할 수 있다(실제로 자주 동의한다)는 점이다. 루소를 예로 들어 말한다면, 자연과 진리의 관계에 대한 루소의 견해가 무엇인가는 전적으로 분명하지 않을지라도, 그 역시 '발견되어야 할 진리가 있다.' 고 믿었던 것은 분명하다. 다시 말해서, 과학이나 예술을 과연 공부해야 하는가, 왜 공부해야 하는가, 어떤 방식으로 공부해야 하는가와 같은 중요한 질문들에 관한 교육적 논변들은 '관념론', '실재론', '실용론' 중에서 어떤 입장을 갖고 있는가에 의해서 별다른 영향을 받지 않는다. 오히려 진리가 없고 개인마다 지식이 다를 뿐이라는 입장을 갖고 있다고 한다면, 이것이 교육적 견해에 심각한 영향을 미친다는 점은 분명하다. 또한 '―주의' 나 학파가 겉으로 보기와는 다르게 실지로 그러한 명제를 주장하는가 하는 의문이 제기된다.

'포스트모더니즘', '실존주의', '동양철학', '해석학', '현상학' 과 같은 학파를 살펴보자. 여기서 우리는 아주 다양한 성격을 가진 '―이즘, ―주의, ―학' 을 만나게 된다. 그러나 이들에게서 공통적으로 나타나는 경향은 우리가 우리의 '지식' 에 아주 크게 의존할 수 있다는 생각에 대해 경계심을 갖거나 불편을 느낀다는 점이다. 내가 '동양철학' 을 학파로서 논의하지 않겠지만 한 가지만 지적하고자 한다. 즉, '불교', '유교', '도교', '선불교' 와 같은 세계관을 공부하는 것은 그 자체로서 아주 교육적인 일일 수 있겠으나, 이는 '모르몬교', '감리교', '통일교' 에 관한 공부와 마찬가지로 이런저런 교육실천을 옹호하는 논변과는 별로 관계가 없을 것으로 생각된다. 물론 그런 세계관을 신봉하는 각각의 사회에는 그런 관점이 여러 가지 방식으로 반영되는 교육체제가 있을 것이다. 이 말은 '가톨릭 신자들은 자기 자녀가 가톨릭을 믿고 가톨릭 믿음에 따라 살도록 기르고 싶어 한다.' 는 정도를 의미할 뿐이다. 그러나 그것은 다음과 같은 교육철학의 핵심 문제에 대해서 아무런 언급도 없는 말이다. '여하튼 종교의 진리를 믿어야 할 이유가 있는가?', '그런 질문에 대한 해답의 교육적 함의는 무엇인가?', '삼각법은 공부할 가치가 있는가?', '학교는 의무적이어야 하는가?', '교육받은 인간은 무엇을 이해하고 있어야 하는가?'

'실존주의자들' 은 구체적 사항에 대해서, 그리고 '신의 존재를 믿는가?' 와 같은 근본 신념에 대해서 확실한 차이를 보여 준다. 그럼에도 불구하고 그들은 '인간이 살아가면서 무엇이 되는지는 자기 자신에게 크게 달려 있다.' 는 점에 대해서 비슷한 생각을 보여 준다. 그렇지만 진리, 지식, 학습의 성격에 대해서 그들은 분명한 견해를 보여 주지 못한다. 교육적으로 '실존주의' 에서 끌어낼 수 있는 점은 '우리가 실존주의자라고 한다면 사람들에게 실존주의는 참이라고 가르치고 싶어 할 것' 이라는 사실뿐이다.

'포스트모던(postmodern)' 은 전혀 다른 것을 가리키는 명칭이다. 스스로 '포스트모던적' 이라고 하는 사람들은 자주 오해받거나 조롱받고 있다는 느낌을 갖는 것 같다. 그러나 '포스트모던' 이라는 명칭은 고정된 의미를 갖고 있지 않다. 기껏해야 그것은 역사적으로 친숙한 상대주의자들의 일부 주장을 가리키는 것이라고 말할 수 있을 뿐이다. 그렇다고 해서 푸코(M. P. Foucault)와 같은 철학자가 처벌이나 사랑에 관해서 구체적인 말을 할 수 없다는 뜻은 아니다. 여기서 나는 그가 말하는 바가 얼마나 설득력이 있는 것인지에 대해서 논의할 수 없다. 그러나 사랑에 대한 푸코의 입장은 그의 포스트모더니즘과 동일한 것이 아니며, 그의 입장은 교육과 분명한 관계도 없다. 처벌에 대한 푸코의 견해조차도 '어떤 비행을 저지른 어떤 학생들을 어떤 식으로 처벌할 것인가?' 라는 교육적 질문에 대해서 분명한 해답을 제시해 주지 못한다. 교육철학의 맥락에서 볼 때 어느 정도 관심을 끄는 점은 무엇인가? 그것은 마치 신념의 사회학과 인식론을 혼동하는 것처럼 포스트모더니즘이라는 이름하에 극단적인 상대주의를 주장하는 사람들이 있다는 점이다. 그들은 '진리가 없다.' 는 명제의 진리를 주장한다는 것이 분명한 모순임에도 불구하고 꿈쩍도 하지 않는다. 그러나 '모든 것이 주관적 의견의 문제에 불과하다.' 고 진지하게 믿고 심각하게 받아들인다면 교육적으로 중대한 결과가 나올 것이다. 왜냐하면 그것은 거의 모든 학파가 공유하고 있는 기본 가정을 무너뜨릴 일이기 때문이다. 우리는 세계가 어떤 것이건 간에 그에 관한 가치 있고 근거 있는 지식을 전수하기를 원한다고 가정한다. 다행스럽게도 포스트모던적 교육자들은 이런저런 구체적인 교육적 결론을 전혀 도출하지 않고 있는 것 같다. 그들의 이론적 입장은 어느 특정한 교육적 입장으로부터 이상하리만큼 거칠게 단절되어 있는 것 같다. (분명히 '포스트모더니즘' 에 대한 이런 설명은 역설적이게도 많은 사람에 의해서 '부정확한' 것으로 간주될 것이다. 독자들은 '탈구조주의' 와 '현상학' 에 대해서 더 논의하는 몇몇 장이 이 책에 들어 있음에 주목할 것이다.)

'해석학(hermeneutics)' 은 묘한 것이다. 여기서 주된 문제는 특수한 '해석학적' 신념이 아니라, 해석학이라는 명칭이 어떻게 사용되고 있는가 하는 점이다. 해석학자라고 주장하는 것은 무엇을 의미하는가? 역사적으로 '해석학' 이란 특수한 방법, 혹은 성서를 연구하는 학을 가리킨다. 그러나 하나의 방법으로서 정립된 것일지라도 해석학은 오늘날 어떤 특별한 방법(들)을 피하는 것처럼 보인다. 그렇다면 해석학자는 해석학의 어원이 가리키는 것처럼 그저 '탐구자' 일 뿐인가? 그것은 진리를 신중하게 추구하는 사람을 가리키는가? 해석학 혹은 해석학적 탐구에 골몰한다고 스스로 인정하고 또 타인들로부터 인정받고 있는 가다머(H-G. Gadamer)는 『진리와 방법(*Truth and Method*)』(1966)에서 설득력 있는 논변을 제시한다. 삶의 여러 영역에는 객관적 실재가 있지만 그것은 우리가 그것을 파악할 때 반드시 또 언제나 일정한 관점을 따르거나 우리의 마음을 통해서 여과된다. 내 생각에 이것은 플라톤, 아리스토텔레스, 칸트가 분명하게, 그리고 아마 루소도 기꺼이 옹호할 수 있는 입장이며 그들은 이런 점을 분명하게 밝히는 것을 자신의 일로 간주하지 않았다. 그러나 여기서 우리의 관심을 끄는 질문은 가다머의 탐구가 해석학적이라고 주장한다는 것이 정확히 말해서 그런 이야기에 무엇을 더 추가해 주는가 하는 점이다. '해석학' 을 하나의 학파로 보기란 사실상 어렵다. 또한 해석학이 교육적 시사점과 어떻게 연관되는지를 파악하기도 어렵다. 예외가 있다면, 지나치게 거친 포스트모더니스트나 일부 극단적인 '관념론자' 나 '실재론자' 가 물질 세계나 개념 세계를 연구하기를 거절해야 한다고 주장할 경우 이를 반박하는 데에 해석학이 필요할지 모르겠다.

가끔 하나의 학파로 간주되지만, '현상학(phenomenology)' 은 인문학적 탐구에 대한 태도를 가리키는 명칭이라고 생각된다. 그것은 의식의 현상이나 인격적 의미의 발달을 연구하는 것을 가치 있게 여기는 기본적인 신념을 가리킨다. (모두가 그런 것은 아니지만, 많은 사람은 '현상학' 을 '실존주의' 와 긴밀한 것으로 본다. 이는 현상학의 의미를 분별하는 데 별로 도움이 되지 못한다.) 특수한 방법들을 지적하기가 어렵다거나 혹은 '의식의 현상을 연구한다는 것' 이 정확하게 무엇을 의미하는지가 불분명하다는 점은 현상학적 학파라는 개념을 불투명하게 만들고, 그 교육적 시사점을 모호하게 만든다. 물론 '현상학' 은 앞에서 언급한 다른 '학파들' 과는 다르게 특수한 형태의 교수법의 열쇠를 제공해 주는 것으로 간주하는 사람들이 있기는 하다.

7. 결 론

이 책은 분석적 성격을 갖고 있다. 이 책의 밑바탕에는 다음과 같은 생각이 깔려 있다. 사회학적 요인도 있고 심리학적 요인도 있고, 실재에 대한 우리의 지식이 늘 잘못될 가능성도 있고, 또 다른 사람들의 꿈을 우리가 공유할 가능성도 있겠지만, 그럼에도 불구하고 우리는 다음과 같은 가정 위에서 늘 살아가야 한다. 아무튼 진리는 있다. 진리와 허위를 구별해야 한다. 우리는 진리를 계속 추구해야 한다. 어떤 이유에선가 근거가 없다는 것이 분명히 밝혀진 신념은 더 이상 받아들이지 않아야 한다. 교육의 근본 관심은 가장 넓은 의미에서 사람들이 세계와 삶에 대한 이해를 발전시키도록 도와주는 일이다. 이와 같은 기본적 전제들을 거부할 이유는 없다. 만일 극단적인 형태의 주관성을 옹호한다면 그런 것들을 거부할 것이다. 이 경우 온갖 명칭을 가져다 붙이면서 '진리란 없다.', '인간이 습득하는 이해와 견해를 구분하는 것은 불가능하다.' 고 주장할 것이다. 만일 이런 견해를 진지하게 받아들인다면 교육이라는 아이디어 자체가 흥미를 잃어버릴 것이라고 예상할 수 있다. 다행스럽게도, 그런 견해를 옹호하는 사람들 중에는 앞뒤가 맞지 않기는 하나 계속해서 교육을 가치 있게 여기는 사람도 있다. 이런 견해는 우리에게 설득력을 갖지 못하는 것 같다. 그런 견해를 믿는다는 것은 그릇된 믿음에 가까운 일일 것이다. 우리들 중에서 진리나 허위가 있다는 가정을 하지 않은 채 살아가는 사람은 결코 없는 것 같다.

물론 학파(사조, 주의, 이즘)를 통해서 교육철학에 접근하는 것도 여전히 가능한 일이다. 그러나 그 장점이 별로 크지 않다는 것은 확실하다. 장점이 있다면 그런 접근에만 한정된 이점이 있을 뿐이다. 그러나 교육철학의 관심사는 많고 또 깊은 것이다. 어떤 위대한 사상가들의 역사적 측면이라든가 그들을 소개하는 일이 중요하다고 여긴다면 다소 모호한 '—주의', 사조로 사상가들을 느슨하게 잘못 묶어내는 것보다는 차라리 개별적으로 다양하게 연구하는 것이 더 현명한 길이다. 또한 다양한 사상가들이 표명했던 주장의 교육적 의의를 더 많이 생각하는 것이 철학자로서 그들이 갖고 있는 위상에 관심을 쏟는 것보다 오히려 더 나은 일이 될 것이다.

그러나 그보다 훨씬 더 좋은 길이 있다. 그것은 철학의 역사나 개별 철학자들을 강조하기보다는 보다 분명한 개념과 일관된 논변을 목표로 삼으면서 교육적 개념/프로그램/정책/실천 등을 직접 검토하는 길일 것이다. 우리가 잘 알고 있듯이, 전적으로 독립적이고 이론으로부터 자유로운, 더 넓게 말해서 영향력으로부터 자유로운 탐구란 불가능한 일이다. 그러나 우리가 갖고 있는 불가피한 관점들에도 불구하고, 교육적 우선순위에 대해서 더 분명한, 더 밝혀진, 더 옹호될 수 있는 이해를 목적으로 삼을 수 있으며, 이런 목적을 달성하기 위해 노력하고 또 어느 정도의 성공도 거둘 수 있을 것이다.

진리 추구에 있어서 특히 무모한 일이라고 생각되는 것이 있다. 그것은 전적으로 예측 가능한 해답을 자동적으로 제공해 줄 것이라고 보면서 어떤 입장이나 관점을 택하는 일이다. 예를 들어, 윤리학에서 '공리주의적' 입장을 택하는 일을 생각해 보자. 일단 자기 스스로 '공리주의자'라고 확신해 버린다면 도덕 문제에 대해서 '공리주의적'인 해답을 고집하게 될 것이고(정해진 간단한 해답이 그것으로부터 늘 제공될 수 없음에도 불구하고) 다른 철학적 관심이나 어려움은 없어지고 만다. 일단 내가 '공리주의'를 택하고 그것을 도덕 문제에 적용해 버린다면 나는 도덕철학을 하는 일을 멈추게 된다. 이와 비슷하게, '마르크스주의'를 택하는 것은 비판적 사고를 멈추는 일이 되고 만다. 우리가 언급했던 다른 학파들은 이런 점에서 덜 제약적일지 모르지만, 근본적으로 '－주의'라는 안경을 통해 교육 문제를 고찰하는 일은 우리의 안목을 심각하게 제약할 것이다.

참고문헌

Berkeley, George (1934) *A Treatise Concerning the Principles of Human Knowledge*. London: J.M. Dent. 문성화 역(2010). 『인간 지식의 원리론』. 대구: 계명대학교출판부.

Gadamer, Hans-Georg (1996) *Truth and Method*. New York: Continuum. 이길우, 이선관, 임호일 역(2012). 『진리와 방법 1: 철학적 해석학의 기본 특징들』. 파주: 문학동네, 임홍배 역(2012). 『진리와 방법 2: 철학적 해석학의 기본 특징들』. 파주: 문학동네.

Gutek, Gerald L. (1988) *Philosophical and Ideological Perspectives on Education*. New Jersey: Prentice Hall.

Hirst, Paul H. (1983) *Educational Theory and its Foundational Disciplines*. London:

Routledge and Kegan Paul. 최원형, 성기산, 이장용, 한관일, 정학주 공역(1994). 『교육이론과 그 기초학문들』. 서울: 문음사.

Hume, David (1962) *A Treatise of Human Nature*. London: J.M. Dent. 이준호 역(1994). 『오성에 관하여』. 서울: 서광사, 이준호 역(1996). 『정념에 관하여』. 서울: 서광사, 이준호 역(1998). 『도덕에 관하여』. 서울: 서광사.

Husen, T. and Postlethwaite, N. (Eds.) (1994) *The International Encyclopedia of Education*, 2nd edn. Oxford: Pergamon.

Moore, G.E. (1962) *Principia Ethica*. Cambridge: Cambridge University Press.

Neff, Frederick C. (1966) *Philosophy and American Education*. New York: The Center for Applied Research in Education, Inc.

Ozmon, Howard A. and Craver, Samuel M. (2008) *Philosophical Foundations of Education*, 8th edn. Columbus, OH: Pearson, Merrill/Prentice Hall.

Peters, R.S. (1983) 'Philosophy of education', in Paul H. Hirst (Ed.), *Educational Theory and Its Foundation Disciplines*. London: Routledge and Kegan Paul. 성기산(1994). '교육철학'. 『교육이론과 그 기초학문들』(최원형, 성기산, 이장용, 한관일, 정학주 공역). 서울: 문음사.

제3장

교육철학과 교육이론

David Carr

1. 교육이론의 변화

교육철학과 교육이론의 관계를 이해하는 데는 큰 어려움이 있다. 그것은 여러 해를 거치면서 두 용어의 의미가 변화했기 때문이다. 그럼에도 불구하고 서양에서 교육에 관한 최초의 체계적 이론 중에서 어떤 것은 크게 보아 철학적인 것이라고 말해도 좋을 것이다. 사실 교육과 가르침을 일관성 있게 이해하려는 선구적인 시도는 플라톤(Plato)이 서양철학의 시조라고 말하는 소크라테스(Socrates)에 의해서 이루어졌다. 더 정확하게 말하면, 플라톤의 대화편인 『고르기아스(*Gorgias*)』 『메논(*Meno*)』 『국가(*Republic*)』와 같은 책에 소크라테스가 언급하는 부분이 나온다(Hamilton & Cairns, 1961). 그가 말하는 핵심적인 윤리적 질문, 즉 좋은 혹은 덕 있는 삶을 어떻게 정할 것인가, 혹은 그런 삶을 우리가 살 수 있도록 도와줄 수 있는 것은 무엇인가 등이 바로 교육적 질문이었음은 썩 분명한 사실이다. 또한 소크라테스 이후 위대한 철학자들은 그런 문제들을 오늘날 우리가 철학적 방법이라고 말할 수 있는 방식으로, 즉 대체로 기존의 용도를 선험적으로 명료화함을 통해서 접근했던 것으로 보인다. 물론 플라톤과 아리스토텔레스는 '좋은 삶을 어떻게 살 것인가?' 를 우리가 어떻게 생각하고 또 남에게 가르칠 것인가 하는 문제에 대해서 서로 다르게 접근했다. 그것이 크게 보아 '인간학적' 질문임에도 불구하고, 다시 말해서 '인간답게 된다는 것이 무엇인가?' 라는 질문을 탐구하는 데 관심을 쏟은 것임에도 불구하고, 그들의 방법은 (현대 인류학에서처럼) 경험과학적인 것이라기보다는 철학적인 것이었다. 예를 들어, 플라톤은 민주주의를 의문스럽게 보았고, 이와 관련된 교육정책들을 보여 주고 있는데, 그것은 주로 인성에 대한 개념적 분석에서 도출된 것으로 보인다. 플라톤은 물질적인 신체적 특성이 아닌 비물질적인 심적/영성적/지적 특성을 통해서 인성을 보다 중요하게 파악할 수 있다고 생각했다. 이와 비슷하게 영혼을 신체의 형상으로 이해하는 플라톤의 주요 관점, 그리고 도덕적 지혜에 관한 그의 실천적 관점은 경험적 성찰에서 나온 것이라기보다는 선험적 성찰의 산물이었다(McKeon, 1941). 플라톤과 대조적으로, 아리스토텔레스는 도덕적 덕을 보다 자연주의적 측면에서 이해하였다.

그런데 교육학의 주요 전환점은 17, 18세기 서구인들이 보다 실험적으로 혹은 경험적으로 탐구에 접근했던 것에서 찾아볼 수 있다. 사실상 여기서 핵심 인물은 소위 진보주의 교육의 아버지라고 불리는 장 자크 루소(Jean-Jacques Rousseau)라고 주장할 수 있다. 분명히 『사회계약론』(1973)에서는 루소가 일차적으로 정치철학자로 표현되지만, 그의 저서 『에밀』(1974)에는 심리학적 사변이 많다. 그럼에도 불구하고 그것은 오늘날의 교재에서 보는 것과 같은 (실험적) 심리학이 결코 아니다. 루소의 아동발달 4단계설은 장 피아제(Jean Piaget)보다 두 세기나 앞선 것이지만, 루소의 분석은 거의 선험적인 것이고, 자신의 사변을 경험적으로 뒷받침해 줄 수 있는 것을 실제로 전혀 제시하지 못한다. 이렇게 볼 때 가상적인 아동이 아니라 실재하는 아동의 실제 발달상의 특성에 주의를 기울일 필요성이 루소에게서도 어느 정도 인정되었던 점은 분명하다. 그런 인식은 18세기에 들어와서 더 분명해졌다. 루소로부터 직접 영향을 받은 페스탈로치(J. H. Pestalozzi)나 프뢰벨(F. W. A. Froebel)과 같은 진보주의 교육자들에게는 인간의 심리발달 원리를 경험적 기반 위에서 발전시키는 일이 중요한 탐구의 과제로 더욱 뚜렷하게 부각되었다.

17세기에는 페스탈로치나 프뢰벨의 경우처럼 심리학적 측면의 과학적 발전이 거의 이루어지지 못했지만, 19, 20세기에 들어와서 인간의 인지적/정서적/사회적 성장과 학습에 관한 연구가 과학적 근거를 가져야 된다는 생각이 교육적으로 중요하다고 인식되었다. 19세기 말과 20세기 초에 이르러 프로이트(S. Freud)의 개척적인 임상 연구가 정신분석에 미친 영향은 호머 레인(Homer Lane), 닐(A. S. Neill) 및 이들의 많은 제자의 진보주의에서 분명히 나타났다. 그러나 교육이론의 과학적 열망이 가장 크게 부상한 것은 20세기 초의 (행동주의) 학습이론에 의해서였을 것이다. 오늘날에는 그 평판이 나빠졌지만, 초기 행동주의자들의 연구는 교육이론의 모든 측면에 큰 영향력을 미쳤다. 그것은 실험적으로 검증 가능한 학습과학을 제공해 줄 수 있는 것처럼 보였다. 이 바탕 위에서 체계적인 교수법 테크놀로지가 구축될 수 있었다. 자극-반응 이론들은 일반적으로 동물 학습의 리모델링을 위해서, 그리고 구체적으로 인간 학습의 리모델링을 위해서 믿을 만한 기반을 제공해 줄 것이라고 약속하였다. 이렇게 볼 때 20세기 교육 개혁의 수많은 주요 개척자는 버트런드 러셀(Bertrand Russell)이나 존 듀이(John Dewey)와 같은 탁월한 사상가들을 포함하여(Perry, 1967) 새로운 행동과학을 긍정적으로 수용하였다(그것은 러셀의 연합주의적 인식론과 듀이의 진화론적 자연주의와 잘 맞아떨어졌다). 특히 듀이는 철학자였음에도 불구하고 사회과학, 특히 심리학에 대한 폭넓은 공감대가 형성되는 과정에서 핵심 역할을 하였다. 이런 태도는 그의 수많은 20세기 (특히 북아메리카의) 추종자들 사이에서 널리 퍼졌다.

듀이를 가리켜 조잡한 반사(reflex) 심리학의 아류라고 할 수 없음은 분명한 사실이다. 여하튼 현대 교육심리학자들은 심리학이 행동주의적 전성시대 이후에도 중요한 발전을 거듭하였다는 점을 곧바로 주장한다. 최소한 지난 반세기를 거치면서 대부분의 교사에게는 왓슨(J. B. Watson), 손다이크(E. L. Thorndike), 스키너(B. F. Skinner)와 같은 인물들보다는 피아제, 브루너(J. S. Bruner), 오수벨(B. Ausubel)과 같은 인물과 인지발달 심리학자들이 더욱 친숙해졌을 것이다. 이런 개척자들을 뛰어넘어, 인지심리학은 다양한 방향으로 발전하였다. 다양한 형태의 사회적 구성주의[비고츠키(L. Vygotsky), 반두라(A. Bandura)]로, 혹은 인지적 신경과학과 같은 보다 자연주의적 방향으로 발전이 이루어졌음은 분명한 사실이다. 그러한 발전은 복잡하고 또 정교하게 이루어졌다. 그렇지만 인간의 마음에 대한 연구에서 나타난 주로 경험적이고 실험적인 접근들은 (대다수 현대 교육이론가나 교육실천가에 의해서) 교수법과 수업에 대한 새롭고 개선된 접근방식을 개발할 때 근거 있는 지원을 제공해 줄 주요 원천으로 간주되고 있다고 볼 수 있다. 그러므로 진지한 교육이론의 개발이 사회 연구나 과학 연구의 실험적 증거와 같은 것에 근거를 둘 필요가 있다는 생각은 20세기에 와서 제자리를 잡았다고 할 수 있다.

2. 철학의 최근 동향: 분석적 '혁명'

앞에서 보았듯이 과거의 (플라톤, 아리스토텔레스, 루소, 듀이와 같은) 많은 교육이론가는 철학자였다. 그들이 제기했던 질문이나 이슈가 철학적 성격과 의의를 갖고 있다는 점을 의심하는 사람은 별로 없다. 그들은 오늘날에도 명성이 높은 철학 전공과정에서 핵심을 차지하고 있다. 또한 그들이 제기했던 거의 모든 질문이 교육적 문제(혹은 교육적 시사점을 분명히 갖고 있는 문제)였던 것도 사실이다. 이렇게 볼 때 전문적인 교사교육에서, 그리고 이런 과정을 위해 개발된 교육철학이나 교육이론에 관한 텍스트에서 그런 사상가들에게 많은 시간과 지면을 할애하는 것(예: Rusk, 1979 참조)은 결코 놀라운 일이 아니다. 물론 그들의 철학적 아이디어는 경험적 사회과학 이론이나 연구 성과와 분간이 안 될 정도로 뒤섞여 있는 경우가 많다는 점도 최근에 지적되었다. 이런 관점에서 볼 때, 예를 들어 듀이의 철학적 접근도 그가 생애를 마칠 때에는 많은 전문 철학자에게 상당히 구시대적인 것으로 보였던 것은 분명하다. 물론 듀이의 삶과 연구는 한 세기(1859~1952)를 풍미했고, 20세기 중반까지 미국의 분석적 실용주의자들에게 미친 그의 영향력은 상당히 컸다(예: Quine, 1969 참조).

20세기 전반기에 (최소한 영어를 사용하는 문화권에서) 나타난 철학의 학문적 발전은 소위 '의미론적 동향(semantic ascent)'이었다. 이것은 철학의 전통적 문제들을 일차적으로 언어적 혼란 혹은 '문법적 오류' 로 보는 경향을 가리킨다. 그 이전의 철학자들도 이미 밝혀냈듯이, 심각한 철학적 오류들은 '용어의 문법적 기능' 을 오해하면서 생길 수 있다. 예를 들어, 칸트는 다음과 같이 밝혔다. 안셀무스(Anselm)과 데카르트(Descartes)와 같은 과거의 철학자들은 '신은 존재한다.' 에서 '존재한다' 는 단어를 (속성을 부여하는) 일종의 형용사로 간주하는데 이것은 심각한 잘못이다(Kant, 1968). 그런데 철학적 분석의 혁명은 고틀로프 프레게(Gottlob Frege, 1848~1925)에서 나타났다. 독일의 논리학자인 프레게는 전통적 논리학을 재구성하였다. 프레게의 '술어 미적분(predicate calculus)' (Geach & Black, 1966)은 우리가 일상적으로 말하는 방식에 들어 있는 심층적인 논리 구조를 밝혀낼 수 있는 방법을 제공해 주었다. 그것은 곧바로 [러셀(1956)과 같은 프레게의 추종자들의 도움으로] 그때까지 알 수 없었던 진리, 의미, 존재 및 다른 개념에 관한 철학적 수수께끼를 명료화했다는 측면에서 놀라운 성과를 낳았다.

프레게와 러셀의 철학은 대체로 아주 형식적이고 전문적이었다. 따라서 그들의 업적은 논리학과 수학의 특수한 분위기에서 크게 벗어난 문제들에 대해 관심을 갖고 있는 철학자들의 취향에 별로 맞지 않았다. '철학적 오류의 중심에 언어의 혼란이 들어 있다.'는 핵심 아이디어는 20세기 초반 영어 사용 문화권에서 철학의 일반적 흐름에 심대한 영향을 미쳤다. 일반적으로 프레게의 논리적 통찰과 발달은 철저한 과학적 기질이나 성향에 훨씬 잘 들어맞는 것처럼 보였다. 영국의 오랜 경험주의 전통이나 미국의 새로운 실용주의의 전통은 그런 특성을 갖고 있었다. 이와 달리 프레게가 태어난 독일(이나 유럽 대륙)의 철학자들 중에는 고상한 관념론자나 형이상학적 사변에 몰두하는 사람들이 많았다. 그러나 영국, 미국의 많은 철학자에게는 인간의 특수한 담론 형식들의 논리적 문법과 의미론에 대해서 세심한 철학적 관심을 쏟는 프레게의 철학이 오히려 헤겔주의자, 마르크스주의자, 니체주의자 및 '유럽의' 다른 사상가들의 이데올로기, 수사학, 거친 일반화보다 더 확실하고, 더 소박한 결과를 낳을 수 있는 것으로 보였다.

논리와 수학에 관심을 쏟는 프레게의 특수한 맥락으로부터 철학의 보다 일반적인 영역에까지 효과적으로 전이될 수 있는 가장 중요한 '방법론적' 원리는 명제의 맥락 속에서만 용어의 의미를 찾아야 한다(Frege, 1978)는 프레게의 조언이다. 이 아이디어를 마음속 깊이 새긴 사람은 오스트리아의 철학자 루트비히 비트겐슈타인(Ludwig Wittgenstein)이다. 그는 특히 1929년 케임브리지 대학에서 철학교수로 임명된 이후부터 프레게의 가장 중요한 철학적 계승자였다. 비트겐슈타인은 특히 유명한 『철학논고(*Philosophical Investigations*)』(1953)에 나타난 그의 후기 철학에서 프레게의 원리를 효과적으로 적용/확대하였다. 이는 (철학적으로 문제가 되고 있거나 혹은 다른) 용어들의 **의미**는 그 용어들의 **사용**에서 찾아야 한다는 그의 유명한 말 속에 담겨 있다. 이 점에서 비트겐슈타인은 '일상언어 철학(ordinary language philosophy)' 으로 유명해졌고, 20세기에 (미국보다는 영국과 영국의 과거 식민지 지역에서 더 큰) 영향을 미쳤던 영미 철학적 동향의 핵심 근원이었다. 아무튼 상당히 다양한 접근을 통해서 소위 일상언어 운동(ordinary language movement)의 '지도자' 였던 케임브리지 대학의 비트겐슈타인, 옥스퍼드 대학의 길버트 라일(Gilbert Ryle)과 오스틴(J. L. Austin)은 철학의 오래된 수수께끼와 역설들을 많이 '해소(dissolve)' 하려고 노력하였다. 그들은 일상적으로 사용되는 언어의 표층 문법에 의해서 과거의 사상가들이 어떻게 수많은 철학적 오류 속으로 오도되거나 '유혹' 되었는가를 낱낱이 밝혀냈다.

비트겐슈타인의 탐구는 주로 의미이론(theory of meaning)에 집중되었다. 그는 (합리주의자나 경험주의자의) 철학적 전통에서 중심을 차지하고 있는 교의(tenet)가 기본적으로 틀린 것임을 밝혀내려고 하였다. 그것은 "인간은 '내면적' 혹은 주관적 심리 상태를 참조하는 행위에 의해서 경험을 이해한다."는 것이었다. 비트겐슈타인(1953)은 그 반대의 주장을 하였다. 그런 주관적 상태에 대해서 우리가 가질 수 있는 모든 지식 자체는 그런 경험들을 공통적으로 표현하고 확인하기 위해서 반드시 공적 언어에 의존하는 것이다. 이와 연관된 것으로, 라일은 그의 『마음의 개념(*Concept of Mind*)』(1949)에서 다음과 같은 점을 밝혀내려고 하였다. 데카르트처럼 마음을 눈에 보이지 않는 비물질 상태(그런 상태의 주체들이 이에 접근하는 특권을 가진다)로 보는 견해가 널리 퍼져 있는데, 이런 견해는 (실제로 피와 살을 가진 인간 주체의 행동적 성향을 확인하기 위한 것인) 어떤 심리학적 그리고/혹은 행위동사 구(action verb phrases)를 신비로운 (사상이나 욕구와 같은) 심적 대상물이나 사물의 사이비 명칭으로 착각하는 데에서 주로 생겨난다. 그런데 일반적으로 말해서 언어의 사용(usage)에 대한 그런 관심은 철학에서 아주 광범하게 나타나는 개념적 오류를 드러내는 데 투입될 수 있다. 그런 관심은 또한 과거 철학자들[플라톤에서 무어(G. E. Moore)에 이르기까지]이 '좋은(선)' 이라는 용어의 단일한 정의를 추구했는데 이것이 잘못임을 밝히는 데 사용될 수 있다. 왜냐하면 '좋은 아침이요!' 라는 인사말에 들어 있는 '좋은' 이라는 용어의 문법적 기능은 '그것은 좋은 리소토(이탈리아 요리)였다.' 는 문장에서 사용되는 '좋은' 의 기능과 전혀 다르므로 '좋은' 에 대한 단일한 혹은 '본질적' 정의는 찾을 수 없기 때문이다.

이런 방법의 논리를 따른다면 우리는 철학이라는 용어 자체도 다양하게 사용될 수 있음을 분명히 알게 될 것이다. 따라서 프레게 이후의 새로운 '분석적' 의미의 '철학'은 플라톤, 마르크스 등의 '철학'에 관한 이야기에서 사용되는 것과 상당히 다른 의미를 가질 수 있다. 왜냐하면 이 두 번째 의미의 철학은 (플라톤, 마르크스 등이 갖고 있는) 특별한 견해들을 가리키는 것으로 볼 수 있으나, 첫 번째 의미의 철학은 탐구방법이나 분석방법에 더 가까운 것을 가리킨다고 볼 수 있기 때문이다. 그것은 어떤 특별한 철학을 **갖는** 것이 아니라 철학을 **하는** 것을 가리킨다. 이런 애매성을 염두에 둔다면, '교육철학'의 의미도 이와 비슷하게 구분할 수 있다. 종전에 (20세기 중반까지 교사나 다른 교육 전문가들의 양성 과정에서) 교육철학 공부가 (플라톤, 루소, 듀이와 같은) '위대한 교육자들의 가르침'에 어느 정도 친숙해지는 것을 가리켰다면, 프레게, 러셀, 비트겐슈타인 등에 의해서 개발된 새로운 분석 기술은 교육철학에 대한 새로운 접근을 분명히 알려 주는 신호였다. 여기서 '교육철학을 함'이란 교육적으로 문제가 있는 용어 사용을 전문적으로 명료화하는 귀중한 방법이다.

3. 새로운 교육철학

제2차 세계대전이 끝난 다음에 비로소 새로운 분석방법을 교육이론, 교육정책, 전문적 교육실천의 언어에 적용하려는 시도가 진지하게 이루어졌다. 이 일반적 흐름을 선도한 사람으로 널리 알려진 두 명의 철학자가 바로 영국의 리처드 피터스(Richard S. Peters, 1966)와 미국의 이스라엘 셰플러(Israel Scheffler, 1960)다. 피터스의 철학은 그 이전의 전문적 철학과 아주 달랐다. 그의 철학은 영국의 교사교육에서 그동안 지배적이었던 '위대한 교육자들의 가르침'을 연구하는 일과 상당히 다른 것이었다. 피터스는 런던대 교육전문대학원에서 동료들과 함께 활동하면서, 그 이전까지 영국의 학문적, 전문적 문화로부터 큰 영향을 받았던 (과거의 영국 식민지를 포함한) 교육체제에 광범위하게 영향을 미쳤다. 셰플러의 철학은 미국에 널리 퍼져 있던 철학적 실용주의의 전통과 어느 정도 연속성을 유지하면서도, (철학계 외부에서는 널리 알려져 있지 않았던) 새로운 분석철학적 접근방법을 전문적인 교육이론, 교육정책, 교육실천에 적용한 점에서는 피터스에 버금갈 정도로 급진적인 면을 보여 주었다.

우리는 새로운 분석적 교육철학이 등장했던 당시의 시대적 분위기에 주목할 필요가 있다. 제2차 세계대전이 끝난 후 사회/정치/경제가 재건되는 과정에서 사회 혁신의 희망은 중대한 교육 개혁에 달려 있는 것으로 널리 인식되었다. 첫째, 모든 경제 재건의 기반이 될 지식과 기능을 길러야 한다는 것이 확실한 시대적 명령이었다. 또한 다양한 형태의 이데올로기적 조작이 서구 문명을 붕괴 일보 직전까지 몰고 갔던 시대를 겪었기 때문에 그와 같은 전체주의적 마음 통제에 대항할 수 있는 적절한 교육적 대비책이 필요했다. 이런 점에 대해 (최소한 서구 민주주의 국가들에게는) 상당한 인식이 확실히 나타났다. 여하튼 1944년 영국의 교육법은 모든 청소년에게 중등의무교육을 제공하기 위해서 학교 졸업 연령을 15세로 끌어올렸고, 1963년 「로빈스 보고서(Robbins Report)」는 고등교육 기회의 확대를 위해서 교육확충 프로그램을 가동시켰다. 이와 더불어 특히 초 · 중등학교 교사를 위한 교육과 훈련이 대체적으로 시대에 뒤떨어진 위험한 상태에 있다는 점이 새롭게 주목받게 되었다. 전문적인 교사 양성과정을 학문적으로 높은 수준으로, 즉 학위 수준으로 끌어올려야 한다는 전망도 나타났다.

학위 수준의 전문적 교사교육을 위해서 새로운 학문관을 개발할 필요가 있었는데, 이 일에서 피터스와 영국의 다른 분석적 교육철학자들이 핵심 역할을 수행하였다. 이때 전문적 교사교육에서 교육철학이 중심 역할을 수행할 수 있다는 주장이 나타났는데, 이것은 당연한 일이었다. 여기서는 플라톤, 루소, 듀이와 같은 과거 철학자들의 교육관을 교사에게 알리는 것이 일차적 목표가 아니었다. 그보다는 교사들에게 교육적 담론을 명료화하는 데, 그리고 교육 방안이나 교육적 논변에 들어 있는 애매성이나 오류 등을 찾아내는 데 필요한 분석 기능을 제공해 주려고 하였다. 피터스와 그의 추종자들은 교사들이나 교육계획가들이 빠지기 쉬운 오류 및 그릇된 실천은 거의 대부분 정보 부족이나 혹은 실천적 교수법의 무지에서 생기는 결과가 아니라, '교육실천이 무엇에 관한 일인가?'를 분명히 이해하지 못한 데에서 생긴 결과라고 주장하였다. 다시 말해서, 가르침과 교화, 권위와 권위주의, 자유와 방종 등을 개념적으로 혼동하기 때문에 잘못된 실천과 오류가 많이 생긴다는 것이었다. 피터스 자신이 개척한 분석철학은 교육에 관한 아주 느슨한 논의를 상당히 명확하게 만들어 주었다. 그리고 언어 사용에 대한 신중하고 면밀한 관심을 통해서 교육을 다른 개념들, 예를 들어 훈련, 사회화, 치료 등의 개념과 혼동하지 않도록 구분했던 것은 의미 있는 귀중한 성과였다(Peters, 1966, 1973).

확실히 피터스, 셰플러 등은 효과적인 교사, 교실 보조인력, 교육과정 기획자 등과 같은 전문적 교육자가 되는 데 필요한 것이 오직 분석적 교육철학의 기능뿐이라고 주장하지는 않았다. (듀이나 다른 사람들의) 실용주의의 영향력이 여전히 남아 있었음에도 불구하고, 새로운 교육철학의 뿌리는 전통적 경험주의에 두고 있었다. 다시 말해서, 그 뿌리는 철학의 '선험적 혹은 개념적 관심'과 자연과학 및 사회과학의 '후험적 혹은 경험적 관심'을 구별하는 전통적 경험주의의 구분에 두고 있었다. 피터스는 그의 『윤리학과 교육(*Ethics and Education*)』(1966)에서 다음과 같이 분명히 주장하였다. 교사 교육과 훈련을 적절한 수준에서 전문화하려고 한다면 위와 같이 다소 분명하게 구분되는 여러 가지 학문 영역과 기능들을 끌어들일 필요가 있다. 즉, 교육의 기본 목적이나 목표를 명료화하는 데 필요한 철학적 전문성 이외에 교사들에게 더 필요한 것이 있다. 이것은 수업과 경영의 기술 및 방법을 발전시키는 데 필요한, 실천적으로 더욱 유용한 지식이다. 이는 사회학이나 심리학과 같은 사회과학들이 제공해 주는 것이다. 이와 비슷하게, 옥스퍼드의 도덕교육 이론가였던 존 윌슨(John Wilson)은 다음과 같이 주장하였다. 도덕교육에 대한 철학자들의 임무는 '도덕적' 혹은 '좋은'과 같은 기본 용어의 의미를 명료화하는 일인 반면, 도덕적 자질이나 성향을 증진시키는 데 필요한 최선의 도구, 방법, 맥락을 (경험적으로) 발견하는 일은 심리학자나 사회학자들의 몫이다(Wilson et al., 1967).

아무튼 전문적 분업에 대한 이러한 생각을 기반으로 삼아 학위 수준의 교사 교육 프로그램을 갖춘 새로운 교사교육 과정이 여기저기 대학에서 만들어졌다. 그 결과, 교사가 될 학생들은 학교 현장의 교직 실습과 연결된 오래된 교수법 과정뿐만 아니라 (주로 분석적인) 교육철학, 교육심리학, 교육사회학, 교육사 등에 관한 체계적 학문을 탐구하도록 하였다. 요컨대, 1960년대와 1970년대 (영미의) 교사 양성과정에서 적용되었던 새로운 교육이론관은 다음과 같이 요약할 수 있다. 첫째, 전문가가 되기 위해서 배워야 할 이론은 학문적으로 균형 잡힌 것이어야 한다. 이는 선험적인 철학적 분석, 경험적인 사회과학적(심리학과 사회학의) 이론 그리고 교육사가 포함되어야 함을 의미한다. 둘째, 그와 같은 이론은 (철학적 분석의 실천적 관심을 염두에 둔다면) 교육 및 수업이라는 실천적 업무에 적용될 수 있어야만 대체적으로 정당화될 수 있었다. 게다가 이 시기의 (윌슨이나 피터스와 같은) 많은 교육이론가가 보기에, '교육철학이라는 특수 영역' 과 '교육이론이라는 일반 영역' 의 관계는 (18세기의 영국 철학자인 로크가 썼던) '기초 작업자' 라는 용어로 표현하는 것이 가장 좋았다. 말하자면 교육철학자들이 현재 사용되고 있는 교육언어에서 언어상의 혼란이나 혹은 개념상의 파편들을 정리해 준다면, 그 기반 위에서 경험적 사회과학자들은 가장 효과적인 수업 도구와 방법을 찾아내는 실천적 임무를 제대로 수행할 수 있다는 말이다.

4. 분석적 패러다임에 대한 비판

교육이론을 응용과학으로 간주하는 이런 일반적 경향, 그리고 교육철학을 '기초 작업자' 로 보는 견해에 대해서 여러 가지 반론이 곧바로 나타났다. 처음에는 이와 같은 입장에서 암시되고 있는 (듀이도 거부했던) '이론과 실천' 이라는 이분법에 대해 불만을 느낀 교육철학자들이 나타나기 시작했다. '이론' 을 '실천' 과 연결시킨다는 생각 자체가 근본적으로 잘못이라고 생각하는 사람도 많았다. 왜냐하면 거기에는 (교육적인 혹은 다른) '이론' 과 개념적으로 구분되는 '실천' 이라고 말할 수 있는 것이 있다는 암시가 들어 있기 때문이다. 또한 '실천' 을 정당화하거나 합리적 근거를 제시할 때 그처럼 독립적으로 정립되어 있는 '이론' 에 우리가 의존해야 되기 때문이다. 이론-실천 구분에 대한 불만 이외에도 영미의 개념 분석에 대해서 제기되었던 난점들도 밝혀졌다. 새로운 교육철학자들은 마르크스주의자, 탈구조주의자, 유럽의 다른 철학적 흐름이 갖고 있던 관념론적/구성주의적 전통에 점점 더 이끌렸다. 영미 철학이 분석하고자 했던 개념들이 마치 모든 사회적 혹은 문화적 맥락이나 조건들로부터 초시간적으로 혹은 보편적으로 독립된 것처럼 간주했던 것은 문제가 아니었을까? 헤겔이나 마르크스와 같은 사람들이 설득력 있게 밝혀 주었듯이, 개념이나 이론은 인간이 만들어 낸 다른 것들과 마찬가지로 사회와 문화의 구성물이 아니었을까?

많은 사람의 눈에는 개념들 자체도 국지적으로(locally) 형성된 마음 혹은 상황의 산물에 지나지 않는다. 그런 개념들의 의미는 장소에 따라 달라질 수 있을 것이다. 이런 생각은 역사학자, 사회학자, 인류학자들의 탐구에 의해서 결정적으로 확인되었다. 이렇게 볼 때, (예컨대) 고대 그리스인들이 이해했던 덕, 자유, 민주주의는 (예컨대) 현대 영국인들이 이해하는 것들과 똑같다고 가정할 수 없을 것이다. 이런 역사주의적 혹은 구성주의적 견해에 따르면 '이론' 과 '실천' 사이에 확실한 경계선을 그을 수 없다는 점을 우리는 분명히 인식해야 한다. 왜냐하면 이론이 독자적으로 실천을 정당화해 주는 것이 아니라, 국지적 실천들을 나중에 합리화해 놓은 것에 지나지 않을 수 있기 때문이다. 또한 그런 관점들에 따르면 '철학' 과 '사회(혹은 다른)과학' 사이에, 혹은 '사람들이 적절하게 믿을 수 있는 것에 관한 주장' 과 '사람들이 실제로 어쩌다가 믿게 된 것에 관한 관찰' 사이에 어떤 분명한 혹은 의미 있는 경계선을 긋는다는 것이 불가능하지는 않을지라도 어렵다는 점을 분명히 알아야 한다. 게다가 보다 극단적 형태의 구성주의에 따르면 예외는 없다. 다시 말해서, 역사학/인류학과 같은 '가치가 개입된' 탐구 영역에 대해서만이 아니라 물리학/수학과 같은 엄밀한 과학에 대해서도 그런 점이 동일하게 적용된다는 말이다. 따라서 급진적 구성주의의 관점에서 본다면(예: Kuhn, 1970 참조) 물리학자들의 이론도 신앙 공동체의 종교적 믿음과 마찬가지로 당대의 시간과 공간의 산물에 지나지 않는 것이며, 따라서 오류/궤변/착각의 결과일 수 있다.

이론의 '객관성'에 대한 역사주의적 혹은 구성주의적 회의론은 오늘날 교육철학이나 다른 철학에 널리 퍼져 있다. 그런 회의론적 시각은 교육이론의 특수한 '문제점'에 직접 적용되기도 하였다. 그중에서 가장 분명한 사례를 영국의 교육철학자인 윌프레드 카(Wilfred Carr)에게서 찾아볼 수 있다(그의 말대로라면 그를 가리켜서 '이론가'라고 부르기를 주저해야 한다). W. 카의 관점은 여러 해를 거치면서 아리스토텔레스, 듀이, 위르겐 하버마스(Jürgen Habermas), 리처드 번스타인(Richard Bernstein), 앨러스데어 매킨타이어(Alasdair MacIntyre) 등의 아이디어를 자유자재로 끌어들였기 때문에 종합적인 것으로 보는 것이 확실할 것이다. 그럼에도 불구하고 오랜 시간 동안 영향력 있는 논문들[최근 논문으로는 「이론이 없는 교육(Education without theory)」(2006)이 있음]을 통해서 그는 다음과 같이 주장한다. 교육의 실천을 이해하는 데 있어서 흔히 말하는 '교육이론'의 가치 혹은 활용에 대해서 우리는 심각하게 의심해야 한다. 객관적 지식이나 객관적 이론의 가능성 자체에 대한 보다 일반적인 그리고 최근에 지적된 철학적인 회의론은 그런 의심에 대해서 아주 확실한 근거를 제공해 준다. 교육이론에 대한 W. 카의 반론에 어느 정도 일리가 있음을 우리는 인정한다. 그러나 특별히 교육이론에 대한 그의 반론이 과연 이론에 대한 역사주의적 혹은 구성주의적 회의론에 의해서 제대로 뒷받침될 수 있는가? 이렇게 묻는 것이 현재로서는 중요하다. 그것은 (무엇보다도) 진단의 정확성을 위해서 중요한 질문이다.

5. '정초주의'에 대한 W. 카의 비판

W. 카는 최근의 동향에 비교적 충실한 편이다. 다시 말해서, 교육이론이나 이론에 대해 반대하는 그의 주장은 그가 말하는 '정초주의(foundationalism)'에 대한 반론에 기반을 두고 있다. 여기서 (그리고 W. 카의 논문의 다른 곳에서) 무엇이 큰 문제인가? 그에 의하면, 정초주의라는 용어는 다소 애매하다. 아무튼 다양한 여러 가지 해석이 가능하다는 뜻이다. 첫째, '반(反)정초주의적인' 관점에서 보자. 만일 이런저런 이론 중립적인 경험적 관찰로부터 그런 관찰에 대한 보다 의미 있는 해석이나 혹은 그에 기반을 둔 실천적 정책/처방을 (귀납적으로) 추론할 수 있으나 이렇게 해도 별 문제가 없을 것이라고 가정하는 것은 오류이거나 순진한(혹은 순진한 실증주의적) 생각이다. 과거에는 (교육과 같은 전문 영역에서도) 이론과 실천의 관계를 경험주의자나 실증주의자처럼 생각하기도 했는데 여기에 중대한 문제가 있다는 점을 반정초주의가 지적했다. 이것이 옳다는 점에는 의문의 여지가 없다. 설명이나 처방이 자료에 의해서 결정되는 것은 결코 아니다(Quine, 1969 참조). '사물이 어떠어떠하다.'는 관찰로부터 '왜 그것이 그러한가'에 대한 설명으로 안심하고 직행할 수 없다. 또한 '그것이 그래야(혹은 그러지 않아야) 하는가'에 관한 판단으로 직행할 수도 없다. 그런데 보다 강한 형태의 '반정초주의'는 모든 관점에 특정 구성원들의 사회적으로 구성된 이해관계나 목적이 스며들어 있거나 '감염' 되어 있다고까지 주장하는 것 같다. 따라서 이론이나 실천이 그와 같은 국지적 이해관계나 관심사로부터 벗어날 수 있다고 말할 수 있는 합리적/객관적 근거가 결코 없다고 주장하는 것 같다. 이런 주장에 따르면, 모든 이론과 설명은 인간의 (주관적) 편향성에 물들어 있는 것이다.

바로 이 두 번째 견해는 다음과 같이 주장한다. 우리의 이론/설명은 국지적인 사회적 역사를 갖는 것이기 때문에 과연 사태의 진리를 실질적으로 파악할 수 있는지에 대해서 의심해야 한다. 그러나 논리적으로 살펴보자. 그런 추론은 분명히 오류다(그것은 결국 '발생적' 오류의 일종이다). 또한 그런 추론이 지지해준다고 간주하는 주장도 신빙성이 떨어진다. 그런데 어째서 많은 사람이 그런 점을 받아들이게 되었는지가 놀라울 뿐이다. 내가 저런 문화가 아닌 이런 문화에서 자랐다고 하자. 이 사실이 예를 들어 '내가 이 글을 타이핑하고 있는 것이 컴퓨터인가' 하는 점과 무슨 관계가 있으며, '이 컴퓨터가 어떻게 작동하는가'에 관한 (물론 **틀릴** 수 있는) 과학적 설명의 진위 여부와 무슨 관계가 있겠는가? 물론 이런 과학적 설명의 진위 여부는 내가 속한 문화의 성취를 반영할 것이고, 내가 속한 문화의 언어로 표현될 것이다. 가령 내가 타고 있던 배가 좌초되어 내 컴퓨터가 적화숭배자들(cargo cult)의 손에 들어갈 수 있고, 그들은 내 컴퓨터가 그들의 위대한 신인 'Ibok' 의 물리적 화신이라고 믿을 수 있겠지만 그들이 그렇게 믿는다고 해서 그것이 그런 것으로 변한 것은 결코 아니다. 그것이 컴퓨터인 것은 **사실**이고, 이복(Ibok)이라는 신도 없으며, 그런 신앙은 단순한 착각이요 혼동일 뿐이다. 또한 현대 과학의 '객관성'과 '합리성'을 가리켜 '계몽주의의 후예들'의 국지적인 문화적 관점들이 반영된 것에 불과하다고 간주하는 사람들이 있다. 이에 대해서 존 코팅엄(John Cottingham, 2005)이라는 철학자는 다음과 같이 말했다.

> 우리의 평가가 역사의 특수성으로부터 전적으로 자유로울 수 없다고 말하는 것과 특수한 전통이나 방법론을 옹호할 좋은 이유가 결코 있을 수 없다고 말하는 것은 전혀 별개의 것이다. 우리는 배가 없으면 해양을 항해할 수 없겠지만, 그렇다고 해서 지난 2, 3세기에 걸쳐서 발전한 항해술의 개선이 추측과 행운을 기반으로 삼아 항해했던 과거보다 더 잘 항해하도록 도와줄 것이라는 확신을 버리게 되지는 않는다. 계몽주의의 가치를 가리켜 일시적 일탈이라든가 혹은 의문스러운 과도기라고 볼 수 없으며, 오히려 그것은 인간이 자연 질서를 보다 충실하고 더욱 정확하게 이해하고자 했던 오랜 여정의 일부분이다.

그러므로 그와 같은 급진적 반정초주의를 옹호할 이유가 별로 없으며, 이것이 기반으로 삼고 있는 객관적 지식의 가능성에 관한 총괄적인 역사주의적/구성주의적 회의론을 진지하게 지지해 줄 근거도 별로 없다. 경제적 생산성, 통신, 여행 등의 측면에서 볼 때, 인간의 처지를 확실히 개선해 주었던 현대 기술의 위대한 진보는 모두 실험적으로 검증된 과학적 이론과 그런 과학의 잠정적 성격에 기반을 둔 것이다. 따라서 우리가 안경을 통해서 희미하게 보고 있다고 (올바르게) 말하는 것은 우리가 전혀 보지 못한다고 말하는 것과 다르다. 그리고 흔히 지적하듯이 인식론에 대한 가장 급진적인 포스트모던적 회의론을 믿고 있는 사람들도 우리와 똑같이 컴퓨터와 핸드폰을 신뢰하고, 강연을 하러 외국에 갈 때 마일리지를 누적시키면서도 죽음을 두려워하고 신경을 곤두세운다. 이론적 객관성에 관한 일반적 회의론을 근거로 삼아 교육이론을 의심하는 일은 귀중한 것을 버리는 셈이나 다름없다. 그렇다고 해서 합리적인 교육실천이 '응용' 과학과 같은 것을 근거로 삼을 필요가 있는지에 대해서 W. 카가 특별히 의문시하는 것이 잘못이라는 뜻은 아니다. 그렇지만 여기서 W. 카는 '이론에 대한 반정초주의적 회의론' 이라는 나무는 보면서도 교육이론(의 문제)이라는 숲을 보지 못하고 있는지도 모른다.

W. 카는 교육이론의 문제점을 잘못 지각하고 있는데, 그 밑바탕에는 개념 분석의 실패가 깔려 있다. 카의 비판 중에서 많은 부분이 일반 철학자들로부터 끌어들인 것인데, 이들은 다음과 같은 근거에서 개념 분석에 대해 반대한다. 즉, 개념 분석은 '진리', '지식', '정의', '덕', '교육' 과 같은 문제 있는 용어들이 마치 엄밀한 정의에 의해 확인될 수 있는 보편적 의미를 갖고 있는 것인 양 잘못 알고 있다. 역설적인 이야기이지만 훌륭한 개념 분석은 그렇게 **하지 않는다**. 오히려 개념 분석을 비판하는 포스트~ 비판가들이 그렇게 하는 경우가 아주 많다. 우리가 이미 지적했듯이, 분석철학의 창시자라고 말하는 프레게는 한 가지 방법론적 원리를 다음과 같이 주장하였다. 즉, 용어의 의미는 오직 명제의 맥락에서 밝혀진다. 그의 제자인 비트겐슈타인은 용어의 쓰임(use) 속에서 의

미를 찾아야 한다고 촉구하였다. W. 카는 그의 반정초주의적인 입장을 지지하기 위해서 비트겐슈타인을 언급했다. 그런데 카는 이런 문제를 다루면서 (우리가 보기에는) 어디에서도 그런 조언에 주의를 기울이지 않은 것으로 보인다. 이런 면에서 본다면 카가 이론을 분석할 때 아주 '본질주의자'인 것처럼 보인다. 간단히 말해서, 그는 '이론'이라는 용어가 모든 맥락에서 오직 한 가지 의미를 갖고 있는 것처럼 가정하는 것 같고 이 점을 그는 '반정초주의적' 비판의 공격 대상으로 삼고 있는 것 같다. 또 그는 교육적(혹은 교육과 관련된) 담론의 여러 가지 맥락에서 이론이 다양하게 사용되고 있음을 보지 못하고 있는 것 같다. 여기서 자세히 논할 수는 없고, 두 가지만 밝히겠다.

첫째, '교육이론'에서 공부할 것으로 기대하는 것을 묻는다면 '교육심리학', '교육사회학', '교육사' 등과 같은 학문이라고 답할 것이다. 이들은 바로 교사교육 프로그램에 들어 있는 학문이다. 그런데 정치가들이 '쓸모 없는 이론'이라고 비판하는 소리를 언론에서 듣는데 그들이 염두에 두고 있는 것은 위와 같은 학문이 아니다. 그들이 자주 비난하는 '이론들'은 사회과학적 연구의 성과가 아니라, 보다 일반적으로 말해서 '진보주의 교육', '전통적 교육', '아동중심 교육', '탈학교', '자유교육' 등과 같은 (느슨한) 명칭 속에 자주 포함되어 있는 이데올로기/정책/처방과 같은 것들이다. 이처럼 다양한 용어 사용에서 아주 중요한 핵심 사항이 드러난다. 우선 처음 의미의 '교육이론'은 일단의 학문을 가리킨다. 이는 일반적으로(진정으로) 이론적(흔히 실험과학적) 성격을 갖는다. 물론 그것들이 명확한 혹은 특별한 의미에서 교육학(educational disciplines)은 아니다. 피아제의 인지단계 이론이나 가드너(H. Gardner)의 다중지능 이론은 교육실천과 관련된 것이고, 교사들에게도 유용한 것이라고 (옳게 혹은 그르게) 널리 받아들여지고 있으나 그것들은 엄밀히 말해서 교육이론이 아닌 심리학 이론이다. 예를 들어, 상이한 종류의 지능이 (만약 있다면) 있다는 사실은 교실에서 그에 관한 지식을 가지고 무엇을 해야 하는가에 대해서 아무것도 말해주지 못한다.

둘째, '아동중심 교육', '자유교육', '탈학교'는 원칙적으로 다음과 같은 특징을 많이 갖고 있다. 즉, 젊은이들을 교육시키거나 그들의 학습을 증진시키는 일을 어떻게 해야 하는가에 대해서 말해 줄 수 있는 점들이 거기에 들어 있으나 그런 점들이 과학적 이론이 아닌 것은 분명하다. 물론 그런 점들은 몇 가지 처방을 정당화하기 위해서 사회과학적 연구 성과에 상당히 의존하기도 한다. 게다가 이미 지적했듯이 그런 처방은 경험적 증거에 의해서 충분히 뒷받침되지 못하거나 전혀 그렇지 못한 경우도 많다. 플라톤은 지능의 차이를 전제하면서 가장 유능한 사람에게 교육 자원의 큰 부분을 할애하자고 했지만, 다른 사람들은 그런 차이 때문에 오히려 능력이 부족한 사람에게 더 많은 시간과 자원을 투입하자고 주장하였다(White, 1973 참조). 여기서 핵심 포인트는 아동중심 교육을 옹호하는 사람들이 아동의 흥미에 더 많은 관심을 쏟거나 혹은 교실에서 더 많은 자유를 허용하자고 주장할 때, 인간 발달에 관한 어떤 '가치 중립적인' 경험적 사실에 근거하여 그런 주장을 내세울 가능성은 비교적 적다(최소한 그런 점을 앞세우지는 않았다)는 점이다. (항공기 설계사는 항공기를 제작할 때 항공과학의 실험적 원리에 기반을 두고 제작하는데, 이는 가치 중립적일 것이다.) 간단히 말해서, '교육이론'에서 배우는 심리학 이론이나 사회학 이론은 과학이라고 어느 정도 (참되게 혹은 거짓되게) 주장할 수 있을 것이다. 그것들은 명확한 의미에서 **교육**(educational)과학은 아니다. 이와 달리 정치가들이 언론에서 폄하하는 '교육이론들'은 교육에 대한 원리적 관점이라고 말할 수 있는 것이다. 이런 것들은 (최소한 실험적 혹은 경험적) 과학의 분명한 사례는 아니다.

6. 교육철학과 교육이론: 과학인가, 윤리학인가

이와 같은 논의에 대해서 '포스트분석적'(혹은 포스트~적) 기질을 가진 사람들은 다음과 같이 반응할 것이다. 그런 논의는 시대착오적인 경험주의의 구분에 전적으로 의존하는 것이며, (과학의 영역인) 사실적인 것과 (윤리학의 영역인) 평가적/처방적인 것을 구분하는 일이 이론과 실천(이것의 특수 사례가 사실-가치 구분이라고 흔히 간주됨)을 구분하는 일과 마찬가지로 그릇된, 틀린, 혹은 지지받을 수 없다는 것은 이미 (듀이나 다른 사람들에 의해서) 밝혀졌다. 그런데 이런 반응에 대해서는 다음과 같은 반론을 다시 제시할 수 있겠다. 이런 반응은 검증되지 못한 슬로건에 지나지 않기 때문에 곧바로 배척할 수는 없어도 신중하게 검토할 필요가 있는 것이다. 바꾸어 말해서, 이론-실천 구분에 대한 가장 일반적인 불평들(여기서는 더 이상 논하지 않음) 속에는 다음과 같은 문제점이 들어 있다. 정초주의에 대한 반론에서도 그랬지만, 이런 구분에 몇 가지 상이한 버전들이 있음에도 불구하고 그중 어느 것을 비판하고 있는가 하는 점이 별로 분명하지 않다. 물론 이런 구분을 부적절하게 혹은 쓸모없이 사용하는 경우도 있을 것이나 이런 구분이 많은 (이론적) 목적들을 위해서 필수불가결한 것은 아닐지라도 귀중한 것임은 아주 분명하다. 기술적(혹은 사실적) 진술과 평가적(혹은 처방적) 판단이라는 구분에 대해서도 똑같은 말을 할 수 있다. 현대 철학에서 중요한 윤리학적 문제들을 명료화할 때 그런 구분이 아주 귀중한 것이라는 점은 이미 밝혀졌고, 그런 구분을 사용하는 근거도 상당히 확실한 편이다. 이와 달리 현대의 신자연주의자들(neo-naturalists)이 제대로 지적했던 정당한 불평도 있다. 즉, 흄(D. Hume)과 그의 실증주의적 추종자들이 구별했던 사실과 가치 간의 엄밀한 논리적 분리(예: Ayer, 1967 참조)는 받아들이기 어려운 것이다. 왜냐하면 그렇게 볼 경우 우리가 갖고 있는 가치를 왜 갖고 있는지를 알기가 어렵기 때문이다. 예를 들면, 인간은(또한 새디스트조차도) 일반적으로 고문을 잔인한 것으로 간주하며 대부분 그것을 비난한다. 그런데 어떤 것을 잔인하다고 간주하는 말은 어떤 조건하에서 감각적 존재들이 고통을 겪는다는 점, 그리고 그런 고통은 유쾌하지 못한 것이라는 점을 알 때에만 비로소 이해될 수 있다. 아이들이 가끔 잔인하게 보이는 한 가지 이유는 그들이 이런 사실을 모르기 때문이다.

게다가 이런 이슈에 대한 분명한 성찰이 어렵게 되는 까닭은 여러 가지 구분을 분리하지 못하기 때문일 것이다. 흄과 칸트 이후의 포스트계몽주의 윤리학에서 그런 구분들을 무시했던 것은 그런 성찰에 도움이 되지 못했다. 그래서 예를 들어 일반적으로 가정되고 있는 것과는 달리 사실-가치 구분이 사실-당위 구분과 동일한 것인지도 분명하지 않다. 왜냐하면 우리의 가치가 늘 우리의 세계 경험과 인간 본성에(인간 본성의 일부분으로서 인간의 잘 삶에 어떤 상황이 이롭거나 이롭지 못한 것인지에 대한 우리의 지식에) 근거하는 것이긴 하지만, 사람들(예컨대 산모와 태아를 구하기 위해 수술하는 외과의사들)이 자신들의 가치에 있어서 그리고 그 사실에 관해서 전적으로 일치할 수는 있으나 '그들이 어떻게 하는 것이 가장 좋은가'에 대해서는 의견이 일치하지 않을 수 있다는 것도 그에 못지않게 분명하기 때문이다. 간단히 말해서 사실에서 당위를 추론하는 일은 사실에서 가치를 추론하는 일에 비해서 덜 분명한 경우가 많으며, 이와 관련된 혼란은 현대 도덕철학에서 많이 나타났다. 따라서 예를 들어 가치와 사실을 논리적으로 구분했던 경험주의자나 칸트주의자들을 거부했던(이 점에서는 맞음) 공리주의자들은 그런 거부가 사실에서 당위를 직접적으로 이끌어 내는 논변(공리성의 원리 자체가 그 분명한 사례에 속함)을 허용할 것이라고 가정했던(이 점에서는 틀림) 것으로 보인다. 다른 한편으로 그 이후의 도덕적 처방주의자들(prescriptivists)은 기술(description)에서 처방으로의 직접적 추론이 불가능하다는 점을 명심했지만(이 점에서는 맞음), 그로부터 인간의 가치가 사실적 지식과 전적으로 분리되거나 독립적인 것이라고 결론을 내렸던(이 점에서는 틀림) 것으로 보인다(D. Carr, 1995 참조).

또한 이와 같은 핵심 구분들은 아리스토텔레스의 윤리학에서도 인정되었던 것으로 보인다. 첫째, 아리스토텔레스가 분명히 이해했듯이 인간의 가치/덕은 자연 질서의 일부인 인간의 삶과 경험에 대한 우리의 이해로부터 단절된 것이 아니다. 이런 점은 여러 가지 과학적(생리학적, 생물학적, 심리학적) 연구의 주제이기도 하다. 또한 아리스토텔레스는 똑같이 매력적인 가치들/덕들 사이에 갈등이 생길 경우에 어떻게 해야 할 것인가에 관한 숙고와 판단도 여러 가지 종류가 있음을 인정하고 있다. 이에 대해 과학적 연구는 (최소한 그 자체로서는) 우리에게 별로 도움이 되지 못한다. 간단히 말해서, 진리에 초점을 둔 과학적 관찰/탐구/설명에 들어 있는 '성찰의 종류'와 도덕적으로 불확실하거나 문제가 있는 상황에서 우리가 최선의 방향으로 행동하도록 도움을 줄 수 있는 '숙고의 종류' 사이에는 중대한 차이가 있다. 이렇게 본다면, 사실과 가치 혹은 기술(記述)과 처방 사이에 차이가 없는 것은 아니다. 오히려 사실은 우리의 가치를 이해하고 명료화하는 데 도움을 줄 수 있으며, 도덕적 딜레마의 특수한 상황을 정확하게 기술하는 일은 좋은 판단과 현명한 처방을 위해서 없어서는 안 될 것이다. 이 모든 점에서 볼 때, 여기서 정말 필요한 것은 기술, 평가, 처방 간의 복잡한 개념적 구분/차이를 세밀하게 파악하는 일이라는 점이 아주 분명해졌을 것이다. 그러므로 포스트~ 입장에서 그런 구분들을 무의미한 것으로 배척하고 그런 과제를 거부하는 것은 철학적으로 무책임한 일이나 다름이 없다. 그뿐만 아니라 신관념론자나 급진적 구성주의자들이 사실을 가치로 흡수해 버리는 행태에서 특히 혐오스러운 배척이 나타나고 있는데, 이것은 인간 공동체들이 스스로 정당화한 편견들 속에서 자기들끼리 어울리도록 만들어 버릴 것이다.

교육이론에 관한 W. 카의 특수한 문제로 되돌아가 보자. 위에서 여러 가지 형식의 인간 연구들에 관해서 논의하였고 거기서 교육 연구(educational inquiry)의 이론적 지위에 관한 진정한 문제가 분명히 제기되었다. 그중에는 사회과학적(심리학적, 사회학적) 연구들의 교육적 이점에 관한 문제도 들어 있었는데 이런 형식의 연구들은 그 경험적/실험적 내용 측면에서(선험적 탐구와 경험적 탐구를 구분했던 종전의 분석철학에 따라서) 철학과 구별되었다. 왜냐하면 이미 살펴보았듯이, 교육 연구가 '가르치는 과정을 경험과학적으로 보다 명확하게 이해하는 방향'으로 조금씩 나아가고 있는 것처럼 이해하는 경향은 최근에 더 뚜렷해졌기 때문이다. 이것은 철학적 성찰을 전적으로 배제시키지는 않았을지라도 그것을 뒷구석으로 세게 밀쳐 버렸다. 여기서 교육철학은 희미하나마 어떤 역할을 아직도 할 수 있는데 그것은 일상적인 용어 사용을 개념적으로 정리한다든가 혹은 (교육 자원의 공정한 분배를 위해서) 일반적인 윤리적 원리들을 명료화하는 일이다. 그렇지만 오늘날 교육학(study of education)에서 연구/탐구의 핵심은 과학적이고 경험적인 것이어야 한다고 볼 것이다. 이런 관점에 따르면, 현대 교육사상의 주된 발전은 학습에 대한 엄밀한 경험적 관찰 그리고/혹은 교육방법의 검증을 기반으로 삼아 이루어졌으며, 교육이론은 사회과학의 일부로 간주되어야 하고 (대학에서 교육학을 MSc 프로그램에 소속시키고 있듯이) 사실상 그렇게 간주되고 있다고 보는 경향이 강하다.

우리가 보았듯이, 경험과학의 객관적 유용성과 효력을 의심하는 것은 합당한 일이 못 된다. 현대의 엄청난 기술발전은 계몽주의 시대 이후 자연의 기본과정에 대한 우리의 지식과 이해가 확실하게 진보함으로써 나타난 직접적인 결과이기 때문에 과학적 객관성에 대한 포스트~의 회의론은 대체로 보잘것없는 것으로 보인다. 그러나 현재 우리의 관심사는 인간 학습이나 교수법 연구에서 나타난 진보가 모두 이런 종류의 '과학적' 진보인가라는 질문이며, 이에 대해 의문을 가져야 할 이유가 상당히 있다. 왜냐하면 우리가 이 장의 처음에서 지적했듯이, 플라톤이나 루소와 같은 철학자들이 제기했던 주된 교육 문제는 정의(뚜렷한 능력 차이에도 불구하고 모든 사람은 평등한 교육을 받을 자격이 있는가?), 자유(인간의 발달과정은 어느 정도로 조작하는 것이 적절한가?)에 관한 문제였기 때문이다. 정말 만일 아리스토텔레스나 칸트와 같은 위대한 철학자들이 (서로 다르긴 하지만) 경험적 과학과 도덕적 탐구의 결정적인 차이에 관해서 그렇게 말했고, 또한 (대부분은 아닐지라도) 많은 교육적 질문이 도덕적 이슈라고 본다면, 이런 질문에 대한 해답을 찾는 일에서 과학적 기술이나 분석은 한계에 봉착할 것이다. 예를 들어, 과학적 연구는 아동의 삶에 있어서 권위와 훈육의 지위/위상에 대해서 전통주의적 교육자와 진보주의적 교육자가 갖고 있는 의문을 어떻게 해결해 줄 수 있겠는가? 이런저런 측면에서 모든 아동에게 옳거나 적합한 것이 무엇인가에 대해서 결정적인 답변을 제시해 줄 수 있는 어떤 일반적인 인과적 법칙을 찾는다는 것은 단순한 (범주) 착오가 아닐까?

더 지적해 두어야 할 점으로, 교육적 관련성을 갖고 있는 것처럼 가정되고 있는 현대의 과학적, '경험적' 연구를 세밀하게 검토해 보면 거의 대부분 덜 과학적인 것으로 밝혀지기 쉽다. 20세기의 학습이론과 발달이론이 대부분 (개념적으로 혹은 경험적으로) 틀린 것이라는 점은 의심의 여지가 거의 없다. 좋은 과학은 언제나 잠정적이고, 부정될 가능성이 있다는 현대적 관점에서 볼 때 그런 점은 이해할 수 있고 또 용인될 수 있다. 그러나 그런 많은 이론이 부딪히기 쉬운 문제점은 경험적인 것이라기보다는 오히려 윤리적인 것인데, 이 점이 별로 인식되지 못하고 있는 것 같다. 우리가 원하는 대로 사람들이 행동하게끔 그들을 효과적으로 조건화할 수 있을지라도(실제로 우리가 상당한 정도로 그렇게 할 수 있을지라도) 행동주의 학습이론은 도덕적으로 문제가 될 것이다. 또한 어떤 사람들이 다른 사람들에 비해서 유전적으로 열등하다는 점을 과학적으로 증명할 수 있을지라도, 능력이 부족한 사람들에게 교육 기회를 제공하지 않는다는 것은 도덕적으로 문제가 될 것이다. 많은 경우에서 알 수 있듯이, 나쁜 교육적 사고의 뿌리에는 나쁜 (경험적) 과학보다는 나쁜 혹은 부패한 윤리적 사고가 들어 있으며, 그리고 의심의 여지가 많은 과학이 더 좋은/나쁜 도덕철학의 거짓된 기반이 되었던 경우가 자주 밝혀졌다. 여기서 흥미로운 사례는 (최소한 반세기 동안) 영향력을 미쳤던 미국의 인지심리학자인 로렌스 콜버그(Lawrence Kohlberg)의 도덕발달 이론(1981)이다. 그는 피아제의 개척적 탐구를 뒤따랐고, 그것의 경험적 신뢰성을 매우 중시하였다. 콜버그가 주장했던 바를 간단히 말해 보자. 그는 기본적으로 칸트적 관점에서 도덕적 발달을 이해하였다. 도덕적 발달이란 일련의 타율적인 도덕발달 단계들을 거친 후 독립적이고 자기 입법적인 도덕적 성숙의 단계로 진보하는 것이다. 이 점은 도덕발달의 여러 단계와 연관된 연령의 아이들에게 핵심 질문을 제시하고 그에 대한 아이들의 반응을 면밀히 관찰함으로써 확인되었다.

콜버그의 연구는 철학적 관점 및 경험적 연구 관점에서 여러 가지로 비판을 받았다(예를 들어, 페미니스트들의 '배려' 윤리는 Gilligan, 1982 참조). 콜버그가 연구했던 집단 구성은 남성 위주로 편향되었다는 점이 지적되었다. 필자 또한 다른 글에서 콜버그의 이론에서 경험적 '증거'라고 말하는 것은 실질적인 혹은 일관된 역할을 별로/거의 하지 못하며, 그의 설명의 규범성을 사실상 '계속해서 떨어졌다.'고 주장했다(Carr, 2002). 보다 면밀하게 살펴본다면, 교육적으로 상당한 영향력을 미치고 있는 현대의 많은 사회과학적 이론이 약간 경험적인 것으로 위장된 규범적 혹은 도덕적 설명에 지나지 않은 경우가 많다. 실제로 교육이나 가르침의 핵심 관심은 잘 삶이 무엇인가, 그런 삶을 증진시켜 줄 최선의 방법은 무엇인가와 같은 것임을 생각해 본다면 그와 같은 지적이 특별히 놀라운 것은 아닐 것이다. 플라톤과 아리스토텔레스는 처음부터 그런 점을 우리가 제대로 볼 수 있도록 해 주었다. 그렇다고 해서 긴급한 교육 사태나 교육 문제를 해결해야 할 때 윤리적 탐구만으로 충분하다는 말은 결코 아니다. 혹은 우리가 무엇을 해야 하고 무엇을 할 수 있는가에 대해서 분명히 사고할 때 경험적 연구가 아무 도움도 줄 수 없다는 말은 아니다. 교육 문제에 대한 양적/질적 연구는 '사소한 진리들을 많은 공력과 경비를 투입하여 입증하는 일이나 다름없는 경우가 너무 많은 것 같다.'는 오래된 철학적 비판에 늘 노출되어 있지만, 그럼에도 불구하고 경험적 연구는 교육 정책과 처방을 위해서 유용한(그리고 가끔은 놀라운) 증거를 제공해 줄 때가 있다. 또한 우리가 살펴보았듯이 위험한 구성주의자들이나 신관념론자들(혹은 상대주의자들)은 지식을 의견으로 흡수시켜 버리려고 하는데, 이런 일을 방지하기 위해서 우리는 아리스토텔레스의 다음과 같은 조언에 귀를 기울여야 한다. 현명한 도덕적 숙고는 결국 인간의 본성에 대한 이해에 뿌리를 두고 있으며, 이런 이해를 위해서 경험과학은 인문학적 지혜에 못지않게 유익한 기여를 할 수 있다. 그러나 이 장은 교육학 분야에서 철학적(혹은 윤리적) 연구와 경험적 연구 사이의 적절한 관계에 대한 최근의 관점에서 무게 중심이 앞쪽으로 이동할 필요가 있음을 지적하였다. 이 견해에 따른다면, 최근의 시대적 풍조에도 불구하고, 철학적인 것 혹은 윤리적인 것이 경험적인 것에 비해서 더 낫거나 더 현명한 것이 될 수 있다.

참고문헌

Ayer, A.J. (1967) *Language, Truth and Logic*. London: Gollancz. 송하석 역(2010). 『언어, 논리, 진리』. 파주: 나남.

Carr, D. (1995) 'The primacy of virtues in ethical theory: Part 1', *Cogito, 9*, 238-244.

Carr, D. (2002) 'Moral education and the perils of developmentalism', *Journal of Moral Education*, 31(1): 5-19.

Carr, W. (2006) 'Education without theory', *British Journal of Educational Studies*, 54(2): 136-159.

Cottingham, J. (2005) *The Spiritual Dimension: Religion, Philosophy and Human Value*. Cambridge: Cambridge University Press.

Frege, G. (1978) *The Foundations of Arithmetic: A Logico-Mathematical Enquiry into the Concept of Number*. Oxford: Blackwell. 박준용, 최원배 역(2004). 『산수의 기초』. 서울: 아카넷.

Geach, P.T. and Black, M. (Eds.) (1966) *Translations from the Philosophical Writings of Gottlob Frege*. Oxford: Blackwell.

Gilligan, C. (1982) *In a Different Voice: Psychological Theory and Women's Development*. Cambridge, Mass: Harvard University Press. 허란주 역(1997). 『다른 목소리로: 심리이론과 여성의 발달』. 서울: 동녘.

Hamilton, E. and Cairns, H. (Eds.) (1961) *Plato: The Collected Dialogues*. Princeton: Princeton University Press.

Kant, I. (1968) *The Critique of Pure Reason*. London: Macmillan. 백종현 역(2006). 『순수이성비판 1, 2』. 서울: 아카넷.

Kohlberg, L. (1981) *Essays on Moral Development: Volume 1*. New York: Harper and Row. 김봉소, 김민남 공역(2000). 『도덕발달의 철학』. 서울: 교육과학사.

Kuhn, T.H. (1970) *The Structure of Scientific Revolutions*, 2nd edn. Chicago: University of Chicago Press. 김명자 역(2002). 『과학혁명의 구조』. 서울: 까치글방.

McKeon, R. (Ed.) (1941) *The Basic Works of Aristotle*. New York: Random House.

Perry, L.R. (1967) *Bertrand Russell, A.S. Neill, Homer Lane, W.H. Kilpatrick: Four Progressive Educators*. London: Collier-Macmillan, Educational Thinkers Series.

Peters, R.S. (1966) *Ethics and Education*. London: George Allen and Unwin. 이홍우 역(2003). 『윤리학과 교육』. 서울: 교육과학사.

Peters, R.S. (1973) 'Aims of education', in R.S. Peters (Ed.), *The Philosophy of Education*. Oxford: Oxford University Press.

Quine, W.V.O. (1969) *Ontological Relativity and Other Essays*. New York: Columbia Press.

Rousseau, J-J. (1973) *The Social Contract and other Discourses*. London: Dent. 김중현 역(2010). 『사회계약론』. 서울: 웅진싱크빅.

Rousseau, J-J. (1974) *Emile*. London: Dent. 김중현 역(2003). 『에밀』. 파주: 한길사.

Rusk, R. R. (1979) *Doctrines of the Great Educators*. London: Macmillan.

Russell, B. (1956) *Logic and Knowledge: Essays 1901-1950*. London: George Allen and Unwin.

Ryle, G. (1949) *The Concept of Mind*. London: Hutchinson. 이한우 역(1994). 『마음의 개념』. 서울: 문예출판사.

Scheffler, I. (1960) *The Language of Education*. Springfield, IL: Thomas Press.

White, J.P. (1973) 'The curriculum mongers', in R. Hooper (Ed.), *The Curriculum: Context, Design and Development*. Edinburgh: Oliver and Boyd.

Wilson, J., Williams, N. and Sugarman, B. (1967) *Introduction to Moral Education*. Harmondsworth: Penguin.

Wittgenstein, L. (1953) *Philosophical Investigations*. Oxford: Blackwell. 이영철 역(2006). 『철학적 탐구』. 서울: 책세상.

제4장

교육철학과 교육실천

Richard Pring

1. 서론: 철학적으로 생각하기

우스꽝스러운 일이 벌어지기도 한다. 교직과나 교육학과에서 교육 문제에 대한 철학적 관점을 강조해야 하는데 이를 소홀히 하거나 혹은 교육철학 전공자를 임용하는 데 소극적인 대학이 나타나고 있다. 그럼에도 불구하고 분별 있는 사람들은 최소한 우리가 걱정하는 수많은 교육 문제 속에 철학적 문제가 들어 있다는 점을 지각한다. 그렇지만 교육 문제를 해결한다면서 등장한 교육정책이 아주 엉망인 경우도 생긴다. 왜냐하면 오랜 옛날부터 철학자들이 제기하였던 물음을 도외시하기 때문이다. 철학의 임무는 '일치된 의미들' 혹은 '자명하게 참'인 주장들의 이면을 드러내고, 삶이란 얼핏 생각하는 것보다 훨씬 더 복잡한 일이라는 점을 보여 주는 것이다. 따라서 철학의 한 가지 과업은 사람들, 특히 정답을 갖고 있다고 생각하는 사람들을 불편하게 만드는 일이기도 한다.

아주 좋은 사례를 플라톤의 『국가』에서 찾아볼 수 있다. 자신만만한 트라시마코스(Thrasymachus)는 '정의 또는 올바른 것'이란 "더 강한 자의 편익이 되는 것"[1]이라고 정의를 내린다. 소크라테스(Socrates)는 이런 정의에서 문제점을 발견한다. '이득이 되는' 이란 무엇을 의미하는가? 소크라테스는 이를 밝혀낸다.

> 예를 들어…… 폴리다마스(Polydamas)가 우리보다 **더 강한데** 쇠고기가 그의 몸에 **이득을 가져다 준다면**, 그보다 **더 약한** 우리에게도 이 식품이 **이득이 되는** 동시에 올바른 것이라는 그런 뜻으로 **말하는** 것은 아닐 것이오.

트라시마코스는 그의 처음 정의를 수정하여 더 강한 자에 국가나 정부를 포함시키게 되자 짜증을 낸다. 다시 말해서, 권력을 가진 자들은 무엇이 옳거나 정의로운 것인지를 정의하는 사람들이다. 사실상 그런 것처럼 보이는 경우가 흔할 것이다. 소크라테스는 이 정의에 대해서 반론이 될 수 있는 것, 즉 반대 사례를 가지고 들이민다. 마침내 트라시마코스는 성질이 나서 나가 버린다. 분명한 것으로 보였던 것이 그렇지 않은 것으로 판명되고 만 것이다.

교육철학자들은 어색한 질문을 던지는 일을 하라고 임용된다. 그런데 교육적 실천에 깔려 있는 교육의 의미, 특정한 교과 내용을 가르치는 의미, 교사의 권위의 기반, 증거기반 연구에서 증거의 의미 등에 대해서 불편한 질문을 던져야 할 교육철학자들이 줄어든다고 해서 교육학과장이 트라시마코스처럼 성질이 나서 나가 버리는 경우는 별로 없을 것이다.

1) *Republic*, Part 1, Book 1, 338. 이런 생각은 그 당시 소피스트들 사이에서 유행하였다.

그러나 플라톤(혹은 소크라테스)은 자신이 동의할 수 없는 이야기를 하는 사람들에게 '무슨 의미인가?' 라는 기계적인 질문만 던지지는 않았다.

첫째, 다른 사람의 논변에서 핵심 역할을 하는 단어들이 애매하다는 점을 그는 알고 있었다. 해석을 어떻게 하는가에 따라서 논란이 발생하고, 많은 점이 달라진다. 반대 사례를 제시함으로써 그는 그런 점을 드러낼 수 있었다. 특히 앞에서 언급한 사례에서 그는 무엇이 옳고 정의로운 것인가에 관한 담론이 분명히 도덕적 성격을 가진 것이라는 점을 제대로 밝혀낼 수 있었다.

둘째, 언어 탐색은 불가피하게 국가의 성격, 국가와 개별 구성원의 관계에 관한 보다 깊은 물음으로 이어졌다. 또 그것은 국가의 미래 시민에게 적합한 형태의 교육에 관한 물음으로 이어졌다. '의미들' 은 상호 연관된다. 온갖 개념들을 통해서 우리는 사회적 세계를 이해하고 그 안에서 지적으로 행위한다. 철학자, 특히 교육철학자의 한 가지 과제는 사회적 세계의 언어에 담겨 있는 이해를 비판적으로 검토하는 일이다. 왜냐하면 그것이 교육정책과 교육실천에 영향을 미치기 때문이다.

이 장에서는 바로 그런 점을 밝혀내고자 한다. 즉, 우리가 교육에 관해서 이야기할 때 사용하는 언어에 파고들면서 그 언어의 함의를 비판적으로 검토하고자 한다.

2. 너필드 리뷰 사업

플라톤은 소크라테스의 입을 빌려 (영향력이 컸던 소피스트들의) 도덕적 담론이나 국가의 성격에 관한 논변에 실제로 담겨 있는 절박한 이슈를 다루고 있었다. 이와 마찬가지로 교육에 관해 철학한다는 것은 교육정책의 결정이나 교육실천에서 실제로 발생하는 절박한 문제점을 다루는 일이다. 교육철학은 교육실천 그리고 그에 관한 진술과 정당화에 뿌리를 내릴 필요가 있다.

한 예로서 '너필드 리뷰 사업(Nuffield Review of Education and Training 14-19 for England and Wales)'[2]을 살펴보자. 이 사업은 14~19세 학생들을 위한 교육체제에 대해서 독립적, 종합적, 증거 기반적 검토를 시도한 것이다. 그런데 철학적인 정신을 가진 사람들은 곧바로 문제점을 찾아낼 것이다. 어떤 관점에서 '종합적'인 것인가?

'종합적'이란 흥미로운 용어로, 모든 측면을 고려한다는 뜻이다. 학습의 질, 교육과정, 평가, 교사 역할, 교육체제의 수행, 자격증 시스템, 교육제도의 운영, 진학/진급 등이 여러 장의 제목에서 나타난다. 그러나 가능한 '측면들'은 거의 무한하다. 너필드 리뷰 사업을 어떤 관점에서 시도하는가에 따라서 고려해야 할 측면들도 달라질 것이다. 이 '관점'도 너필드 재단(Nuffield Foundation) 이사회가 '교육받은 인간'을 어떻게 이해하는가에 따라서 달라진다. 여기서 핵심 질문은 '요즈음 시대에 교육받은 인간을 무엇으로 볼 것인가?' 였다.

이 질문의 의의는 너필드 리뷰 사업이 나오게 만들었던 전혀 다른 질문을 생각하면 알 수 있다. '국가경제의 발전을 위해서 어떤 학습이 요청되는가?' 결국 이는 14~19세 학생들의 교육과 훈련에 영향을 미쳤던 수많은 변화의 이면에 감추어져 있던 질문일 것이다.

3. 교육의 개념

젊은이들에게 영향을 미치려는 변화가 교육 개혁이라는 이름하에 추진되었

2) '너필드 리뷰 사업'은 너필드 재단의 후원을 받았다. 그 보고서인 『모두를 위한 교육: 14~19세 아동을 위한 교육과 훈련의 미래(*Education for All: the Future of Education and Training for 14-19 Years Olds*』(London: Taylor and Francis)는 2009년 5월에 출판되었다. 나는 영광스럽게도 이 연구사업의 책임자였다.

다. 이렇게 된 것은 단순한 신체적 적응이나 성장을 통해서 나타나기가 어려운 인간 발달이 교육과 연관된다고 보았기 때문일 것이다. 원숭이는 교육시킨다고 하지 않고 훈련시킨다고 하지만, 인간에 대해서는 교육이라는 언어를 사용한다.

게다가 이미 피터스(Peters)가 오래전(1965)에 주장했듯이, '교육' 이라는 용어는 주로 평가적으로 사용된다. 인간 존재를 더 나은 상태로 이끌어 가는 발달을 가치 있게 여긴다는 의미가 거기에 들어 있다. 이런 의미에서 그는 '교육' 이라는 용어의 '논리' 는 '개혁' 의 그것과 다소 비슷하다고 말했다. 어떤 점이 '개혁' 되었다고 말하는 것은 그것이 좋은 방향으로 변했다는 뜻이다. 나쁜 점들이 없어지거나 더 좋은 점들이 나타났음을 의미한다. 이와 비슷하게, 정부의 '개혁 의제' 를 비판할 때 우리는 (그들이 주장했던 변화가 나타나지 않았다는) 사실만 지적하는 것이 아니라 더 나은 방향으로 변화하지 않았음을 지적하기도 한다. 그것은 변화일 뿐이지 개혁이 아니라는 말이다.

이와 마찬가지로, 교육 개혁에 대해서 비판할 때 우리는 그것이 교육적인 것이라고 간주할 수 없거나(우리가 '교육' 이라는 용어를 사용할 때 암시하는 평가적 기준에 미흡하거나) '반(反)교육적' 인 것이라는(교육적 발달에 방해가 되는 것이라는) 근거를 가지고 비판한다.

그런데 그와 같은 평가적 기준이란 무엇인가? 어떤 기준에 의해서 교육적이라거나 혹은 반교육적이라고 평가할 수 있는가? 이에 대한 해답을 얻기 위해서는 피터스가 주장했듯이 발달의 특수한 측면들을 더 신중하게 살펴볼 필요가 있다. 교육이라는 용어는 보통 어떤 측면을 가리키는가? 더 향상된 점은 무엇이든지 **교육적으로** 가치 있는 것인가?(거짓말이 늘어난 것조차도?) '교육' 이란 인간다운 발달과 학습, 다시 말해서 인간답게 살아가는 능력이 향상되었음을 가리키는 말일 것이다.

물론 여기에 (잘 드러나지 않은) 난점이 있다. 그것은 모든 교육 담론에 스며들어 있는 난점으로, 인간다운 삶, 인간다운 자아실현을 무엇으로 볼 것인가에 대해 의견의 일치를 보기가 어렵다는 것이다. 따라서 너필드 리뷰 사업은 이 난점을 해결해야만 했다. 왜냐하면 그런 질문에 대한 해답을 어떻게 제시하는가에 따라서 교육과정의 내용, 학습 방식, 교사와 학생의 관계, 교육과 훈련을 위한 제도 등이 달라지기 때문이다. 만일 우리가 11세 때 아동들을 분류하고 이들에게 서로 다른 종류의 학습 경험을 제공한다면, 이는 서로 다른 교육 목적을 추구하는 일이 될 것이다. 만일 우리가 어떤 교과를 핵심 과목에 집어넣는다면 그것이 그렇지 못한 과목에 비해서 교육적 가치를 더 갖는 것이라는 뜻일 것이다. 그러므로 상이한 서로 경쟁하는 '교육의 목적들' 에 관해서, 그리고 그 저변에 깔려 있는 '가치' 에 관해서 명확하게 밝히는 일은 너필드 리뷰 사업에서 중요한 과제였다.

그렇다면 교육의 목적은 무엇인가? 철학은 그런 질문의 답을 어떻게 찾을 것인가?

4. 교육 목적의 설정

14~19세 학생들의 교육 및 훈련에 관한 정부의 핵심 문서(DfES, 2004)를 보면 그에 대한 일반적 해답이 들어 있음을 알 수 있는데, 그것은 모든 젊은이의 '잠재력을 실현' 할 수 있게 한다는 것이다. 이 현명한 답은 자주 반복되었고, 늘 긍정적인 반응을 얻는다. 그렇지만 소크라테스처럼 질문을 던지고 반대 사례를 찾아보자. 다섯 살 된 내 손자가 내 주머니에서 손수건을 몰래 꺼내어 화장실에 버렸다고 하자. 그 애는 소매치기가 될 굉장한 잠재력을 보여 준 셈이다. 그렇다면 나는 그런 잠재력이 실현되기를 원하는가? 어떤 잠재력인가에 따라서 답은 달라질 것이다. 좋은 잠재력이 있고 나쁜 잠재력이 있을 것이다. 모든 잠재력을 실현하는 것이 좋다고 말하는 것은 윤리적 문제를 회피하는 셈이나 다름없다. 우리는 어떤 잠재력이 실현되는 것을 원하는가? 우리가 전수받은 문화

적 자원에 비추어 볼 때, 우리는 어떤 잠재력이 어떻게 실현되기를 원하는가?

그러므로 '교육' 이라는 용어의 의미를 검토한다면('교육' 이 우리의 언어에서 어떻게 사용되고 있는가를 명료하게 밝혀낸다면) 우리에게는 깨닫는 바가 생길 것이다. 다시 말해서, 우리는 윤리적 담론으로 들어가게 되고 온갖 난점에 봉착하게 될 것이다. 인간을 교육시킨다고 할 때 그 교육적 가치를 판단할 수 있는 기준은 무엇인가? 그런데 사람들마다 갖고 있는 가치는 서로 다르다.

5. 언어의 중요성

어디서나 언어는 중요하다. 교육의 목적에 관해서 우리가 생각할 때 사용하는 은유(metaphor)가 중요하다. 언어는 사고를 결정한다. 우리가 세계를 어떻게 보고 경험하는가가 언어 속에 구체적으로 담겨 있다. 요즈음 잘 알고 있는 것처럼, 교육과 경제 세계의 관련성을 강조하면서 '경영 언어' 라는 특수한 종류의 언어가 널리 사용되고 있다. 이에 따라 학교나 대학의 수행은 기업 조직에서 흔히 사용되는 용어에 의해서 기술되고 평가된다. 이런 변화는 어디서 나온 것이며, 그 이면에 무엇이 놓여 있는가?

이 질문에 대한 대부분의 대답은 교육에 대한 중앙정부의 통제가 증대하고 있다는 점에서 찾아진다. 중앙정부의 통제가 증대되면서 효과성과 효율성의 언어, 즉 미리 구체화된 어떤 목표를 달성하는 가장 효과적인 방식을 가리키는 언어가 강하게 나타나고 있다. 수행 경영(performance management)이라는 언어를 살펴보자. 예를 들면, 변화의 **지렛대**와 **동력**, 재정 지원의 기반으로서 **공공 서비스 합의** 등이 그것이다. '교육적 활동' 을 기술/평가/정당화하는 언어가 달라졌다. **소비자** 혹은 **고객**이 학습자를 대체했다. 교육과정은 **공급된다**. **주주들**이 목적을 결정한다. 목적은 **달성 목표**로 제시된다. (**수행 지표**에 따른) **감사**는 목표 달성에 비추어 그 성공 여부를 측정한다. 재정 축소는 '**효율성 증대**' 라고 완곡하게 표현된다. 기술적 의미에서 교육은 주로 정부가 결정한 활동 패키지(혹은 **투입**)가 된다. 교육을 운영하는 **경영 모델**은 **지시와 통제**를 포함한다[이런 과정은 Seddon(2008)의 'deliverology' 에 관한 논문에 잘 서술되어 있다].

수행과 경영의 언어가 확산되는 만큼 다른 종류의 교육 언어는 상실되고 만다. 어떤 종류의 질문을 추구하는 일, (물리적, 사회적, 경제적, 도덕적) 실재를 **이해**하려고 노력하는 일, 이해를 **추구하는** 일, 문학과 예술을 통해서 인간 됨(혹은 플라톤이 『향연(*The Symposium*)』에서 '전체에 대한 욕구나 추구' 라고 한 것)의 의미를 **탐색하는** 일 등의 내재적 가치를 인정해 주는 교육 언어는 사라지고 만다. 이런 면에서 '학교' 의 독특한 특성은 희미해지고 만다.

만일 우리가 다른 은유를 사용한다면 교육과 훈련의 제공은 얼마나 달라질 것인가? 우리가 사용하는 언어 속에는 우리가 세계, 타인, 세계-인간 관계, 인간 대우 방식을 어떻게 생각하는가가 담겨 있다고 앞에서 말했다. 오크숏(M. Oakeshott)은 교육을 가리켜 **사상의 세계로의 입문**이라고 말했다. 사상의 세계는 **인류의 세대 간 대화**에서 생긴 것이다. 그 사상의 세계 안에서 젊은이들은 그런 대화의 상이한 목소리들, 즉 시, 과학, 역사, 철학의 목소리들 속으로 입문된다. 이런 대화가 학생들의 흥미나 필요와 연결될 수 있도록 학생과 교사는 함께 **참여**한다(Oakeshott, 1972, 1990).

은유가 바뀐다면 교육에 대한 이해도 달라진다. 미국의 철학자 존 듀이(John Dewey, 1916)는 '학문적인 것(지식의 전수)' 과 '직업적인 것(협소한 의미의 목표 달성을 위한 훈련)' 이라는 '잘못된 이분법' 의 위험성을 간파했다. 그는 실천과 '사상의 세계(인류가 축적한 지혜)' 의 통합을 강조하였다. 이런 통합은 젊은이들이 새로운 상황에 부딪히거나, 해결할 문제에 봉착하거나, 경험을 이해하려고 애쓰거나, 혹은 사회적 관계를 확대/활용하기를 배우거나 할 때 필요한 것이다. 성장이나 적응으로서의 교육이 바로 그런 은유다.

교육과 교육의 목적에 대한 이런저런 이해는 제각기 독특한 은유를 간직하고 있으며, 또 서로 경쟁하는 처지에 놓여 있다. 예를 들면, 설정된 목표를 달성하기 위해서 지식과 기능을 **공급**하는 일을 가르침이라고 보는 입장이 있다. 학생들이 **대화** 속에서 사상의 세계를 이해하도록 도와주기 위해서 교사와 학생들이 함께 **참여**하는 일을 가르침이라고 보는 입장도 있다. 또한 문제가 발생할 때에는 기존의 지식과 경험을 끌어들임으로써 지속적으로 그리고 지적으로 현실에 적응하면서 문제를 해결하는 일을 가르침이라고 보는 입장도 있다.

14~19세 학생들의 교육 및 훈련에 대한 총체적 '개혁'을 추구할 경우, 우리는 교사와 학생들의 마음의 참여보다는 효과적 통제와 경영을 더욱 강조하는 언어와 은유를 무비판적으로 사용하게 될 위험이 생긴다.

언어는 위와 다른 방식에서도 정책과 실천을 혼란스럽게 만든다. 예를 들면, '학문적'과 '직업적'이라는 의문스러운 구분이 그것이다. 찬찬히 분석해 본다면 이런 이분법은 무의미하고, 실천에서도 지극히 위험스러운 것이다. 특히 14세 이후 학생들을 위한 국가 교육과정에서 알 수 있듯이, 예술 영역에서 이 이분법을 적용한다면 중요한 활동들이 빠지고 만다. 이런 활동들은 '학문적'인가, '직업적'인가? 그 활동들은 (희곡에 관한 이론, 혹은 예술사 공부처럼) 학문적일 수 있는데, 이런 경우 실천적/미적 성격은 놓치게 된다. 또한 '직업적'이라는 용어의 의미는 '기능'의 의미가 그러하듯이 아주 '유연한' 것이다. 아주 좁은 의미의 기능 훈련에서부터 (공학의 경우처럼 대학교육으로 이어질 수 있는) 지적으로 높은 수준의 도제 훈련까지 그 의미가 확대될 수 있다.

6. 교육받은 인간

14~19세 아동의 교육과 훈련의 목적을 밝혀내고자 한다면 인간의 전체적 발달을 살펴볼 필요가 있다. 즉, 인간에게 독특한 자질과 성취, 그리고 그런 자질을 향상하는 방법들을 살펴볼 필요가 있다. 그렇지 못할 경우, 우리는 그런 목적들을 너무 협소하게 생각할 위험에 빠질 수 있다. 다음에서 인간 됨의 특성

들을 제시하고자 하는데, 이는 인간다운 삶을 위해서 길러지고 발달될 필요가 있는 것들이다. 인간다운 삶이란 상이한 인간적 자질들을 최대한 발휘하는 삶이다. 물론 그런 점들을 밝혀낸 다음에는 나와 다르게 인간 됨의 실현을 이해하는 사람들의 비판에 부딪힐 수 있다. 윤리적 논변에는 끝이 없기 때문이다. 따라서 '무엇을 어디서 어떻게 가르칠 것인가?' 를 정당화하기 위해서는 논변을 제시해야 한다.

1) 지적 발달

'교육' 은 '상이한 지식 형식으로의 입문' 과 자주 연결된다. 후자는 지적 사고를 의미한다. 지적 사고란 핵심 개념, 원리, 탐구 방식의 획득/적용을 가리키며, 이러한 것은 자연과학, 사회과학, 문학과 역사, 수학, 언어와 예술 등에서 나타난다. 교육은 지성의 발달에 관심을 둔다. 다시 말해서, 교육은 인간이 거주하는 물리적, 사회적, 경제적, 도덕적 세계들에 관해서 비판적으로 사고/이해하며, 그런 세계들 안에서 지적으로 행동하는 능력에 관심을 둔다. 교육은 "지식을 통해서 아동을 해방시키는 일을 가치 있게 여기는 것"(Stenhouse, 1983)이다. 교육은 아이디어의 세계로 들어가는 일이다. 그러나 그런 세계로의 진입은 상이한 수준에서 성취될 수 있는 것이므로 어느 누구도 배제될 필요는 없다.

그러나 이와 같이 교육과 '지적 사고력의 발달' (듀이가 말하는 '삶을 지적으로 이끌어 감')을 연계시키는 견해는 '지적으로 사고하는 일' 에 관한 또 다른 철학적 사고를 요구한다. 지적으로 사고하는 일에는 독특한 개념과 탐구 방식을 가진 상이한 사고 형식, 상이한 진리 검증, 상이한 사고 양식 간의 관계 등이 포함되기 때문이다.

2) 실천적 능력

1986년에 **능력을 위한 교육**(Education for Capability) 선언에서 왕립예술학회(Royal Society of the Arts: RSA)가 천명한 대로, '지적 탁월성'의 추구는 이론적 지식과 실천적 능력 간의 불균형을 초래할 수 있다. 이런 불균형은 '지적인 삶의 영위'와는 다른 양태를 보여 준다. 그 선언에서는 다음과 같이 천명하고 있다.

> 교육받은 인간이라는 아이디어는 이해는 할 수 있으나 행동하지는 못하는 학자적 개인을 의미한다……. 교육은 창의적 기능의 발휘, 과제를 수행/완수하는 능력, 그리고 일상생활을 이끌어 가는 능력을 포함해야 한다……. 교육은 사람들로 하여금 교육체제 밖에서의 삶을 위해 준비시키는 일에 더 많은 시간을 투입해야 한다.

왕립예술학회는 탁월성을 보다 넓게 이해한다. 지적인 행위와 제작에서, 혹은 능력/대처/창의성/타인과의 협력을 인정함에서 이론과 실천은 통합된다. 실천적인 **방법적 지식**(knowing how)은 **명제적 지식**(knowing that)으로 환원될 수 없다. 즉, 실천적 지성은 이론적 지식으로 환원될 수 없다. 실천적 능력은 인정되고 존중될 필요가 있다. 그것은 실천적 문제에 직면하여 이를 해결하는 능력이다. 그것은 손을 가지고 지적으로 일하는 것, 다시 말해서 '머리와 손'의 통합을 포함하는 능력이다. 그것은 특히 훌륭한 공학자들의 업적에서 나타나고, 수많은 수공인이나 여성의 지적인 문제 해결에서도 나타난다.

3) 공동체 참여

듀이는 개인과 공동체가 분리될 수 없음을 강력하게 주장하였다. 인간은 공동체를 통해서 세계를 특별한 방식으로 이해하게 된다. 인간의 이해/성향이 성장하는 것은 다른 사람들과 상호작용하는 일과 분리될 수 없다. 타인과의 상호작용을 통해서 현재 자신이 갖고 있는 이해는 도전을 받게 되고, 자신의 경험도 바뀌게 된다. 그러므로 '지적인 삶의 영위'를 위해서는 공동체 의식이 발달되어야 한다. 공동체 의식이란 넓은 공동체 속에서 겪게 되는 경험/비판으로부터 학습하고, 공동체의 지속적 성장에 공헌하는 실천적 방법과 성향을 가리킨다.

시민교육의 핵심에는 공동체 의식이 자리 잡고 있다. 공동체 의식은 공동의 필요를 인식하고, 공동의 계몽이 개인적 성장에 중요한 것임을 인정하며, 공동의 기쁨을 추구하는 것이다. 공동체는 우리 각자의 삶을 형성하는 것이지만 구성원들의 사고와 활동에 의해서 형성되는 것이기도 하다. 따라서 민주주의를 위한 교육, 그리고 학교생활이나 대학생활에서 민주적 원리를 구현하는 것이 중요하다. 이를 위해 필요한 지식과 기능을 습득해야 하며, 이를 통해 각 개인은 공동체에 생산적으로 기여할 수 있게 된다.

4) 도덕적 성실성

인간 됨의 독특한 점은 자신이 옳다고 믿는 바에 따라서 자신의 삶을 형성해 가는 능력이다. 이것은 자신의 삶의 방향에 대해서 책임의식을 갖는 능력이다. 학생들은 자신의 삶을 어떻게 살아가야 할 것인가를 성찰하고, 나름의 정의관에 충실하며, 환경이나 사회적/도덕적 이슈에 대해서 신경을 쓸 수 있도록 도움을 받아야 한다. 어떠한 삶이 가치 있는 것인지, 직업이나 여가 활동으로 어떤 것을 추구할 것인지, 어떤 의무가 신성한 것인지 등을 묻는 일이 바로 도덕적 성실성의 일이다. 이것은 도덕적 덕(어려움에 처한 사람들에 대해서 관심을 쏟음), 지적 덕(증거/논변/비판에 대한 열린 자세)을 갖추는 일이다.

학생들이 앞으로 살아가게 될 더 큰 사회에 영향을 미치고 있는 '큰 이슈들'이 있을 것인데 이에 대한 관심은 도덕적 성실성의 한 가지 중요한 측면임에 틀림없다. 그런 이슈에 속하는 것은 자주 발생하는 여러 가지 갈등, 다문화사회가 조화롭게 살아갈 수 있는 능력, 생태학적/기후적 변화에 대처하는 데 필요한 단계들 등이다. 여기서 지식을 갖추는 것만으로는 충분하지 못하며, 더 나은 세계를 창조하는 일에 그런 지식을 적용하려고 하는 성향이 필요하다.

5) 탁월성의 추구

학교는 학생들이 큰 뜻을 품고, 여러 형태의 탁월성을 추구하며, 현재의 상태를 초월하게끔 이끌어 줄 이상을 세울 수 있도록 감명을 주는 일을 교육적 사명의 일부분으로 간주해 왔다. 이런 이상을 추구할 수 있게 해 주는 것은 학업/스포츠/예술 등이지만, 그것은 평범하지만 성취감을 얻을 수 있는 과제에서도 추구될 수 있다. 이런 것을 꼭 멀리서 찾을 필요는 없으며, 성취감을 얻을 수 있는 길이 모든 학생에게 열려 있어야 한다.

6) 자아 인식

소크라테스는 '너 자신을 알라.' 고 가르쳤다. 교육의 핵심은 자기 자신, 자신의 장단점, 자신의 열망, 자신이 일반 사회에 기여할 수 있는 공헌, 그리고 자신이 만족할 수 있는 일을 아는 것이다. 이런 자아 인식과 탐구는 예술, 연극, 문학, 집단 활동, 개인 활동 등 다양한 방식을 통해서 성취된다. 현실적인 평가를 통해서, 그리고 실패의 극복을 통해서 다듬어진 자신감은 배경/능력과 관계없이 모든 젊은이에게 교육적 이상의 일부분이 될 것이다.

이것이 19세의 학생들이 도달해야 할 지점이다. 그들은 자신의 삶을 현명하게 살아갈 수 있게 해 줄 아이디어와 원리를 충실히 파악하고, (취업에 필요한 것을 포함해서) 실천적 과제를 다룰 수 있는 능력과 기능을 갖추며, 공동체 의식을 갖고 공동체를 위해서 공헌하려는 성향을 갖고, 타인에 대한 공평성/책임성을 염려하는 도덕적 성실성을 갖추며, 타인이 성취한 일이나 자신이 성취할 수 있는 것에 감명을 느끼고, 난관에 처해도 자신감을 갖고 이겨 내는 사람이 되어야 한다. 이런 교육 목적은 능력/배경과 관계없이 모두에게 열려 있어야 하는 것이다. 그리고 그런 목적이 미래를 위한 교육을 이끌어 가야 하는 것이다.

이것이 '너필드 리뷰 사업' 이 제시하는 '교육받은 19세 학생들' 의 모습이다. 그러나 철학자들은 더 깊이 탐구하기를 원할 것이다. 즉, 그들은 지성의 개념을 문제시하거나, 실천적 지식의 개념을 더 명료화하거나, 자아 인식이라는 개념을 확충시키거나, 공동체를 핵심 교육 목적으로 주장했던 사회철학자들(예: Tawney, 1931 참조)의 심오한 관심사를 가지고 공동체를 분석하거나 할 것이다.

그러나 이 모든 것은 논증될 필요가 있다. 그런 것들을 중심으로 서로 논쟁을 벌이는 대립된 견해들이 없다면 그 논증은 의문스러운 상태를 벗어나지 못할 것이다. 아무튼 교육실천 속에는 실천적 지성이나 도덕적 성실성을 찾아볼 수 없는 경우가 너무 많다. 대학 졸업생 중에는 자신의 교육적 성취를 나쁜 목적에, 그것도 아주 교묘하게 악용하는 사람들이 많다. 도덕적 성실성을 저버린 그들을 과연 교육받은 인간으로 보아야 할 것인가?

7) 사회정의

앞에서 논의한 이야기는 대체로 '교육받은 개인' 에게만 초점을 두고 있는 것처럼 느낄 수 있다. 물론 교육받은 개인도 일반 사회에 기여하고, 좋은 시민 및 능동적 시민이 되는 데 필요한 지식과 성향을 발달시킬 것이라고 앞에서 이미 말했다. 그러나 그것만으로는 (플라톤의 국가에서 암시되고 있는) 정의로운 사회를 이룩한다는 목적에 미흡할 것이다. 개인과 일반 사회의 관계에 대해서 심오한 철학적 논변들이 많다. 그렇다면 교육은 개인의 자율성과 진보에 얼마만큼 기여해야 하며, 그런 개인이 자아를 실현할 수 있는 공동의 휴머니티의 실현을 위해서는 또 얼마만큼 기여해야 하는가? 이 중요한 물음은 '공통학교(common school)' 에 대한 찬반론에 영향을 미칠 것이다. 그것은 오직 인간 됨, 그리고 보다 충실한 인간 됨이 무엇을 의미하는가를 고찰함으로써 해결될 수 있을 것이다. 듀이에 의하면, 개인은 공동체 안에서만 자신의 잠재력을 실현할 수 있으며, 그렇기에 공통된 교육 경험이 중요하다.

7. 교육철학과 교육실천

이상의 논의를 통해서 나는 '그것이 무엇을 의미하는가?' 라는 보다 넓고 깊은 질문을 소개하였고, 그런 질문의 필요성을 밝혀 보았다. 그런 논의는 교육실천을 위해서도 중요하다. 오늘날 교육실천은 목표치와 수행 지표의 지배를 받고 있는데, 그런 수행 지표는 실현하고자 하는 목적들과 논리적으로 연관되어야 한다. 목적을 바꾸려고 한다면 그에 맞추어 성공의 지표도 바꿔야 한다. 다시 말해서, 협소한 지표들은 협소한 교육 목적을 암시하는 것이고, 위에서 설명한 목적들과 부합되지 못하는 것이다. 사회경제적으로 어려운 상황을 겪고 있는 많은 학교가 '실패한 학교' 라고 공개적인 비난을 받았다. 그렇지만 앞서 언급한 폭넓은 교육 목적에 비추어 다시 살펴본다면 그런 학교들은 아주 성공적인 학교라고 인정할 수도 있을 것이다. 또 교육의 목적(인간적/지적 삶을 영위함을 형성하는 자질, 성향, 이해 등)을 염두에 두면서 생각해 볼 때, 교육과정(예: RSA가 강조하는 실천능력 중심 교육과정)은 그 목적들을 제대로 반영하고 있으며, 학교 공동체의 현실은 모든 젊은이에게 필요한 도덕적 성실성을 발달시켜 주고 있는가?

8. 누가 교육 목적을 결정하는가

이 장에서 다룬 사항들은 본질적으로 논란이 많은 것들이다. 이것은 무슨 뜻인가? 윤리적/도덕적 담론에서는 견해 차이가 많이 나타나기 때문에 사람들은 교육의 목적에 대해서 견해 차이를 보일 수밖에 없다. 어떤 종류의 지식에 비중을 더 둘 것인가, 교사의 권위와 학생의 자유 중에서 무엇에 더 비중을 둘 것인가 등에 관해서 사람들의 생각은 다를 수밖에 없다. 이런 문제들을 둘러싸고 논란이 많은데, 배워야 할 가치가 있는 것이 어떤 것인가를 누가 결정할 것인가? 누가 도덕적 전문가들인가?

플라톤의 대답은 다음과 같다. 배경이나 교육 덕분에 지혜의 단계에 도달한 사람들이 있다. 그들은 무엇이 참이고 무엇이 거짓인지, 무엇이 좋고 무엇이 나쁜지를 안다. 선발제도를 통해서 지도자 계급과 철인 왕을 선정하여 교육시키면 된다. 이런 플라톤적 이상은 19세기 영국 지배계급의 교육을 이끌었다. 사립학교 제도를 통해서 콜리지(S. T. Coleridge)가 말하는 '식자층(the clerisy)'을 길러냈다. 그러나 이런 식으로 도덕적 지혜를 이해한다면 오늘날 이를 받아들일 사람은 별로 없을 것이다. 그렇다면 사람들을 통합시키기보다는 분열시키는 중대한 사항들에 대한 해결책을 어떻게 찾을 수 있는가?

교육의 목적과 그 실천에 관해서 숙고할 때 수많은 목소리가 나타난다. 전체 교육체제에서 혹은 학교/대학에서 그런 차이점들을 두고 서로 조정하거나 타협하는 일은 모든 도덕적 담론이 그러하듯이 또다시 끊임없는 숙고를 요청한다. 그러나 그러한 숙고가 국가적으로 또 지역적으로 이루어지려면 올바른 포럼이 필요하다. 어느 한쪽의 목소리나 정부의 목소리가 다른 목소리들을 억누르도록 방치해서는 결코 안 된다.

9. 결 론

나는 교육정책이나 교육실천의 발전과정에서 철학의 역할이 무엇인지를 밝혀 보려고 노력하였다.

첫째, 철학적 마음을 가진 사람들은 다른 사람들은 별로 그렇지 않은 경우에도 언어의 사용에서 나타나는 혼란에 대해 민감하다. 얼핏 보면 사건을 기술하거나 혹은 평가하는 것으로 보이는 언어조차도 사실은 그렇지 않다는 점이 밝혀질 수 있다. 언어는 기만적일 수 있다. 어떤 단어들은 중대한 의미 차이를 감추기도 한다. 그런 차이는 우리가 살고 있는 물리적/사회적/도덕적 세계를 어떻게 보아야 하는가에 대해서 상이한 이해를 담고 있는 것이다. 철학자는 일부 사람을 아주 성가시게 할 정도로 '그것의 의미가 무엇인가?'를 계속해서 묻는다. 이런 질문을 추구하는 가운데 우리는 깨닫게 될 수 있다. 즉, 한 단어의 의미는 전혀 다른 맥락들에서 나타나는 그 단어의 함축에 의존한다. 교육 담론에서 '기능'의 사용은 그 좋은 예다. '기능(skill)' 개발은 수많은 교육정책을 촉발시켰던 말이다. 그러나 이 단어는 아주 유연하게 목수의 정교한 동작, 언어 기능, 인지적 기능 등을 가리키는 데 모두 사용된다. '기능'이라는 단어는 마치 한 맥락에서 의미하는 바가 아무런 의미상의 변화도 없이 다른 맥락으로 전이될 수 있는 것처럼 사용되는 경우가 많다. 그러나 '기능 훈련'에 대해서 온갖 함의가 나타날 수 있다. 너필드 리뷰 사업에서는 '교육받은 19세 학생'이라는 의미에 포함되어야 할 요인들을 전반적으로 살펴보기 위해서 (흔히 같은 것으로 간주되는) 지식과 기능 간의 여러 가지 구분을 가능한 한 섬세하게 밝혀 보려고 했다.

둘째, 그런 (별로 고무적인 것 같지도 않은) 질문들을 끈질기게 던짐으로써 우리는 (『국가』에서 플라톤이 그랬던 것처럼) 보다 심층적인 질문으로 나아갈 수밖에 없다. 플라톤 이래로 철학자들은 지식의 성격, 가치 있는 삶의 종류, 그리고 교육의 궁극적 목적, 학습의 질, 가치 있는 학습 내용을 결정하는 국가의 권한 등과 같은 질문을 가지고 골몰하였다.

이런 수수께끼 같은 질문들에 대해서 교육정책 결정자들도 무관심하고, 교사들도 고민하지 않는다. 교사들은 갈수록 (특수한 은유에 사로잡힌 채) 교육정책 결정자들이나 교육행정가들이 요구하는 것들을 '공급' 하는 일이 마치 자신의 역할인 것처럼 받아들이고 살아간다. 오늘날처럼 교사들과 교사교육자들에게 철학적 마음이 절실하게 필요한 적이 있었을까?

참고문헌

Dewey, J. (1916) *Democracy and Education*. New York: Free Press. 이홍우 역(2007). 『민주주의와 교육』. 서울: 교육과학사.

DfES (2004) *Education and Training 14-19*. London: DfES.

Oakeshott, M. (1972) 'Education: its engagements and its frustrations', in T. Fuller (Ed.), *Michael Oakeshott and Education*. London: Yale University.

Oakeshott, M. (1990) 'A place of learning', in T. Fuller (Ed.), *Michael Oakeshott and Education*. London: Yale University.

Peters, R.S. (1965) *Ethics and Education*. London: Allen and Unwin. 이홍우 역(2003). 『윤리학과 교육』. 서울: 교육과학사.

RSA (1986) *Education for Capability*. London: Royal Society of the Arts.

Seddon, J. (2008) 'Deliverology: the science of delivery, or dogmatic delusion?', in *Systems Thinking in the Public Sector*. Axminster: Triarchy Press.

Stenhouse, L. (1983) *Authority, Education and Emancipation*. London: Heinemann.

Tawney, R.H. (1931) *Equality*. London: Allen and Unwin. 김종철 역(1977). 『평등』. 서울: 한길사.

제 II 부 교육철학의 역사적 인물

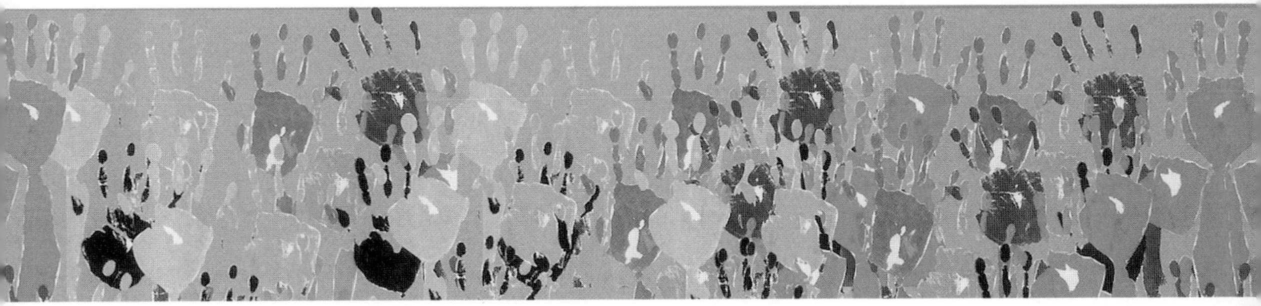

The SAGE Handbook of

Philosophy of Education

제5장
플라톤과 교육

Ieuan Williams

교육부 수장의 후보에 오른 사람과 그를 선택한 사람들이 알아야 할 것은 이 자리가 국가의 최고위직 중에서 가장 중요한 것이라는 점이다(Plato, *Laws* 765).

가장 넓은 의미의 교육은 『국가(*Republic*)』와 『법률(*Laws*)』의 최우선 사항으로 간주되어야 할 것이다(Malcolm Schofield, 2006).

1. 서론: 플라톤, 정치와 교육

플라톤(Plato)은 오늘날 우리가 알고 있는 교육철학을 창안하였다. 그는 이 탐구 영역에 속하는 근본 문제를 확인하였고,

그럼으로써 교육의 위대한 관심사와 그 중요성에 대해서 총체적으로 설득력 있는 설명을 제시하였다. 이런 문제들은 학습/이해/지식, 합리성/지능/정서/욕구와 같은 인간 정신의 특성, 덕/시민성과 본질적으로 연관된 교육의 도덕적 측면들, 그리고 정의와 연관되는 교육의 독특한 사회적/정치적 기능 등에 관한 이슈를 포함한다. 플라톤은 교육이라는 주제에 대해 특별한 관심을 갖고 있었다는 점에서,[1] 그리고 나중에 간단히 언급하게 될 몇 가지 이유에서 철학자들, 특히 정치철학자들 중에서 아주 독특한 인물이다.

플라톤은 아테네에서 BC 427년에 태어나 BC 347년에 죽었다. 그는 거의 모든 인생을 아테네에서 보내면서 그가 일찍이 창설한 아카데미에서 지도하고 가르치는 일에 전념하였다. 아테네는 플라톤이 살았던 시기에 쇠퇴하고 말았지만, 예술과 문화, 그리고 그가 좋아하지 않았던 정치체제인 최초의 민주주의로 유명한 도시였다. 플라톤은 귀족 가문에서 태어났고, 귀족 태생의 거의 모든 젊은이와 마찬가지로 아테네의 정치 활동에 참여할 것으로 기대하였다. 여기서 특별히 관심을 갖는 것은 왜 플라톤이 민주주의에 대해서, 그리고 그에게 친숙했던 다른 모든 정치체제에 대해서 그토록 적대적이었던가 하는 점이다. 특히 그의 스승인 소크라테스의 처형(BC 404) 이후 아테네 정치에 대한 그의 환멸은 그가 오랫동안 철학적으로 진지하게 고민했던 문제점들을 이해하는 데 중요하다. 그는 고민 끝에 『국가』에서 자세하게 옹호하였던 결론에 도달하였다. "진정한 철학자들이 정치 권력을 장악하거나 혹은 국가 지도자들이 모종의 자비에 의해서 참된 철학자가 되거나 하기 전에는 인간의 골치 아픈 문제들이 해소되

1) 루소와 듀이는 플라톤이 그랬던 것처럼 교육에 관심을 쏟을 때 인간 본성, 윤리학, 정의라는 맥락 속에서 진지하게 접근하였다. 홉스(Hobbes)는 『리바이어던(*Leviathan*)』에서 교육에 대해 별로 언급하지 않았고, 로크(Locke)는 교육을 자연권으로 간주하였으나 그의 교육론을 그의 주권론이나 권리론과 통합시키려고 하지 않았다. 롤스(Rawls, 1971)는 가장 영향력 있는 정치철학자이지만 교육에 대해서는 별로 언급하지 않았다.

지 못할 것이다."[2] 이런 형태의 정부가 민주적인 것도 아니고, 우리가 오늘날 이해하는 의미에서 자율적인 것도 아니라는 사실은 플라톤으로 하여금 다음과 같은 비난에 직면하게 만들었다. 즉, 그는 권위주의적인, 심지어는 전체주의적인 형태의 국가를 옹호하였고, 그의 교육관은 그런 점 때문에 배척되어야 하는 것이다.[3] 플라톤의 업적에 대한 이런 부정적 반응은 단견에 지나지 않는다. 비록 민주주의라는 정치체제는 오늘날 많은 곳에서 옹호 받고 있고, 또한 다른 대안들에 비해서 우월한 것이라고 흔히 주장되고 있지만, 플라톤이 보기에 아테네의 민주주의는 불안정하고 지나치게 경쟁적인 사회로서 그가 그의 많은 저술에서 옹호했던 정의의 이상에 크게 미흡한 것이었다. 우리는 교육의 목적/실천/내용에 대한 플라톤의 비전이 수많은 근대 국민국가에 널리 퍼져 있는 민주적이고 자유적인 풍토와 일관되는 것으로 기대해서는 안 된다. 그렇지만 민주적 풍토와 이를 지탱해 주는 제도/구조는 늘 취약하고, 따라서 늘 지키고 강화시킬 필요가 있다는 사실은 교육의 정치적 차원에 대한 플라톤의 견해를 진지한 관심사로 부각시켜 준다. 플라톤의 도덕적/정치적 불안은 우리의 그런 불안과 놀랍도록 유사하다. 왜냐하면 지리적 규모, 인구 크기, 생산/소통/문화의 기술

---

2) Plato, *Phaedrus and Letters VII and VIII*, 1973, pp. 112-114. 이 부분에서 '치유'라는 단어의 등장은 플라톤이 정치적 부패와 부정을 질병과 유사한 것으로 보고 있으며, 결과적으로 올바른 교육은 그런 것들을 치유하는 데 본질적인 부분이라고 이해했다는 점을 밝히는 것은 대단한 의의가 있다.

3) 정치와 교육에 대한 플라톤의 아이디어는 영국에서 빅토리아 시대와 에드워드 시대에 지대한 영향을 미쳤다. 이런 영향은 제1차 세계대전 이후, 특히 파시즘이 발흥한 후 약화되다가 제2차 세계대전 이후 아주 급격하게 쇠퇴하고 말았다. 리처드 크로스먼(Richard Crossman)은 옥스퍼드 대학 철학 강사였다가 나중에 노동당의 유명한 국회의원이 되었는데, 그의 유명한 저서 『오늘날의 플라톤(*Plato Today*)』(1937: 84)에서 플라톤을 역사상 자유주의의 이상을 가장 노골적으로 철저하게 공격한 사람이라고 비난하였다. 칼 포퍼(Karl Popper)는 『열린사회와 그 적들(*The Open Society and Its Enemies*)』(1945: 87)에서 "플라톤의 정치 프로그램은 전체주의에 비해서 도덕적으로 우월한 것이기는커녕 그것과 근본적으로 동일한 것"이라고 주장했다.

등에서 현격한 차이가 있음에도 불구하고, 플라톤 시대의 그리스 도시국가와 현대의 많은 사회 사이에 실질적으로 유사점들이 많다는 점은 분명하기 때문이다. 인간의 행동은 예나 지금이나 자기 이익에 의해서 동기화되는 경우가 많고, 대부분 부와 쾌락에 사로잡혀 있으며, 널리 영향을 미치는 설득의 기술에 굴복당하는 사람들이 대다수이고, 신념의 문제에서 상대주의가 널리 수용되며, 일반적으로 지각과 가치는 플라톤이 인간의 지성에 의해 식별될 수 있다고 믿었던 실재보다는 외양에 따라서 좌우되고 있다. 이런 점들을 살펴볼 때 플라톤의 독특한, 어쩌면 아주 논란을 불러일으키는 교육관이야말로 현대인의 가정(假定)과 실천에 대한 비판적 검토에 큰 도움이 될 것이다.

플라톤의 최후의 저작 중 하나인 『법률』은 교육의 제공과 실천에 관해서 많은 이야기를 담고 있으며 그가 그것을 대단히 중요시하고 있음을 아주 분명하게 보여 주고 있지만, 그의 가장 유명한 저술인 『국가』야말로 교육에 대한 가장 끈질긴 논의를 담고 있다. 『국가』에서 교육의 역할을 이해하는 열쇠는 그 속에 들어 있는 핵심 논변이라고 말할 수 있다.

2. 교육과 정의: 핵심 논변

플라톤에 따르면, 교육은 정의로운 사회를 창조/유지하는 일에서 본질적 역할을 수행해야 한다. 이는 교육의 내용과 (이에 대해 젊은이들이 흥미를 갖고 활동하도록 만드는) 교육의 실천은 젊은이들의 주요 목적이 성공적으로 달성될 수 있도록 신중하게 선정/구조화되어야 한다는 뜻이다. 개인의 영혼의 잘됨(well-being)과 질서 있는 정치체제의 잘됨이 서로 긴밀하게 병행될 수 있다고 가정하는 플라톤은 전자를 더 잘 이해하기 위해서 후자를 먼저 분석하는 전략을 택하고 있다. 이런 전략은 교육이 달성해야 할 목적들을 사회나 개별 시민과의 관계 속에서 설명하는 데 매우 중요한 것이다.[4)]

이 공동체의 물질적 필요를 충족시키는 데 필요한 것처럼 효과적인 방어를 위해서는 용기 있고 잘 훈련된 집단이 필요할 것이며, 정의로운 입법을 위해서는 자질을 타고나서 적절하게 교육받은 통치자 집단이 필요할 것이다. 여기서 플라톤이 생각하는 정의로운 입법은 그리스의 전제정치/과두정치/민주정치에서 나타나는 거짓된 형태와는 전혀 다른 것이다.

누가 이 세 가지 계급에 속할 것인가? 이것은 '특수성의 원칙' 에 따라서 결정될 것이다. 이 원칙은 "각자는 다수가 아닌 통일체가 되도록", 그리고 마침내 "공동체 전체도 다수가 아닌 통일체가 되도록" 할 것이다(423c-d, W). 이 원칙은 플라톤에게 아주 중요한 것이다. 그는 그것을 정의로운 사회의 토대로 간주한다(4342, W). 다시 말해서, 지력/기질/인격의 측면에서 볼 때 그런 역할을 수행할 자격을 갖추도록 특별한 교육을 받은 계급, 즉 플라톤이 말하는 지도자들이 국가를 다스릴 때 비로소 정의로운 사회의 통일성/질서가 유지될 수 있다는 것이다. 이것은 『국가』에서 가장 주목받는 주장이다. 그런데 교육의 궁극적 목적은 지도자가 될 사람들을 선발/훈련시키는 일이지만, 플라톤의 공동체에서 적절한 형태의 교육을 못 받는 개인들은 아무도 없을 것이다(424a, 425b-c). 이런 교육적 실천이 지향하는 것은 개인 영혼의 도덕적 발달이다.

2) 영혼의 덕과 정의

『국가』에서 플라톤은 영혼을 그 내적 구조 및 사회적 환경과의 관계 면에서 복잡한 것으로 파악한다. 이와 달리 『파이돈(*Phaedo*)』이라는 대화편에서 그는 영혼을 이분법적으로 파악한다. 『국가』에서 교육의 역할을 제대로 이해하려면 우리는 영혼이 단일한 실체가 아니라 인간 존재의 세 부분(측면)으로 이해되고 있음을 알아야 한다. 따라서 교육이 영혼에 미칠 수 있는 영향도 달라진다는 점은 매우 관심을 끄는 부분이다. 플라톤이 '덕의 결핍'이라고 말했던 도덕적/영혼적 무질서는 영혼과 신체 사이에서 생기는 것이 아니라 영혼의 내적 부분들 사이에서 생기는 것이다. 플라톤은 이런 식으로 내적 무질서가 자주 발생한다는 것 자체가 인간의 영혼이 상이한 부분으로 구성되어 있음을 보여 주는 것이라고 생각하였다. 욕구는 대상을 추구한다. 예를 들어, 갈증은 물이라는 대상을 지향하고, 물은 이 욕구를 잠재울 것이다. 그런데 영혼이 '갈증의 욕구에 저항한다.' 고 상상할 경우, 저항을 일으키는 것은 틀림없이 영혼의 다른 부분이라고 소크라테스는 주장한다. 욕구는 욕구 자체에 대해서 저항할 수 없다는 뜻이다. 따라서 소크라테스는 욕구의 충족을 향해서 움직이는 영혼의 '욕망적 부분' 과 (비판적 성찰을 통해서) 영혼의 잘됨에 기여할 행위를 선택할 수 있는 영혼의 '합리적 부분' 을 구별하게 된다(439d). 소크라테스는 그 밖에 영혼의 '기개 있는, 열정적인(spirited) 부분' 을 찾아낸다.[7] 이것은 인간 주체가 다양한 상황에서 정서적으로 반응하는 어떤 공통된 방식들에 주목함으로써 촉발된다. 일반적으로 인간 주체는 도덕적으로 중요한 반응이라고 말할 수 있는 일련의 정서, 즉 '분노' 와 '원한' 을 경험한다. 플라톤이 보기에 이 두 정서는 아주 중요하다. 그것들은 자신의 보존/생존에 대한 위협을 지각할 때 촉발된다. 여기서 플라톤은 그런 반응도 욕구처럼 주체의 통제에서 벗어날 수 있다고 지적한다. 이럴 경우 대체적으로 공격적/폭력적 행동에 빠지게 되므로 "내면의 이성에 의해서 소환"(440c-d)될 필요가 있다. 이를 통해서 열정적 부분은 비로소 영혼의 존재/생존을 지켜낼 수 있을 것이다. 그런데 열정(spirit)의 중요성이 제대로 인식될 수 있으려면 그것이 이성과 적절한 관계를 맺어야 한다. 열정은 얼핏 욕구의 일종인 것처럼 보이지만 "나쁜 교육에 의해서 타락되지 않을 때", "이성의 자연스러운 보조자"(441a)가 될 수 있다고 볼 수 있다. 인간의 경험은

7) 조윗은 그의 고전적인 역서에서 영혼의 이런 특성을 가리키기 위해 'spirit' 이라는 용어를 선택했다. 반면, 워터필드는 최근의 역서에서 'passion' 이라는 용어를 선택했다. 조윗이 더 나은 까닭은 아마 플라톤이 밝히고자 하는 바를 더 분명하게 가리키고 있으며, 또한 'spirit' 의 특징적인 표현이 실제로 'passion' 에 의해서 특징 지을 수 있다는 사실을 허용하기 때문이다.

그의 이성을 압도할 수 있고, 그 사람의 분노가 "내면적 충동의 원천"을 향해 발산되도록 만들어 버릴 수 있다. 여기서 인간의 두 부분이 내면에서 전쟁을 벌이며, '자신이 하기를 원하는 것' 과 '자신이 해서는 안 된다고 이성적으로 믿는 것' 이 서로 갈등하는 가운데 열정 부분은 합리성 부분과 동맹한다(440b). 그럼에도 불구하고 열정과 이성은 영혼의 삶의 서로 다른 측면으로 구분된다. 이성은 구분되고 독립된 것이다. 이는 이성이 갖고 있는 지식과 지혜의 능력 때문이다. 이성은 열정과 동맹함으로써 영혼을 보살피는 고유한 기능을 수행할 수 있다.

『국가』의 이 부분에서 영혼의 그림이 나타난다. 그것은 자신의 내부에서, 그리고 사회적 환경과의 사이에서 생기는 다양한 형태의 갈등에 취약한 영혼이다.[8)] 이런 갈등은 정의롭지 못한 사회에 만연되어 있고, (행복에 필요한 것이라고 플라톤이 생각했던) 덕들이 결여되어 있음을 암시한다. 영혼에 정의와 덕이 다시 갖추어지려면 올바른 이성이 영혼의 각 부분을 다스리고, 전체가 잘되도록 각 부분들이 각기 고유한 기능을 수행할 수 있어야 한다. 다시 말해서, 이성의 궁극적 기능은 (이성 자체의 독특한 덕인) 지혜를 통해서 영혼의 다른 부분들이 각자의 본성적인 (악이 아닌) 덕에 따르도록(즉, 식욕의 경우에는 절제를, 열정의 경우에는 용기를 따르도록) 하는 것이다(441c-e).

3. 교육: 정의로운 사회를 위한 정의로운 시민

플라톤의 탐구가 도달한 단계에서 다음 사항에 대한 동의가 생길 수 있다. 국가 내부에 존재하는 원리들이 그대로 개인 내부에서도 존재하며(441c), 두 가지

8) 조너선 리어(Jonathan Lear, 1998: 219-246)는 영혼과 '시민이 살고 있는 환경의 종류' 간의 상호관계의 중요성을 제대로 강조한다.

경우 모두 그 원리는 이성의 지배 아래 각 부분들 간의 통일된 조화를 가리킨다. 여기서 질문이 생긴다. 플라톤은 정의로운 사회를 위해서 정의로운 시민들을 육성하는 교육의 핵심 역할을 어떻게 이해했는가? 그의 탐구의 기반에는 개인적 적성과 성향은 전체 인구 집단에 불균등하게 분산되어 있다는 가정이 깔려 있다.[9] 어떤 아이들은 뛰어난 합리적 능력을 갖고 태어난다. 다른 아이들은 열정과 연관된 성격 특성/기질을 갖고 태어난다. 또 다른 대부분의 아이는 천성적으로 더 강한 욕망을 갖고 태어나고, 따라서 (여기서 플라톤은 그릇된 가정을 하고 있는데) 더 낮은 용기와 지성을 갖고 있으며, 다만 실천적 기능을 위한 적성이 있다. 이런 차이점들이 개인이나 국가의 내부에서 갈등, 무질서, (정의가 아닌) 분열의 근본이다. 국가가 정의로운 것이 되려면 시민들이 정의로운 사람이 되어야 하므로 교육의 근본 목적은 정의로운 시민들을 만들어 내는 일에 두어야 한다. 이 일을 교육이 어떻게 할 수 있는가? 이를 이해하려면 영혼의 도덕적 통일성을 구성하는 세 가지 덕은 '이성이 욕망과 열정을 다스림' 에 따른다는 점을 인식해야 한다. 그런데 이런 다스림에 필요한 합리적 사고력이 충분하지 못한 개인들이 많을 것이다. 여기서 플라톤은 다음과 같은 결론을 내린다. 스스로 자제할 수 없는 개인들이 많다면, 유일한 길은 국가가 교육을 통해서 그리고 정의로운 사회 통제를 통해서 자기 통제가 생기게 하는 것뿐이다. 쉽게 말하면, 생산에 종사하는 사람들은 그들의 천성 및 교육/훈련에 따라서 적절한 과업/전통/실천에 순응하면서 절제 있는 삶을 살 것이다. 플라톤이 말하는 보조계급(auxiliaries)의 구성원들은 공동체의 열정 있는 부분들인데, 자신들의 실행 역할에 따라서 용감하고 명예롭게 살 것이다.[10] 지도자들은 합리적 성찰 능

9) 이 원칙은 「버틀러 보고서(Butler Report)」의 제언에서 아주 뚜렷하게 나타났다. 이 보고서 이후로 교육법(Education Act of 1948)이 생겼다. 이 법의 핵심 원칙은 상이한 유형의 학생들을 위해서 상이한 종류의 학교가 세워져야 한다는 것이다. 실제로 문법학교와 중등 근대학교가 나타났다. 중등학교의 이분화 및 그에 따른 선발과정은 1965년에 폐지되었다.

력과 장기간의 엄격한 교육에 따라서 지혜와 권위를 갖고 다스릴 것이다.

4. 교육의 제공과 실천

이미 지적한 대로 플라톤의 교육과정 방안은 당시 아테네의 교육적 관습으로부터 상당히 동떨어진 것이었다. 플라톤의 생각에 의하면 교육은 국가가 독점적으로, 의무적으로 제공해야 하는 것이다. 교육과정의 내용이나 교육의 사회적 기능은 오늘날 우리가 말하는 사적 부문에 맡길 수 있는 것이 아니다.[11] 『국가』에서 처방되고 있는 시스템에 따르면, 개별 아동들(플라톤이 말하는 금/은/동이라는 주요 특성을 가진 영혼들)의 자연적 적성과 기질 특성이 그들의 다양한 목적에 맞게 형성되는 시점이 있을 것이다.[12] 이와 같은 교육 프로그램을 통해서 개별 아동은 자신에게 가장 적합한 일을 향해, 그리고 그들의 고유한 사회계급을 향해 나아갈 것이다. 그러나 플라톤은 아동들이 반드시 그들의 부모와 동일한 사회 집단에 소속되는 것은 아니라고 믿었다. 따라서 생산계급의 아동도 지도자나 방위자가 될 잠재력을 타고날 수 있으며, 이 경우 그에 적합한 교육을 받도록 해야 한다. 또한 지도자의 남녀 자녀들도[13] 정치적 지도자의 자질을 갖

10) 플라톤은 그때나 지금이나 흔히 발생하듯이 군인들이 무력으로 합법적인 정치적 권위를 무너뜨리고 권력을 장악하는 경향성이 있음을 염두에 두고 있다. 플라톤은 군사 집단에 의한 통치를 재앙으로, 그리고 늘 부패, 비능률, 비참한 백성의 삶을 낳는 것으로 간주하였다. 이런 점은 예나 지금이나 변함이 없다.

11) 그리스 국가에서 존재했던 교육에 대한 탁월한 설명으로는 프리먼(Freeman, 1970, Ch. 4), 혼블로워와 스포포스(Hornblower & Spawforth, 1998: 244-250)를 참조하라.

12) 이 점은 425b-c에서 제안된 것으로, 인간의 삶의 방향을 결정짓는 것은 교육일 것이라는 것이다.

13) 『국가』에 나타난 플라톤의 급진적 사상 중 하나는 남녀가 평등하며, 힘의 차이 때문에 어쩔 수 없는 것을 제외하고는 동일한 과제들을 수행해야 한다고 그가 믿었던 점이다. 여기서는 지도자의 일도 동일한 과제에 포함된다.

추지 못한 채 태어날 수 있으며, 이 경우 방위자 계급이나 생산자 계급으로 들어가게 될 것이다(423c-d).[14]

플라톤이 상세히 다루는 것은 지도자 교육이다. 그들이 배워야 할 교육과정에서 가장 중요한 것은 음악과 체육이다(398b-412b). 플라톤의 교육과정에서 음악과 시에 대해 부여하는 교육적 가치는 굉장하다. 노래로 부르는 시와 음악이 따르는 암송에서 음악과 시는 서로 밀접하게 연결된다. 여기서 급진적인 것 같지만 지극히 보수적인 특징이 나타난다. 음악은 영혼 속으로 깊이 파고드는 것이며(401d-e), 시는 인간의 도덕적 이해와 감수성에 좋거나 나쁜 영향을 미칠 수 있는 것임을 인식한 플라톤은 다음과 같이 주장한다. 리듬과 멜로디의 종류, 그리고 아이들이 읽게 될 시의 내용을 신중하게 선별함으로써 칭송받을 수 있는 성격 특성과 지성을 증진시킬 수 있는 것들만 가르치도록 해야 한다. 여기서 주된 가치는 미, 우아함, 진이기 때문에 추, 둔함, 천박함과 같이 바람직하지 못한 것들은 배척하는 것이 중요하다.

플라톤의 엄격한 교육과정 검열은 엄청난 비판을 받았다. 아동이나 학생들에게 이로울 것이라고 판단되는 문학, 음악 작품을 교육자들이 선정할 수 있다는 생각 자체에 대해서 크게 반대하는 것은 아닐지라도, 자유민주주의 사회에서 볼 때 오직 바람직한 특성을 표현하는 예술작품만이 그런 특성의 모방을 촉진시킬 것이라는 가정하에서 그와 같은 종류의 예술을 선정한다는 것은 우려할 일이다. 플라톤은 예술이 삶의 도덕적 복잡성을 파헤침으로써 인간의 이해를 심화시킬 수 있다는 점을 알지 못했던 것 같다. 게다가 그런 선정을 고집했던 플라톤은 현대 자유민주주의 사회에서는 받아들이기 어려울 정도의 문화적 검열을 위험스러울 정도로 암시한다.

14) 플라톤은 이런 정책이 공동체의 선을 위해서 가차 없이 시행되어야 한다고 믿었다.

5. 중심 논변의 마무리

플라톤은 지도자들을 위한 장기간의, 높은 수준의 학문적 교육을 설명하기 위해 두 가지 강력한 이미지를 끌어들인다.

1) 동굴의 비유

이 비유(524a-517c)는 정의롭지 못하고 덕성이 결여된 사회에서 개인들이 불가피하게 처하게 되는 상태를 그려 내고 있다. 정의나 덕성은 오직 적절한 교육 체제를 통해서 길러질 수 있는 것이다(514a). 여기서 지하 감옥에 갇혀 있는 인간들을 상상해 보자. 그 안에 있는 사람들은 동굴 벽에 투사되어 움직이는 이미지들만 볼 수 있다. 거기에 갇혀 있는 사람들은 실재하는 것이 아닌 겉모습/외양을 지각하도록 조작되어 있다.[15] 바로 이 사실은 플라톤이 『국가』에서 제시하는 종류의 교육이 결여되어 있음을 상징한다. 동굴에 갇혀 있는 사람들의 삶은 단순한 이미지, 의견, 헛된 욕망에 지배받고 있다.[16] 게다가 그들 중에는 동굴의 환상과 헛된 욕망으로부터 어느 정도 해방되기를 바랄 수 있겠지만 동굴 밖의 세계에서 눈부신 햇빛을 이겨 낼 수 있는 사람은 비교적 적을 것이다. 이 소수의 사람이야말로 실재의 진정한 성격을 생각할 수 있으며(516b), 지식과

15) 여기서 '조작'이라는 단어가 적절할 것이다. 동굴의 비유는 최소한 부분적으로는 정의롭지 못한 지도자들이 자신들의 권력을 행사하는 대상인 백성들의 의견/욕구에 영향을 미치거나 기만하려고 하는 방식을 드러내기 위한 것이다. 동굴의 벽에 이미지를 투사하는데, 여기서 사용되는 모델이 인간이라는 사실은 동굴에 앉아서 바라만 보고 있는 사람들이 의도적으로 기만당하고 있음을 시사한다.

16) 리브(Reeve, 1988)는 선분의 비유와 동굴의 비유에 대한 탁월한 분석을 보여 준다. 그는 플라톤이 교육과 '헛되고 지나친 욕망이라고 할 수 있는 것의 제거'를 연관시키고 있음을 강조하고 있다. 그런 욕망은 인간으로 하여금 덕과 참된 행복에서 멀어지게 만든다.

지혜를 습득한 후에 동굴로 되돌아가서 거기에 갇혀 있는 사람들의 영혼을 보살펴 줄 수 있는 자격을 갖추게 될 것이다. 그들은 감각적 세계나 인습적 도덕에 들어 있는 것처럼 위장된 것이 아닌, (현실의 혹은 가능한 세계를 충실하게 파악할 수 있게 해 주는) 실질적인 아이디어/형상을 제대로 파악하는 철학자들을 가리킨다. 그들은 '공동체의 최고 정신' 이며, 모든 지식 중에서 가장 훌륭한 것, 즉 '선의 비전' 을 성취한 개인들이다. 그런데 그들의 교육이 완료된 후에는 이런 지적 세계에 머물도록 허락받지 못할 것이며, '감각적' 경험의 세계로 되돌아가도록 강제될 것이다. 참된 지도자들은 이런 역할을 기꺼이 수행해야 하며, 또한 지도자의 조건들(사유재산이나 결혼 상대자도 없는 공동생활)을 받아들여야 할 것이다. 그들의 교육은 그렇게 살 수 있도록 준비시켜 준다. 그들은 동굴 속의 삶이 가리키는 헛된 욕망이 환상임을 꿰뚫어 본 후에 그런 것들에 대해서 무관심할 수 있는 덕을 갖추게 된다.

2) 선분의 비유

『국가』에서 동굴의 비유보다 앞에서 소개되고 있는 것이 선분의 비유(509d-510e)다. 이것은 지도자들의 교육적 발달, 그리고 그들이 정치적 권위를 행사하는 대상들과 맺게 되는 관계를 밝혀 준다. 위아래로 선을 그으면 좌우로 두 부분이 생긴다. 한쪽은 지성에 의해서 알 수 있는 것들의 영역을 가리키고, 다른 한쪽은 가시적인 것들, 즉 감각 대상들의 영역을 가리킨다. 양쪽은 각각 다시 두 부분으로 나뉜다. 이것들은 가장 낮은 것에서 가장 높은 것까지 네 단계에 걸쳐 있는 인지적 상승을 가리킨다. 여기서 중요한 것은 플라톤이 각 부분에서 영혼의 경험적/인지적 능력과 이에 상응하는 '대상' 을 언급하고 있다는 점이다. 이렇게 나타나는 네 가지 능력은 내재적 명료성이라는 기준에 따라 낮은 것부터 높은 것으로 배열된다. 그리고 네 가지 대상에 상응하는 경험/인지의 형식들은 그 대상들의 상대적 명료성에 반응/인식할 수 있는 다양한 능력의 정도에 따라 배열된다. 낮은 수준의 것으로는 가장 아래에 (동굴의 벽화에 투사되었던 것과 같은) 감각 경험의 대상, 이미지, 그림자, 모상 등이 있고, 그 위에는 영상/모상이 아닌 대상(실물)들이 있다. 이런 대상들은 그것들의 이미지나 영상보다 더 명료한 것이다. 즉, 그것들은 실제로 있는 그대로 경험되는 것이며, 인간은 그것들에 대해 객관적 신념을 가질 수 있다.[17] 낮은 수준에서 위쪽에 속하는 단계는 동굴 안에 갇혀 있는 사람들의 해방된 상태, 즉 이미지/환상에 사로잡히지 않은 상태를 가리킨다. 그보다 높은 두 단계는 지성에 의해서 알 수 있는 영역, 즉 지식과 이해의 영역을 가리킨다. 그중 아래 단계는 과학적 탐구를 가리키는데, 이는 지성이 도달하는 다음과 같은 종류의 지식을 가리킨다. 예를 들면, 지성은 어떻게 해서 태양이 하루, 계절, 일 년이라는 시간적 간격을 만들어 내는가를 파악하거나 혹은 지리학적 증명의 타당성을 파악한다. 물론 이 아래 단계는 지성이 신념의 차원에서 보다 추상적이고 복잡한 사고 형식으로 상당히 진보했음을 보여 주지만, 그것의 인지는 대상의 가시적 성격 및 다양한 종류의 기호와 연결되어 있다. 그 위쪽에 가장 높은 인지 단계가 있는데, 여기서 지성은 그 아래 단계에서 가시적 형태로 나타나는 것들을 직접적으로 사변할 수 있다. 이들은 대상, 기호, 관계, 과정 등이 가리키는 형상/아이디어를 의미한다. 이 형상은 인간이 창조한 것이 아니라 발견하는 것이라는 의미에서 실재하는 것이다. 그 형상은 (그것과 연관되는 특수한 감각 대상과는 달리) 불변하는 것이고, (지각의 대상과는 대조적으로) 절대적으로 명료하며, "마음의 눈에 의해서"(510e)—그 자체로서, 그리고 다른 형상들과의 관계 속에서—온전하게 파악되는 것이다. 진정한 실재, 즉 사물의 형상을 이해하는 능력은 지도자 교육에서 필수적인 최종 단계에 속한다. 오직 이 관점에서 선(the good)의 형상이 파악될 수 있다. 이 관점은 동굴 밖에서 태양을 실제로 바라보는 것과 비슷한 것

17) 여기서 핵심은 대상물 자체가 지각될 때 이런 지각이 꼭 기만적인 것은 아니며, 이는 주로 비판적 지성이 신념의 형성에서 발휘되기 때문이라는 점이다.

이다. 깨우침(빛을 봄, illumination)은 플라톤의 마지막 탐구 단계에서 도덕적/정치적으로 중요한 개념이다. 이 단계에 이르러서야 비로소 영혼은 정의로운 국가의 참된 성격을 파악할 수 있고, 시민들이 어떻게 살고 또 교육을 받아야 하는가를 깨닫게 된다. 결국 지도자들이 정의로운 사회를 위한 입법과 교육이라는 과제에 합당한 자격을 갖추게 되는 것은 형상을, 가장 중요한 것으로서(인습적인 것이 아닌) '참된 정의'의 형상을 파악/적용하는 능력이다. 플라톤에 의하면, 이와 같은 시스템이 정립된 후에는 중대한 변화를 허용해서는 안 된다(424b).

선분과 동굴이라는 이미지는 플라톤의 교육철학에서 굉장히 중요하다. '동굴의 비유'가 환상의 속박에서 해방(일차적 교육 목적에 속함)되기 이전의 인간 상태를 강력하게 환기시켜 주는 것이라면, '선분의 비유'는 자격을 제대로 갖춘 지도자 계급을 유지시키는 데 필요한 교육의 구조와 성격을 가리켜 주는 것이다. 그렇지만 이 두 가지 이미지가 지도자 교육에만 해당되는 것은 아니라는 점도 중요하다. 교육이 모든 시민의 영혼에 영향을 미친 후에야 비로소 사회가 정의로울 수 있기 때문이다. 일반적으로 말해서, '동굴의 비유'의 핵심은 어떤 인간도 그 비유의 처음 부분에서 이야기하는 상태에 그대로 머물러 있을 필요가 없다는 점이다. 올바른 교육에 참여하게 된다면 전체 시민의 상태는 크게 달라질 것이다. 테렌스 어윈(Terence Irwin, 1997)의 견해와는 정반대로 리브(C. D. C. Reeve)[18]가 올바르게 주장하고 있듯이, 새로운 공동체 안의 모든 사람은 수공에서 혹은 음악과 체육에서 교육을 받는다. 이는 사람의 덕을 무너뜨리는 헛된 욕망을 제거해 줄 것이다. 여기서 플라톤이 소크라테스를 통해서 말했던 뜨끔한 생각, 즉 자신의 교육에 응하지 못하는 사람들은 죽도록 내버려 둘 것(409e-410a)이라는 생각이 나타난다.

18) Reeve(1988), pp. 286-287, 주 7. 어윈(Irwin, 1977)의 견해는 p. 221에 있다.

이제까지 플라톤의 『국가』에서 핵심이 되는 논변을 설명해 보았다. 이를 통해서 우리는 정의로운 사회에 대한 플라톤의 생각이 시민 개개인의 사람됨 속에서 덕을 함양시키는 것을 궁극적 목적으로 삼고 있는 교육체제에 의존하고 있다는 점을 알게 된다. 플라톤의 정치 시스템과 (이로부터 파생된다고 그가 주장하는) 실천에 대해서 여러 가지 반론을 제기할 수 있지만, 그의 총체적인 교육 목적은 교육자들이 생각해 낼 수 있는 것들 중에서 가장 가치 있는 것이라고 말할 수 있다.

3) 매력

교육에 대한 플라톤의 철학적 탐구는 영원한 가치를 갖는다. 이것은 그의 주요 아이디어/이론/제언이 보편적으로 인정받는 것이기 때문이 아니다. 오히려 그런 점들이 현대의 교육적 가정/정설에 대해서 여러 차원에서 도전하는 것이기 때문이다. 교육철학은 끊임없는 혁신을 필요로 하며, 과거의 위대한 철학자들과의 대화는 그런 혁신을 자극하는 데 아주 중요할 것이다. 『국가』를 읽을 때 나타나는 수많은 이슈 중에서 아마 다음과 같은 이슈가 가장 근본적이고 시급할 것이다.

① 『국가』에 나타난 플라톤의 탐구는 교육철학의 핵심 관심사들이 철학적으로 보다 정합성 있는 더 큰 전체로 통합될 필요가 있음을 가르쳐 준다. 이와 관련하여 플라톤이 형이상학적/인식론적/정치학적/윤리학적/심리학적으로 통일된 어떤 시스템 속에서 그의 교육적 아이디어들의 근거를 찾으려고 했던 시도는 귀중하고도 힘든 과제였음을 보여 준다. 『국가』의 핵심 논변은 교육철학이 철학적 성찰의 다른 측면들과 연결되어 있고, 이런 측면들을 끌어들일 필요성이 있음을 명확하게 보여 준다. 물론 우리는 플라톤의 견해의 어떤 면에 대해서 다른 생각을 가질 수 있다. 그러나 보다

폭넓은 차원에서 정말 철학적이어야 할 교육철학에 대한 그의 관심은 오늘날 현대 교육철학자들이 따라야 할 모범이다.

② 플라톤이 『국가』, 『정치가(*Statesman*)』, 『법률』에서 교육을 다룰 때에는 도덕교육을 굉장히 중시한다. 여기서 도덕교육이란 '덕 있는 사람의 교육' 으로 이해할 수 있다. 만일 제대로 시행된다면, 이것은 사회의 지속적 안정을 위해 중요한 함의를 갖는 교육 목적이다(424a). 도덕교육, 그리고 학교 교육과정에서 도덕교육의 중요성은 현대 교육철학자들로부터 큰 관심을 불러일으킨 주제였지만, 여전히 자유민주주의적/다원적 사회에서 불확실하고 또 혼란을 일으키는 문제다. 개인의 도덕교육에 대한 플라톤의 깊은 관심, 도덕적 덕에 대한 그의 설명, 그리고 '모든 교육은 도덕적 의의를 갖는다.' 는 그의 아이디어는 앞으로 현대의 기술주의적 교육관을 바로잡아 줄 것이다.

③ 플라톤은 교육과정의 핵심으로 미적/문화적 교육을 제시한 첫 번째 교육철학자다. 교육사상과 교육정책은 어느 때건 간에 직업적 목적이나 경제적 목적을 앞세우고, 미적/문화적 공부가 덕이 있는 인격 형성을 위해 가치가 있는 것임을 소홀히 할 위험에 늘 처해 있다. 플라톤은 민주주의 사회에서 예술가들이나 '의사소통자들' 이 향유하는 그런 자유에 대해서 적대적이었지만, 또 그런 부분의 교육과정에 대해서 제아무리 보수적인 생각을 가졌을지라도 그가 미적/문화적 교육에 부여했던 가치는 오늘날에도 그의 유산에서 핵심을 차지한다.

④ 플라톤이 보기에 교육의 궁극적 목적은 좋은 시민 됨이다. 최근에 와서 시민성, 그리고 '교육체제가 좋은 시민 됨을 증진시키는 데 어떻게 기여할 것인가?' 라는 문제에 대해 관심이 되살아났다.[19] 이런 관심에서 핵심 문

제들이 생길 것이다. 예를 들면, 좋은 시민 됨이란 무엇인가? 윤리적/문화적으로 다양한 사회에서 좋은 시민 됨을 뒷받침해 줄 윤리적 신념과 자질은 무엇인가? 좋은 시민 됨을 증진시키는 일에서 학교는 무슨 역할을 해야 하는가? 이런 문제들은 제대로 이해되지 못하고 있는 상태이기 때문에 상당한 명료화 작업이 요청된다. 플라톤은 그런 문제들에 대해서 직접적이고 긍정적으로 반응한다. 물론 그가 옹호하는 견해 중에는 오늘날 받아들일 수 없는 것도 있지만 이는 진지한 토론을 촉발시킬 것이다. 플라톤을 따라서 우리는 다음과 같이 제안할 수 있다. 가장 충실한 의미의 시민 됨이 오직 정의로운 사회에서 가능한 것이라고 생각한다면, 정의로운 사회를 창조하는 일이야말로 시민교육의 주된 목적이 되어야 한다.[20)]

4) 위험

『국가』는 철학적으로 자극적인 책이다. 그것은 플라톤이 잘 알고 있었던 폴리테이아(Politeia)의 전통에 속하는 저작의 탁월한 예다. 따라서 상당히 조심해서 읽어야 할 것이다. 플라톤은 유혹적인 저술가다. 『국가』에서 플라톤은 소크라테스의 입을 통해 전하는 모든 말을 우리가 믿게끔 의도하고 있다고 독자들이 받아들이도록 유혹할 수 있는 탁월한 저술가다. 그러나 새겨 두어야 할 점이 많다. 플라톤은 수사학의 최대 적(賊)이라고 알려졌음에도 그 자신이 수사학의 대가였다. 그리고 그의 작품은 극적이고 아이러니컬한 부분이 많다. 이런 부분들은 어떤 문제에 대한 최종 발언이 아니라 더 많은 사고를 촉발시키는 자극일 것이다. 플라톤은 계속되는 토론을 중단시키기를 원하지 않았을 것이고, 그런 문제가 가

19) 캘런(Callan, 1997), 맥도너와 파인버그(McDonough & Feinberg, 2002)를 참조하라.
20) 이것은 정의롭지 못한 사회에서는 시민성을 남용하며, 실제로 좋은 시민 됨을 장려하기보다는 방해함을 의미한다.

능한 한 최상의 수준에서 엄밀하고 진지하게 토론되기를 원했을 것이다.

① 교육에 대한 종합적인 철학적 탐구는 인간의 심리에 대한 모종의 설명을 포함해야 한다. 플라톤의 이런 아이디어에 대해서 어떤 칭찬이라도 할 수 있다. 그러나 인간 영혼의 세 부분에 관한 플라톤의 이론은 인간의 정신에 대해서 특별히 설득력 있는 그림을 그려 주지 못한다. 그것은 심적 갈등, 과도한 욕구/열정을 억제하는 이성의 기능, 영혼 속에서 덕의 증진 등을 제대로 설명해 주지 못한다. 그뿐만 아니라 그는 인간의 정신이 세 가지 종류의 뚜렷한 능력으로 구분될 수 있다고 말한다. 이런 아이디어는 욕구, 정서, 합리성 간의 관계를 설명해 주는 것이라고 보기에는 심각할 정도로 잘못된 것이다. 실지로 플라톤의 인간정신 모형은 부당할 정도로 비관적인 것이라고 말할 수 있다. 왜냐하면 그것은 대다수 인간이 선천적으로 자신의 욕구를 자제할 수도 없고 덕을 함양할 능력도 거의 없는 것처럼 보고 있기 때문이다. 그럼에도 불구하고 플라톤은 우리에게 귀중한 교훈을 준다. 즉, 인간의 심리에 대한 설명이 수용할 만한 것이 되려면 규범적 혹은 도덕적 차원을 포함해야 하며, 따라서 그것은 전적으로 자연주의적인(혹은 경험적인) 과학 연구의 주제만은 아닐 것이다.

② 사회가 세 가지의 특수한 계급으로 구분된다고 보는 플라톤의 사회관은 받아들일 수 없을 정도로 권위주의적이고 불평등주의적인 것이다. 플라톤은 사회의 엄격한 계층화를 신봉한다. 이렇게 분리된 사회 집단들은 '위에서 아래로' 내려가는 정치적 권위체제에 종속되어 있어서, 개인 내에서건 공동체 안에서건 더 나은 도덕적/정치적 발달을 촉진시킬 가능성을 아예 배제해 버린다.[21] 사회적/문화적 변동에 대한 플라톤의 입장은

21) 바로 이 점에 대해서 미국의 철학자며 20세기 최고의 교육철학자인 존 듀이는 비판하였

도덕적/문화적 진보의 가능성에 대해서 회의적인 현대판 보수주의자들에게는 매력적일지 모르겠으나, 그런 입장을 옹호하는 플라톤의 가정/논변은 전반적으로 설득력이 부족하다. 정의로운 정치적/사회적 질서가 일단 자리를 잡은 후 모든 변동은 쇠퇴와 타락을 의미한다는 플라톤의 생각은 증거에 의해 지지받을 수 있는 주장이라기보다는 플라톤 자신의 편견이라고 보는 것이 더 나을 것이다.

③ 『국가』가 궁극적으로 관심을 쏟고 있는 정의라는 이념으로 되돌아가 보자. 정의의 원칙은 시민들이 자신들의 천성에 따른 특수한 직업적/사회적 지위를 그대로 신봉할 것을 요청한다든가, 또 교육의 제공도 그것을 따라야 한다든가 하는 주장은 결코 설득력이 없고 옹호받지 못할 것이며, 여러 가지 면에서 믿기가 어려운 가정들이 많이 들어 있는 것이다. 그중 한 가지 문제점은 다른 아이들보다 더 강한 욕망을 갖고 태어난 아이들은 수공과 생산의 기능에 헌신해야 한다는 주장이다. 강한 욕망이 실천적 기능과 전문성을 갖고 있다는 한 가지 조건은 결코 아니다. 플라톤은 인간들이 중요한 개인차를 보인다는 점을 인정했다. 그러나 그런 차이점들의 복잡한 성격과 근원은 『국가』에서 말하는 교육과 사회계층의 단순한 관계를 가지고는 제대로 밝혀낼 수 없다. 교육의 사회적 기능에 대한 플라톤의 견해가 자유주의적 가치, 그리고 민주정치의 원리/실천에 대해 실망하는 사람들에게 호소력을 가질 수 있다는 것은 정말 위험한 일이다. 플라톤은 아테네의 민주주의를 비난하였다. 그가 체험했듯이 그것은 불안정하고 지나치게 경쟁적이었으며, 자기 이익에 사로잡힌 다수는 사회의 정의라든가 개인

다. 그는 플라톤이 교육의 사회적 기능을 분명하게 이해하고 있음을 칭송하는 반면, 20세기 초 미국의 민주주의라는 맥락에서 사회 변동을 촉진시키기보다는 오히려 정체시키는 목적에 교육의 공적 기능을 묶어 두는 점에 대해서 심각하게 비판하였다. 듀이(1944: 88-83)를 참조하라.

> 의 미덕을 그저 인습에 지나지 않는 것이라고 소홀히 취급하고 살았다. 그러나 이런 회의론에는 핵심이 빠지기 쉽다. 현대의 보수주의자들은 '누구나 덕 있는 시민들이 될 수 있다.'는 이상은 불가능한 것이고, 그렇기에 대다수 사람은 운 좋고 우월한 소수 사람들에 비해서 질적으로 열등한 삶을 살아야 할 운명이라고 믿고 있는데, 플라톤은 그렇게 믿지 않았다. 플라톤은 폭압 정치는 피할 수 있으며, 정의의 이상에 따라서 사회질서를 제대로 바로잡을 수 있다고 믿을 정도로 낙관적이었다. 반면, 요즈음에는 대다수 사람들보다 더 힘세고, 더 영리하고, 더 부유한 사람들만의 이익을 위해서 작동하고 있는 일시적인 인습에 의해서 사회가 돌아가고 있다.

그렇다. 플라톤은 민주주의와 자유주의적 가치에 대해서 정말 적대적이었다. 그럼에도 불구하고 그의 자극적/극단적 논변들은 여전히 교육철학의 끊임없는 대화 속에서 심각하고 도발적인 목소리를 대변하고 있다.[22)]

22) 애너스(Annas, 2003)는 플라톤의 삶과 업적을 탁월하게 서술하고 있다. 그의 저술(1981)은 『국가』에 대한 좋은 입문서로서 교육에 대해서도 많은 부분을 할애하고 있다. 파파스의 책(Pappas, 1995)에도 잘 쓰여 있지만 『국가』에 대한 입문서로서 읽기 쉬운 것은 아니다. 거스리(Guthrie, 1975)는 국가와 그 배경에 대한 아주 명쾌하고 믿을 만한 연구자다. 그 책의 제4부에는 『정치가』와 『법률』에 대한 탁월한 해설이 들어 있다. 쇼필드(Schofield, 2006)는 플라톤의 정치철학에 대한 탁월한 논의를 보여 주며, 플라톤의 저술에서 교육의 중심성을 아주 분명히 드러내고 있다. 리브(Reeve, 1988)는 『국가』에 대한 놀라운 독창적인 해설을 보여 주고 있어서 주의 깊게 읽어 볼 만하다. 페라리(Ferrari, 2007)는 『국가』에 관한 귀중한 논문들을 수록하고 있다. 이는 거의 대부분 교육에 대한 플라톤의 견해와 연관성을 갖고 있다. 블랙번(Blackburn, 2006)은 『국가』에 대한 비판적이고 별로 공감하지 않는 반응을 보여 주고 있다. 포퍼(Popper)의 『열린사회와 그 적들』(1945)은 '플라톤의 전체주의'라고 간주되는 것에 대해서 심하고 때때로 무절제한 비난을 담고 있다. 크로스먼(Crossman)의 『오늘날의 플라톤』(1937)은 제2차 세계대전 이전에 출간된 것으로, 어떤 측면에서는 시대에 뒤떨어진 점도 있지만 여전히 플라톤의 철학에 대해서 아주 자극적이고 매력적인 책이라고 볼 수 있다. '플라톤이 영국 교육을 보다'라는 장은 교육학자들에게 아주 흥미로운 부분이 될 것이다. 마지막으로, 레인(Lane, 2001)은 플라톤의 역사적 수용과 영향에 대한 독특한 연구를 보여 주고 있다.

참고문헌

Plato

Plato, *Republic* (trans. Robin Waterfield). Oxford: Oxford University Press, 1994.

Plato, *Republic* (trans. Benjamin Jowett). London: Sphere Books, 1970. 박종현 역(2005). 『국가 · 정체』. 서울: 서광사.

Plato, *Laws* (trans. T.J. Saunders). Harmondsworth: Penguin Classics, 1970. 박종현 역(2009). 『법률』. 서울: 서광사.

Plato, *Statesman* (trans. J.B. Skemp). London: Routledge, 1952. 김태경 역(2000). 『정치가』. 서울: 한길사.

Plato, *Phaedrus* and *Letters VII and VIII* (trans. Walter Hamilton). Harmondsworth: Penguin Books, 1973. 김주일 역(2012). 『파이드로스』. 서울: 이제이북스, 강철웅, 김주일, 이정호 공역(2009). 『편지들』. 서울: 이제이북스.

다른 문헌들

Annas, Julia (1981) *An Introduction to Plato's Republic*. Oxford: Oxford University Press.

Annas, Julia (2003) *Plato: a Very Short Introduction*. Oxford: Oxford University Press.

Blackburn, Simon (2006) *Plato's Republic: a Biography*. London: Atlantic Books.

Callan, Eamonn (1997) *Creating Citizens*. Oxford: Oxford University Press.

Crossman, Richard (1937) *Plato Today*. Oxford: Oxford University Press.

Dewey, John (1966) *Democracy and Education*. London: The Free Press, Collier Macmillan. (Originally published in 1916; revised in 1944.) 이홍우 역(2007). 『민주주의와 교육』. 서울: 교육과학사.

Ferrari, G.R.F. (Ed.) (2007) *The Cambridge Companion to Plato's Republic*. Cambridge: Cambridge University Press.

Freeman, Kathleen (1970) *God, Man and State: Greek Concepts*. Westport, CT: Greenwood Press.

Guthrie, W.K.C. (1975) *A History of Greek Philosophy, IV: Plato: the man and his dialogues: earlier period*. Cambridge: Cambridge University Press.

Hornblower, Simon and Spawforth, Antony (Eds.) (1998) *The Oxford Companion to Classical Civilization*. Oxford: Oxford University Press.

Irwin, Terence (1977) *Plato's Moral Theory*. Oxford: Clarendon Press.

Lane, Melissa (2001) *Plato's Progeny*. London: Duckworth.

Lear, Jonathan (1998) 'Inside and outside the *Republic*', in *Open Minded: Working Out the Logic of the Soul*. Cambridge, MA: Harvard University Press.

McDonough, Kevin and Feinberg, Walter (Eds.) (2002) *Citizenship and Education in Liberal-Democratic Societies*. Oxford: Oxford University Press.

Pappas, Nicholas (1995) *Plato and the Republic*. London: Routledge.

Popper, Karl (1945) *The Open Society and Its Enemies*, Vol. 1, *Plato*. London: Routledge. 이한구 역(2006). 『열린사회와 그 적들 I』. 서울: 민음사.

Rawls, John (1971) *A Theory of Justice*. Cambridge, MA: The Belknap Press of Harvard University Press. 황경식 역(2003). 『정의론』. 서울: 이학사.

Reeve, C.D.C. (1988) *Philosopher-Kings: The Argument of Plato's Republic*. Princeton, NJ: Princeton University Press.

Schofield, Malcolm (2006) *Plato: Political Philosophy*. Oxford: Oxford University Press.

제6장

루소의 『에밀』과 교육적 유산

Jack Martin and Nathan Martin

루소의 『에밀(*Émile*)』처럼 후대의 교육사상과 교육실천의 역사에 막대한 영향을 미친 책은 아마 플라톤의 『국가』를 제외하고는 없을 것이다. 교육에 관한 루소의 저술은 그 외에도 많지만, 『에밀』에는 루소의 교육사상과 유산을 관통하는 모든 아이디어가 들어 있다. 따라서 우리는 이 장의 전반부를 『에밀』을 자세히 읽는 데 할애하고, 후반부에서는 그것이 후대의 교육 및 학교의 발달에 미친 영향을 추적할 것이다.

1. 『에밀』 읽기

『에밀』은 루소가 제안하는 교육을 분명히 밝혀 주는 데 중요한 체계적 논의로 시작된다. 루소는 교육이 세 가지 원천,

즉 자연/인간/사물로부터 생긴다고 단정했다. 루소가 말하는 '사물로부터 생기는 교육' 이 무엇을 의미하는지는 비교적 분명하다. 그것은 물리적 환경과 상호작용함으로써 우리가 얻는 지식이다. '인간으로부터 생기는 교육' 은 다른 사람의 믿음과 생각을 내면화함으로써 우리가 얻는 것이다. '자연으로부터 생기는 교육' 이 무엇을 의미하는지는 곧바로 분명하지 않다. 여기서 '자연' 이란 "우리의 기관이나 능력의 내면적 발달"(p. 38)이다. 따라서 '자연으로부터 생기는 교육' 은 개인이 자신의 정신적/신체적 성장으로부터 배우는 것이다.

루소에 따르면, 교육이 제대로 이루어지기 위해서는 이 세 가지 원천이 조화를 이루어야 한다. 우리의 심적-신체적 발달은 바꿀 수 없는 것이므로 '인간으로부터 생기는 교육' 과 '사물로부터 생기는 교육' 은 '자연으로부터 생기는 교육' 에 맞도록 만들어야 한다. 루소의 교육과정은 개인의 정신적/신체적 발달에 긴밀하게 맞추어진 교육을 제시한다.

어떤 의미에서 루소는 이런 발달이 모든 사람에게 공통된 것이라고 간주했다. 우리 각자는 정상적 과정 속에서 더 크게 자라고, 말하기를 배우며, 사춘기를 겪는다. 이와 동시에 이 일반적 패턴은 개인별로 다양성의 여지를 상당히 남겨 둔다. 루소는 (아마 그 이전의 어떤 사상가보다도) 그런 차이에 대해서 아주 민감한 편이다. 아마 이런 이유에서 루소는 자신의 교육이론을 추상적으로 제시하지 않고 에밀이라는 아이를 상상해 냄으로써 그 이론의 적용을 밝혀 보려고 결심했을 것이다.

그런데 교육의 세 가지 원천을 조화시킨다는 루소 자신의 목표는 이윽고 난관에 봉착한다. 인간을 그의 자연(본성)에 따라서 교육한다는 것[1]은 그를 그 자신을 위해서 길러 낸다는 것이다. 그런데 인간 사회는 타인을 위해서 인간을 길

1) '인간(Man)' 은 여기서 배타적 의미로 사용되고 있다. 에밀의 성장과정에 대해서 루소가 묘사하는 교육은 소년과 남자를 위한 것이다. 여성 교육에 대한 그의 (반동적) 사상은 『에밀』의 끝 부분에 나타난다.

러 낼 것, 즉 좋은 신민/시민으로 만들어 낼 것을 요청한다. 따라서 루소는 교육이 두 가지의 서로 부합될 수 없는 종류로 구분된다고 결론 내린다. "하나는 공적이고 공통된 것이고, 다른 하나는 개인적이고 가정적인 것"(p. 40)이다. 진정한 공교육은 오직 루소가 『사회계약론(*Social Contract*)』에서 제안한 시민사회의 종합적 재구성과 결합됨으로써 비로소 제도화될 수 있다고 그는 말한다.[2)]『에밀』은 오직 "가정교육이나 자연의 교육"(p. 41)에 대해서 관심을 둔 것이다.

따라서 에밀은 루소의 손에서 자연적 교육을 받을 것이다. 말하자면 그의 교육은 그의 정신적/신체적 성장의 각 단계와 긴밀하게 연관될 것이다. 에밀은 제1부에서는 유아, 제2부에서는 아동, 제3부에서는 사춘기 이전, 제4부에서는 사춘기, 그리고 제5부에서는 성인이다. 각 단계에서 루소가 강조한 점은 에밀이 공부하는 대상과 그런 대상으로 인도되는 방식이 그의 발달 수준에 맞아야 한다는 것이다.

루소의 가르침의 목적은 에밀을 행복한, 자기만족적인, 자유로운 인간으로 만드는 것이다. 이 세 가지 용어는 루소의 개념 틀에서 서로 바꾸어 쓸 수 있는 것이다. 『에밀』에서 답을 찾고자 했던 질문이 있다. 그것은 기존의 사회질서 속에서 인간을 어떻게 길러 내야 행복한, 자유로운, 자기만족적인 사람이 되는가 하는 물음이다. 이런 점에서 『에밀』은 루소(1964)가 『인간불평등기원론(*Discourse on the Origins of Inequality*)』에서 제기했던 문제에 대한 한 가지 가능한 해답을 제시한다.

『인간불평등기원론』이 가장 근본적으로 제시하는 것은 문명의 불만의 원인에 관한 이론이다. 루소에 따르면, '사회적 인간(l'homme police)'은 탐욕스러운, 그칠 줄 모르는 욕망의 복합체다. 그가 불행한 것은 그의 '필요'가 그의 능력을 벗어나기 때문이다. 자신의 필요를 스스로 충족시킬 수 없는 그는 타인들의 서

2) 루소는 그 모델로 플라톤의 『국가』를 가리킨다.

비스를 요구하며, 타인들에게 의존하게 된다. 타인들의 서비스의 대가로 그는 그들에게 의무를 갖게 되며, 그의 자유는 제한된다. 문명화된 인간의 좌절을 막을 수 있는 것으로 루소가 내세우는 것은 '자연적 인간(l'homme naturel)'의 자유와 행복이다. 루소에 따르면, 숲 속에서 혼자서, 아무런 사회적 유대나 언어도 없이 살아가는 인간들은 그들의 자연적인 필요인 음식, 수면, 섹스를 넘어서는 것들을 애초부터 욕망하지 않는다. 게다가 그런 필요는 쉽게 충족된다. 자연인은 배고프면 먹을 것을 구하고, 피곤하면 잠을 자며, 성적 자극을 받으면 만날 수 있는 이성을 찾는다. 자연인의 필요가 그의 능력에 비례하기 때문에 자연적 인간은 자기만족적이다. 자연적 인간은 타인들에게 어떤 의무도 가질 필요가 없고, 따라서 그가 느끼는 것은 신체적 제약일 뿐이다. 그 결과, 그는 자유롭고 독립적이고 행복하다.

루소가 가르치고자 하는 프로그램의 핵심 목표는 문명화된 근대성이라는 맥락 속에서 자연적 인간의 영성적 평온 상태를 회복시키는 것이다. 에밀은 근대의 자연적 인간이 되어야 한다. 이런 목적을 염두에 두고 있는 루소의 가장 근본적 관심은 그의 아동이 자신의 능력에서 벗어나는 필요를 갖지 않도록 막는 일이다. 그런 필요는 모두 사회적으로 유발된 것이고, 그것이 뿌리를 뻗지 못하도록 하기 위해서 에밀은 처음부터 인간 사회로부터 격리되어야 한다고 루소는 확신하였다. 유아로서 그리고 아동으로서 에밀은 야외에서 격리된 채 길러지면서, 오직 그의 보모, 교사, 식구들만 접촉하게 될 것이다. 나중에 적절한 준비를 갖춘 후에야 비로소 에밀은 사회로 나아갈 것이다.

물론 전원에서 생활하지만 에밀이 정말 혼자 지내는 것은 아니다. 그는 자족적이지도 않다. 그는 그의 가정교사, 보모, 이들의 음식 등에 의존하며 산다. 에밀을 독립성의 환상에 붙잡아 두기 위해서는 가정교사가 상당히 인위적인 노력을 기울여야 한다. 복잡한 사회적 관계의 망 속에 얽혀 있음에도 불구하고 에밀은 모든 사회적 구속으로부터 자유롭다고 생각해야 한다. 그가 실제로 '인간에게 의존하고 있음'은 감추어져야 하며, 대신 '사물에 의존하는 것'처럼 그에게 보여야 한다. 그럼으로써 에밀은 비로소 그의 자연적 상태 속에 머무를 수 있다.

따라서 가정교사는 에밀에게 무엇을 하라는 명령/지시를 결코 내리지 않을 것이다. 대신 그는 에밀에게 어떤 방향으로 행동하도록 강제할 수 있는 물리적 장애물을 제공할 것이다. 만일 에밀이 잘못한다면, 가정교사는 설교하거나 꾸짖는 일이 없이 그의 행위로부터 자연스럽게 그에 대한 처벌이 나타나는 것처럼 보이도록 사태를 만들어 낼 것이다. 예를 들어, 가정교사는 에밀이 자기 방의 유리창을 깨뜨릴 경우 상관하지 않는다. 하지만 유리창을 곧바로 교체해 주지도 않는다. 에밀은 추위에 떨면서 유리창을 깨지 말아야 한다는 점을 배울 것이다.

아동기의 에밀에게 이런 식의 교육은 사회적 관계를 별로 의식하지 못한 상태에서 성장하게 만들 것이다. 사회적 영향으로부터의 고립은 루소의 교육과정의 첫 단계에서 일차적 목표가 된다. 부차적 목표는 에밀에게 판단이 형성되도록 시도하는 일이다. 에밀이 언젠가 사회 속으로 나아갈 터인데, 사회의 하수인이 되지 않으려면 그에게는 관찰력과 판단력이 길러져야 한다. 12세가 될 때까지 에밀의 추론 능력은 아직 발달되지 못하겠지만, 아동기에 걸쳐서 그 준비작업이 이루어질 수 있다. 감각은 모든 지식의 토대이므로[3] 에밀의 감각은 반드시 세련되어야 한다. 감각이 날카로워지려면 신체가 건강해야 한다. 유아기가 끝날 무렵부터 12세가 될 때까지 에밀의 시간은 신체적 활동의 시간과 감각적 지각 훈련의 시간으로 나뉠 것이다.

에밀은 시각 훈련을 위해 그림을 배울 것이며, 청각 훈련을 위해 노래를 배울 것이다. 감각 훈련은 대체로 시골 주변을 오랫동안 산책하면서 그때그때 임기응변적으로 실시될 것이다. 예를 들면, 에밀은 걸어 다니면서 눈으로 거리를 짐작하는 것을 배울 것이다. 모든 훈련의 최종 성과는 에밀의 관찰력을 키우는 것이다. 이 능력은 나중에 판단력의 토대가 될 것이다.

3) 여기서 루소는 로크와 콩디야크(Condillac)를 따른다.

12세가 되면 에밀은 이성의 시기에 도달한다. 이제 그는 열심히 공부하기 시작할 것이다. 그는 자연과학부터 공부할 것이다. 그의 지식은 책에서 얻어지는 것이 아니고, 관찰과 실험에서 얻어지는 것이다. 에밀은 "과학을 배우지 않고 발견"(p. 168)할 것이다. 과학에 대한 흥미를 불러일으키기 위해서 에밀의 가정교사는 그를 데리고 다니면서 다양한 자연현상을 관찰하게 한다. 예를 들어, 가정교사와 에밀은 여름에 아침 해를 보러 간다. 태양이 지는 곳과 반대되는 방향에서 해가 뜨는 것이 어찌 된 일이냐고 에밀에게 물어본다. 겨울에도 다시 찾아가서, 이번에는 태양이 다른 곳에서 떠오른다는 것을 알게 한다. 이렇게 해서 천문학에 대한 에밀의 흥미는 촉발된다. 이와 비슷하게, 가정교사는 에밀을 시골 장터로 데리고 간다. 거기서 마술사는 빵 부스러기를 흔들면서 밀랍 오리가 조금씩 다가오도록 만든다. 가정교사는 에밀에게 어떻게 해서 그런 속임수가 가능한지를 물은 다음에 집으로 가서 자석의 속성을 보여 준다. 과학에 대한 에밀의 흥미가 나타난 후, 두 사람은 관찰했던 현상을 더 잘 이해하기 위해 실험을 한다. 여하튼 "에밀은 책이 아닌 세계를 갖고 있으며, 사실 이외에는 아무런 가르침도 없다."(p. 168) 루소의 의도는 에밀이 스스로 사태를 탐구하는 방법을 배우게 하는 것이다.

그런데 에밀이 공부할 것은 과학뿐만 아니다. 장사도 배워야 한다. 이를 위해 에밀과 가정교사는 일주일에 한두 번 목수와 함께 지낸다. "그가 일어날 때 우리도 일어나고, 그가 보는 앞에서 일하고, 그와 함께 식사하고, 그의 가족과 함께 저녁을 먹는 영광을 누리고, 우리가 원할 때 딱딱한 침대로 되돌아가서 잠을 청한다."(p. 201)

12~15세에 에밀은 공부 시간을 둘로 나누어 과학과 장사에 할애한다. 15세가 될 무렵, 그의 감각은 세련되고 그의 판단은 형성된다. 이제 에밀을 사회로 입문시킬 시간이 된다. "그의 신체와 감각 훈련을 시작한 후 그의 마음과 판단력을 단련시켰다. 마지막으로, 우리는 그의 사지의 활용을 그의 능력의 활용과 연결시켰다. 우리는 능동적이고 생각하는 존재를 만들었다. 인간을 완성시

키기 위해서 우리에게 남은 일은 사랑과 감정을 가진 존재로 만드는 것이다." (p. 203) 이렇게 하는 일이 『에밀』의 나머지 부분에 나타난다.

그런데 15세 이후 에밀에게 신체적 발달이 나타난다. 그는 사춘기를 겪기 시작한다.[4] 이제 가정교사는 에밀에게 싹트는 열정, 특히 그의 성적 욕구를 관리하는 데 유의해야 한다. 루소가 믿기에 참으로 자연적인 단 하나의 열정은 '**자기애**(amour de soi-même, self-love)' 다. 이것은 자기 보존을 위한 선천적 충동, 즉 우리의 자연적 필요를 충족시키려는 충동이다. 다른 모든 열정은 이 하나의 원시적 열정의 수정/변형이며, 인간이 사회적 유대를 형성하기 시작할 때 비로소 나타나는 것이다. '자기애' 의 한 가지 변형은 '**허영심**(amour-propre, vanity, self-regard)' 이다. 루소는 이를 특히 해로운 것으로 간주한다. 그것은 사회적인 비교/우월을 지향하는 교활한 욕망의 일종이다. 결국 사회적 지위를 향한 욕구로서 **허영심**은 제로섬 게임(zero-sum game)에서 발휘된다. 내가 더 높은 사회적 지위를 가질 수 있는 것은 오직 남이 더 낮은 사회적 지위를 갖기 때문이다. 그 반대도 통한다.[5] 『인간불평등기원론』과 『에밀』에서 루소는 '**허영심**' 의 가장 초기의 그리고 가장 강력한 표출이 에로틱 사랑이라고 암시한다. 원초적 형태의 성 욕구는 특정한 대상과 연결되지 않는다. 자연적 남자에게 자연적 여자는 아무나 괜찮을 것이다. 그런데 사회적으로 조건화된 형태의 성적 욕구는 특정 개인에게 고정된다. 이렇게 에로틱 사랑으로 변형된 욕구는 주고받기를 요구하게 된다. 사랑을 주는 사람은 사랑을 받는 사람이 자신의 사랑을 받을 만한 가치가 있음을 인정해야 한다. 이와 함께 '**허영심**' 이 작동한다. 왜냐하면 그런 인정은 사랑을 주는 사람의 자기 이미지를 부추기기 때문이다.

---

4) 사춘기는 18세기 후반에 나타났다.
5) 허영심에 대한 보다 섬세한 해석으로는 덴트(Dent, 1988: 20-21, 113-167)를 참조하라. 덴트에 의하면, 특히 나쁜 것은 타인들에 대한 노예적 의존성을 장려하는 지배적인 형태의 허영심이다.

루소의 교육 프로그램의 네 번째 단계에서 가정교사의 일차적 과제는 에밀에게 싹트기 시작한 성적 욕구를 억제시키는 일이다. 이를 위해서 그는 주의 전환(diversion)과 연기(delay)라는 흔한 전략을 사용한다. 실제로 가정교사 덕분에 에밀의 첫 번째 열정은 에로틱 사랑이 아니라 '우정(amitié)'이 될 것이다. 루소는 그것을 개인적 우정이 아닌 '다른 사람들에 대한 일반화된 애정'을 가리키는 뜻으로 사용한다. 루소는 이런 감정을 가장 잘 길러 줄 수 있는 길은 에밀에게 자신보다 행복하지 못한 사람들을 보여 주는 것이라고 믿었다. 그들의 모습은 에밀에게 연민(pitié)의 정을 불러일으킬 것이다.

이와 동시에 가정교사는 에밀을 일반적인 사회적 관계 속으로 끌어갈 것이다. 처음에는 추상적으로, 즉 에밀로 하여금 역사 서적을 읽도록 이끌 것이다. 그때까지 에밀이 읽을 책은 『로빈슨 크루소』뿐이다. 에밀은 로빈슨 크루소의 외로운, 독립적인 존재 속에서 자기 자신의 (분명히 관념화된) 모습을 인지한다. 이제 에밀은 다른 책을 읽을 것이나 무분별한 독서는 하지 않을 것이다. 그는 도덕화하거나 판단을 내리는 근대의 역사가들을 무시할 것이고, 대신 판단을 내리지 않은 채 사실을 전해 주는 고대의 저술가들을 읽을 것이다.[6] 여기서도 목표는 종전과 마찬가지로 에밀이 타인들의 의견에 의존하지 않고 자신의 판단에 의존하도록 가르치는 것이다. 특히 루소는 에밀로 하여금 투키디데스(Thucydides)와 플루타르크(Plutarch)를 읽도록 권장한다. 투키디데스는 에밀에게 남자들의 행동을 보여 주고, 플루타르크는 남자들의 마음을 보여 줄 것이다. 루소는 독서의 최종 결과로서 에밀이 이전에는 가난하고 약한 사람들을 연민하는 것을 배웠지만, 이제는 훌륭한 사람들을 연민하는 것을 배우게 된다고 믿는다.

다른 사람들을 두루 살펴보면서 에밀은 행운이 많은 사람과 행운이 적은 사

6) "젊은이에게 가장 나쁜 역사가들은 판단을 내리는 사람들이다. 사실! 사실! 이에 따라 젊은이들로 하여금 자기 나름의 판단을 내리도록 하라." (p. 239)

람이 모두 비참하게 될 수 있다는 점을 깨닫게 된다. 그는 홀로 행복하다. 그러나 에밀의 동정심이 완전한 것이 되려면 또 다른 교훈을 배워야 한다. 왜냐하면 에밀은 다른 사람들의 처지보다 자신의 처지를 더 좋아하면서 다른 사람들보다 자신이 우월하다는 결론에 빠질 위험이 있기 때문이다. 에밀이 자기 자신의 약점을 느끼도록 해야 한다. 다른 사람들의 비참함을 안 다음에 에밀은 자신의 행운도 일시적인 것임을, 다시 말해서 자신의 실수나 타인의 악의에 의해서 자기 자신도 쉽게 비참해질 수 있음을 배우게 한다.

에밀이 걸려들지 않도록 안전하게 보호받아야 할 '덫'이 한 가지 있는데, 루소는 '정부(情婦)의 덫'을 가리킨다(p. 246). 결국 에밀의 동정심을 발달시키는 가정교사의 목적은 그의 성적 성숙의 시작을 늦추는 것이다. 이런 단계의 교육 프로그램에서 루소가 크게 두려워하는 것이 두 가지 있다. 하나는 에밀이 여성에게 유혹을 당하는 것이고, 다른 하나는 에밀이 마스터베이션을 시작하는 것이다. 그렇다면 솔직한 이야기를 해야 할 때가 되었다. 그러나 루소의 성교육은 신중하게 준비되어야 한다. 루소의 제안에 따르면, 에밀이 몸을 움직이는 활동을 하도록 한다면 이런 활동으로 지친 상태에서 가정교사의 가르침을 조용히 들을 수 있고, 가정교사는 (성적 욕망을) "불러일으키지 않으면서 [그것을] 묘사할 수"(p. 321) 있을 것이다. 이 이야기는 조심스럽게 살펴보아야 한다.

> 이 새로운 가르침은 중요하며, 그것을 보다 일반적 관점에서 되돌아보는 것이 좋을 것이다. 이것은 나의 설명을 그에게 제시하는 계기다. 말하자면 그의 시간과 나의 시간을 어떻게 사용하였는가를 보여 주는 것, 그리고 그에게 그가 무엇이며 내가 무엇인가, 내가 무엇을 했는가, 그가 무엇을 했는가, 우리가 서로에게 무슨 빚을 지고 있는가, 그의 모든 도덕적 관계, 그가 계약했던 모든 헌신, 그를 위해서 계약했던 모든 것, 그의 능력발달에서 그가 어느 지점에 도달했는가, 그가 아직도 얼마나 많은 길을 가야 하는가, 거기서 그가 알게 될 어려움, 이런 어려움을 극복하는 수단, 내가 그를 도와줄 수 있는 것이 무엇인

> 가, 그리고 끝으로 그가 어떤 결정적인 지점에 서 있는가, 그를 둘러싸고 있는 새로운 위험은 무엇인가, 그의 새로운 욕망에 귀를 기울이기 전에 그가 스스로 주의 깊게 살펴보아야 하는 모든 확실한 이유 등을 보여 주는 것이 중요하다(p. 318).

루소가 믿고 있는 최종 결과는 그의 가정교사가 그의 권위를 포기하려고 하는 바로 그 순간에 에밀이 그의 지도를 구하게 될 것이고, 또 그의 가정교사가 또다시 새롭고 분명한 계약 속에서 그의 권위를 되찾기를 제안하는 것이다.[7)]

인간을 추상적으로 공부하고, 동정심을 배우며, '그를 둘러싸고 있는 새로운 위험'에 대해서 주의를 들은 후에 에밀은 이제 사회에 들어갈 준비가 된다. 에밀과 그의 가정교사는 파리로 갈 것이다. 그러나 가정교사는 또 다른 꾀를 갖고 있다. 에밀이 파리 여성들의 매력에 미리 대비하도록 하기 위해서 그는 에밀에게 소피라는 이상적인 여성의 이미지를 제시한다. 다른 여성들은 소피에 비하

7) 이런 준칙에 따라서 필요한 모든 준비를 마친 뒤, 나의 에밀이 나이가 들면서 도달한 상태에 알맞은 이야기를 해 줄 수 있다면, 그는 내가 인도하고자 하는 곳으로 스스로 올 것이라는 사실에 대해서 나로서는 의심할 여지가 없다. 그리하여 그는 자진해서 찾아와 나의 보호에 몸을 맡기고, 자기를 둘러싼 위험들에 놀랄 것이다. 그러면서 그는 그의 나이에서 볼 수 있는 것처럼 아주 열의를 다해 나에게 이렇게 말할 것이다. "오 나의 친구, 나의 보호자, 나의 선생이시여! 지금이야말로 선생님께서 권위를 갖고 계셔야 할 아주 중요한 순간인데 버리려 하시다니, 저를 위해 그 권위를 그대로 갖고 계십시오. 선생님은 지금까지 제가 약했기 때문에 그 권위를 가지셨지만, 이제는 저의 희망이니 그것을 가져주십시오. 그것은 저에게 더 신성한 것이 될 것입니다. 저를 둘러싸고 있는 모든 적, 무엇보다도 저 자신 속에 지니고 있는 적, 저를 배신하는 적으로부터 저를 지켜 주십시오. 선생님의 작품을 돌보아 주심으로써 선생님께 어울리는 것이 되도록 해 주십시오. 저는 선생님의 규칙을 따르고자 합니다. 저는 언제까지나 그렇게 하려고 합니다. 그것은 저의 변함없는 의지입니다. 만일 제가 선생님께 복종하지 않는다면 그것은 저의 의지에 어긋나는 일입니다. 저에게 폭력을 휘두르는 저의 정념으로부터 저를 보호해 줌으로써 저를 자유롭게 해 주십시오. 제가 정념의 노예가 되는 것을 막아 주십시오. 제가 저의 관능이 아닌 저의 이성에 복종함으로써 저 자신의 주인이 되도록 해 주십시오." (p. 325)

면 형편없는 존재가 될 것이고, 에밀은 "그를 유혹할 수 있는 여성들을 꺼릴" (p. 328) 것이라고 루소는 확신한다.

파리에서 에밀은 최초로 인간 사회를 직접 경험할 것이다. 거기서 시간을 보내는 동안 그는 도시의 규범에 친숙해지고 자신의 취향을 갖게 될 것이다. 동시에 에밀은 폭넓은 독서를 시작할 것이다. (그가 이제 배울) 라틴어의 고전뿐만 아니라 "근대의 편집물, 신문, 번역서, 사전 등"(p. 344)의 문헌을 읽게 될 것이다. 파리에서 에밀이 볼 수 없는 것은 소피뿐이다. 대도시에서 시간을 보낸 후, 에밀과 가정교사는 소피를 찾으러 시골로 되돌아갈 것이다.

제5권에서 에밀은 소피를 만나서 그녀에게 구애하고, 마침내 그녀와 결혼하게 된다. 이 모든 것은 그의 가정교사가 온갖 꾀를 부린 결과다. 제5권은 여성에게 적합한 교육에 대한 긴 이야기로 시작되면서 조그만 감성적 소설로 전개된다.[8] 그런데 그것은 에밀을 위한 최종 교훈으로 끝난다. "어느날 아침 그들이 서로를 이틀 이상 보지 못했을 때 나는 편지를 손에 쥐고 에밀의 방에 들어간다. 그리고 그를 똑바로 쳐다보면서 말한다. '만일 소피가 죽었다는 소식을 듣는다면 넌 어떻게 할 것이냐?'"(p. 442) 에밀은 당연히 혼란스러워한다. 에밀이 쳐다볼 때 가정교사는 에밀이 너무 열정에 지배받고 있음을 설명해 준다. 가정교사는 에밀을 착한 사람으로 만들었지만 아직 덕 있는 사람으로 만들지 못했다. 왜냐하면 '덕은 천성적으로 약하지만 의지에 의해서 강해진 존재에게만 생기는 것'[9]이기 때문이다. 에밀은 "필연성의 법칙을 도덕적인 것들로 확대하

8) 루소가 쓴 소설 『신엘로이즈(*La Nouvelle Héloïse*)』처럼.

9) 덕이 있는 인간이란 도대체 어떤 인간인가? 그는 자신의 감정을 억제할 줄 아는 인간이다. 왜냐하면 그럴 때 인간은 자신의 이성과 양심에 따르며, 의무를 다하고, 질서 속에 머물러 있으며, 어떤 것도 그를 그 질서에서 벗어나게 하지 못하기 때문이다. 여태까지 너는 겉으로만 자유로웠을 뿐이었다. 이를테면 너는 어떤 명령도 받은 적이 없는 노예, 그런 노예처럼 일시적 자유만 가졌을 뿐이다. 이제는 실제로 자유로울 때다. 너 자신의 주인이 되는 법을 배워라. 네 마음을 다스려라. 오오, 에밀, 그러면 너는 덕 있는 인간이 될 것이다 (pp. 444-445).

는 법" (p. 446)을 배워야 한다. 다시 말해서, 그는 자연적 필연성('사물에 대한 의존')을 담담하게 따르는 것과 마찬가지로 피할 수 없는 '인간들에 대한 의존' 에서 생기는 구속과 불행에 대해서 대처하는 것도 배워야 한다. 결국에 가서는 소피도 아파서 죽게 되거나 혹은 다른 사람을 좋아해서 에밀을 떠날 수도 있을 것이다. 에밀이 그런 불행을 결연한 의지로 받아들이고 그의 열정을 다스리기를 배우지 않는다면, 어떻게 그는 행복하고 현명하게 살 수 있을 것인가?

마침내 에밀은 당분간 소피를 떠나야 한다. 그와 가정교사는 2년 동안 여행을 할 것이고, 여행이 끝난 후 되돌아와서 에밀과 소피가 원할 경우 결혼을 할 것이다. 에밀의 여행은 그로 하여금 모든 처지/계층의 인간들을 관찰하고, 그들의 언어와 관습을 배울 수 있도록 해 줄 것이다. 특히 에밀은 인간들이 살아가고 있는 여러 가지 형태의 정부(政府)를 살펴보고, 그중 어떤 형태의 정부가 행복한 삶을 가장 잘 이끌어 줄 것인가를 판단할 것이다. 22세가 되면 에밀은 여행에서 돌아와 소피와 결혼한다. 그는 이 세상에서 가장 평화롭고 안정되게 살 수 있는 곳이 어딘지를 알게 될 것이다.[10)]

『에밀』은 처음에 일부 독자를 경악시켰다.[11)] 현대의 독자들은 훨씬 더 회의적인 반응을 보일 수 있다. 루소가 제시하고자 했던 것은 홈스쿨링(home-schooling)을 숭배하는 사람들을 위한 기괴한 처방이라고 결론을 내릴 독자도 있을 것이다. 이런 결론이 전적으로 틀린 것은 아니다. 루소의 처방은 최소한 그 모든 점을 체계적으로 적용할 수 있는 것은 결코 아니었다. 도덕철학이나 정치철학의 저서로서 『에밀』의 장점이 무엇이건 간에, 또 루소에게 제아무리 많은 통찰을 주었을지라도, 『에밀』은 아무튼 너무 이상하고 너무 환상적인 에피소드가 많아서 그대로 가르칠 수 있는 청사진이 결코 아니다. 그럼에도 불구하고 그 책의 주요 아이디어와 주제들은 루소가 제시했던 의제로부터 동떨어진 경우도 많지

10) 에밀에 대한 보다 광범한 설명에 관심 있는 독자는 덴트(Dent, 2005: 81-123)를 참조하라.
11) 예를 들면 칸트.

만 그의 시대 이후로 교육의 이론과 실천에 지대한 영향을 미쳤다.

2. 루소의 교육적 유산

루소를 교육자 혹은 교육이론가로 보는 것은 적절한가? 이것은 수많은 논란을 불러일으킨 질문이다. 분명히 『에밀』을 가리켜서 루소의 (여러 측면에서 『에밀』의 쌍둥이 책인) 『사회계약론』과 『인간불평등론』에서 찾아볼 수 있는 정치적 입장과 관련된 상상적/이상적 교육론이라고 해석할 수도 있고, 인간의 발달 단계에 따라서 조직된 교육이론이라고 이해할 수도 있다. 그리고 시민을 위한 국가 교육체제를 제안하고 있는 그의 『폴란드 정부에 보내는 서한(*Letter to the Government of Poland*)』에서처럼 정치가 교육을 주도한다고 주장할 수도 있다. 그럼에도 불구하고 교육의 이론과 실천에 미친 실질적인 영향을 그 적절한 준거로 삼는다면, 교육의 역사와 철학에 관한 거의 모든 저술이 루소와 그의 아이디어를 언급하고 있다는 점에 주목할 필요가 있다.

루소가 말하는 자아의 자연적 발달/육성은 진보적, 아동 중심적, 인본주의적 교육이론과 교육실천에서 아주 분명히 나타났다. 그러나 아동이 자신의 행동에 수반되는 우연적 필연성과 자연적 결과를 직접 자유롭게 경험하고, 루소의 이상적 교육자의 아주 분명한 전형인 '주도하는 가정교사'의 역할을 기쁜 마음으로 수용한다는 루소의 주장에 대해서는 수많은 행동주의자, 아들러주의자, 수업설계자 등이 반발하였다. 더욱 일반적으로 발달이론가들은 루소의 『에밀』에서 200년 이후 스위스의 장 피아제(Jean Piaget)가 발전시킨 단계설을 예상하게 하는 개체발생적 발달단계설을 확인한다. 정신분석학 계열의 일부 교육학자는 예술/철학에 대한 인간의 차원 높은 추구의 기원에 관한 루소의 명상에서 승화(sublimation)와 같은 정신역동적 과정에 대한 프로이트 식의 생각의 전례를 찾기도 했다. 또한 루소를 교육에 있어서 집단주의 운동의 창시자라고 보고 관심을 갖는 역설적인 영향도 나타났다. 마르크스주의자/해체주의자/비판이론가는 모두 개인적 차별은 불평등을 낳으며, 사회적 환경의 불평등을 자연적인 일로 혼동해서는 안 된다는 루소의 논변에 감명을 받았다. 이상과 같은 여러 영향 중에서 가장 두드러진 것을 다시 살펴보고자 한다.

1) 진보주의 교육과 대안교육

진보주의 교육이나 대안교육이라는 이름 아래 포함시킬 수 있는 교육론은 다양하다. 그러나 그들 사이에 일치하는 점과 불일치하는 점들의 정확한 성격에 관해서는 상당한 논란이 있다(예: Adelman, 2000). 그럼에도 불구하고 루소의 사상이 그런 운동들을 선도하고 여러 가지 면에서 그 기반이 되었다는 점은 대체로 인정받고 있다. "페스탈로치, 헤르바르트(J. F. Herbart), 프뢰벨, 맥밀리안들(Macmillians), 몬테소리(M. Montessori), 콜드웰(Caldwell), 쿡(Cook), 듀이는 (루소의) 후계자들이며, 유치원, 달톤 플랜(Dalton Plan), 플레이 웨이(Play Way), 프로젝트 방법(Project Method) 등은 그들의 가르침의 실천적 결과들이다."(Jacks, 1950) 특히 아동의 흥미/활동/발달에 대한 루소의 강조점은 전인, 흥미와 능력의 개인차, (특히 놀이와 구체적 문제 해결 상황에서) 실행을 통한 학습 등에 초점을 둔 일반적 형태의 교육에 점차 반영되었다. 어쩌면 그보다 더 큰 영향력을 미친 것은 학습자의 본래적 자긍심에 대한 루소의 포괄적 관심이다. 이것은 전통적 교육이나 일반 사회가 장려하고 있고, 또 해악을 끼칠 수 있는 '다른 아동들과의 비교'에 대한 완충 장치가 된다.

요한 베른하르트 바제도(Johann Bernhard Basedow)[12]는 부분적으로 루소의

12) 흥미롭게도 바제도의 삶은 루소의 삶과 놀랍도록 유사하다. 바제도도 유년 시절에 집을 나왔다. 교육자가 될 사람들로부터 받았던 가혹한 처벌에 대해서 강하게 반발하였다. 또한 부유한 귀족 가문에서 가정교사로 지냈다. 그리고 그는 새로운 방법으로 교사들을 훈

사상에 기반을 둔 교육 개혁을 요청하는 저술을 출판하였다. 이는 『에밀』이 출간된 지 6년, 그리고 루소가 사망하기 10년 전의 일이다. 그 이후 페스탈로치, 헤르바르트, 프뢰벨과 같은 저명한 교육자들이 1700년대 후반과 1800년대 전반에 스위스와 독일에 최초의 비전통적 학교와 유치원을 세웠고, 신루소적 교육 이론과 방법을 다양하게 발전시켰다. 그들은 제각기 방식도 다르고 강조점도 달랐지만 자연과 사회, 자아와 타자, 개인의 자유와 시민적 의무/덕 사이의 긴장 문제를 다루었다. 게다가 루소와 마찬가지로 그들은 모두 교육이 지적 학문과 사회적 훈육을 무자비하게 시키는 것에서 벗어나서, 아동의 자유롭고 유기적인 천성과 사회적 존재의 불가피한 요청 간의 조화를 촉진시키는 방향으로 변환되어야 한다고 주장하였다.

요한 하인리히 페스탈로치(Johann Heinrich Pestalozzi)는 루소의 첫 번째 제자로서 그의 사상을 어린이 학교에 직접 적용하였다. 페스탈로치는 아동의 타고난 능력의 자연적/점진적 발달을 체계화하려고 하였다. 이를 위해 그는 지식의 기본적 요소라고 생각한 것을 마음의 능력들과 연결시키려고 하였다. 이것은 아동의 경험과 가까운 것으로부터 먼 것으로 나아가는 방식이었다. 그는 교육을 인간 발달의 유기적 과정을 지원하는 일이라고 이해하였다. 이런 일은 사랑을 받는 환경 속에서 일상적인 대상과의 상호작용을 통해서 나타날 수 있다. 페스탈로치의 사상이 미국에 도입된 것은 일차적으로 페스탈로치의 조교였던 조지프 네프(Joseph Neff)를 통해서였다. 네프는 인디애나 주 뉴하모니[로버트 오웬(Robert Owen)과 윌리엄 매클루어(William Maclure)가 세운 실험 공동체]에서 아동의 교육을 도와주는 일을 하도록 매클루어로부터 초청받았다(Gutek, 1978). 네프는 페스탈로치의 방법을 활용하였고, 엄격한 훈육과 단순 암기에 맞서면서 현장 견학을 선구적으로 개발하였다. 교사의 무조건적 권위에 저항

런시키는 '실험학교'를 옹호하였다. 이 방법은 나중에 독일 공립학교에서 폭넓게 채택되었다.

했던 네프는 그의 학생들로 하여금 그들 자신의 감각과 이해를 기반으로 삼아 질문하고 추론하도록 장려하였다. 페스탈로치의 사상은 미국의 페스탈로치라고 알려진 애모스 브론슨 올컷(Amos Bronson Alcott)에 의해 널리 수용되었다(Shepard, 1938).

프리드리히 빌헬름 아우구스트 프뢰벨(Friedrich Wilhelm August Froebel)은 스위스의 이페르텐에 있는 페스탈로치의 학교에서 상당 기간 지냈다. 그는 페스탈로치의 방법들 중에서 많은 것을 수용하였다. 그는 그 당시 프러시아 사람들의 가혹하고 문화적으로 편협한 교육관에 반대하였다. 그는 페스탈로치가 사용했던 일상적인 대상물을 확대하여 '은물(恩物)'(기본적 기하 형태, 모래, 종이, 노래 등)을 만들었으며, 훨씬 더 유신론적/형이상학적/국가주의적 주제를 추구하였다. 프뢰벨은 유치원에서 시작된 활발한 형태의 교육을 통해 새로운 독일 국가가 건설되기를 열망하였다. 프뢰벨의 교육적 관심사에는 지극히 도덕적/정치적인 것들이 많았다. 따라서 그의 추종자들의 교육사상은 교회와 국가에 대한 위협으로 해석되고, 그들은 유럽의 정치적 소용돌이를 피해 1868년경 미국으로 이주하였다(Adelman, 2000). 미국과 영국에서 프뢰벨의 사상[13]은 이윽고 페스탈로치의 교육 개혁을 대체하기 시작했다. 그러나 프랑스, 독일, 스칸디나비아에서는 페스탈로치와 프뢰벨이 함께 칭송받고 연구되었다(Adelman, 2000).[14]

루소와 유럽의 초기 진보주의자들의 교육사상과 교육실천은 도덕적/정치적 특성을 가졌다. 이 점은 존 듀이(John Dewey)의 교육 저술에 영향을 미치고 또 수용되었다. 듀이는 그의 아내 앨리스(Alice)와 딸 에블린(Evelyn), 그리고 조지

13) 전인의 독자성과 '행함으로써 배움'에 대한 성찰을 강조하는 교육철학을 사회 개혁에 대한 유토피아적 열망과 결합시킨 것이 바로 이 사상이다.
14) 엘리자베스 피바디(Elizabeth Peabody)는 미국의 페스탈로치라고 불리던 올컷의 조교로 일했다. 나중에 독립하여 유명한 교육자가 되었다. 프뢰벨의 방법에 기반을 둔 미국의 유치원을 창설하였다.

허버트 미드(George Herbert Mead), 제인 애덤스(Jane Adams) 같은 동료들과 함께 여러 가지 교육적 실험에 몰두하였다. 그중 하나는 시카고 대학의 후원으로 설립/운영되었던 유명한 '실험학교' 였다. 시카고의 실험학교에서 채택했던 교육 플랜은 처음에는 프뢰벨의 유치원에 기반을 두고 있었으나, 그보다 더 분명히 사회적 실용주의의 성격을 지녔으며, 대체로 아동의 본성을 따르고 그에 대응하는 것으로 구성되었다(Deegan, 1999). 듀이의 일차적 관심은 너무나 자주 대립적인 양극단을 이루고 있었던 것들, 즉 '교육과정 내용' 과 '학습자 흥미', '자아' 와 '공동체' 사이에서 사회민주적 중간지대를 찾는 일이었다.

듀이(1938)의 경우 아동의 생활 경험과 흥미에서 출발했지만, 기존 학문들의 조직적 교과로 마무리하는 것을 결코 배제하지 않았다. 듀이의 교육 저술은 대부분 그러한 교육적 변환에 포함되어 있는 조건/과정을 이론적으로 자세하게 기술하는 데 관심을 쏟았다.[15] 그의 사회적 진보주의는 자아와 사회 간의 극단적 형태의 긴장에서 벗어나려고 노력하였다. 이것은 루소가 지적으로 또 개인적으로 고민했던 문제였다.[16] 다른 한편으로 북아메리카와 유럽에서 (듀이 이전/이후의) 수많은 급진적 교육자, 진보적 교육자가 채택/실행했던 교육정책과 교육실천은 학생과 교사에게 훨씬 더 급진적 형태의 개인적 자유를 장려하였다.

1960년대를 풍미했던 문화적 격변의 시기에 대안교육(alternative education)은 독자적 교육 운동으로 널리 인정받게 되었다. 이 교육 운동의 혁신안으로는 열린 교실, 통합 교육과정, 민주교육, 학교 선택 등이 있었는데, 이는 수많은 전

15) 루소는 교육의 기반을 자연(본성)에서, 듀이는 사회에서 찾았다고 말한다. 그러나 이 두 가지의 필요성을 두 사람이 모두 이해하고 있었다는 점에서 볼 때, 루소는 자연(본성)에 기울어져 있었고 듀이는 사회에 기울어져 있었다고 말하는 편이 더 나을 것이다.

16) 이렇게 말하지만, 유념해야 할 점은 윌리엄 허드 킬패트릭(William Heard Kilpatrick)이나 조지 카운츠(George S. Counts)와 같은 듀이의 동료/제자는 듀이의 사회적 관심을 아주 진지하게 받아들였으며, 학교의 목적을 "사회적 삶이나 민주적 삶과 동일시함으로써 사회를 그 오래된 해악으로부터 자유롭게 만드는 일"이라고 이해하였다(Mulhern, 1959: 486).

통적 공립학교에서 채택/시행되었다. 대안학교와 대안 프로그램은 루소, 페스탈로치, 프뢰벨, 듀이의 사상에서 영감을 얻었을 뿐만 아니라 정신분석학의 영향을 받은 호머 레인(Homer Lane)이나 알렉산더 닐(Alexander S. Neill, 유명한 서머힐 학교의 창시자)의 교육실천, 마리아 몬테소리(Maria Montessori)가 세웠던 몬테소리 학교, 오스트리아의 철학자 루돌프 슈타이너(Rudolf Steiner)가 세웠던 발도르프(Waldorf) 교육 시스템으로부터 영감을 얻었다. 몬테소리 학교는 학생의 자유, 자유 출석, 교육적 의사결정 등에서 학생 평등을 강조하였다. 발도르프 학교는 아동의 내적 필요가 성인들의 자기 이익에 의해 왜곡되지 않고 충실하게 보호받으면서 (자연적 필요나 사회적 필요에 따르면서도) 충족되어야 함을 강조하였다. 발도르프 학교는 교육을 "인간 존재의 내면에 실질적으로 존재하는 것을 깨우치기에 헌신하는" (Steiner, 1967: 23) 하나의 예술 형식으로 이해하였다. 1980년대에 정치와 교육에서 전통적 가치들을 다시 주장하게 됨으로써 대안교육의 전성기는 사라졌다. 그럼에도 불구하고 루소(그리고 그의 영향을 받았던 페스탈로치와 듀이)의 수많은 교육적 아이디어는 거의 모든 현대 학교 교실에서 분명히 나타나고 있음을 알 수 있다. 거기서 발견학습, 탐구기반 교수와 같은 입장/방법이라고 알려진 것들이 계속해서 활용되고 있다.

2) 아동중심 교육과 심리학적 교육

진보주의자들은 아동의 본성/발달/자긍심을 강조하였다. 이것은 새로운 심리학에서 상당히 매력적인 것으로 간주되었다. 1950년대와 1960년대에 에이브러햄 매슬로(Abraham Maslow, 1954)와 칼 로저스(Carl Rogers, 1957)와 같은 인본주의 심리학자들은 그 당시 지배적이었던 행동주의 심리학에 반기를 들었다. 이로써 심리학에서 내적 과정에 대해 새로운 관심이 집중되었다. 또한 개인적으로 독특한, 정의적인 경험들이 강조되었다. 루소의 '설계하는 가정교사'를 대신해서 로저스의 '육성하는 촉진자' 가 나타났다. '육성하는 촉진자' 는 학습자 개개인의 자연적 선과 개별적 특이성에 유의함으로써 학습자들에게 가치 있는 교육적 경험을 보장해 주는 데 필요하고 충분한 심리학적 조건들이라고 로저스가 간주했던 것을 제공해 줄 수 있었다. 그런 조건들 속에 포함된 것은 안전한 가운데 세상을 경험하고, 검열이나 강요 없이 개인적 흥미를 추구하며, 교사로부터 진정으로 존중받고 긍정적이고 무조건적인 관심과 배려를 받을 수 있는 자유였다. 따라서 로저스의 주장에 의하면, 학생들은 가치의 사회적 조건들로부터 자유로운 가운데 일차적으로 자연적인 자아실현적 경향에 이끌리게 될 것이다. 그런 경향성은 학습자 자신뿐만 아니라 타인들의 이익을 위해서 (자기애의 심리학적 형식으로) 동시에 작용하는 것이다.

그러나 루소의 유산이 가장 지속적으로 남아 있는 것은 발달심리학, 특히 교육에 적용된 발달심리학일 것이다. 여기서 우리가 유의해야 할 점이 있다. 그것은 루소 이전에 플라톤이나 로크와 같은 사상가들의 '교육적 심리학' 속에는 발달론적 명제가 거의 없다는 점이다. 아동은 그저 키가 작은 조그만 어른이 아니라, 여러 가지로 예견할 수 있는 발달 단계들을 거친다는 아이디어는 루소에게서 나온 것이다. 그런 단계들은 각 단계에서 나타나는 독특한 사고방식과 학습방식에 의해서 유형화된다. 루소의 발달론적 관점, 그리고 루소가 말했던 자연과 사회, 자아와 공동체 간의 갈등을 종합했던 헤겔의 관점은 듀이뿐만 아니라 조지 허버트 미드, 장 피아제, 레프 비고츠키로 이어졌다. 그것은 그 이후 세대의 발달심리학과 교육심리학에 모두 영향을 미쳤다. 루소의 지속적 영향을 곧바로 확인할 수 있는 점은 두 가지로, 하나는 사물의 세계와 사회적 실천 속에서 타인들과 활동하면서 나타나는 아동의 인지적 범주들과 지적 능력들의 점진적 분화와 출현에 관한 심리학자들의 이론이고, 다른 하나는 자연적으로 발달하는 궤적에서 아동이 거치고 있는 단계에 적합한, 그렇지만 적절한 종류의 사회적 촉진과 격려가 필요한 교육적/심리적 경험을 교육자들이 제공해 주고, 촉진시켜 주어야 한다는 심리학자들의 주장이다. 이런 차원에서 특히 중요한 것은 학교에 다니는 아동이나 청소년의 자긍심과 자아개념을 자아발견/자기표현/자아실현과 일관된 방식으로 증진시켜 주는 일이다.

3) 비판이론과 해체주의

루소가 현대의 비판이론(critical theory)이나 해체주의(deconstructionism)에 미친 영향력은 구체적인 것이라기보다는 오히려 사변적인 것이다. 현대의 교육철학은 마르크스(K. Marx), 베버(M. Weber), 푸코(M. P. Foucault), 데리다(J. Derrida)와 같은 유럽 대륙의 사상가들을 상당히 주목하였다. 이런 점을 고려할 때 자기표현과 본래성의 주창자인 루소가 사회적 퇴보를 신랄하게 비판했을 뿐만 아니라 모종의 집단정신을 옹호했다는 점을 기억하는 것도 중요하다. 루소는 칸트와 헤겔에게 영웅이었다. 앨런 블룸(Allan Bloom, 1990)과 같은 일부 학자는 루소의 "근대 경제에 대한 비판 그리고 사유재산의 정당성에 대한 그의 의문은 사회주의, 특히 마르크스주의의 근원"(p. 211)이라는 결론을 내렸다. 게다가 비록 루소 자신은 혁명가가 아니었지만, 부르주아 사회를 분명히 경멸하였고, 농촌생활에 대해서 자주 열광적이었으며, "국민들에게 가장 적합한 사회의 규칙들"(1762/1975: 35)을 발견할 수 있는 우월한 지성을 가진 지적 엘리트들의 강력한 역할을 예언하였던 포스트마르크스주의적인 비판이론을 옹호하였다. "단적으로 말해서 가장 현명한 자들이 다수를 통치하는 것이 최선의, 아주 자연스러운 일이다."(p. 59)

이런 아이디어들은 [아도르노(T. Adorno), 베냐민(W. Benjamin), 마르쿠제(H. Marcuse)를 포함한] 프랑크푸르트 학파(Frankfurt School)가 발전시킨 비판이론으로부터 상당한 공감을 불러일으켰다. 이와 비슷하게 프랑스의 포스트마르크스주의자인 데리다, 라캉(J. Lacan), 푸코의 해체주의(deconstructionism)는 루소의 사회적/정치적 분석의 어떤 측면들을 반영하고 있는 것으로 볼 수 있다. 그리고 굿맨(P. Goodman), 코졸(H. Kozol), 콜(H. Kohl), 프레이리(P. Freire), 지루(H. Giroux), 일리치(I. Illich)와 같은 교육비평가들은 모두 급진적 교육 개혁을 옹호했다. 그들 저술의 대부분, 그리고 그들 중 일부는 학교의 완전한 철폐를 옹호했던 것으로 볼 수 있다. 예를 들어, 일리치가 “오직 학교만이 비판적 판단을 형성시키는 주요 기능을 갖는다고 믿고 있기 때문에 이런 학교가 보다 근본적이고 체계적으로 노예화한다.”(1972: 68)고 말할 때, 우리는 그것이 루소의 사상이 푸코식으로 변환된 것이라고 볼 수 있을 것이다. 루소는 자유인의 사회적 속박을 말했고, 푸코는 자기 포로화를 이야기했다. 실로 현대 교육에 대한 수많은 비판이론가 그리고 해체주의자는 루소와 마찬가지로 개인들 간의 구별이 불평등을 낳는다는 점, 사회적 환경의 불평등을 자연적인 것으로 혼동해서는 안 된다는 점을 확신했던 것처럼 보인다.

3. 결 론

이제까지 지속적인 영향을 미쳤던 점들을 살펴보았다. 그런 전반적인 영향이 모두 루소에게서만 비롯된 것이라고 강하게 주장하는 것도 어리석은 일이다. 그렇지만 의심의 여지가 없는 것은 루소의 아주 혁신적이고 독자적인 삶, 활동, 저술 등은 수많은 교육사상과 교육실천의 중요한 원천이라는 점이다. 그 분명한 예는 루소가 인간 본성의 자연적/유기적 발달을 밝히는 일에서 핵심 역할을 수행했던 점이다. 인간의 본성은 부적절한 교육적/심리학적 조건이 부과됨으로써 전도되거나 변형되고 만다. 이와 같은 미묘한 자연주의, 혹은 이를 통해 나타났던 유기체적 은유들을 비판/비난하는 사람들도 많다(예: Egan, 2002). 그럼에도 불구하고 『에밀』을 읽어 본 사람이라면 그 결과로 어떤 교육관을 갖든지 학생들의 인격적 발달을 잊을 수 없을 것이다. 그리고 대학, 학교, 일상생활에서 과도하게 나타나고 있는 관료적 절차주의나 사회적 공학을 직접 목격/체험해 본 사람이라면 누구나 루소라는 대사상가의 경고 발언에 대해 ‘자연스럽게’ 공감할 수밖에 없을 것이다. 분명 불가사의하고 또 거친 측면도 없지는 않지만, 루소는 더욱 고독한 길을 가라고 혹은 최소한 그 모든 것으로부터 얼마간 떨어져서 건전한 거리를 유지하라고 촉구하였다.

감사의 글 제네바 Bibliotheque Publique et Universitaire의 사서들과 관리자들의 너그러운 협조에 진심으로 감사한다. 장 자크 루소 자료보관소의 자료를 열람하는 데 편의를 제공해 주었다. 이 장을 쓰는 데 지원을 해준 사이먼 프레이저 대학의 Burnaby Mountain Endowment Fund에 감사의 뜻을 표한다.

더 읽을거리

루소의 저술은 훌륭하게 번역된 것들이 많다. 그의 삶과 업적에 관한 두 가지 종합적 자료로는 the Pléiade edition of his *Oeuvres Completes*, compiled by B. Gagnebin, M. Raymond, and others, 그리고 the Voltaire Foundation edition of his *Correspondance Complete* by R.A. Leigh가 있다. 아주 최근에 두 가지 중요한 참고문헌이 나왔다. *Dictionnaire de Jean-Jacques Rousseau*와 *Jean-Jacques Rousseau au Jour le Jour*로, 둘 다 레이몽 트루송(Raymond Trousson)과 프레데릭 에겔뎅제(Frédéric S. Eigeldinger)가 편찬한 것이다. 또 주목할 책으로는 Jean Starobinski, *La Transparence et l'Obstacle* (*Jean-Jacques Rousseau: Transparency and Obstruction*); Maurice Cranston, *The Noble Savage: Jean-Jacques Rousseau*; Raymond Trousson, *Jean-Jacques Rousseau*; Arthur Melzer, *The Natural Goodness of Man* 등이 있다. 최근에 출판된 루소의 전기로는 리오 댐로쉬(Leo Damrosch)의 *Jean-Jacques Rousseau: Restless Genius*가 있는데, 루소의 『고백록』, 『사회계약론』, 『에밀』 등을 잘 설명하고 있다. 루소의 교육철학에 대해서는 앨런 블룸(Alan Bloom)이 번역한 『에밀』 안의 서문과 주석을 참조하라. 그리고 『에밀』에 담겨 있는 허영심(amour-propre)에 관한 니콜라스 덴트(Nicholas Dent)의 논의(*Rousseau: An Introduction to his Psychological, Social, and Political Theory*)가 아주 좋다.

참고문헌

Adelman, C. (2000) 'Over two years, what did Froebel say to Pestalozzi?', *History of Education*, 29: 103-114.

Bloom, A. (1990) *Giants and Dwarfs: Essays 1960-1990*. New York: Simon and Schuster.

Deegan, M.J. (1999) 'Play from the perspective of George Herbert Mead', in M.J. Deegan (Ed.), *Play, School, and Society by George Herbert Mead*. New York: Peter Lang, pp. xix-xii.

Dent, N. (1988) *Rousseau: An Introduction to His Psychological, Social, and Political Theory*. Oxford: Blackwell.

Dent, N. (2005) *Rousseau*. London: Routledge.

Dewey, J. (1938) *Experience and Education*. New York: Macmillan. 엄태동 편저(2001). 『경험과 교육』. 서울: 원미사, 박철홍 역(2002). 『아동과 교육과정, 경험과 교육』. 서울: 문음사.

Egan, K. (2002) *Getting it Wrong from the Beginning: Our Progressivist Inheritance from Herbert Spencer, John Dewey, and Jean Piaget*. New Haven, CT: Yale University Press.

Gutek, G.L. (1978) *Joseph Neff: The Americanisation of Pestalozzianism*. Tuscaloosa, AL: The University of Alabama Press.

Illich, I. (1972) *Deschooling Society*. New York: Harper and Row. 심성보 역(2004). 『학교 없는 사회』. 서울: 미토.

Jacks, M.L. (1950) *Modern Trends in Education*. London: Melrose.

Maslow, A.H. (1954) *Motivation and Personality*. New York: Harper. 오혜경 역(2009). 『동기와 성격』. 파주: 21세기북스.

Masters and J.R. Masters, trans. New York: St. Martin' Press. (Original works published 1750 and 1755.)

Mulhern, J. (1959) *A History of Education: A Social Interpretation*, 2nd edn. New York: Ronald.

Rogers, C.R. (1957) 'The necessary and sufficient conditions of therapeutic personality change', *Journal of Consulting Psychology*, 21, 95-103.

Rousseau, J.J. (1964) *The First and Second Discourses*. R.D. Masters (Ed.)

Rousseau, J.J. (1975) 'The social contract', *The Essential Rousseau* (trans. L. Bair). New York: Penguin, pp. 1-24. (Original work published 1762.) 김중현 역(2010). 『사회계약론』. 서울: 웅진싱크빅.

Rousseau, J.J. (1979) *Emile, or on Education* (trans. A. Bloom). New York: Basic Books. (Original work published 1762.) 김중현 역(2003). 『에밀』. 파주: 한길사.

Shepard, O. (1938). *Pedlar's Progress: The Life of Bronson Alcott*. London: Williams and Norgate.

Steiner, R. (1967). *Discussions with Teachers*. London: Rudolph Steiner Press.

제7장

듀이와 교육적 실용주의

James Scott Johnston

1. 서 론

존 듀이(John Dewey, 1859~1952)는 미국에서 가장 유명하고 가장 자주 인용되는 교육철학자다. 그의 추종자들은 전 세계에 퍼져 있다. 교육철학이라는 학문이 제대로 출발하게 된 것은 듀이의 교육적 관심 그리고 컬럼비아 사범대학에 몰려든 그를 추종하는 학생들 때문이었다. 이것은 지나친 말이 아닐 것이다. 듀이는 교육에 대해서 참 많은 글을 남겼다. 또한 그는 사회적/정치적 이슈에 대해서뿐만 아니라 철학의 주요 영역에 대해서도 수많은 글을 남겼다. 듀이는 오래 살았으며(92세), 남북전쟁(아동기에), 두 차례의 세계대전, 그리고 전화, 자동차, 비행기, 라디오, 텔레비전, 수혈, 페니실린 등 삶을 바꾸어 놓은 테크놀로지의 발전을 경험하였다. 듀이의 한 가지 목표는 그의 독자들에게 삶을 개선시키는 수단으로서 테크놀로지의 중요성을 설득하는 일이었다. 듀이는 수많은 저술에서 과학과 과학적 탐구를 꾸준히 옹호하였고, 탐구를 세련되게 만들고 테크놀로지를 혁신하는 것이 사회 문제를 해결하는 최상의 방법이라고 느꼈다.

일반적으로 진보주의 교육, 특히 듀이의 교육철학은 최소한 북아메리카에서는 사범대학이나 교육학부에서 언제나 대중적 인기를 누렸다. 그렇지만 프래그머티즘(pragmatism), 특히 듀이의 프래그머티즘은 여러 해 동안 미국 철학자들에게 무시를 당했으며, 프래그머티즘의 스타인 그가 다시 살아난 것은 아주 최근의 일이었다. 이는 미국의 철학자인 리처드 로티(Richard Rorty)가 듀이를 (비트겐슈타인과 하이데거와 더불어) 칭송한 것에 크게 힘입은 것이었다. 그 이후 프래그머티즘, 특히 듀이의 철학이 말하자면 르네상스를 맞이한 셈이었다. 나는 듀이의 프래그머티즘을 논하기 위해 먼저 그의 약력을 간단히 소개하고, 그의 철학적 입장을 일반적으로 논의한 후 그의 교육철학을 다룰 것이다. 그리고 듀이의 교육철학을 둘러싸고 제기되었던 몇 가지 이슈와 쟁점을 다룰 것이다. 먼저 그의 간략한 전기를 소개해 본다.

2. 간략한 전기

존 듀이는 1859년 10월 20일 버몬트 벌링턴의 한 중산층 가정에서 태어났다. 그는 학교에서 공부를 잘했고, 버몬트 대학으로부터 입학 허가를 받았으며, 1882년 졸업했다. 그는 고등학교에서 2년간 학생들을 가르쳤다. 처음에는 펜실베이니아의 오일시티에서, 그다음에는 버몬트의 샬럿에서 교사생활을 하였다. 듀이가 처음으로 사랑에 빠진 것은 철학이었다. 그는 자신이 철학정신을 제대로 갖추고 있는지를 확인하기 위해 『사변철학 저널(*The Journal of Speculative*

Philosophy)』의 편집장 윌리엄 토레이 해리스(William Torrey Harris)에게 한 편의 논문을 보냈다. 해리스에게 자신의 글을 읽어 보고 과연 철학자로서 가망성이 있는지 견해를 보내 달라고 부탁하였다. 해리스는 이를 긍정적으로 받아들였고, 듀이의 논문 「물질주의의 형이상학적 가정(The metaphysical assumptions of materialism)」을 학술지에 게재하도록 하였다. 듀이는 1882년에 존스홉킨스 대학에 입학하기로 결심하였다. 그는 조지 모리스(George Morris)의 지도 아래 1884년 철학박사 학위를 취득하였다.

모리스는 신헤겔주의자로서 헤겔의 정신철학을 미국에 소개하였다. 듀이는 관념론에 심취하였고, 그의 가장 초기의 논문과 저서는 관념론의 정신 속에서 전통적인 철학적 주제를 다룬 것이었다. 듀이에게 영향을 미쳤던 또 다른 것은 생리학적 실험심리학이었다. 특히 빌헬름 분트(Wihelm Wundt)의 제자인 스탠리 홀(G. Stanley Hall)을 통해서 분트의 심리학에 심취하였다. 홀은 미국 심리학의 핵심 텍스트인 『청소년(*Adolescence*)』을 저술하였다.

듀이는 1885년 미시간 대학에서 교수생활을 시작했으며 1894년까지 재직하였다. 그를 아꼈던 지도교수인 모리스가 사망한 후 미네소타 대학의 철학과 학과장을 맡기 위해서 1889년에 일 년 동안 미시간 대학을 떠난 적이 있었다. 모리스는 그 이전까지 학과장을 맡고 있었고, 그 전에는 존스홉킨스 대학에 있었다. 미시간 대학에 재직 중일 때 듀이는 앨리스 칩먼(Alice Chipman)을 만나서 결혼했다. 이 부부의 첫아이는 듀이가 미시간 대학에 재직 중일 때 태어났고, 이후 듀이는 둘째 자녀까지 낳았으나 두 자녀 모두 병으로 일찍 죽었다. 앨리스는 이 충격에서 벗어나지 못했으며, 나이가 들수록 우울증도 깊어지고 성질도 나빠졌다고 한다.

듀이는 1894년 시카고 대학으로 자리를 옮겼다. 시카고 대학의 초대 총장인 윌리엄 레이니 하퍼(William Rainey Harper)의 적극적 권유가 있었다. 듀이가 교육과 교육이론에 본격적으로 관심을 쏟은 것은 바로 시카고 대학에서였다. 또한 그가 공교육을 진지하게 거론하기 시작한 것도 시카고 대학에서였다. 듀이는 '실험학교(Laboratory School)' 의 경영을 책임졌고, 이때 앨리스 듀이는 그 학교의 교장이었다. 듀이는 실험학교에서 탐구했던 결과를 1899년 『학교와 사회(*School and Society*)』라는 유명한 저서로 출간하였다. 실험학교에서 듀이가 배운 교훈은 그 이후 그의 교육 저술에 지속적으로 영향을 미쳤다.

시카고 대학에서 듀이는 그가 평생 관심을 쏟았던 사회민주주의에 기울어지기 시작했다. 듀이는 시카고의 모래투성이와 같은 산업화, 낮은 임금과 비참한 노동 조건에 처했던 다수의 이민자, 가난하고 누추하게 살고 있었던 수많은 이웃 사람, 다수의 이민자 자녀를 제대로 받아들이지 못하는 학교들, 그리고 제인 애덤스(Jane Adams)의 '헐 하우스(Hull House)' 와 같은 조직들의 개선 노력 등을 직접 목격하였다. 실제로 듀이는 헐 하우스를 자주 찾아갔고, 거기서 다양한 주제에 대해 강연을 하였다. 이렇게 해서 듀이는 사회 문제, 정치 문제에 대해 글을 쓰기 시작했다.

하퍼 총장과의 관계로 인하여 듀이는 시카고 대학의 학과장 및 다른 임무를 그만두고 말았다. 듀이는 1904년 시카고를 떠나 컬럼비아로 갔다. 1929년 그가 은퇴할 때까지 컬럼비아 대학에서 봉직하였다. 컬럼비아 대학에서 정년보장 교수로 재직하는 동안 그의 영향력은 세계적으로 확대되었다. 그는 터키, 중국, 일본, 소련 등을 방문하였고, 이들 나라의 교육기관을 둘러보면서 수백 회의 강연과 대담에 응했다. 이 시기에 유명한 교육 저술들이 출간되었다. 『교육에 있어서 흥미와 노력(*Interest and Effort in Education*)』(1914), 『미래의 학교(*Schools of Tomorrow*)』(1915, 그의 딸 에블린과 공저), 『민주주의와 교육(*Democracy and Education*)』(1916) 등이 그것이다. 이 중 『민주주의와 교육』은 가장 인기가 있었고, 듀이는 자신의 철학이 가장 잘 정리되어 있는 책이라고 자평하였다. 듀이는 정치 문제에 대해서 더욱 강력한 의도가 담긴 저술을 발표하였다. 1929년 컬럼비아 대학에서 은퇴한 이후에도 그는 쉬지 않았다. 그는 더욱 맹렬히 저술에 몰두했다. 그가 대학에서 은퇴한 이후 초기의 철학적 관심을 더욱 확대시킬 기회가 생겼다. 특히 예술과 논리학 부문에서 그랬다. 듀이는 1945년

로버타 그랜트(Roberta Grant)와 재혼했다. 그의 부인이었던 앨리스는 1927년에 이미 타계하였다. 듀이는 1949년 오랜 친구인 아서 벤틀리(Arthur Bentley)와 함께 『앎과 지식(*Knowing and the known*)』을 출판하였다. 그는 형이상학을 다룬 『경험과 자연(*Experience and Nature*)』의 원고를 교정하다가 1952년 6월 1일 뉴욕 시에서 92세로 타계하였다.

3. 듀이의 실용주의 철학

흥미롭게도, 듀이는 철학자로 한참 활동할 때까지도 스스로를 프래그머티스트(실용주의자)라고 부르지 않았다. 프래그머티즘(실용주의)은 윌리엄 제임스(William James)가 듀이와 연결시켜 사용하기 시작한 용어다. 제임스는 그의 저서 『프래그머티즘(*Pragmatism*)』(1907)에서 듀이와 그의 시카고 대학 동료들의 논리학 연구를 가리키면서 주석을 달았을 때 그 용어를 사용했다. 널리 알려진 이야기로, 제임스는 '프래그머티즘' 이라는 용어를 만들어 낸 사람은 찰스 선더스 퍼스(Charles Saunders Peirce)라고 말했으나 정작 퍼스 자신은 그렇게 했는지 기억조차 하지 못했다. 듀이가 자신의 사상적 변화를 가리키면서 사용했던 용어는 '절대주의자' , '도구주의자' , '실험주의자' 였다. 또한 듀이는 자신의 철학을 가리켜 '직접적 실재론' , '자연주의적 경험론' , '경험적 자연주의' 라고 불렀다. 이런 용어들이 프래그머티즘에 덧붙여졌다. 미시간 대학에서 정년보장 교수로 있을 때, 듀이는 그의 지도교수였던 G. S. 모리스의 관념론을 옹호하였다. 따라서 듀이는 그의 초기 철학을 가리켜 '절대주의' 라고 불렀으며, 1885년부터 1894년까지 그것을 옹호하였다. 듀이는 이를 실험심리학이라는 새로운 학문에서 얻은 통찰과 결합시켰다. 사실상 듀이의 '신헤겔주의' 는 주의, 지각, 정서, 행동, 인지에 대한 실험심리학 연구에서 얻은 교훈을 절대적 자아와 결합시킨 것이다. 여기서 듀이에게 도움을 준 사람이 제임스다. 제임스가 1890년에 출간한 『심리학(*Psychology*)』은 듀이가 자아에 대해서, 특히 '정신적인 것'의 역할에 대해서 갖고 있었던 많은 의문 사항을 확인시켜 주었다. 듀이의 절대주의와 실험심리학 간의 긴장은 마침내 실험심리학 방향으로 해결되었다. 물론 듀이가 말하는 '헤겔적 세균' 이 그의 철학에 아직 남아 있었다. 듀이가 인간 행동에 대한 기능주의적-심리학적 이해로 전향한 증거를 가장 분명히 알 수 있는 것은 그의 유명한 논문 「심리학에서 반사-궁 개념(The reflex-arc concept in psychology)」(1896)이다. 여기서 듀이는 행동이 반사-궁(reflex-arc) 메커니즘에 따라서 작동한다고 주장하는 행동주의자들을 비판했다. 듀이는 행위 주체의 순수한 자극-반응 반사를 버리는 대신 반사 서클(reflex circle)을 제안했다. 여기서 환경의 자극, 감각기관, 뇌와 척수, 그리고 주체의 결과적 행위 간의 유기적 연관이 발생한다. 반사-궁 이론보다는 이것이 오히려 '학습' 이라는 행동 변화를 더 잘 설명해 준다.

듀이 철학의 두 번째 단계를 가리켜 듀이 자신이나 다른 학자들은 '도구주의(instrumentalism)' 라고 불렀다. 이 시기는 대략 1898~1918년에 해당된다. '도구주의' 라는 용어는 대체로 시카고 대학에서 완성된 그의 연구, 특히 논리 연구에 기반을 둔 것이다. 이 혁신적 연구는 1903년 『논리이론 에세이(*Essays in Logical Theory*)』로 출판되었다. 도구주의가 주장하는 바를 대략적으로 말한다면, 모든 탐구 결과에서 질적 혹은 양적 차이가 생길 때 진정한 지식이 나타난다는 것이다. 우리는 제임스와 마찬가지로, 인지를 위해서는 '차이를 일으키는 차이가 있어야 한다.' 고 말할 수 있다. 듀이와 그의 제자들에 따르면, 논리는 기능적이고 발달하며 문제 해결에서 그 목적이 달성된다. 그렇지만 논리에는 절대적, 형이상학적 혹은 선험적인 것이 전혀 없다. 물론 철학자들(특히 듀이의 비판가들)은 이를 경외심을 갖고 주장하고 있었다. 듀이는 계속해서 논리에 대한 글을 썼고, 마침내 1938년 그의 나이 78세에 『논리: 탐구이론(*Logic: the Theory of Inquiry*)』이라는 명저를 출간하였다.

듀이는 자기 철학의 최종 단계를 '실험주의(experimentalism)' 라고 불렀다. 듀이는 그의 철학관 전체를 기술하는 데에는 도구주의보다는 실험주의라는 용어가 더 낫다고 보았다. 왜냐하면 도구주의는 너무 물질적이고 공리주의적인 느낌을 풍기는 용어였기 때문이다. 듀이는 1920년에 『철학의 재건(*Reconstruction in Philosophy*)』이라는 책을 저술하였다. 이 책은 철학이 '인간의 문제'에 민감할 것을 요청하였다. 인간의 문제란 공동체, 경제, 정치, 사회, 국가의 문제를 가리켰다. 이 책이 출간될 무렵 듀이는 철학이나 관련 학문들의 주된 임무는 인간의 문제를 해결하는 탐구과정에서 자연현상이나 사회현상을 가지고 실험하는 일이라고 하였다. 이 생각은 그의 인생이 끝날 때까지 계속되었다.

앞에서 시사했듯이, 듀이의 실용주의 철학은 헤겔, 분트와 같은 사상가들, 그리고 제임스, 퍼스, 미드(Mead)와 같은 실용주의자들과 유사점을 공유한다. 그렇지만 듀이는 과학적 탐구의 중요성을 강조한 점에서 헤겔이나 미드와 다르고, 공동체적/사회적 유대와 연대의 중요성을 강조한 점에서는 분트, 퍼스, 제임스와 다르다. 듀이는 자신의 독자들에게 '인간의 문제'를 해결하기 위한 수단으로 과학적 탐구를 택하라고 자주 권장하였다(그리고 다른 사람들도 그렇게 설득하였다). 이 점은 민주주의와 민주적 삶에 대한 그의 또 다른 요청과 결부되어 있다. 듀이는 과학적 탐구와 민주적 삶을 같은 것으로 보았다. 듀이는 절대적인 것(1895년 이후), 초자연적 존재, 선험적 원리, 플라톤적 형상이나 종류, 논리의 논박 불가능성, 관념의 확실성 등을 믿지 않았다. 대신 그는 현대 철학이 이런 것에 관심을 쏟는 것은 '헌 술을 새 부대에 담는 것'과 같은 일이라고 생각했다. 철학이 인간의 문제에 도움이 되려고 한다면 과거의 수수께끼 같은 이야기에서 벗어나야 하며, 철학의 지속적 재건과정에서 그런 것들이 다시는 끼어들지 않도록 해야 한다.

듀이는 철학의 여러 영역/체계 속에 감추어져 있는 이런 위험한 퇴행적 경향들을 없애는 일에 많은 노력을 기울였다. 이를 가리켜 우리는 듀이의 '부정적' 프로젝트라고 말할 수 있다. 이와 달리, 그의 '긍정적' 프로젝트는 인간 문제나 사회 문제를 해결하는 데 철학이 도움을 주도록 촉구하는 일이다. 이 일은 주로 계급, 인종, 지리, 성과 같이 인간들을 분리시키는 장벽을 무너뜨리는 방법을 이론화함으로써 가능한 것이다. 듀이에게 있어서 의사소통과 민주적 삶은 늘 핵심 전략이었다. 『공중과 그 문제(*Public and Its Problem*)』(1927)에서 그는 훌륭한 미국의 공중이 '사라지고', '혼란을 겪고 있음'을 한탄했으며, 이를 해결할 길은 위에서 언급했던 사회 문제를 해결하기 위해서 공동의 사회적 탐구의 힘을 정비하는 일이라고 느꼈다. 이 일에서 중심 역할을 수행해야 하는 것이 학교임은 말할 필요가 없다.

듀이의 철학적 사고의 마지막 단계에서 그는 경험(experience)의 철학을 새롭게 발전시켰다. 이는 『경험과 자연』(1925)에서 시작하여 『경험으로서의 예술(*Art as Experience*)』(1934) 그리고 『경험과 교육(*Experience and Education*)』(1938)으로 이어진다. 듀이는 유기체적/자연주의적 경험의 모형을 구성하였다. 여기서 개인과 환경은 교호관계에 놓여 있으며, 양자는 서로 변환시킨다. 인간이건 아니건, 모든 유기체는 교호 작용을 한다. 서로 간에 오가는 것이 있다. 이를 통해 유기체는 환경에 의해 변환되고, 다시 환경은 유기체에 의해서 변환된다. 인간의 편에서 볼 때 이런 교호 작용은 경험으로 나타난다. 듀이의 주장에 따르면 경험은 직접적이다. 인간은 경험을 갖고 경험을 겪는다. 인간 유기체에게 핵심적이고 독특한 점이 있는데, 그것은 경험을 만족시키는 특질을 선택하고 또 이를 성찰함으로써 이를 통해 나타날 것으로 예상되는 목적을 추구하는 일이다. 이런 일을 할 때, 우리는 지적 습관을 형성하기 시작한다. 여기에는 사고, 정리, 통제의 '습관들'이 포함되는데, 이들이 탐구의 습관들이다. 시간이 흐르면서 우리는 탐구하고, 또 선택된 목적을 달성하기 위해서 탐구의 습관들을 활용할 수 있으며, 더 많고 더 나은 경험에 이르게 된다. 이것은 개인적인 일일 뿐만 아니라 사회적/공동체적 일이다. 타인들과 합심하여 문제를 풀어 나간다면 문제는 더 잘 해결되고 만족은 더 쉽게 얻어진다. 이렇게 말하면서 듀이는 문제가 대체로 사회적인 것이라고 주장한다. 개인적 문제는 사회적 맥락에서 발생하고 또 일반적으로 자신의 행위를 내포하는 것이기 때문에 사회적 상황과 간접적으로 연관되어 있다. 사회적 상황과 거리가 먼 문제들은 흔히 사이비 문제이기 쉽다고 듀이는 말한다. 그렇다고 해서 그가 수학과 같은 추상적 연역이나 학문들을 배척했다는 말은 아니다. 듀이는 철학의 문제를 포함해서 모든 정당한 문제는 사회적 중요성이나 사회적 연관성을 갖는다는 점을 환기시켰다.

경험은 미적 요소를 가질 수 있다. 듀이는 가장 만족스러운 경험은 '미적인 것' 이라고 말한다. 왜냐하면 그것은 '질적으로 직접적이고 통일된 전체' 를 낳기 때문이다. 듀이에게 '미적인 것' 은 우리가 예술 대상과 갖는 교호 작용의 질이요 그 결과로서 우리가 겪는 경험이다. 예술작품은 우리가 '절정' 경험을 얻을 수 있는 매개물이다. 이런 경험이 교육적으로 가장 가치 있는 것이다. 그것은 흔히 학생들이 '아!' 하는 순간에 나타나며, 이때 논의 중인 과제, 문제, 주제, 예술이 '함께 나타나고' 또 '의미가 통하게' 된다. 대체로 그런 것들이 바로 학생들이 기억하고, 재생하고, (교육적 맥락에서 가장 중요한 것으로) 학습하는 경험이다. 이런 경험은 아동에게 자극을 주고 탐구와 실험을 계속하게 해 준다.

듀이의 마지막 '긍정적인' 철학적 과제는 그의 논리이론을 완성하는 일이었다. 그는 40년 이상 이 일에 매달렸고, 1935년이 지나서야 비로소 이 일을 완수할 수 있었다. 그 결과는 지적 걸작으로 나타났다. 듀이의 『논리: 탐구이론』(1938)은 일상생활, 실험과학, 수학, 사회과학 등에서 나타나는 모든 문제 해결에서 논리가 수행하는 역할에 대한 그의 최종적, 완결적 진술이다. 듀이의 명제에 따르면, 논리는 추상적, 형식적, 논박 불가능한 체계가 아니고, 시간을 두고 쌓아올린 탐구의 결론들의 연속으로서 여전히 지속적 탐구가 남아 있는 것이다. 듀이에게 논리는 다른 모든 탐구 형식과 마찬가지로 자기 교정적이다. 그것은 그것이 활용될 실존적 목적/목표와 연결되어 있으며, 예상했던 성과나 해결책에 이르지 못할 경우 스스로 조절해 간다. 물론 모든 사람이 논리를 이렇게 보는 것은 아니다. 듀이도 그의 비수학적, 비기호적(non-symbolic) 논리 설명을 방어해야 할 상황에 자주 몰리기도 하였다. 듀이는 형식 논리(formal logic)가 일상적인 개인 문제나 사회 문제로부터 괴리되고 추상적으로 남아 있다고 비난하였고, 형식 논리의 철학자들[듀이는 러셀(Russell)이나 화이트헤드(Whitehead)를 염두에 둔다]이 논리의 절대성에 관한 '신화'를 부추긴다고 비난하였다. 대신 듀이는 맥락에 민감한(context-sensitive) 논리를 제시하였다. 즉, 상황이 다르면 다른 (논리적) 방법을 사용해야 한다. 예를 들면, 물리 실험에서 확실히 핵심 역할을 하는 수학의 방법들이 사회과학적 맥락에서는 불필요한 경우도 많다. 또한 듀이는 개념/대상/관념과 같은 전통적인 철학적 주제의 필요성(necessity)보다는 그 기능(function)에 초점을 둔다. 그는 그런 것들이 실험적 성과에서 가치를 갖게 될 도구라고 말한다. 만일 당면한 문제의 해결에 그것들이 도움이 되지 못한다면 그 유용성은 의문스러운 것이 되고 만다.

4. 듀이의 교육철학

듀이가 시카고 대학에서 정년보장 교수가 되었을 때 새로운 '실험학교'에 관여하게 된다. 듀이는 철학과와 (새로 만들어진) 교육학과에 근무하게 되었고, 두 학과에서 강의하였다. 교육학과장으로서 그의 한 가지 책임은 1896년에 설립된 실험학교를 발전시키고 관리하는 일이었다. 이 학교는 주로 교직원의 자녀들이 다녔다. 듀이는 아동을 관찰했고, 교육과정을 살펴보았으며, 예산을 관리했고, 학교 전반을 책임지고 있었다. 그는 학교를 살아 있는 생리학 실험실과 비슷한 것으로 보았으며, 그로부터 아동의 심리학적/사회적 발달에 관한 귀중한 정보를 얻을 수 있다고 생각했다. 듀이는 학부모들에게 일련의 강의를 했으며, 이를 1899년에 『학교와 사회』라는 책으로 출간하였다. 이 책은 교육이론에서 혁명을 불러일으켰다.

듀이 이전에 미국의 교육이론은 암기, 연습, 기억, 암송 등과 같은 전통적 교수법, 그리고 페스탈로치, 헤르바르트, 프뢰벨 등의 '새로운' 이론으로 구성되어 있었다. 후자는 전통적 방법의 중요성을 낮게 보는 아동 중심적 이론들이었으며, (특히 프뢰벨의 경우) 아동의 본성과 교육의 목적에 대한 거창한 형이상학적 사변을 자주 강조했다. 듀이는 이런 점들을 거부하면서 그의 독자들에게 아동을 잘 교육시키는 데에는 초자연적 혹은 선험적 이상/목적/목표를 환기시킬 필요가 없다고 말했다. 이것은 좋게 말해서 불필요한 것이고, 나쁘게 말해서 해로운 것이라는 뜻이었다.

듀이는 '진보주의 교육' 이라고 말하는 바의 핵심 요소를 몇 가지 강조하였다. 그 핵심은 교육의 이론과 실천에서 공통적으로 나타나는 이원론을 무너뜨리는 것이었다. 이런 측면을 가리켜서 앞에서 말한 대로 듀이의 '부정적' 교육철학이라고 부를 수 있다. 여기에는 아동과 그의 물리적/사회적 환경, 아동과 교육과정, 아동의 흥미와 노력, 개인과 사회라는 일반적 이분법이 포함된다. 듀이는 이런 이분법에 대해서『학교와 사회』,『민주주의와 교육』(1916) 및 다른 교육 저술에서 언급하였다. 우리는 자신과 환경, 아동과 교육과정, 개인과 사회의 관계 등과 같이 생각하는데, 바로 이런 사고방식이 문제의 근원이라고 하였다. 이런 이분법을 대신하여 듀이는 유기적/전인적 교육을 옹호하였다. 여기서 아동은 공동체/사회/교육과정과 철저한 관계 속에 놓이게 된다. 학교에 대한 듀이의 희망은 교육적 공동체(educational community)였다. 이런 학교는 아동으로 하여금 그의 일상적 세계를 탐구할 기회를 제공해 주고, 기존의 주제와 연관성을 갖는 새로운 주제를 도입하고, 공유된 활동을 통해서 발달의 대인적/관계적 차원들을 강조함으로써 아동을 길러 낸다. 이 점은 교육과정으로까지 확대되었다. 만약 아동이 추상적이고 형식적인, 혹은 친숙하지도 않은 내용에서 출발한다면 지루해지기 쉽고 또 오해하기 쉽게 되어 큰 위험에 빠질 수 있다. 이런 종류의 교육과정을 다듬어서 끌어올려야 한다. 듀이가 늘 강조했던 점은 암기와 기억이 어느 정도 필요한 경우도 있겠지만(실험학교에서 프랑스어 수업이 좋은 예다) 교육과정을 수준에 맞게 도입하고 서서히 형식적/추상적 주제로 나아가는 것이 중요하다는 것이다.

듀이는 아동을 생물학적-심리적-사회적 유기체로 간주하였다. 대다수 동물과 달리 인간은 태어날 때는 무력하며, 가정의 집중적인 도움을 받음으로써 비로소 서서히 성숙한다. 또한 인간은 사회적 피조물로서 가정/공동체의 맥락 속에서 언어 집단을 통해 단순한 것(기어 다니기)에서 복잡한 것(방정식 문제 풀기)으로 나아가는 습관을 통해서 학습한다. 발달적으로 말해서, 우리는 지속적인 성장의 과정에 늘 놓여 있다. 이런 성장은 생물학적이지만, 또한 인격적/정서적/사회적인 것이기도 하다. 단적으로 말해서, 그것은 인격의 모든 측면을 포함한다. 듀이의 유명한 말을 끌어들인다면, 교육의 목적은 성장이다. 이 말은 수많은 사람이 '성장이 무엇을 의미하는가?'에 대해 생각하도록 만들었다. 듀이는 우리 자신과 우리의 환경 사이에서 끊임없이 오고 가는 반응들을 가리켰다. 우리는 세계와의 교호 작용이 멈출 때까지 성장을 멈추지 못한다. 이와 같은 교호적 관계를 우리에게 유리한 방향으로 활용하고, 또 이를 통해 우리의 개인적/사회적 경험들을 풍요하게 만들 수 있을 때 긍정적이고 정당한 성장이 나타난다.

듀이가 자세하게 논의하고 있는 또 다른 핵심은 '탐구(inquiry)'다. 듀이는 탐구에 대해서 사람들의 주의를 환기시키고 있다. 이를 가리켜 그의 '긍정적' 교육철학이라고 부르는 것이 좋겠다. 아동의 중심에 탐구가 있다. 아동의 발달을 도와주는 학교의 중심에 탐구가 있다. 탐구는 성장의 핵심이다. 탐구라는 도구는 문제 해결을 통해서 우리가 환경을 통제하고 환경과 건설적인 교호적 관계를 맺도록 도와주기 때문이다. 학교는 문제 해결을 다음과 같이 촉진시킨다. 첫째, 학교는 아동의 흥미를 확인하고, 흥미를 일상적인 문제와 연결시킴으로써 문제 해결을 도와준다. 둘째, 학교는 문제와 해결책의 복잡성/추상성을 점차적으로 높임으로써 문제 해결을 도와준다. 이런 일을 통해서 아동의 탐구력은 형식을 갖추게 된다. 이런 탐구의 절정은 과학적 탐구로, 통제된/실험적 조건하에 흔히 실험실에서 수행되는 탐구다. 아동이 직업을 가진 후에는 그와 같은 형식적 단계의 탐구를 하기가 어려울 것이다. 그렇지만 이런 수준의 탐구를 아동에게 소개해 주고 그것을 이해하도록 하는 것이 중요하다.

듀이의 교육적 실용주의(educational pragmatism)는 대중의 인기를 사로잡았다. 그의 가장 유명한 저서 『학교와 사회』 『민주주의와 교육』은 미국 내외에서 교사교육 프로그램의 핵심이 되었다. 실제로 듀이는 흔히 말하는 '진보주의 교육 운동'의 핵심 인물이 되었다. 진보주의 교육 운동은 컬럼비아 대학에서 듀이의 가르침을 받았던 몇몇 인물, 특히 윌리엄 허드 킬패트릭(William Heard Kilpatrick)에 의해서 주도되었다. 진보주의 교육 운동이 지나치게 강력해졌기 때문에, 듀이는 교육론을 다룬 『경험과 교육』(1938)에서 그 수사학을 비판하기 시작했다. 듀이가 스스로를 가리켜서 전적으로 아동 중심적이라고 주장한 적은 없었다. 그는 교육의 목적을 실현할 때 아동의 흥미를 고려해야 한다는 주장을 내세웠다. 또한 듀이는 일부 진보주의 교육자가 요구했던 것처럼 아동을 훈육/교육과정 측면에서 방치하라는 제안을 한 적도 없었다. 사실상 듀이의 주장에 따르면, 사회 통제의 어떤 요소를 가지고 아동을 지도하는 맥락 속에서 비로소 자유가 생길 수 있다. 아동이 자기 단련의 습관을 발달시키고 실천할 때 비로소 자유가 허용될 수 있으며, 그것도 규칙과 의무가 살아 있는 맥락에서 그렇게 할 수 있는 것이다. 듀이는 아동의 외적 행동뿐만 아니라 아동의 경험 자체에 대해 주목하는 것이 교육의 핵심이라고 말했다.

5. 듀이에 대한 몇 가지 비판

예나 지금이나 모든 사람이 듀이의 교육철학을 환영하는 것은 아니다. 진보주의 교육의 가능성, 특히 듀이의 교육철학에 대해서 많은 문제점과 관심 사항들이 지속적으로 제기되었다. 그중 세 가지만 살펴보자. 첫째, 듀이의 교육철학은 상상력/정서를 위해서 별로 여지를 남겨 두지 않는다. 이 점은 분석철학자인 이스라엘 셰플러(Israel Scheffler)에 의해서 제기되었다. 둘째, 듀이의 교육철학은 추상적/지적 사상을 도외시하거나 폄하한다. 이 점은 1950년대의 역사가이자 자유주의적 사회비평가였던 리처드 호프스테터(Richard Hofstadter),

1980년대의 앤서니 오히어(Anthony O'Hear), 1990년대의 역사가인 다이앤 래비치(Diane Ravitch), 그리고 최근의 헨리 에드먼슨 III(Henry Admunson III)에 의해 또다시 제기되었다. 셋째, 듀이의 교육철학과 특히 학교의 역할에 대한 그의 이해는 기득권과 이익을 옹호하는 코포라티즘(corporatism)과 독점 세력에 대해 도전하거나 극복할 수 없다. 즉, 듀이의 교육철학은 낭만적/이상주의적이어서 제도권 권력의 현실에 대해서 아무런 대비책도 없다. 이는 과거/현재의 많은 사상가, 듀이의 지지자와 비판가들의 공통된 비판이다. 그들은 진보주의 교육이 강고한 권력 시스템을 해체시킬 과업을 떠맡을 수 없음을 우려한다. 심지어 듀이의 실용주의는 자본주의의 현존 상태를 존속시키는 데 일조하는 것이라고까지 말하는 사람들도 있다. 듀이를 지지하지만 이런 문제점을 우려하는 철학자로 존 스터(John Stuhr)가 있다. 이몬 캘런(Eamon Callan), 피터스(R. S. Peters), 쳇 바워스(Chet Bowers), 키어런 이건(Kieran Egan)과 같은 유명한 교육철학자들도 이런 그룹에 포함되기도 한다.

첫째 주장은 듀이가 상상력과 정서를 위한 여지를 별로 남겨 두지 않는다는 것이었다. 이런 비판이 나오는 것은 그의 저술에서 드러나는 관심이 학생들에게 과학적 방법을 증진시키는 것에 있다고 보기 때문이다. 비판가들의 불만은 그런 관심이 다양한 상황에서 실험만 수행할 수 있을 뿐 자신의 상상력과 정서를 끌어들일 수 없는 기계적인 아동을 만들어 내는 것이라는 점이다. 이에 대한 듀이의 응답은 몇 가지 저술, 특히 『사고의 방법(*How We Think*)』(1933, 2판)과 『경험으로서의 예술』에서 찾아볼 수 있다. 『사고의 방법』에서 듀이는 '숙고하는 리허설'에 필요한(탐구에서 잠정적 해결책을 예견하는) 요소로서 상상력을 논한다. 탐구에 상상력이 없다는 것이 아니라 오히려 그 핵심 요소라고 듀이는 말한다. 『경험으로서의 예술』에서는 정서가 아주 자세히 다루어지고 있다. 여기서 정서는 반사와 욕구의 복합체이며, 실존적 상황이나 경험에서 나타난다. 정서는 욕구나 거부의 맥락에서만 존재한다. 예술가들은 우리의 욕구를 끌어냄으로써 정서를 환기시킨다. 실제로 정서는 듀이의 말대로 미적 경험을 '절정의 것' 으로 만들어 주는 것의 일부분이다. 즉, (특히 욕구를 통해서) 정서를 환기시키는 것은 (보다) 만족스러운 경험을 보장하는 것이다.

둘째는 지적 사고의 과소평가나 폄하에 관한 주장이다. 듀이에 대한 이런 비판은 오래된 것으로, 여전히 반복해서 나타나고 있다. 듀이가 상상력의 역할을 경시한다고 비판하는 사람들과 아이디어/개념/논리를 무시하거나 경시한다고 공격하는 사람들은 공동 보조를 취한다. 아이디어/개념/논리는 학생의 지적 발달에 핵심적인 것인데도 과학적 방법 때문에 도외시하는 것은 아동을 무미건조하게 만들어 버린다. 이런 비난은 미국 교육철학자인 세플러와 영국 교육철학자인 피터스에게서 공통적으로 나타난다. 에드먼슨이나 오히어와 같은 사상가들은 보다 전통적인 교육으로 되돌아갈 것을 주장하기도 했다. 오히어는 현대의 사회 문제에 대해서도 주의를 기울일 것을 덧붙인다. 이런 비난에 대한 듀이의 반응은 단호하다. 즉, 개념/아이디어/논리는 유용하게 활용할 수 있는 도구인 것이지 절대적, 항존적 혹은 고정적인 것처럼 보아서는 안 된다. 전통적 교육은 암기를 고집하고, 현대의 이슈/문제점과 별로 연결되지 못한다. 다시 말해서, 현대적 이슈에 주목하는 전통적 교육은 자기모순이 될 것이므로 결국 두 가지 중 어느 하나를 선택해야 할 것이다. 그렇다면 일부 비판가들이 듀이가 개념/아이디어/논리를 폄하한다고 보면서 이에 대해서 불만을 토로할 때 그들이 지적하는 것은 듀이가 그런 것들을 귀중하게 여기기를 꺼린다는 점일 것이다.

그런데 듀이의 저술에서 개념/아이디어/논리가 크게 주목받고 있는 것도 사실이다. 듀이는 논리에 대한 자신의 최종 설명에서 개념을 논의하는 데 여러 장을 할애하고 있다. (수학적 추상을 포함하여) 개념은 탐구를 수행하는 데 핵심이다. 개념은 분산된 자료들을 조직하고, 복잡한 현상들 간의 관계를 범주화하며, 이런 현상들을 이해하고 의미 있게 만들어 준다. 개념은 잠정적 가설을 구성하고 또 그에 따른 검증을 위해서 필요한 도구이기도 하다. 예를 들어, 우리가 만유인력(한 개념), 그리고 공기, 가스, 그들의 법칙(더 많은 개념)을 이해하지 못한다면, 가스로 가득 찬 풍선이 공기보다 더 가볍다는 가설을 설정할 수 없다. 이와 마찬가지로, 만일 우리에게 거미류의 개념이 없다고 한다면 다리가 여덟 개인 절지동물은 곤충이 아니라는 결론을 쉽게 내릴 수 없다.

세 번째 비판은 가장 곤혹스러운 것이다. 진보주의 교육, 특히 듀이의 교육철학은 어떻게 권력과 특권의 확고한 시스템을, 그리고 학부모/아동의 이익이 아닌 다른 이익을 위해서 점령되고 있는 학교를 저지할 수 있을 것인가? 이 물음은 듀이 자신이 『공중과 그 문제』에서 제기했던 '공중은 어디에 있는가?' 라는 물음과 유사하다. 듀이의 생각에 따르면, 공중의 문제를 해결하기 위해서는 공동체 안에서 결속된 공중만이 교육제도를 그 고약한 통제자들의 손에서 구출해 낼 수 있다. 그렇지만 학교는 공동 탐구의 정신 속에서 사고하고, 또 공중이 결속하는 데 필요한 문제 해결력과 지적 사고를 제공하기 위해서 설계된 제도라고만 흔히 말해 버린다.

두말할 필요도 없이 이 질문에 대해서 쉬운 해답을 찾기란 어렵다. 듀이는 만일 사람들로 하여금 서로 의사소통하고 상호 간에 문제를 공유하고 협력하도록 설득할 수 있다면 그들의 삶은 덜 부담스럽고 덜 힘든 것이 될 것이고 강건한 공중이 나타나게 될 것이라고 자주 생각했다. 듀이는 민중들로 하여금 지적인 사회적 탐구를 시도하도록 촉구하기 위해 공중을 위한 저서를 많이 출간하였다. 그는 그런 탐구에 방해가 되는 사람들, 특히 사회 문제가 나타나지 않았던 '황금 시대' 라는 과거로 혹은 상상 속의 초시간적 가치/진리/원칙으로 되돌아가기를 바라는 사람들을 비난하였다. 결국 듀이가 제시할 수 있었던 것은 설득이었다. 오직 우리가 다양한 제도/조직/공동체 속에서 민주적으로 움직이고 또 서로의 문제를 호혜성의 정신 속에서 공유/해결할 수 있을 때, 우리는 비로소 '위대한 공동체' 를 발전시키는 일에 필요한 공통 기반을 찾을 수 있을 것이다. 공중에 대한, 특히 충실한 민주적 삶으로 나아가는 길로서의 학교에 대한 듀이의 신뢰는 순진한 편이라고 말하는 것이 공정한 평가일 것이다. 그렇지만 듀이의 희망에 대해 비판적인 사람들이 그보다 더 나은 모델을 제시할 수 있는지는 두고 볼 일이다.

더 읽을거리

듀이의 저서를 읽어 보자. 그중에서 핵심은 『민주주의와 교육』(1916), 『사고의 방법』(1933, 2판), 『경험과 교육』(1938)이다. 아마 교사교육의 측면에서 최고 입문서는 Dougles J. Simpson, Michael J.B. Jackson, and Judy C. Aycock (2005). *John Dewey and the Art of Teaching: Toward Reflective and Imaginative Practice*일 것이다. 교육철학이나 예술에 관심을 갖고 있는 사람은 James Garrison (1997). *Dewey and Eros: Wisdom and Desire in the Art of Teaching*을 보라. 최고의 전기로는 Robert Westbrook (1991). *John Dewey and American Democracy*가 있다. 실험학교에 대해서 관심이 있다면 Laurel Tanner (1997). *The Dewey School: Lessons for Today*를 보라. 듀이에 대한 비판이나 반응을 살펴보려면 James Scott Johnston (2006). *Inquiry in Education: John Dewey and the Quest for Democracy*가 좋을 것이다.

참고문헌

Dewey, John (1969) 'The metaphysical assumptions of materialism', in Jo Ann Boydston (Ed.), *John Dewey: The Early Works, 1882-1898. Vol. 1: 1882-1888*, 1-14. Carbondale, IL: Southern Illinois University Press.

Dewey, John (1972) 'The reflex-arc concept in psychology', in Jo Ann Boydston (Ed.), *John Dewey: The Early Works, 1882-1898. Vol. 5: 1895-1898*, 96-110. Carbondale, IL: Southern Illinois University Press.

Dewey, John (1976) *School and Society*. In Jo Ann Boydston (Ed.), John *Dewey: The Middle Works, 1899-1924. Vol. 1, 1899-1901*, 1-110. Carbondale, IL: Southern Illinois University Press.

Dewey, John (1976) *Studies in Logical Theory*. In Jo Ann Boydston (Ed.), *John Dewey: The Middle Works, 1899-1924. Vol. 2, 1902-1903*, 293-378. Carbondale, IL: Southern Illinois University Press.

Dewey, John (1985) *Interest and Effort in Education*. In Jo Ann Boydston (Ed.), *John Dewey: The Middle Works, 1899-1924. Vol. 7, 1912-1914*, 151-198. Carbondale, IL: Southern Illinois University Press. 류명걸 역(2003). 『흥미와 노력』. 서울: 용성.

Dewey, John (1980) *Democracy and Education*. In Jo Ann Boydston (Ed.), *John Dewey: The Middle Works, 1899-1924. Vol. 9, 1916*. Carbondale, IL: Southern Illinois University Press. 이홍우 역(2007). 『민주주의와 교육』. 서울: 교육과학사.

Dewey, John (1980) *The Need for a Recovery of Philosophy*. In Jo Ann Boydston (Ed.), *John Dewey: The Middle Works, 1899-1924. Vol. 10, 1916-1917*, 3-48. Carbondale, IL: Southern Illinois University Press.

Dewey, John (1981) *Experience and Nature*. In Jo Ann Boydston (Ed.), *John Dewey: The Later Works, 1925-1952. Vol. 1, 1925*. Carbondale, IL: Southern Illinois University Press.

Dewey, John (1982) *Reconstruction in Philosophy*. In Jo Ann Boydston (Ed.), *John Dewey: The Middle Works, 1899-1924. Vol. 12, 1920*, 77-202. Carbondale, IL: Southern Illinois University Press. 이유선 역(2010). 『철학의 재구성』. 서울: 아카넷.

Dewey, John (1984) *The Public and Its Problems*. In Jo Ann Boydston (Ed.), *John Dewey: The Later Works, 1925-1952. Vol. 2, 1925-1927*, 235-372. Carbondale, IL: Southern Illinois University Press.

Dewey, John (1988) *From Absolutism to Experimentalism*. In Jo Ann Boydston (Ed.), *John Dewey: The Later Works, 1925-1952. Vol. 5, 1929-1930*, 147-160. Carbondale, IL: Southern Illinois University Press.

Dewey, John (1986) *Experience and Education*. In Jo Ann Boydston (Ed.), *John Dewey: The Later Works, 1925-1952. Vol. 13, 1938-1939*, 1-62. Carbondale, IL: Southern Illinois University Press. 엄태동 편저(2001). 『경험과 교육』. 서울: 원미사, 박철홍 역(2002). 『아동과 교육과정, 경험과 교육』. 서울: 문음사.

Dewey, John (1986) *Logic: the Theory of Inquiry*. In Jo Ann Boydston (Ed.), *John Dewey: The Later Works, 1925-1952. Vol. 12, 1938*. Carbondale, IL: Southern Illinois University Press.

Dewey, John (1987) *Art as Experience*. In Jo Ann Boydston (Ed.), *John Dewey: The Later Works, 1925-1952. Vol. 10, 1934*. Carbondale, IL: Southern Illinois University Press. 이재언 역(2003). 『경험으로서의 예술』. 서울: 책세상.

Dewey, John (1988) *How We Think*. In Jo Ann Boydston (Ed.), *John Dewey: The Later*

Works, 1925-1952. Vol. 8, 1933, 105-352. Carbondale IL: Southern Illinois University Press. 정회욱 역(2011). 『하우 위 싱크』. 서울: 학이시습.

Dewey, John and Dewey, Evelyn (1985) *Schools of Tomorrow*. In Jo Ann Boydston (Ed.), *John Dewey: The Middle Works, 1899-1924. Vol. 8, 1915*, 205-404. Carbondale, IL: Southern Illinois University Press.

Dewey, John and Bentley, Arthur (1991) *Knowing and the Known*. In Jo Ann Boydston (Ed.), *John Dewey: The Later Works, 1925-1952. Vol. 16, 1949-1952*, 1-294. Carbondale, IL: Southern Illinois University Press.

제8장

T. S. 엘리엇의 교육, 문화

Andrew Reid

1. 서론: 엘리엇 이전

T. S. 엘리엇(T. S. Eliot, 1888~1965)의 교육사상을 탐구할 때 우리는 그의 교육관을 보다 친숙한 개념 틀이나 이론체계와 연관 지어 살펴보는 것이 좋을 것이다. 그중에서 가장 간편하게 찾을 수 있는 것은 전통적-진보적 교육이라는 이분법일 것이다. 엘리엇은 확실히 전통주의자에 속한다. 그는 전통과 개인의 재능에 관한 글을 쓰면서 특히 전통을 강조하였다. 그는 분명히 진보주의를 반대한다. 여기서 진보주의는 인간의 진보를 세속적 이상으로 삼으며 그것을 실현하는 주요 수단의 하나로 교육을 꼽는다.

그렇지만 엘리엇 사상의 독특성은 다음과 같은 상투적인 이야기로 모두 포착될 수 없다는 점에 유의할 필요가 있다. 즉, 전통과 문화는 보존되고 전수되어야 한다는 이야기다. 이런 점에서 엘리엇은 의심의 여지가 없는 전통주의자였다. 그러나 비평가 및 예술가로서 그의 실천을 살펴볼 때, 역설적이겠지만 모더니즘 문학의 창시자로서 그리고 아마 최고의 대표자로서 그의 눈부신 영향력은 대단했다. 마찬가지로 재능을 가진 개인은 육성할 필요가 있다는 한 가지 점에서 분명히 엘리엇과 진보주의자들은 일치하는 것처럼 보인다. 그러나 어떻게? 엘리엇의 대답은 진보주의자들에게 그다지 격려가 되지 못할 것이지만, 그 속에는 20세기의 가장 창조적인 예술가로서 깊이와 권위가 들어 있다. 그리고 우리를 더 복잡하게 만드는 것은 교육에 관한 한 엘리엇의 사상은 전통주의자들이 편안하게 느끼기 어려울 정도로 심오한 회의론을 드러낸다는 점이다.

이런 그의 사상을 교육이론가들에게 친숙한 틀 속에 포함시키기도 쉽지 않을 것이다. 그럼에도 불구하고 그의 사상을 밝혀 볼 것이다. 이를 위해서 그의 사상을 역사적/지적 맥락 속에서 살펴보는 것이 좋겠다. 다음에서 나는 엘리엇의 교육관을 간단히 살펴보고, 그의 교육관이 그의 광범한 지적, 특히 철학적 선입관과 어떻게 연결되는가를 밝혀내고자 한다. 먼저 나는 그의 교육관의 역사적 배경을 간략히 서술할 것이다. 이는 엘리엇을 매슈 아널드(Matthew Arnold, 1822~1888)가 창시했다고 볼 수 있는 근대 교육사상의 흐름 속에 놓고 본다는 의미다.

교육사상에서 아널드가 차지하는 위치, 그리고 그가 교육 개혁의 역사에서 중요한 인물이라는 위상은 영국 빅토리아 시대에 교육의 성격과 목적을 둘러싸고 벌어졌던 논쟁 속에서 그가 수행했던 역할 때문이다. 그로 하여금 처음으로 교육적/사회적 논쟁에 본격적으로 뛰어들게 만들었던 이슈는 1862년 정부가 발표한 수정법(Revised Code)이다. 이 법의 주요 특징은 초등학교에 대한 국가 재정 지원의 축소, 그리고 삭감된 재정을 읽기/쓰기/셈하기 시험에서 학생들이 보여 준 수행에 따라 지원하기로 결정했던 점이다. 이것은 성과에 따라 지원하는 체제다. 그 당시 아널드는 학교 장학관이었고, 장학관으로서 제출한 보고서를 보면 그가 장학관 업무에 대해서 특별히 공감하였고 계몽된 사람이었음을 알 수 있다. 수정법에 대해서 아널드는 어떤 반응을 보였는가? 그는 그것을 가리켜 편협한 물질주의적/속물적 문화 적대자들을 만족시키기 위해 만들어진 천박한 경제주의라고 비난하였다. 『문화와 무정부(*Culture and Anarchy*)』라는 유명한 책에서 그는 그런 적대자들을 상세하게 비판하였다. 아널드에 의하면, 문화란 "아름다움과 지성의 조화" 혹은 "생각되거나 말해진 것들 중에서 최선의 것들"이 대표하는 "완전성의 탐구와 추구"다(Arnold, 1869: Collini, 1993: 81, 190에서 재인용). 이것은 가능한 한 널리 확대되어야 하며, 이 과정에서 초등교육의 역할이 중요하다. 학교는 "읽기/쓰기/셈하기를 가르치기 위한 단순한 기구가 아니라 종교적/도덕적/지적 기능들을 포괄하는 살아 있는 전체"로 보아야 한다(Arnold, 1862: Sutherland, 1973: 37에서 재인용).

아널드의 반대자들은 물질적 성취, 경제발달, 기계 및 인간 문제의 기술적/행정적 해결에 대한 믿음을 강조했다. 이와 대조적으로, 아널드가 보기에 문화는 본질적으로 내적 상태를 가리킨다. 그 특징은 우리의 지적/미적/영성적/도덕적 능력들의 균형 있고 조화로운 종합이다. 그리고 그가 살았던 시대가 사회적 가치 측면에서 현저하게 결여하고 있는 것이 바로 그런 균형성 혹은 전체성이라고 그는 주장했다. 편파성과 광신주의는 그 당시 공적 담론을 지배했던 특성이었다. 비국교도들의 종교는 독선과 도덕적 열광에 온통 사로잡혀 있었는데, 이것은 폭넓은 지혜와 인간적 이상주의에 의해서 균형을 잡을 필요가 있었다. 산업자본주의는 삶의 물질적 조건을 변화시키고 거대한 부를 창출하기 위해서 지식을 작동시켰지만 이 세상을 더욱 조잡하고 흉칙한 곳으로 만들어 버렸다. 아름다움 자체를 향유하고, 지식 자체를 추구하는 일의 미적/지적 가치는 활기차게 인정될 필요가 있으며, 그래야 비로소 인간 존재의 영성적 열망이 충족될 수 있다. 삶을 가치 있게 만드는 것은 바로 그런 열망이다.

'이제까지 생각되고 말해진 것들 중에서 최선의 것'이라고 말하는 문화는 최소한 어떤 측면에서는 현대의 독자들에게 문제가 있는 아이디어처럼 느껴질 것이다. 그러나 (럭비와 옥스퍼드와 같은) 영국의 사립학교와 대학, 그리고 빅토리아 사회의 중상류 계급의 후예들에게 그것은 매력적인 것으로 보였을 것이다. 그것이 가리켰던 것은 서구 문명의 고급 문화였다. 예술/사상/문학의 위대한 전통은 고대 그리스와 로마 및 중세 기독교에 뿌리를 두고 르네상스 이후 여러 세기를 거치면서 완전히 성숙되었다. 아널드는 이런 문화관과 그 가치/성취에 의해서 정의되는 '인간의 완전가능성' 에 대한 생각이 의문시되거나 비판받을 수 있다는 점을 잘 알고 있었다. 그 이후, 특히 17, 18세기에 등장했던 과학의 위상은 그런 문화관 속에서 불분명한 것으로 남아 있었다. 당시에 아널드를 비판했던 일부 사람은 문화에 대한 아널드의 주장에서 근대의 도전, 특히 종교에 대해 과학이 제기했던 확실한 위협, 산업화가 불러일으킨 사회 변화 등에 직면하기를 꺼리는 태도를 간파했을 것이다. 아널드의 시대와 그 이후 나타난 문화 전수적 교육관에 대해서 또 다른 비판가들이 지적했던 것은 고급 문화와 상층 사회계급 간의 의미심장한 일치였다. 그러나 아널드가 스스로 시급한 과제라고 보았던 것은 '아름다움과 지성의 조화' 를 사회 전반에 확산시키는 일이었고, 특히 중산층과 하층이 삶의 보다 충실한 가능성에 대한 이미지, 그리고 그들의 물질적 조건의 한계를 뛰어넘는 영성적 이상의 형태에 대해서 가능한 한 친숙하도록 만드는 일이었다.

2. 엘리엇의 교육론

엘리엇은 교육과 문화의 관계에 관해서 아널드가 개척한 길을 따라갔다. 엘리엇은 교육의 목적은 문화의 연속성을 유지하는 것이라고 단언했다. 이것은 아널드가 "이 세상에서 생각되고 말해진 것들(그리고 이 세상에서 행해지고 이 세상의 예술에서 창조된 것들) 중에서 최선의 것들을 앎" (Eliot, 1978: 119)이라고 했던 것을 증진시키는 일이다. 이처럼 엘리엇은 아널드를 추종하였지만 그럼에도 비판적이기도 했다. 그의 비판에는 깊이가 있었다. 다시 말해서, 그의 비판은 빅토리아 시대 선배들의 교육관에 비해서 어느 정도 덜 긍정적이고 덜 낙관적인 문화 전수적 교육관을 시사한다. 엘리엇은 아널드의 문화관이 근본적으로 '가벼운' 것이라고 보았다. 그것은 후기 빅토리아 시대에 유행했던 심미주의를 미리 보여 준 것이며, 삶의 방식으로서 문화가 갖는 심오한 **인간학적** 의의를 충분히 이해하지 못한 것이다(Eliot, 1951: 434-436; Eliot, 1962: 28). 아널드가 생각하는 문화는 당시에 쇠퇴하고 있다고 보았던 종교적 믿음을 대체할 교양이었다. 그러나 엘리엇이 보기에 문화와 종교는 본질적으로 떨어질 수 없는, 어떤 의미에서는 거의 동일하지만 서로 다른 관점에서 보는 것이다(Eliot 1962: 31). 두 사람은 모두 우리가 어떻게 살아야 하는가, 삶에 의미와 가치를 부여하는 것이 무엇인가 하는 근본 문제에 관심을 갖고 있었다. 엘리엇은 1927년 성공회의 신자가 되었다. 그 이후 그의 사회비평의 주된 관심사는 '철저하게 정통적인 기독교 신앙의 관점에서 사회적/정치적 문제들을 어떻게 다룰 것인가?' 였다.

따라서 엘리엇의 논평에 따르면 아널드의 설명의 가벼움은 "부분적으로 그의 견해 속에 사회적 배경이 결여되어 있음에 기인하는 것" (Eliot, 1962: 22)이다. 엘리엇은 이런 결함을 바로잡기 위해서 문화, 사회 구조, 교육의 연관성에 대한 독특한 견해를 제시한다. 나중에 알게 되겠지만 엘리엇 사상의 바로 이런 부분 때문에 그는 통상적인 정치적 스펙트럼에서 우파에 속하게 된다. 엘리엇의 정치적 성향은 비정통적이지만 보수적인 것은 틀림없는 사실이다. 결과적으로 그의 교육론은 대체로 그가 진보주의자들의 평범성이라고 말했던 것들에 대한 공격으로 치우치게 된다. 당시의 전형적인 교육정책은 바로 이런 진보주의자들의 평범성에 기반을 두고 있었다. 예를 들어, 교육의 목적에 대한 엘리엇의 1950년도 강의를 살펴보면 많은 부분이 "현행 교육이론의 오류들" (Eliot, 1978: 62)에 대한 비판에 치중하고 있다. 이 비판의 전반적 경향은 엘리엇의 교육관이 본질적으로 부정적/회의적/비관적이라는 인상을 고착시킨다.

이와 마찬가지로, 엘리엇의 『문화의 정의를 향한 소고(*Notes towards the Definition of Culture*)』에서 그는 교육을 목적/목표 차원에서 논의할 필요가 있다는 '당시에 펴져 있던 가정'에 대해서 의문을 제기한다. 이런 맥락에서 그가 '교육의 목적은 문화 전수'라는 아이디어를 **비판했던** 것은 놀라운 점으로 보일 것이다. 그런데 곧 알게 되겠지만, 그의 공격 대상은 문화 전수라는 생각 자체가 아니라 교육제도가 이 과제에 대해 우선적으로 책임을 갖는다는 생각이었다. 여기서 '문화'는 학교에서 가르칠 수 있는 모든 것과 같은 것이 되어 버린다. 그런데 여기서 생기는 문제는 아널드가 제대로 파악하지 못했던, 인간학적 의미의 문화가 충실히 드러날 수 없다는 것이다. 왜냐하면 이런 의미의 문화의 효력은 대체로 심층 수준에서 느낄 수 있는 것이고, 의식적인 명확한 표현의 한계를 벗어나는 것이기 때문이다. 바로 이런 점에서 문화는 (특권적인 소수의 의식적인 미적/지적 선호만이 아니라) 삶의 **총체적** 방식을 표현/재현하는 힘을 갖는다. 수업의 내용이 되거나 정부의 교육정책이 될 수 있는 것으로 문화를 한정시키는 일은 그 깊이를 부정하고 그것의 진정한 의의를 왜곡하고 만다. 더 일반적으로 말해서, 문화를 형성하고 한 사회의 삶의 방식을 밝혀 주는 많은 것은 의식적 인지와 통제가 행해지는 표층 아래 깊이 놓여 있는 것이기 때문에, 정부가 '문화정책'과 같은 것들을 앞세워서 그것을 위한 법을 제정하려고 하는 것은 엉뚱한 일이다. 그뿐만 아니라 교육이 정부정책의 수단으로, 다시 말해서 여러 가지 사회적/정치적 목표를 달성하는 도구로 정당하게 이용될 수 있다는 생각에 대해서 그는 공격하였다. 이런 맥락에서 볼 때, '목적'에 관한 이야기는 언제나 비교육적인 목적을 교육정책이나 교육실천에 교묘하게 집어넣는다. 그러나 교육의 진정한 관심은 지혜/지식/학습의 증진이다(Eliot, 1962: 99). 교육 목적에 관한 온갖 이야기에 문제가 생기는 것은 교육의 본질과 가치를 제대로 파악하지 못하기 때문이다.

또한 엘리엇은 교육의 기능이 시대적 필요에 봉사하는 것이고, 행복을 증진시키는 것이며, 많은 사람의 욕구의 대상이라는 주장들을 비판적으로 검토하였다. 그는 이런 상투적인 주장들을 가차 없이 발가벗긴다. "시대가 필요로 하는 것이 무엇인지를 누가 결정하는가 하는 의문에 우리는 봉착한다 ……." (Eliot, 1962: 97) 교육에 의해서 우리는 아주 불행해질 수 있다. 또 사람들은 거의 모든 것을 원하도록 설득당할 수 있다. 교육의 목적에 대한 그의 강연(Eliot, 1978: 61-124)에서 그의 음성은 약간 부드러워진다. 그렇지만 교육의 목적을 예를 들어 인격발달, 시민정신, 취업 준비를 위한 교육 등과 같이 항목별로 구분하는 일은 그런 항목들 간의 상호관계 및 상호 갈등 가능성을 도외시하는 경향을 드러낸다고 그는 비판한다. 게다가 그런 항목들에 대해 상이한 견해들이 나타나고 있다. 이 점은 그 밑에 깔려 있는 더 심층적인 질문, 즉 "인간이란 무엇인가?" (Eliot, 1978: 109)를 이해할 것을 요청한다. 이 질문에 대한 우리의 견해 차이는 결국 '종교적 차이' 라는 점이 밝혀질 것이다. 그런데 엘리엇의 교육관 중에는 나중에 교육사상과 교육실천의 일반적 원칙으로 통용된 것으로부터 가장 동떨어진 것도 들어 있다. 그것은 교육이 " '기회균등' 을 제공하도록 조직되어야 한다." (Eliot, 1962: 100)는 주장에 대한 엘리엇의 입장이다. "교육은 계급을 보존하고 엘리트를 선발하는 데 도움을 주어야 한다……. 고등교육을 받을 수 있는 사람이면 아무나 그런 교육을 받을 수 있게 만드는 획일적 시스템이라는 이상은 암암리에 너무 많은 사람으로 하여금 그런 교육을 받게 만들고, 결과적으로 그 많은 학생이 도달할 수 있는 수준으로 낮아지고 만다." (Eliot, 1962: 100-101) "내가 주장하는 바는 소수 사람만 제대로 교육을 받게 하고, 다른 사람들은 그저 기초적인 교육을 받게 하는 것이, 모든 사람이 열등한 교육을 받게 함으로써 가능한 한 가장 많은 것이 가장 좋은 것이라는 착각을 일으키게 만드는 것보다 더 중요하다고 볼 수 있는 관점이다." (Eliot, 1978: 119-120)

엘리엇도 인정하였듯이, 그런 견해는 민주사회의 근본 원칙으로 교육평등을 옹호하는 '시대적 가정' 과 서로 부합될 수 없는 것이다. 그리고 우리가 엘리엇의 견해를 그런 점에서 살펴본다면, 그의 교육사상은 그도 (어쩌면 마지못해) 스스로 인정할 수밖에 없었던 것처럼 민주주의에 대한 신뢰할 만한 대안이 밝혀

지지 않은 세상에서 그저 역사적 관심이나 전기적 관심밖에 끌 수 없는 것이 되고 말 것이다(Eliot, 1962: 98; Eliot, 1978: 86). 그러나 우리는 교육, 문화, 사회의 관계에 관한 엘리엇의 사상적 토대를 이해하기 위해서 이 문제를 약간 더 추구해 볼 필요가 있다.

엘리엇은 교육적 기회균등이라는 아이디어를 거부했다. 그것이 사회의 위계적 계급 구조에 위협이 될 것이라고 보았기 때문이다. 그는 이런 계급 구조가 문화의 존속을 위해 필요한 것이라고 믿었다. 기회균등의 목표는 그저 지적 능력에서만 아주 뛰어난 아이들이 그들의 사회적 배경과 관계없이 최고의 지위로 나아가도록 하는 것이다. 엘리엇에 의하면, 그 결과로 "사회계급이 두뇌 엘리트나 혹은 날카로운 위트만 지닌 엘리트로 대체됨으로써 사회는 탈조직화"(Eliot, 1962: 101)되고 만다. 이런 엘리트의 출현이 근대사회의 불가피한 특성이었을 것이라는 점에 대해서는 논란의 여지가 없다. 그러나 그런 엘리트가 할 수 없는 것은 문화 전수의 일차적 기관인 사회계급을 대신하는 일이다. 엘리엇이 보기에 그런 엘리트는 '원자적' 사회 패턴의 특성이다(Eliot, 1962: 37). 그런 엘리트는 그들이 공유하는, 한정되고 고도로 특수한 능력과 목적에 따라서 선발된다. 그런 엘리트의 지위는 일시적이고 그 구성원들은 부침을 겪는다. 그들은 안정되고, 통합된, 지속적인 계급 구조에 기반을 둔 사회, 즉 '유기적' 사회의 특징인 내적 결속력이나 시간적 연속성을 결여한다(Eliot, 1962: 15). 유기적 사회에서 계급 시스템의 기초는 유전(heredity)이며, 엘리엇이 보기에 그것은 **가정**(family)이 "문화 전수의 일차적 채널"임을 의미한다(Eliot, 1962: 43). 간단히 말해서, 문화 전수는 형식적 교육이나 학교의 일이라기보다는 양육(upbringing)의 문제이며, 교육이나 학교는 기껏해야 이런 면에서 이차적 역할을 수행할 수 있을 뿐이다. 그뿐만 아니라 유기적 사회를 형성하는 계급은 그런 사회의 문화 속에서 독특한 기능들을 수행한다. 사회의 다양성이 유지되고 타협되는 하나의 균형 있는 전체, 즉 유기체로서의 성격을 지속시켜 주는 것은 그런 기능들 간의 조화로운 상호 의존성이다. 유기적 사회의 문화가 그 신념, 아이디어, 의미, 가치의 의식적 표출을 통해서 표현될 수 있을 경우, 이런 기능은 지적/문학적/예술적 엘리트들에 의해 수행된다. 이런 엘리트들은 일반적으로 지배적 사회계급에서 출현하는 경향이 있다. 그 밖의 사람들을 위해서 문화는 관습, 의식, 습관, 전통으로 표현되며, 이런 것들은 대체로 무의식적인 방식으로 형성되고 내면화된다. 문화 전수를 위해서 교육이 역할을 맡을 경우, 대체로 의식적 수준에서 그런 역할에 응할 수 있는 소수를 목표로 삼아야 한다. 엘리엇의 생각에 따르면, 이런 일에 자원을 집중시키는 것이 평등이라는 이름으로 질적 수준이 뒤떨어진 희석된 대체물을 대중에게 제공하는 헛되고 무가치한 일보다 오히려 더 나은 길이다.

3. 철학적 배경

이렇게 엘리엇의 교육관은 부정적/비관적 입장처럼 보인다. 그것은 현대 교육사상의 일반적 풍조에 완전히 어긋나는 골치 아픈 것처럼 보인다. 그러나 우리는 그것을 그의 독특한 기질이라고 간주해 버리고 배척하려는 유혹에서 벗어나야 한다. 곧 밝혀지겠지만, 엘리엇의 교육사상은 철학적 이념에 뿌리를 두고 있다. 이것이 지적으로 어떤 장점을 갖고 있는 것인가는 진지한 검토 후에 평가되어야 한다. 이미 살펴본 것처럼, 엘리엇의 교육사상의 아주 독특한 특징은 정치적 보수주의의 차원에서는 비정통주의(다른 측면에서는 공감하는 사람들에게도 엘리엇은 '반동적')이면서도 특별히 영국 가톨릭의 교리 차원에서는 철저한 정통주의라는 점이다. 이 두 가지의 관계에 대해서 수많은 성공회 교인은 엘리엇과는 다른 생각을 갖고 있었다는 점에 유념해야 한다. 영국의 교회는 과거에는 '기도하는 토리당(Tory Party at prayer)'이라고 냉소와 지탄을 받았다. 군주를 정점으로 삼았던 영국의 국교라는 지위는 그것이 본질적으로 보수주의적인 세력이라는 생각을 지지해 주는 것처럼 보일 수 있었다. 그러나 이런 견해는 21세기에 와서 거의 설득력을 잃어버렸다. 여하튼 이런 견해는 엘리엇에게서 찾아볼 수 있는 정치사상과 종교사상 간의 특별한 관계와 실질적으로 전혀 무관한 것이다.

엘리엇이 1927년 성공회로 전향하기 이전에 반동적 정치에 약간 개입했던 것은 사실이다. 그리고 그것을 보수적 혹은 반동적이라고 말하는 것은 엘리엇의 사상을 세속적 정치 프레임, 즉 '좌파'와 대립하는 '우파'에 가두어 버리는 일이다. 그러나 그의 성숙된 정치적 신념은 그의 종교관에서 파생된 것이며 이런 종교관에서 볼 때 모든 세속적인 정치적 교설은, 인습적인 좌파-중도-우파 스펙트럼에서 어떤 위치에 놓이건 간에, 그리고 인간의 삶의 심층 문제들이 정치적 방법으로 해결될 수 있다는 믿음을 공유하는 한 회의적인 것처럼 보인다. 이와 달리 엘리엇의 견해에 따르면, 그런 심층 문제들을 순전히 세속적 측면에서 접근한다면 근본적인 해결은 불가능할 것이다. 엘리엇은 좌파건 우파건 관계없이 모든 형태의 인본주의적/진보주의적/유토피아적 정치를 거부한다. 그런 모든 교설이 인간 조건에 대한 잘못된 견해에 기반을 두고 있다는 근거를 가지고 거부하는 것이다(Eliot, 1939: 95-96; Eliot, 1951: 489-490). 엘리엇의 정치적 회의론은 정치적 교설의 인습적 범주로 볼 때 반동적 형태에 속한다. 마찬가지로 진보주의적 정치에 대한 그의 배척은 인간의 상황과 그 개선 전망에 대한 극심한 비관주의라고 말할 수 있는 것에 속한다. 그러나 다시 말하지만, 엘리엇은 세속적 정치사상보다는 기독교적 관점을 갖고 있기 때문에 그런 비관주의를 궁극적인 혹은 본질적인 것이라고 간주할 수 없다. 왜냐하면 기독교인들은 구원설에 의해서 구제가 가능하다고 보기 때문이다.

기독교인으로서 엘리엇이 말하는 인간 조건은 오직 타락, 그리고 그에 따른 구원의 필요성이라는 측면에서 비로소 제대로 파악될 수 있다. 그리고 종교적 신앙이 일차적으로 축복이 되고 있는 기독교인들이 분명히 많다. 이런 점에서 엘리엇이 인류가 처한 비참한 처지를 강조하는 것은 그 나름대로 교리적으로 타당한 것임을 지적할 필요가 있다. 만일 우리가 구원받을 필요가 있다면 그것은 바로 우리가 절망적인 상황에 처해 있기 때문이다. 인간의 삶에서 제거할 수 없는 요소는 비참함, 고통, 부정의다. 우리의 유일한 구원의 희망은 우리가 어떤 수준을 넘어서면 우리 스스로 이겨 낼 힘이 없다는 것을 파악하는 데에서 생긴다. 타락한 상태에 처한 인류의 특징은 근본적 결함, 불완전성, 혹은 그릇된 의지와 이해다. 이것은 너무 심각한 것이므로 구원을 받지 못한다면 인류는 끝없는 혼란과 절망에 빠진 채 만족과 성공을 찾으려고 노력하는 존재의 무의미한 허망함에 절망하고 말 것이다. 이런 암울한 교설은 분명한 함의를 갖고 있다. 즉, 인간 조건의 근본적 불안정과 절망을 구제하기 위해 설계된 모든 정치적 세속의 틀은 결국 실패하게끔 운명 지어져 있다. 물론 정부나 정치가들에게 사람들의 삶을 향상시킬 수 있는 힘이 있어도 어떤 일도 해서는 안 된다는 뜻이 아니다. 분명히 이것은 많은 경우에 절실하고 피할 수 없는 의무에 속한다. 그러나 정치적 관점에 들어갈 경우 우리에게 필요한 도구인 권력을 장악하기만 한다면 무한한 진보와 개선이 가능하다는 환상에 빠질 수 있다. 그리고 이것은 다시금 유토피아적 꿈과 같은 사회관에 빠지게 만든다. 모든 인간의 필요를 충족시키고, 모든 열망을 실현시키며, 모든 불행을 제거하고, 모든 삶을 의미 있게 만들 수 있다고 착각하게 만든다. 이런 생각을 특히 20세기 들어와 수많은 사람들이 품었다. 그 결과를 부드럽게 표현할지라도 일반적으로 실망적인 것이었다는 판정에 대해 이의를 달 사람은 거의 없을 것이다. 엘리엇과 같은 기독교도들에게 그와 같은 결과는 전적으로 예언할 수 있는 것이었다. 국가는 지구 위의 천국을 그려 낼 수 있지만, 그것을 실현할 수 있는 역량이 있을 것인지는 별개의 문제다. 그럼에도 불구하고 그런 가능성에 대한 착각과 믿음은 언제나 추종자를 만들어 낸다. 그러나 "인류는 엄청난 현실을 지탱할 수 없다."(Eliot, 1969)

유토피아적 정치관의 허망함에 대한 엘리엇의 생각은 모든 형태의 인본주의적/진보주의적 사회사상에 대한 일반적 회의주의의 한 단면이며, 교육적 진보주의의 평범성을 특별히 혐오하는 것이다. 이런 희망적 사고를 파생시킨 것은 바로 인간 조건에 대한 우리의 생각이다. 그것은 우리에게 친숙한 자유주의적, 개인주의적, (예술과 문학에서의) 낭만주의적 태도들의 기반이다. 따라서 자유주의적 혹은 진보주의적 정치사상의 특징은 마치 그 자체가 혁신적인 것인 양 과거로부터 혹은 역사나 전통으로부터 급진적 일탈을 제시한다는 점이다. 과거의 역사나 전통은 케케묵은 인습, 낡아빠진 전통, 억압적인 짐으로서 오직 특권과 부정의를 영속시키며, 현재와 미래의 자유, 활기, 권리를 억누르고 살아 있는 현재를 짓누르는 죽은 과거라고 묘사하기 쉽다. 그런데 예술과 문학에서 진보주의 운동의 대응물로 나타난 것은 정서의 자유로운 표현, 창조적인 개인의 담대한 인성, 부르주아적 인습의 우상 타파적 파괴 등을 숭배하는 낭만주의 풍조일 것이다. 엘리엇은 이런 바이런(Byron)식의 태도 속에서 (기독교가 타락한 인류의 상태라고 가리키는) 납득할 수 없는 악마적 오만과 방자한 불복종의 의인화 혹은 반영을 간파해 낸다(Eliot, 1957: 194-195). 이에 대한 엘리엇의 반응은 균형, 이성, 조화, 절제라는 고전적 가치를 옹호하는 것이다. 특히 1919년에 쓴 「전통과 개인의 재능(Tradition and the Individual Talent)」에서, 엘리엇은 개인의 창조성은 문화적 전통에 대한 고도의 발전된 인식과 적응에 의존하는 것이라는 견해를 옹호한다(Eliot, 1951: 13-22). 시인으로서, 특히 그의 최고 작품이라고 하는 『황무지(*The Waste Land*)』에서 그가 묘사한 것은 1920년대 초 '붕괴하는 유럽 문명' 이라고 그가 말하는 것에서 나타난 사회적/인격적/영성적 붕괴에 대한 두려움이다. 이 작품에서 단테의 『지옥(*Inferno*)』을 연상케 하는 세계가 드러난다.

엘리엇의 정치/사회 사상은 인간의 본성에 근본 결함이 있고 타락할 수 있으며, 따라서 전통이 제공하는 권위/질서/교정이 늘 필요하다는 기독교적 교리에 뿌리를 두고 있다. 우리는 그의 교육사상의 회의적/부정적 측면과 그의 반진보주의를 이런 차원에서 이해하는 것이 좋을 것이다. 그러나 그의 사상을 추적해 보면 또 다른 근원이 있음을 알 수 있다. 그것은 그의 사상이 갖고 있는 보다 긍정적인 특성, 구체적인 지적 형태, 전반적인 이론적 일관성 등을 설명할 때 아주 중요한 것이다. 그것은 브래들리(F. H. Bradley, 1846~1924)의 철학이다. 엘리엇은 1916년 브래들리를 주제로 박사학위 논문을 완성했다. 브래들리의 지극히 은밀하고 난해한 철학은 오늘날 거의 잊혀졌고, 분석철학의 대두와 더불어 거의 망각되고 말았다. 분석철학의 기원은 브래들리에 대한 러셀(B. Russell)이나 무어(G. E. Moore)의 의식적 반동에서 어느 정도 찾아볼 수 있다. 그러나 브래들리의 사상적 스타일은 제1차 세계대전이 일어나기 몇 년 전까지만 해도 젊은 엘리엇에게 상당한 영향을 미칠 정도로 충분한 잠재력을 갖고 있었다.

브래들리의 철학은 다음과 같은 아이디어를 중심으로 이해할 수 있다. 정상적인 경험의 과정에서 그 자체로서, 다시 말해서 그 맥락으로부터 고립되거나 추상된 채로 **충실하게** 이해될 수 있는 것은 없다. 그렇다면 예를 들어 과학적 탐구의 목적을 위해서 그렇게 하는 것처럼 탐구의 대상을 그 배경이라든가 다른 대상과의 연관성에서 떼어 내는 것이 유용하다고 보는 한, 그 대상에 대한 우리의 이해는 필연적으로 제한적이고 조건적이고 불완전한 것이 되고 만다. 이렇게 생각하고 나면 우리는 곧바로 통일된 시스템으로서 실재의 **전체**를 파악하지 못한다면 그것이 무엇에 대한 진리이든지 최종적 진리에 도달할 수 없을 것이라는 결론을 내리게 된다. 이와 같은 궁극적/무조건적 전체성을 가리켜 브래들리는 **절대적인** 것이라고 말한다. 그의 철학은 **형이상학적 홀리즘**의 일종이라고 볼 수 있다. 이에 따르면, 궁극적으로 실재는 하나다. 이에 미치지 못하는 정도만큼 **비실재적**이라고 할 수 있다.

브래들리에 대한 엘리엇의 연구는 특정 이슈에 초점을 두고 있었다. 즉, 위와 같은 궁극적 총체성에 대한 인식이 어떻게 가능할 것인가 하는 **인식론적 물음**이 초점이었다. 브래들리는 일상적 형태의 여러 가지 이해, 그리고 과학적으로 세계를 설명할 때 우리가 사용하는 개념과 범주는 실제로 삶을 살아가는 데 없어서는 안 될 도구라고 믿는다. 그렇지만 그런 도구들은 우리가 사물의 피상적인 외현만을 효과적으로 다룰 수 있게 해 줄 뿐 그 기저에 놓여 있는 실재는 전혀 파악할 수 없게 만들고 만다. 지적인 것들의 특징은 추상, 변별, 분류, 분석, 연관시키는 것이다. 그러나 실재는 하나이고 또 분리될 수 없는 것이다. 따라서 지적 통로를 통해서 우리가 그것에 도달한다는 것은 불가능한 일이다. 그렇다면 실재를 알 수 있는 길은 있는가? 그런 길이 있다! 이런 대답은 우리를 놀라게 만들 것이다. 경험 자체는 가장 본원적인 차원에서 우리가 절대적인 것에 접근하도록 만들어 준다. 그리고 브래들리에 의하면, 이런 직접적 경험이야말로 예를 들어 주체(자아)와 객체(외부 세계)를 분화시키는 것처럼 구분하고 추상하는 지적 과정의 밑바탕에, 그리고 그 이전에 놓여 있는 실재의 본질적 총체성을 경험하는 것이다. 그리고 이런 실재와의 본원적인 만남에서는 (정서와 감각적 지각이라는 의미의) 감성과 (우리의 지적/인지적 사물 파악이라는 의미의) 사상 간의 익숙한 구분과 같은 것은 아무런 흔적도 없다.

브래들리의 형이상학과 인식론은 의심할 바 없이 엘리엇의 사상에서 중요한 부분을 차지한다. 엘리엇의 최대 이슈는 그의 문예비평이나 사회비평에서 모두 원자주의 혹은 파편화의 위험성이다. 전체성의 분열이란 실재의 상실/혼란에 빠짐을 가리킨다. 우리가 앞에서 지적했듯이, 특히 그의 사상에서 핵심은 유기적으로 통합된 총체성으로서의 문화라는 아이디어다. 문화는 사회 전체를 포용한다. 문화를 특정 계급/엘리트의 배타적 전유물로 생각하는 것은 치명적 오류다. 그것은 부분을 전체로 보는 것과 다름없다. 각 계급은 총체성과의 관계 속에서 특수한 기능을 분명히 수행한다. 엘리엇에 의하면, 계급 간의 위계질서를 처음 만들어 낸 것은 그와 같은 문화적 기능의 분화다. 사회가 더 발전할수록 분화의 양상은 더 정교해진다(Eliot, 1962: 25). 최상층 계급의 예술/문학/종교 사상에서 의식적으로 표현되는 의미/가치는 하층 수준의 일상적인 실천과 의식에서 나타나는 의미/가치와 동일한 것이다. 문화는 전수/공유되는 독특한 삶의 방식을 표현한다. 그러나 문화적 특수화는 문화적 분열의 위험성을 갖고 있으며, 특히 "예술적 감수성이 종교적 감수성으로부터 멀어짐으로써 빈곤하게 될" (Eliot, 1962: 26) 때 그렇다.

감수성(sensibility)이라는 개념은 엘리엇 사상의 핵심이다. 그의 초기 비평에서 감수성은 미적 경험에서, 특히 시와의 관계 속에서 작동하게 되는 능력을 가리킨다. 그리고 엘리엇은 감수성이라는 용어를 명시적으로 정의 내린 적이 없지만, 감수성이라는 용어를 브래들리가 말하는 직접적 경험, 그리고 이 말이 시사하는 '사상과 감성의 혼효(fusion)' 와 같은 것을 가리키는 것으로 사용하고자 했던 것은 비교적 분명하다. 그러나 그의 사회사상/교육사상이 등장하는 후기 비평에서 감수성이라는 개념은 더 넓고 깊은 의의를 지닌다. 시와 예술에 반응하는 감수성은 점점 더 경험의 종교적/영성적 의미와 조율된다. 엘리엇이 성공회로 개종한 이후, 궁극적 실재는 본질적으로 영성적인 것이다(Eliot, 1934: 45-46; Eliot, 1951: 388). 우리가 살펴보았듯이, 엘리엇에게 문화와 종교는 어떤 의미에서는 상이한 관점에서 경험되는 **동일한 것**이다. 그의 초기 문예비평에서 (브래들리의 사상과 감성의 혼효가 약화되어 버린) **감수성의 분열**은 영국의 시에 해를 끼친다고 지적했다. 엘리엇은 그의 후기 사회비평에서 종교적 감수성과 미적 감수성의 유사한 파편화가 문화의 유기적 총체성을 위협한다고 말했다.

이렇게 볼 때 엘리엇의 사상에서 문화 전수라는 개념의 중요성은 보다 분명히 드러난다. 미적 경험은 도덕적/영성적 고려 사항으로부터 결코 분리될 수 없는 것이다. 특히 문학에서 가치와 의의의 검증 기준은 인간 경험의 도덕적/영성적 의미에 대한 우리의 파악을 확대/심화/세련화해 주는 능력이다. 이런 반응 양식들이 가능하도록 만들어 주는 감수성은 다른 인간 능력과 마찬가지로 개인에 따라 다르고, 개인 내면의 발달이나 성숙에 따라 다르게 나타난다. 그리고 이런 감수성이 한 개인이나 한 사회에서 발달된 정도는 개인적 성장/성숙의 정도를 가리킨다. 그것은 미적/도덕적/영성적 경험 능력이라는 측면에서 우리가 본래적으로 성숙한 인간 상태에 도달하는 정도를 가리킨다. 따라서 문화 전수는 **인간으로서의 발달**이라는 근본적인 교육 목표에서 핵심을 차지한다.

그렇다면 교육은 문화를 전수/보존하는 의식적이고 체계적인 과정이라고 이해할 때 지극히 중요한 것임이 분명하다. 한 사회는 새로운 세대들을 위해 그 문화 전통을 보존하고 전수하는 과정에서 그 삶의 방식이 살아 있도록, 그리고 인간 존재에게 무엇이 중요한 것이며 궁극적으로 실재하는 것이 무엇인가에 관한 가장 심오한 확신이 살아 있도록 유지한다. 문화가 의식적으로 보존되어야 하는 이유는 그 생존이 자동적으로 보장되기는커녕 언제나 위협받고 있기 때문이다. 문화의 성취가 전수되어야 하는 것은 그것이 모든 사람에게 속하며, 모든 사람에게 이득이 되도록 작동하는 최고의 가치와 의미의 유산이기 때문이다. 그러나 앞에서 살펴본 것처럼, 엘리엇은 이런 유산이 의식적으로 전유될 수 있는 것인 한 이런 능력을 실제로 갖고 있는 사람은 오직 소수일 뿐이라고 가정한다. 따라서 우리는 교육에 대해서 비현실적인 기대를 가져서는 안 된다. 또한 교육은 필연적으로 **선발** 과정일 수밖에 없으며, 이를 통해 명료하고 발달된 감수성을 가질 수 있는 소수를 골라내고 그들이 진보하도록 해야 한다. 따라서 엘리엇은 교육제도에서 가장 중요한 일은 그런 소수를 선발하는 것이라고 말한다. 문화의 존속과 발전은 그런 소수에 의존하기 때문이다. 이런 견해는 근대의 자유주의적/평등주의적/민주주의적 세계에서 대중적 지지를 받지 못할 것이다. 그런데 자신의 견해에 대한 대중적 지지는 결코 엘리엇이 원했던 바가 아니었다.

4. 결론: 엘리엇 이후

엘리엇의 교육론은 겉으로 보기에 시대의 흐름 속에서 성공적인 것은 아니었다. 그의 사상의 반동적 정조, 특히 교육적 평등이라는 이념에 대한 그의 적대감은 변화된 사회적 태도와 동떨어진 것이었다. 그것은 그의 『문화의 정의를 향한 소고』가 출간된 1948년 이후 민주적 사회에서 표출된 요구나 기대와 어긋난 것이었다. 이에 대해서 비교적 공감했던 밴톡(G. H. Bantock)조차도 엘리엇이 그런 측면에서 비현실적이었음을 토로하였다. '능력이 부족한' 사람들의 교육에 관한 한 "엘리엇은 전혀 도움이 되지 못한다." (Bantock, 1963: 232) 이와 비슷하게, 엘리엇의 인간학, 특히 사회계급의 분화가 문화적 전문화의 결과로 나타난다는 그의 생각은 나중에 일부 비평가에게 특이한 것으로 느껴졌다. 예를 들어, 레이먼드 윌리엄스(Raymond Williams)는 엘리엇이 논하고 있는 계급과 문화야말로 경제적 요인들을 전적으로 배제해 버린 것이며, "역사적으로 살펴볼 때 그가 나중에 제시하는 추론에 대해 아무런 확신도 주지 못하는"(Williams, 1963: 232) 것이라고 보았다. 그리고 의미와 가치에 관한 전통적 가정들이 포스트모더니즘과 문화상대주의에 의해서 근본적으로 비판을 받고 있는 현대 세계에서 엘리엇의 교육/문화/사회 사상은 기껏해야 골동품으로 관심을 끌 수 있을 뿐이라고 최근의 비평가들은 생각할 것이다.

그렇다면 엘리엇의 교육사상에서 살릴 수 있는 것은 무엇일까? 결론적으로 말해서, 엘리엇의 교육사상에는 여전히 중요한 점이 남아 있다. 이를 나는 두 가지로 제시하고자 한다. 첫째, 앞에서 다루었던 감수성이라는 개념에 관한 것이다. 아널드와 엘리엇이 보기에 문학/예술/인문학 공부는 교육의 핵심을 차지한다. 이 점을 어떻게 정당화할 수 있는가? 이 질문에 대해서 다음과 같이 답할 수 있겠다. 만일 교육이 근본적으로 인간 발달에 관심을 갖는 일이라고 한다면, 이는 우리가 인간 본성의 철학적(혹은 엘리엇에게는 종교적) 문제에 대해서 진지하게 주목할 것을 요청한다. 교육의 목적에 관한 그의 강의에서 엘리엇은 교육이론의 중심 문제는 '인간이란 무엇인가?' 가 되어야 한다고 주장한다. 문화 전수적 교육관에 따르면, 그런 질문에 대한 가장 심오하고 설득력 있는 탐구는, 다시 말해서 인간의 독특한 자질의 발달과 가장 의미 있게 연결되는 탐구는 서구 문화의 고전적 예술/문학/사상 속에 들어 있다. 인간의 발달은 궁극적으로 우리의 미적, 지적, 도덕적, 영성적 감수성들의 균형 잡힌 함양에 의존하는 것이며, 이런 과제를 위해서 우리는 문화의 가장 위대한 성취를 공부한다. 그렇다면 엘리엇의 교육사상은 항구적이고 핵심적인 관심사를 다루고 있다. 다시 말해서, 그의 교육사상은 교육의 성격에 관한 근본 질문과 이것이 교육과정의 우선순위에 대해서 갖는 함의를 다루고 있다.

여기서 우리는 앞에서 간단히 언급했던 문제로 되돌아간다. 문화적으로 다원적이고 상대주의적인 세계에서 서구 문명의 온갖 주장이 과연 국지적(지역적) 타당성 이상의 어떤 것을 대표할 수 있는가? 이런 질문은 특별히 엘리엇을 위해서, 그리고 일반적으로 문화 전수적 교육관을 위해서 내가 제시하고자 하는 두 번째 제언을 가리킨다. 엘리엇이 유럽의 기독교 문화를 가리켜서 "세계가 이제까지 알아냈던 최고의 문화"(Eliot, 1962: 33)라고 말할 때, 그리고 아널드의 문화관인 '이제까지 생각되고 말해졌던 것들 중에서 최선의 것'에 대해서 긍정적으로 말할 때, 그는 서구 문화의 **내부적** 관점에서 볼 때 **보편적** 권위를 갖는다고 보았던 가치판단을 제시하고 있는 셈이다. 이런 종류의 주장은 어떻게 이해될 수 있는가? 그것은 어떻게 정당화될 수 있는가? 그리고 서구 문화의 핵심 업적이 다른 것들보다 우월하다고 주장할 수 있는 구체적 근거는 무엇인가? 이런 물음에 대한 답을 찾으려면 우리는 '객관적/합리적 정당화'와 '절대적 가치'라는 아이디어 자체를 철학적으로 검토하고, 그런 아이디어들이 거짓이라고 전제하는 문화상대주의가 최소한 어떤 면에서 잘못일 수 있는지를 진지하게 고려해야 할 것이다. 이것은 전적으로 새로운 일은 아닐지라도 현대 교육철학을 위해서 바람직한 과제가 될 것이다. 엘리엇은 우리가 이런 과제에 도전하도록 자극을 준다.[1)]

1) 매슈 아널드의 저술은 여러 출판사에서 찾아볼 수 있다. 이 글에서 가리키는 쪽수는 길리언 서덜랜드(Gillian Sutherland)가 편찬한 『아널드의 교육론(*Arnold on Education*)』(1973), 스테판 콜리니(Stefan Collini)가 편찬한 『문화와 무정부 그리고 다른 저술들(*Culture and Anarchy and Other Writings*)』(1993)에 따른 것이다. 브래들리(F. H. Bradley)의 철학에 대한 간단한 해설은 ① 브래들리(1897), ② 에세이 「직접 경험에 대한 우리의 지식에 관하여(On Our Knowledge of Immediate Experience)」(1909, Allard & Stock, 1994에 수록)에 의존하였다. 엘리엇의 1916년 논문은 엘리엇(1964)으로 출판되었다.

더 읽을거리

엘리엇의 삶과 경력을 자세하게 다룬 것으로는 Ackroyd, Peter, *T.S. Eliot* (Hamish Hamilton, 1984); Gordon, Lyndall, *T.S. Eliot: An Imperfect Life* (Vintage, 1998)가 있다. 엘리엇 작품의 철학적 측면을 자세하게 다룬 책들로는 Childs, Donald J, *From Philosophy to Poetry: T.S. Eliot's Study of Knowledge and Experience* (The Athlone Press, 2001); Freed, Lewis, *T.S. Eliot: The Critic as Philosopher* (Purdue University Press, 1979); Freed, Lewis, *T.S. Eliot: Aesthetics and History* (Open Court, 1962); Thompson, Eric, *T.S. Eliot: The Metaphysical Perspective* (Southern Illinois University Press, 1963)가 있다.

엘리엇의 사회관과 정치관을 적대적 관점에서 다루고 있는 것으로는 Asher, Kenneth, *T.S. Eliot and Ideology* (Cambridge, 1995); Menand, Louis, *Discovering Modernism: T.S. Eliot and His Context* (Oxford, 2007); Ricks, Christopher, *T.S. Eliot and Prejudice* (Faber, 1988); Eagleton, Terry, *The Idea of Culture* (Blackwell, 2000)가 있다. 엘리엇의 입장을 변호하는 것으로는 Raine, Craig, *T.S. Eliot* (Oxford, 2006); Scruton, Roger, *A Political Philosophy* (Continuum, 2006); Kirk, Russell, *Eliot and his Age: T.S. Eliot's Moral Imagination in the Twentieth Century* (ISI Books, 2008)가 있다. 엘리엇의 교육론을 가장 확실하게 추종하는 것은 G.H. Bantock, *Education, Culture and the Emotions* (Faber, 1967)다. Roger Kojecky, *T.S. Eliot's Social Criticism* (Faber, 1971)도 주목할 필요가 있다.

참고문헌

Allard, J.W. and Stock, G. (1994) *F.H. Bradley: Writings on Logic and Metaphysics*. Oxford: Oxford University Press.

Arnold, Matthew (1862) *The Twice-Revised Code*. London: Clowes.

Arnold, Matthew (1869) *Culture and Anarchy*. Cambridge: Cambridge University Press. 윤지관 역(2006). 『교양과 무질서』. 파주: 한길사.

Bantock, G.H. (1970) *T.S. Eliot and Education*. London: Faber and Faber.

Bradley, F.H. (1897) *Appearance and Reality*, 2nd edn. Oxford: Oxford University Press.

Collini, Stefan (Ed.) (1993) *Arnold: Culture and Anarchy and Other Writings*. Cambridge: Cambridge University Press.

Eliot, T.S. (1934) *After Strange Gods*. New York: Harcourt, Brace and Company.

Eliot, T.S. (1939) *The Idea of a Christian Society*. London: Faber and Faber. 이경식 역 (1982). 『기독교사회의 이념』. 서울: 현대사상사.

Eliot, T.S. (1951) *Selected Essays*, 3rd edn. London: Faber and Faber.

Eliot, T.S. (1957) *On Poetry and Poets*. London: Faber and Faber.

Eliot, T.S. (1962) *Notes towards The Definition of Culture*. London: Faber and Faber. (First published in 1948.)

Eliot, T.S. (1964) *Knowledge and Experience in the Philosophy of F.H. Bradley*. New York: Farrar, Straus and Company. 김양수 역(1997). 『Bradley 철학의 인식과 경험』. 서울: 형설출판사.

Eliot, T.S. (1969) *The Complete Poems and Plays of T.S Elliot*. London: Faber and Faber.

Eliot, T.S. (1978) *To Criticize The Critic*. London: Faber and Faber.

Sutherland, Gillian (Ed.) (1973) *Arnold on Education*. Harmondsworth: Penguin Books.

Williams, Raymond (1963) *Culture and Society 1780-1850*. New York: Columbia University Press.

제9장

R. S. 피터스: 자유주의적 전통주의자

M. A. B. Degenhardt

1. 뿌리와 맥락

어떤 사람들은 '위대한 교육자'로 칭송을 받는다. 그들은 교육이 마땅히 성취해야 할 바가 무엇인가에 대해 혁신적인 신념을 가졌고 그것을 실천에 옮겼을 것이다. 리처드 피터스(Richard Peters)도 교육을 어떻게 개선시킬 것인가에 대해 확고한 견해를 가졌고, 교육의 실제에 영향을 미치기도 하였다. 그러나 피터스의 교육적 중요성은 약간 다른 성격을 갖고 있다. 1960년대 그는 교육사상에 대한 철학적 관심을 더 높은 수준으로 끌어올리기 위해 각국에서 모여든 학자들의 지도자였다. 영국에서는 이미 하디(C. D. Hardie)의 혼자 힘으로 이런 길이 모색되고 있었고, 미국에서는 이스라엘 셰플러(Israel

Scheffler)와 다른 사람들이 모여 학술 모임을 열고 학술지를 출판하기 시작했다. 피터스는 서양 철학의 전통뿐만 아니라 당시의 교육이론과 교육실천을 연구하였다. 그는 지혜와 건전한 상식은 시간의 검증을 이겨 낸 것들 안에서만 찾아낼 수 있다고 확신하는 완고한 전통주의자가 결코 아니었다. 그는 자유로운 전통주의자였다. 다시 말해서, 그는 다음과 같은 의미에서 '자유주의적' 이라고 말할 수 있는 사상을 끌어가고 평가하고 발전시켰다.

① '자유교육(liberal education)'이라는 말은 보통 BC 4세기 고대 그리스 사상가인 이소크라테스(Isocrates)에게로 거슬러 올라간다. 그것은 자유인에게 적합한 종류의 교육을 의미한다. 자유인이란 노예가 아닌, 시민의 권리와 책임을 갖는 사람을 말한다. 자유인은 장사꾼이나 수공인을 길러 내는 제한된 학습이 아니라 그 당시 발전되고 있었던 학습 내용을 배우는 '비노예' 교육을 받았다. 이 학습은 두 가지 점에서 가치 있는 것으로 여겨질 수 있다. 하나는 어떤 일이 다른 목적에 기여하는가와는 무관하게 그 자체를 위해서, 그것을 자유롭게 행할 수 있는 사람의 마음을 위해 내재적인 보상이라는 점에서, 그리고 다른 하나는 지배하는 위치에 있었던 시민들이 복잡한 현실 정치 문제를 판단할 수 있게 해 주는 폭넓은 사상 혹은 자유로움을 제공해 주는 것이라는 점에서다. 이런 견해가 진화하여 여러 가지 버전이 나타났고, 그리스와 로마 문화에서 중요한 것이 되었으며, 중세 기독교 시대에 와서 7자유교과로 표준화되었다. 르네상스와 과학발달은 어떤 내용이 자유적이고 또 어떤 것이 기계적인가에 관해서 활발한 논쟁을 불러일으켰다. 19세기에 이르러 상류계급을 위한 영국 교육의 개혁은 시급한 것으로 생각되었다. 럭비 학교를 졸업한 토머스 아놀드(Thomas Arnold)는 역사, 고전, 기독교를 강조한 자유학습이라는 버전을 발전시켰다. 1852년 뉴먼(Newman)은 『대학교육의 범위와 성격(*On the Scope and Nature of a University Education*)』에서 폭넓은 자유로운 공부

를 강조하였다. 그러나 그들의 엘리트주의적 입장에 대해서 점점 더 불만을 느낀 사람들이 많아졌다. 더 많은 사람이 받을 수 없는 자유교육은 폐기되어야 하는 것으로 간주되기 시작했다. 영국 최초의 수석 장학관이고 시인이었던 아놀드는 직업적인 공부의 준비로서 모두를 위한 문화교육을 신봉하면서 그와 같은 것을 목표로 삼았다. 여러 해에 걸쳐서 그런 사상은 교육 보고서들 속에서 논란거리가 되었다. 이에 대한 한 가지 대응으로 1960년대에 폴 허스트(Paul Hirst)는 다양한 형식의 지식들에 적합한 사고양식을 구분하였고, 이를 가르침으로써 모든 사람에게 제공될 수 있는 자유교육관을 발전시켰다. 피터스는 허스트와 긴밀한 관계 속에서 연구하였고, 그와 비슷하게 내재적으로 만족스럽고 또한 민주시민에 적합한 마음을 확충시켜 줄 수 있는 교육과정을 옹호하였다. 탈엘리트주의적 자유교육관은 피터스가 이끌어 낸 두 번째 자유주의의 전통과 더 부합될 수 있는 것이었다.

② 정치적 자유주의는 고대에 뿌리를 두고는 있지만 17세기에 와서야 비로소 개혁사상으로서 체계를 갖추게 되었다. 이 사상의 형태는 다양하다. 그러나 공통적으로 나타나는 주제는 자유, 민주주의, 기회의 평등, 개인 존중, (의견과 지식의 자유로운 발달을 통한) 인류 향상에 대한 낙관론 등을 귀중하게 여기는 것이다. 18세기 후반 이후, 전부는 아니지만 많은 교육개혁가가 그런 사상을 받아들였다. 그들 중 일부를 '자유주의자(libetarian)'라고 불렀다. 그들은 지식체계의 전수보다는 아동을 이해하고 그들의 개성과 자연적 성향을 자유롭게 발달시키는 데 더 관심을 쏟았다.

자유주의 사상은 18세기 이후 교육계에서 나타난 지식중심 교육이나 아동중심 교육에서 자주 등장하였다. 피터스는 이 두 가지 접근에서 가장 좋은 점들을 결합하려는 시도를 하였다고 볼 수 있다. 그러나 그것은 쉬운 일이 아니었다.

피터스가 런던 대학의 교육철학 교수로 부임하게 되는 1962년에 이 두 가지 교육관의 차이는 굳어지고 첨예하게 교조적으로 대립하고 있었다. 서로 상대방을 가리켜서 해롭고 틀린 것이라고 비난하였다. 그럼에도 불구하고 그는 1960년에 공개 강연의 자료들을 묶어서 『권위, 책임, 교육(*Authority, Responsibility and Education*)』이라는 책을 출간하였다. 이것은 혼란스러운 상황에 기름을 붓기보다는 빛을 던지기 위한 책이었다. 다른 책에서도 마찬가지이지만, 이 책에서 우리는 두 가지 종류의 자유주의적 사고를 잘 활용하고자 했던 그의 노력을 엿볼 수 있다.

피터스의 교육 저술은 일관성, 변화, 발전을 보여 주고 있다. 그러나 그는 총체적이고 완전한 교육설을 제시하려고 하지 않았다. 오히려 그는 그 자신이 모범을 보였던 교육철학 탐구를 더 많은 사람이 이해하고 또 동참해 주기를 원했다. 이런 목적에서 그는 사람들에게 토론거리를 제공하고, 그리고 교육실천자들이 '교육철학 하기'를 이해하고 동참하도록 하려고 글을 썼다. 그는 놀라운 재능과 열정으로 저술 활동에 몰두하였고, 교사교육에서 철학의 중요성을 영국 정치인들과 교육행정가들에게 설파하려고 노력하였다. 그는 교육학사 학위 과정을 새로 개발하는 데 참여했고, 교사 양성을 위한 대학에 유능한 교육철학자들이 임명될 수 있도록 동분서주하였다. 그는 영국교육철학회(Philosophy of Education Society of Great Britain)를 창설하는 데 앞장섰고, 영국교육철학 학회지를 발간하였으며, 철학자들이 교육에 관한 논문을 기고하도록 권장하였다.

2. 개념과 프로그램

서로 전쟁 중이었던 두 가지 교육설 간의 상호 이해를 증진시킬 준비가 된 상태에서 피터스는 교육철학 교수로 임용되었다. 그는 이미 학교, 대학, 성인교육 기관에서 가르친 바 있었고, 청소년을 위한 봉사 활동에도 헌신하였다. 그는 철학과 심리학의 역사, 그리고 사회/정치/윤리 이론에 대해서 강의도 했고 글도 썼다. 그의 교수취임 강연(Education as Initiation, 1964)에서 그는 교육철학의 관심사가 되어야 할 것이 무엇인가에 대한 견해를 밝혔고, 미래의 탐구 문제를 제시하였다. 먼저, 그는 교육이 아닌 사회화나 경제 투자와 같은 일을 중심으로 자신의 과업을 생각하는 교사들에 대해 언급하였다. 피터스는 교사들도 그런 문제에 주목해야 할 때가 있다는 점을 인정하였다. 그러나 그는 이런 일과 교육자의 역할을 혼동할 경우에 나타날 개념상의 혼란을 우려하였다. 예를 들어, 교사들은 자신들의 일차적 과업이 일반 대중을 사회화시키거나 '순화' 시키는 일이고, 또 그들이 단지 취업, 건강한 취미생활, 행복한 가정생활을 성취하고 만족하도록 도와주는 일이며, 독립적 사고의 증진과 같은 일은 소홀히 해도 된다는 생각에 빠질 수 있다.

피터스는 교수취임 강연에서, 그리고 나중에 『윤리학과 교육(*Ethics and Education*)』의 제1장에서 더 자세하게 '교육이 무엇인가?'를 밝혀낸다. 그는 사례와 분석을 통해서 교육은 훈련이나 수업과 같은 특정한 과정을 가리키는 개념이 아님을 보여 준다. 교육이라는 개념이 사용되는 핵심 경우들을 살펴보면, 교육이란 '교육한다' 고 인정을 받기 위해서 충족시켜야 할 세 가지 준거를 포괄하는 개념이다.

① 도구적 가치를 가질 수도 있지만 이와 별도로 그 자체로서 가치 있는 것이라고 간주될 수 있는 어떤 것들이 전수되어야 한다. 그리고 학습자들은 그것에 몰입해야 한다.

② 학습자가 알거나 이해하는 것에 어떤 '지적 안목' 이 들어 있거나 혹은 다른 지식이나 다른 사람들의 삶과의 연관성에 대한 능동적 인식이 포함되어야 한다.

③ 그것을 전달할 때에는 학습자의 의식이나 자발성과 같은 요소들을 배제시키는 교화와 같은 방법을 써서는 안 된다. (물론 적절한 방식으로 지도하

거나 강제할 여지는 남아 있다.)

요컨대, 만일 내가 가치도 없는 어떤 것을 가르치거나, 학생들이 배우는 것 자체에 관심을 쏟지 않거나, 그것과 다른 문제와의 연관성을 깨닫지 못하거나, 혹은 그것을 스스로 평가할 수 있는 능력을 무시해 버린다면 나는 교육하고 있는 것이 아니다.

그것은 교육이 이러이러한 것이었으면 좋겠다는 피터스의 개인적 생각을 표현한 것이 아니다. 그는 그렇게 보지 않았다. 그것은 '교육' 이라는 용어가 사용되는 핵심적인 사례에서 의미하는 바를 있는 그대로 그가 밝혀낸 것일 뿐이다. 그렇다면 다른 사람들은 아마 "그것이 교육이 의미하는 바라고 한다면 나는 반대다." 라고 말할 것이다. 이런 사람들은 개념 분석이라는 것이 그 자체로서는 실천을 위한 처방이 되지 못한다고 믿고 있을 것이다. 그러나 개념 분석은 우리가 이야기하는 바를 명확하게 해 주는 것 이상의 역할을 할 수 있다. 피터스는 때때로 대학원생들에게 개념 분석의 가치를 우리가 미리 알 수는 없고 '결과를 기다려 봐야 한다.' 고 말했다. 이윽고 피터스의 개념 분석에서 중요한 사항들이 나타났다. 첫째, 앞에서 지적한 대로, 교육은 '과정어(process word)' 가 아니라 '기준어(criteria word)' 다. 다시 말해서, 교육은 교육적인 것이라고 간주되고 있는 과정/활동을 평가하기 위한 단어다. 이것은 가치 중립적인 교육 탐구나 교육 계획을 추구하고자 하는 사람들이 꼭 유념해야 할 사항이 된다. 둘째, 개념 분석을 통해서 교육은 외재적 목표가 아닌 다른 목적을 내포하고 있다는 점이 드러났다. 왜냐하면 교육은 바람직한 상태를 불러일으키는 것을 의미하기 때문이다. 그렇다고 해서 경제발전을 위한 교육정책 개발이 언제나 잘못이라는 말은 아니다. 그렇지만 이런 도구적 이야기가 표준이 되어 버린다면, 우리는 공리주의적 혹은 제작(moulding) 교육 모형에 사로잡히게 된다. 이런 모형은 우리들로 하여금 교육이 마치 선정된 특수한 목적을 달성하기 위해 이용/적용할 수 있는 일련의 절차인 것처럼 생각하게 만들어 버린다. 이와 달리 성장

(growth) 교육 모형은 이런 오류를 바로잡기 위해 나타난 것이다. 이 모형은 인간의 마음을 자체적 발달의 원천으로 본다. 그러나 이 교육 모형에 따라서 우리가 교육을 주로 학습자 자신의 본성의 산물이라고 이해한다면 교육 프로그램에서 신중한 숙고를 통해 선택될 필요가 있는 목적을 간과해 버리는 잘못에 빠질 수 있다. 셋째, 피터스의 개념 분석은 교육에서 지식에 관한 중요한 사항들을 밝혀냈다. 즉, (신념과 기능만으로는 교육이 되지 못하므로) 지식의 요소들이 전수되어야 하며, 학습된 지식은 학습자의 마음속에서 능동적이어야 한다. 학습된 지식이 다른 지식이나 세계와 어떤 연관성이 있는가가 이해될 때 비로소 사람의 안목은 전반적으로 달라질 수 있다. 이것이 곧 지적 안목이다.

3. 가치와 정당화

피터스의 아이디어를 가르치고자 하는 사람들은 아마 학생들로부터 다음과 같은 반응을 들을 것이다. "그 안에 온갖 가치판단이 가득 들어 있네요!" 사실 그렇다. 그런데 이 점을 반론으로 지적함은 현대 문화에 팽배해 있는 '가치 회의론' 의 표출이나 다름없다. 현대인의 회의론에 따르면 가치판단은 필연적으로 비합리적 정서, 그리고 알 수 없는 것들의 세계로 빠져 들어감을 내포한다. 피터스는 이런 회의주의가 교육적 사고에 미치는 해악을 인식하고 있었다. 우리가 아이들에게 제공해 줄 수 있는 가장 가치 있는 교육은 무엇인가에 대한 판단을 도와줄 수 없는 교육이론은 어떤 종류의 것일까? 이러한 교육적 관심에서 어떤 종류의 가치 문제가 생기는가, 그리고 그런 문제에 관해서 객관적인 추론이 어떻게 가능한가 하는 점을 피터스의 개념 분석은 보여 주고자 했다. 그의 책 『윤리학과 교육』이 바로 그런 시도였다.

피터스의 교수취임 강연은 교육이라는 개념에 대한 보다 충실한 설명을 담고 있다. 이것은 세 가지 준거와 일관되며, 제작 모형과 성장 모형에 들어 있다고 보는 약점을 변증법적으로 극복하는 설명이다. 피터스는 교육을 입문(initiation)으로 설명한다. 교육은 언어와 기초 기능의 공적 전통에 입문시키는 일에서 시작되고 점차적으로 특수한 전통으로 이끌어 간다. 이는 과학, 역사, 수학과 같은 지식 형식들이나 종교적/심미적 이해, 혹은 (도덕적/개인적/기술적 사고와 행위의 양식들에 들어 있는) 실천적 지식 유형 등과 같은 것으로 구성된 것이다. 마음은 사람이 태어날 때부터 그냥 있는 것이 아니고 발달되는 것이다. 마음은 우리 조상들이 여러 세기를 거치면서 발전시켜 온 양식들 속으로 점차 입문되면서 발달한다. 모든 세대는 시간과 정성을 쏟아 그것들을 배워야 하며, 이를 통해 그것들은 더 발전할 수 있다.

이와 같은 점을 피터스는 『윤리학과 교육』에서 자세하게 밝혀낸다. 그는 인간의 마음에 대한 서구인들의 이해가 변화했다는 점, 그리고 교육 모형들이 상이하게 나타났다는 점을 서로 연결시켜 논의한다. 경험주의는 인간이 백지 상태(tabula rasa, 빈 서판)로 태어난다고 생각하였다. 여기에 감각 인상이 들어가고 그것들을 기억하고 분류하는 능력이 생긴다. 이 기반 위에서 인간은 세계와 자신에 대한 이해를 형성한다. 마음에 관한 이런 견해는 대체로 수동적/수용적인 것이다. 여기서 교육의 모형은 제작이다. 교사는 아동이 적절한 경험을 갖도록 함으로써 아동의 마음을 형성시킨다. 행동주의 학습이론은 현대판 경험주의다. 이런 경험주의를 비판한 사람이 바로 칸트였다. 칸트는 우리의 마음을 그렇게 제한적으로 이해한다면 인간이 경험을 활용하여 (공간, 시간, 인과와 같이 경험의 흐름에 질서를 부여하는) 개념과 범주를 발달시키는 능력을 설명하기가 어렵게 된다고 보았다. 아동에게 나타나는 이런 발달을 심리학적으로 탐구한 사람은 피아제였다. 그는 그런 발달이 어른의 가르침과 별도로 독립적으로 발생한다고 주장함으로써 성장 모형에 힘을 실어 주었다. 성장 모형에서 교육은 주로 학습자 자신의 자연적 발달에 의해 이루어질 수 있는 것이다. 인간의 마음을 이와 같이 이해하는 것을 비판했던 사람이 바로 헤겔과 마르크스였다. 그러한 이해는 학습의 사회적 측면을 소홀히 한다고 그들은 지적했다. 다시 말해서,

언어/과학/사회관계와 같은 제도 속에 온축되어 있는 여러 가지 이해의 양식은 사회적으로 전수되고, 문화 속에 담겨 있으며, 이런 문화 속에서 인간은 태어난다. 그렇지 못한다면 인간의 마음은 발달할 수가 없다. 인간의 마음이 그렇게 발달한다는 것은 분명한 사실이다. 그런 문화가 객관적 유산이라는 것은 우리 중 어느 한 사람이 생각해 낸 것이 아니라는 뜻이다. 그것은 우리가 그 속으로 입문되어야 할 '이해의 세계'이며, 인간의 변덕으로부터 비교적 독립된 것이다. 오직 그럼으로써 우리의 마음은 발달하며, 이를 통해 우리는 다른 사람들과 협력하면서 독자적으로 생각할 수 있게 된다. 이런 초개인적 요소가 교육의 핵심이다. 초개인적 요소는 보통 그것을 이미 습득한 교사로부터 비로소 습득될 수 있는 것이다. 따라서 멋진 교사라고 한다면 우애심에 바탕을 둔 인간 존중의 정신을 틀림없이 보여 줄 것이다. 피터스가 이 점을 강조한 것은 그것을 간과했던 교육관이 많았고, 따라서 로렌스(D. H. Lawrence)가 말하는 교사와 학생 사이의 '성스러운 영역'이 위협받고 있다고 보았기 때문이다(Peters, 1964: 37; 1966: 52, 54).

이와 같은 아이디어는 피터스가 『윤리학과 교육』에서 교육에 대한 합리적 숙고의 가능성을 어떤 맥락에서 보여 주려고 했는지를 짐작하는 데 도움이 된다. 그 속에는 학습자를 대우하는 올바른 혹은 그릇된 방식과 관련된 가치도 들어 있고, 도덕/사회/정치 철학의 주제에 대한 관심을 환기시켜 주는 것도 들어 있다. 또 교육과정을 구성하는 성분/요소를 어떻게 선정할 것인지, 그것을 어떻게 정당화할 것인지에 대한 관심도 들어 있다. 이 점이 피터스에게는 특별히 어려운 일로 생각되었다. 왜냐하면 그는 교육적인 것으로 인정받으려면 가르치는 교과들이 내재적 가치와 도구적 가치를 가져야 한다고 보았기 때문이다. 피터스는 고전적인 윤리학 이론을 몇 가지 검토하고 그 장점과 한계를 파악한 다음에 칸트의 '선험적 연역(transcendental deduction)'이라는 논변을 끌어들였다. 이 논변의 핵심 아이디어는 무엇인가? 그것은 어떤 믿음의 정당성에 관해서 문제가 제기될 때에는 그 물음의 이면으로 들어가서, '그런 문제 제기가 가능하거나 의미 있는 것이 되려면 무엇이 전제되어야 하는가?' 하는 점을 살펴보아야 한다는 것이다.

이런 논변 방식을 통해서 피터스가 탐구했던 가치를 두 가지만 살펴보자. 첫째는 교육에 있어서 평등, 혹은 공정성이다. 이것은 결코 쉬운 주제가 아니지만 선험적 연역이 어떻게 적용되는지를 잘 보여 준다(Peters, 1966, Ch. IV).

평등의 원리는 '모든 인간은 평등하다.' 는 식으로 잘못 표현되는 경우가 많다. 이는 실제로 분명 틀린 주장인 것 같다. 그것을 '인간을 어떻게 대우해야 하는가?' 에 관한 한 가지 견해로 이해하는 것이 합당하겠지만, 모든 사람을 똑같이 대우하는 것도 어떤 경우에는 명백한 부정의가 될 수 있기 때문에 그런 이해도 여전히 문제가 있다. 그뿐만 아니라 평등을 증진시키기 위한 교육적 조치가 자유와 같은 가치와 충돌하는 것처럼 보일 때도 자주 생긴다. 여기서 피터스는 '왜 사람들을 평등하게 다루는가?' 라는 질문이 그 이유를 묻는 질문이라는 점을 먼저 지적한다. 이 질문에서 이미 선험적으로 전제되어 있는 점을 찾을 수 있는데, 합리성에 대한 신봉이 바로 그것이다. 합리적 사고의 한 가지 특징은 사고나 행위에서 구별해야 할 마땅한 이유가 없을 경우에는 그런 구별을 하지 않는다는 것이다. 다시 말해서, 예외를 만들어야 할 타당한 이유가 없음에도 불구하고 사람들을 차별 대우하는 것은 합리적이지 못하다. 이것이 바로 평등의 합리적 원리다. 예를 들어 보자. 표준 교육과정을 따라가기가 어려울 정도로 장애가 있는 특수한 학생들이 있는데, 그들을 감안하여 차별화된 교육을 제공하는 것은 아주 합리적일 것이다. 물론 차별화된 교육을 제공하는 것과 관련된 근거가 무엇인가에 대해서 어떤 결정을 내려야 할 것이다. 가령 시력의 차이는 관련된 근거라고 볼 수 있으나 눈 색깔의 차이는 관계가 없는 근거일 것이다. 그렇지만 이처럼 확실하지 않은 경우도 많다. 피터스는 이런 경우를 고려할 때 판단이 얼마나 어려운가를 밝히면서 다른 학문들의 연구 성과를 끌어들이기도 한다. 선험적 연역만으로 교육에서 발생하는 평등에 관한 문제를 모두 해결할 수는 없을 것이다. 그것은 구체적 사례에 대한 합리적 숙고가 가능하도록 한 가지

틀을 제공해 줄 뿐이다.

둘째, 피터스는 내재적 가치를 갖는다고 판단되는 활동들에 대한 정당화를 고찰한다. 내재적 가치를 가진 활동은 이렇게 정당화되어야 비로소 교육과정 속에 자리를 잡게 된다. 피터스도 인정하였지만, 이런 점에서 선험적 연역이 얼마나 도움이 되는가 하는 점은 불분명하다. 그러나 **교육적** 학습은 학습된 바의 내재적 가치에 대한 인식을 반드시 포함하는 것이라고 주장하는 그는 그런 의문을 그냥 지나칠 수 없다. 여기서도 그는 다음과 같이 시작한다. 그는 '왜 저것이 아닌 이것을 해야 하는가?'라는 질문을 제기하는 사람이 있을 경우에 그가 이미 당연한 것으로 신봉하는 점이 무엇인가를 밝혀낸다. 만일 어떤 사람이 그런 질문을 진지하게 제기하고 있다면, 그는 이미 어떤 식으로 보고 있고 또 이미 어떤 것을 신봉하고 있는 셈이라고 그는 말한다. 피터스에 의하면, 어떤 활동 속에는 어떤 점들이 이미 들어 있으며, 그것들이 바로 그 활동을 추구하는 이유가 된다. 물론 배우지 못해서 이런 점들을 고려하지 못하는 사람도 있다. 이런 사람들은 모든 활동을 다른 어떤 것의 도구로서만 좋은 것이라고 생각할 수 있다. 말하자면 모든 활동을 인간의 기본적인 필요나 욕망을 충족시키기 위한 도구로만 생각할 것이다. 어떤 활동 속에 내재하는 가치를 파악하려면 배워야 하는데, 이는 그 활동이 가져오는 결과에 따라서 그리고 그 안에 내재되어 있는 표준에 따라서 평가될 수 있음을 파악하기를 배우는 일이다. 이를 배우려면 탁월성에 대한 자체의 표준이 들어 있는 활동에 참여해야 하고, 그 활동이 우아함, 정교함, 산뜻함, 적절함과 같은 특성들을 얼마나 다양하게 드러낼 수 있는가를 파악해야 한다. 이런 점들은 사냥이나 집짓기와 같은 원시적 활동들이 오랜 세월을 거치는 과정에서 더욱더 세련되면서 나타나는 특성들이다. 이런 특성들을 파악하기를 배우게 된다면 우리는 그런 점들을 성취할 여지가 많은 활동들을 더 좋아하게 될 것이다. 특히 그런 점들이 서로 결합될 수 있고 새로운 기능을 요구하고 흥미를 끌 정도로 예측 불가능한 요소들을 포함하는 것이라면 우리는 더 좋아하게 될 것이다.

그렇지만 피터스에게는 그것으로서 충분한 것은 아니다. 왜냐하면 그것은 탐구 영역이나 창조 영역뿐만 아니라 아주 재미있는 게임에 대해서도 똑같이 적용될 수 있기 때문이다. 그런데 전자에는 일반적으로 게임에는 없는 것들이 들어 있다. 즉, 탐구 영역이나 창조 영역은 (우리가 질문하고 선택하며 살아가는) 이 세계와 우리의 본성에 대해서 다양한 빛을 비추어 준다. 따라서 어떤 사람이 '왜 저것보다는 이것을 하는가?'라고 묻는다면 그는 그런 탐구 활동이나 창조 활동을 더 좋아할 것이다. 왜냐하면 이런 활동은 그 질문에 관해서 생각하는 일과 여러 가지 방식으로 연관되기 때문이다. 그러나 여기서도 피터스는 만족하지 못한다. 지식/탐구/창조의 영역들이 우리의 이해와 선택에 도움이 될 수 있는 점들을 우리에게 말해 주기 때문에 그것들을 가치 있게 여긴다는 것은 그것들을 도구적으로 가치 있게 여기는 것과 비슷한 것처럼 보인다. 그러나 그는 이 지점에서 내재적/도구적 구분이 효력을 상실한다고 말한다. 여기서 피터스의 연역의 마지막 단계가 나타난다. 다양한 지식의 영역들이 특별한 가치를 가질 수 있는 이유는 그것들이 모두 진리에 대한 진지한 관심을 공유하고 있다는 것이다. 이런 진지한 관심은 '성찰이 없는 삶은 살 가치가 없다.'는 소크라테스의 말에 들어 있다.

> 모든 합리적 활동들 속에는 참과 거짓, 적절함과 부적절함, 맞음과 틀림에 대한 관심이 들어 있다. '왜 저것보다는 이것을 하는가?'라는 질문을 진지하게 던지는 사람이라면 누구나 그런 관심을 이미 갖고 있기 마련이다. 왜냐하면 그것은 '진지한' 의 의미 속에 들어 있는 것이기 때문이다. 정당화를 하려는 진지한 시도 속에 이미 그 점이 전제되어 있기 때문에 그것에 대해서는 더 이상 정당화를 제시할 수 없다(Peters, 1966: 165).

간단히 요약해 보자. 어떤 활동이 가치가 있는 까닭에 대해서 우리가 진지하게 생각하기 시작한 그 순간, 우리는 그 답을 찾는 일에 이성을 사용하기로 작정한 셈이다. 이런 작정은 깊고 넓은 것이어서 합리적 진리 탐구를 향한 다른 시도에도 확대되기 마련이다. 예를 들면 역사, 과학, 수학, 철학과 같은 활동에서 나타나는 합리적 진리 탐구로 확대되기 마련이다. 특정 진리에만 관심을 쏟고 있는 교조주의자들의 열정과는 다르게, 그런 관심은 진리와 (진리 추구의) 원리에 대한 총체적 열정이다. 이를 옹호하기 위해서 더 이상 말할 수도 없고 또 말할 필요도 없다. 그런 태도는 우리에게 자연스럽게 나타나는 것이 아니라, 이미 그것을 갖고 있고 또 가르침 속에서 그것을 보여 주는 사람들로부터 배우는 것이다.

피터스가 선험적 연역을 사용한 사례를 두 가지 살펴보았다. 이것은 피터스가 그의 논변을 어떻게 사용하려고 했는가를 어느 정도 파악하는 데 도움이 될 것이다. 또한 그는 진리를 말하기, 이익을 고려하기, 자유 등과 같은 원리들을 옹호하는 데에도 그런 논변 방식을 적용한다. 그런 다음에 그는 앞에서 언급한 주제들을 끌어모아서 인간 존중, 그리고 권위와 민주주의와 같은 사회 통제와 연관된 교육 문제를 논의한다(Peters, 1966, 여기저기에).

『입문으로서의 교육(*Education as Initiation*)』, 『윤리학과 교육』은 다양한 사상가의 도움을 받은 것이지만, 교육철학과 그 향후 과제에 대한 피터스의 통일된 견해를 담고 있다. 그는 이를 실현하기 위해서 20여 년 동안 활발한 저술 활동을 하였다. 8권의 책(한 권은 Hirst와 공저함), 60여 편의 논문, 8권의 편저가 나왔다. (Cooper, 1986: 215-218에 피터스의 연구 실적 목록이 잘 나와 있다.) 이 모든 업적을 상세하게 다루기란 불가능한 일이므로 피터스의 연구에 대한 몇 가지 반응과 이에 대한 그의 반응을 몇 가지만 살펴볼 것이다.

4. 피터스에 대한 비판

1) 정서

한 가지 공통된 불평은 가끔 영향력 있는 저술가들도 그랬듯이 피터스의 이성에 대한 관심은 감정에 대한 적대적 소홀과 연관된다는 점이었다. 이것은 터무니없을 정도로 틀린 주장이다. 수많은 저작을 통해서 피터스는 정서에 관해서 풍부하고 유익한 견해를 발전시켰다. 피터스가 이해하는 '교육'에서 구체적인 학습자들이 학습하는 것에 몰입하게 된다. 이런 교육관과 그의 정서관은 부합된다. 그의 『이성과 공감(*Reason and Compassion*)』이라는 책은 정서를 소홀히 하는 교육을 반대한다. 즉, 이성과 정서가 상반된 능력이라고 보는 일반적 견해를 부정한다. 그는 마음의 두 가지 능력 중 어느 하나가 개인에게서 또는 학문 영역에서 지배적 위치를 독점할 수 있다고 보지 않았다. 이성이나 정서의 발달을 위해서 각각 별도의 교과목이 주로 기여한다는 통상적인 가정을 그는 거부한다. 피터스에 의하면, 정서는 반드시 지식/신념/추론을 내포한다. 왜냐하면 우리가 어떻게 느끼는가는 우리가 어떻게 이해하는가에 의존하기 때문이다. '이성적 열정', 합리적 사고에 대한 사랑, 비합리성에 대한 거부감이 없다면 이성의 발달은 불가능한 일이다. 일을 제대로 처리하려면 학자/실천가는 명확함을 열정적으로 사랑하고 모순/비일관성/자의성을 싫어해야 한다. 또한 권위/계시/전통에 호소하는 것을 싫어해야 하고 좋은 이유에 호소하는 것을 좋아해야 한다.

따라서 이성의 사용은 열정적인 일이다. 정서도 합당성의 정도에서 차이를 드러낼 수 있다. 이성과 열정이 어떻게 상호작용하는가 하는 점은 아주 다양할 것이지만, 아무튼 양자가 상호작용하는 것이라면 정서의 교육도 가능한 일이고 또 중요한 일이다. 만일 우리의 감정이 우리가 사물을 어떻게 이해하는가와 연결되어 있다면, 우리가 학습한 것이 우리의 이해와 감정을 변화시킬 수 있다. 「정서의 교육(The education of the emotions)」(Peters er al., 1972, Ch. 26)이라는 초기 논문에서 피터스는 심리학자들이 최선의 정서교육 방법에 대해 경험적 연구를 수행하지 않고 있음을 지적하면서 나름대로 한 가지 방안을 제시한다. 세계를 평가하고 느끼는 일에서는 언어가 중심을 차지하기 때문에 문학 공부가 중요하다. 훌륭한 작가들이 섬세하게 묘사해 주는 사람들이나 그들의 감정에 몰입함으로써 우리의 평가 능력이나 반응 능력은 확대된다.

피터스의 경우, 정서에 대한 관심은 일반적으로는 심리학에 대한 관심, 그리고 특수하게는 도덕발달에 대한 관심과 연관되어 있다. 피터스는 경험적 연구자가 아님에도 불구하고 심리학의 여러 대립하는 학파들 간에 어떤 철학적/방법론적 차이가 있는지를 탐구하였다. 그는 심리학의 여러 학파가 교육적으로 중요한 질문들을 간과할 수 있다고 보았다. 그는 심리학의 학파들에 대해서 판단을 내리기보다는 그런 관점들 속에서 상호 보완적으로 통합할 필요가 있는 점들을 밝혀내는 데 집중하였다. 이미 1960년대에 「프로이트의 도덕발달 이론과 피아제의 도덕발달 이론의 관계(Freud's Theory of Moral Development in Relation to that of Piaget)」에서, 그는 두 심리학자가 서로 다르지만 분리될 수 없는 도덕발달의 측면들에 대해서 관심을 갖고 있음을 밝혔다. 그 이후에도 그는 다른 심리학파와 다른 연구자들을 옹호하는 논문을 발표하였다(Peters, 1974, Part 3에 수록).

2) 분석철학자일 뿐?

피터스는 분석철학자일 뿐이라고 생각하는 사람들도 없지 않다. 이런 불평의 요지는 분명하지 않다. 지난 100년 동안 많은 철학자가 철학적으로 중요한 용어들의 용법과 의미를 명료화하는 데 관심을 쏟았다. 물론 그들의 목적이나 철학 스타일에 차이는 있었다. 널리 알려져 있듯이, 소크라테스와 같은 철학자들은 개념의 명료화야말로 중요한 탐구 문제로 들어가기 위한 준비라고 보았다. 이와 달리 어떤 철학자들은 개념의 명료화, 즉 분석이 철학의 주된 관심사라고 보았다. 이런 철학관이야말로 철학을 무미건조하고 또 무의미하게 만들고 인간의 삶의 중대한 물음으로부터 멀어지게 만든다는 비판도 나타났다.

피터스는 그런 분석철학자인가? 어째서 그런가? 피터스가 개념 분석에 몰두했다는 것은 확실하다. 그의 '교육' 분석은 그의 사상에서 핵심을 차지한다. 적어도 그가 스스로 말했던 바에 따르면 초기에 그의 철학하는 방식은 분석이었다. 일찍이 교수취임 강연에서 그는 선배들의 업적을 관례적으로 인정하면서 자신의 것과 대조해서 말한다.

> 루이스 아너드 라이드(Louis Arnaud Reid) 교수는 미학과 형이상학에 조예가 깊은 종합적 사상가였다. 그는 철학자의 과업은 삶을 위해 종합적 지침들을 제공하는 일이라는 일반적인 견해에 공감하였다. 교육의 영역에서 그는 철학적 성찰로부터 교육정책을 이끌어 낼 수 있는 가능성을 아주 면밀하게 탐구하였다. 이와 달리 나의 훈련은 분석철학의 전통에서 이루어졌으며, 나는 사회철학과 철학적 심리학에 깊은 관심을 갖고 있다. 이런 철학 영역에서는 인간의 본성과 인간의 행위의 구체적인 문제점들이 아주 큰 부분을 차지한다. 이런 영역에서 상당히 구체적인 이슈에 관해 나는 혼란스러운 느낌을 자주 가졌고, 이것이 나를 철학적 성찰로 이끌어 주었다. 전임자인 라이드 교수와 비교해 볼 때, 나는 아주 일상적인 사람으로서 선의 형상에 대해서보다는 교사의 책상머리에 혹은 실제 사안의 핵심에 더 집착하고 있다고 스스로 느낀다(Peters, 1964: 8).

이에 따라 피터스의 분석이 나타났다. 그러나 거기서 스타일의 변화도 나타났다. 그의 취임 강연은 화이트헤드(A. N. Whitehead)의 인용문과 그의 감동적인 문장으로 끝맺는다.

> '단순한 삶의 사실을 뛰어넘어 삶의 질이라는 것이 있다.' 훌륭한 교사라면 이런 삶의 질에 대한 감각을 다른 사람들에게 전수해 줄 수 있고, 그리하여 그것이 그 사람들의 온갖 노력을 불러일으키고, 그들이 땀을 흘리면서 자신의 생각과 느낌을 적절한 형태로 구체화하도록 노력하게 만들어 주는 사람이다. 왜냐하면 삶에는 한 가지 목적만 있는 것이 아니며, 인간은 자신의 목적들을 삶에 각인시킨다. 거기서 나타나는 문제점들은 결코 단순한 것이 아니고, 대체로 견디어 내거나 혹은 흔쾌히 받아들여야 할 곤경들이다. 교육이 제공해 주는 영원성의 차원 밑에서 인간으로서 견디어 내는 일은 존엄하면서도 씁쓸한 체념으로 바뀌고, 또 동물적 즐거움은 삶의 질로 바뀌게 된다(Peters, 1964: 48).

이것은 굉장한 이야기다. 결코 단순한 분석철학자의 이야기가 아니다. 사실 그것은 금욕주의자, 스피노자(B. Spinoza de), 오크숏(M. Oakeshott)과 같은 이들로부터 많은 것을 배운 이야기다. 철학의 역사를 깊이 공부했던 피터스가 실제로 자신이 따라야 할 것은 20세기의 분석철학적 경향뿐이라고 믿었을까? 이런 말은 받아들이기가 어렵다. 분명히 그는 분석철학이라는 새로운 접근으로부터 도움을 받았을 것이지만 그것이 끝이라고 믿지는 않았다. 그는 과거로부터 배울 것이 별로 없다고 믿지도 않았다. 나중에 그는 『심리학과 윤리적 발달(*Psychology and Ethical Development*)』의 서문에서 다음과 같이 자기 자신을 보다 포괄적으로 묘사하였다.

> 나는 오래된 학파에 속하는 사람일 것이다. 이런 철학의 주장에 따르면 논증은 중요하며, 사람들이 말하는 바에 주의를 기울여 듣고 그들이 채택한 입장에 대해서 어떤 근거를 제시하고 있는가를 고려해야 한다. 일반적으로 말해서, 철학에서 개념 분석은 (그것이 무엇이건) 철학의 일부분에 지나지 않으며, 개념 분석에 집중하는 사람들은 그것을 통해서 드러나는 구분들이 중요한 사항들

과 어떤 연관이 있는가를 끊임없이 자문해야 한다고 나는 생각한다(Peters, 1974: 20).

그렇다면 왜 그는 처음에 자신을 가리켜 일차적으로 분석철학자라고 말했는가? 아마 그 당시 교육철학으로 간주되었던 것들을 살펴보았던 그로서는 엄밀하고 명확한 탐구 영역에 대한 자신의 관심을 강조하고 싶었기 때문에 그랬을 것이다. 아마 그는 교육철학이 몇 가지 핵심 개념을 정립함으로써 자체의 고유한 영역을 밝히는 일을 중요하게 생각했을 것이다. 허스트(Cooper, 1986: 11 이후에서)가 밝힌 것처럼, 피터스는 분석적 접근 방식으로부터 얼마나 많은 것을 기대할 수 있는가에 대한 확신도 없이 그저 당시의 분석철학적 접근 방식을 잘 활용하려고 고심했던 것 같다. 그는 교육에 관한 우리의 사고에서 나타나는 다양한 개념 간의 상호 연관성을 탐색함으로써 보다 깊은 이해에 도달할 수 있을 것이라고 기대했었다. 엘리엇(R. K. Elliott: Cooper, 1986: 41-68에서 재인용)은 그보다 더 극적인 설명을 제시했다. 그에 의하면, 피터스는 자신이 하고 있는 일이 어떤 일인지, 그리고 그가 실제로 '전통적인 스타일의 철학자' 였다는 점을 스스로 이해하지 못했다. 그는 보다 오래된 철학 스타일로 자주 되돌아갔다. 우리가 피터스의 모든 철학적 저술에서 그런 점을 파악한다면, 그의 철학이 그 자신을 본래적으로 드러내는 것임을 알게 된다. 여기서 금욕주의적 심성이 새롭게, 또 강력하게 표현되고 있음이 밝혀질 것이다. 그것은 금욕주의적 심성의 현대판 모방이 아니라 거대한 규모로 재창조된 것이다. 엘리엇의 위와 같은 해석은 더 탐구해 볼 만한 가치가 있다.

3) 교육의 한 가지 개념일 뿐?

피터스의 가장 중요한 '교육' 개념의 분석에 대해서 구체적인 비판들이 나타났다. 피터스의 분석이 처음 나타났을 때, 논평자들은 다음과 같이 주장했다.

피터스가 세 가지 준거를 제시하면서 보여 주는 핵심 분석은 우리가 실제로 교육을 논의하고 있는 다양한 방식을 하나로 환원시켜 버린 것이다. 이렇게 보면 피터스가 제시한 준거에 맞지 않더라도 교육을 논의하는 방식들이 있을 것인데, 이들이 중요한 것임에도 불구하고 주변적인 것으로 밀려나고 만다. 피터스는 그와 같은 다양성을 알고 있으면서도 이를 제대로 인정하지 않고 있다. 피터스는 교육이 실제로 다양한 의미를 갖고 있음에도 불구하고 마치 교육의 본질을 파악한 것처럼 스스로 생각하고 있다. 이러한 비판은 자주 인용되는 피터스의 말을 생각해 볼 때 중요한 것으로 보인다. 피터스는 "내가 본질주의에 빠지는 안이하고도 위험한 길에 발을 들여놓고 있는 것은 아닌가?"라고 묻고 나서 "솔직히 말해서 내가 그랬다고 할지라도 나는 별로 개의치 않는다. 반발이 생길 수 있는 일이란 맥락이나 혹은 논의 중인 질문과 관계없이 어떤 특성들을 본질적인 것으로 간주할 수 있다고 가정하는 일일 것이다."(Peters, 1964: 11)라고 대답했다. 그의 이런 말은 불평을 촉발시켰다. 즉, 피터스는 다양성을 과소평가하면서 교육이라는 개념이 실제로 사용되고 있는 모든 방식에 들어 있지도 않은 가치들을 부각시키고 있다. 그렇다면 의도하지 않았을지라도 피터스는 자기 자신의 가치들을 지나치게 강조하고 있었던 셈이다. 교육이라는 개념이 사용되고 있는 방식들을 살펴보면, 피터스가 말하는 '인지적 안목', '의도성' 혹은 '내재적 가치'를 함의하지 않는 경우도 많이 나타난다.

이러한 비판에 대응하는 과정에서 피터스는 자신의 입장을 수정하게 된다. 「교육과 교육받은 인간(Education and the educated man)」(1970)에서, 그리고 교육의 목적에 관한 심포지엄의 후기인 「우즈와 드레이의 개념 탐구(A Conceptual Inquiry with J. Woods and W. H. Dray)」(Peters, 1973b: 49-57)에서, 피터스는 '교육(education)'과 '교육받은(educated)'을 구별한다. 여기서 '교육'은 일련의 과정들을 가리키고, '교육받은'은 인간의 자질을 가리킨다. 피터스는 후자를 새롭게 강조한다. 피터스의 생각에 의하면, 19세기에 들어와서 비로소 '교육받은 인간'이라는 표현이 사용되었다. 그것은 오늘날 우리가 알고 있는, 전인적으로, 즉 도덕적/지적/영성적으로 발달한 교양인을 가리키는 데 사용되었다. '교육'은 오늘날에도 덜 엄밀하게 아동이나 동물, 심지어는 누에를 기르는 일을 가리키는 데 사용되고 있다. 이런 점들을 보면 피터스가 주변적인 용어 사용이라고 간주했었던 것들을 더 인정하고 있음을 알 수 있다. 피터스는 교육이라는 개념이 아주 유연하게 사용되고 있다고 본다. 그는 '교육받은 인간'이라는 아이디어가 하나의 이상으로서 자리 잡은 점을 이야기하면서, '교육'이라는 더 오래되고 덜 분화된 아이디어는 그가 처음에 언급했던 것보다 더 널리 펴져 있다는 점을 인정한다. 그에 따르면 수정된 입장은 보다 세련된 개념과 관련된 가치들을 신봉하는 사람들이 그 가치들을 보다 명확하게 제시하고, 다른 사람들이 그것들에 대해서 비중을 둘 수 있도록 해 준다. 이를 더 선호하는 것이 과연 옳은 일인지를 밝혀내려면 윤리학과 사회철학을 더 깊이 탐구해 보아야 한다.

그런데 위에서 언급했던 심포지엄이 처음 출판되어 널리 퍼지던 해에 에이브러햄 에델(Abraham Edel)은 「기로에 놓인 분석적 교육철학(Analytical philosophy of education at the crossroads)」이라는 논문에서 위와 관련된 문제를 거론하였다. 그는 (교육에 대한 피터스의 분석을 포함하여) 교육적으로 중요한 개념들에 대한 다양한 분석을 언급하면서 개념들의 다원성을 인정할 필요가 있다고 역설하였다. 그는 여러 가지 예시를 통해서 다음과 같이 주장하였다. 분석철학이 개념들을 가치판단이나 경험적 사실로부터 조심스럽게 분리시킴으로써 개념들에 관해서 명료해지려고 노력하였지만, 실제로 교육 문제는 사실의 세계 속에 들어 있는 가치들/목적들과 결코 뗄 수 없는 관계에 놓여 있다. 따라서 '교육'과 같은 용어들은 아주 다양한 의미로 사용된다. 교육적 계몽을 극대화하기 위해서 교육사상가들은 그런 점에 대해서도 주의를 기울여야 한다. 이것은 다양한 전문가들 간의 상호 협력을 요구할 것이다. (이런 일이 일어나지 않았던 것은 결코 놀라운 일이 아니다.)

이와 비슷하게, 디어든(R. F. Dearden)도 나중에 다음과 같이 주장했다(Cooper,

1986: 76-80). 피터스는 교육이라는 개념을 적절하게 분석하는 데 실패하였다. 왜냐하면 그는 다양한 교육철학에 들어 있는 개념들의 다양성을 충분히 감안하지 못한 채 교육을 일반적인 개념으로 가정하고, 이를 분석하는 일의 유용성을 과대평가했기 때문이다. 그럼에도 불구하고 피터스는 자신도 모른 채 더욱 가치 있는 일을 수행했다. 즉 '자유교육' 이라는 아주 중요한 개념을 명료화하였다. 철학자들은 다른 철학, 즉 기독교, 이슬람교, 파시스트, 간디, 마르크스, 듀이의 철학에 담겨 있는 교육의 여러 개념을 명료화해야 한다. [피터스가 '자유교육' 에 관한 현대적 논의 속에 담겨 있는 세 가지 이해를 이미 밝혀냈다는 점은 흥미롭다('Ambiguities in liberal education and the problems of its content', in Strike & Egan, 1978, Ch. I).]

4) 선험적 연역

교육적 가치들을 정당화하기 위해서 피터스가 사용했던 '선험적 논변(transcendental arguments)' 은 많은 논란을 불러일으켰다. 이를 논의하는 과정에서 피터스는 자신이 범했던 오류를 감추려고 하지 않았다. 어떤 사람들은 '그와 같은 논변이 도대체 통할 수 있는 것인지' 의문시했고, 교육에서 '그런 논변들이 정곡을 찌른 것인지' 에 대해서도 의문을 가졌다. 앞에서 시사했듯이, 시(詩)가 합리성을 지니고 있기 때문에 시를 사랑한다면 그것은 결코 시를 사랑하는 것이 아니다. 찰스 테일러(Charles Taylor)는 **선험적 연역의 타당성**에 대해서 일반적인 논의를 전개한 후 다음과 같은 결론을 내렸다. "타당한 선험적 연역은 의심할 수 없는 것이겠지만 언제 그런 것을, 혹은 최소한 흥미로운 결론이 들어 있는 것을 갖게 되는지는 알기가 어렵다. 그렇지만 이 점은 철학의 거의 모든 논변에서도 마찬가지일 것이다."(Taylor, 1995: 33) 이와 달리, 위르겐 하버마스(Jürgen Habermas)는 피터스의 선험적 논변에 빚지고 있음을 수차례 인정하였다. 그러면서 하버마스는 피터스가 특수한 도덕적 논변 속에 논리적으로 전제되어 있는 것이 무엇인가라는 제한된 물음을 제기하지 않고 그 대신 더 깊이 파고 들어가 다음과 같은 물음을 던졌다면, 그의 선험적 논변은 더욱 강력한 것이 되었을 것이라고 말하였다.

> 말이나 행위를 할 수 있는 모든 인간의 경우, 그들이 타당성 주장들을 검토하는 담론에 들어가는 순간에 그들이 필수적으로 전제하고 있는 규범적 전제조건들은 무엇인가? 예를 들면, 합리적 논변의 조건들 중에는 모든 사람에게 발언권을 허용한다는 점이 들어 있다. 만일 어떤 사람들의 합리적 목소리를 배제한다면 그런 토론은 결코 합리적인 것이 되지 못할 것이다(Habermas, 1992: 83-84).

하버마스는 다음과 같이 결론을 내린다. 피터스가 '모든 합리적 존재가 공적 토론에 공헌할 수 있도록 한다는 것이 논변의 조건들 속에 포함되어 있다.'고 말할 때 그는 바로 위 인용문에서 지적하는 마지막 사항을 언급하고 있는 셈이다.

피터스는 어떤 활동들의 내재적 가치를 밝혀내기 위해서 선험적 연역을 사용하느라 특별한 어려움을 겪고 있는데, 이것은 선험적 연역 때문에 생기는 것이 아니라 다른 것 때문에 생기는 것은 아닐까? 훌륭한 피아니스트, 세련된 목수, 탁월한 철학자가 되도록 아주 훌륭한 가르침을 받은 사람들이 있다고 하자. 만일 이런 사람들이 우리에게 진정으로 자신들이 그런 활동들을 가치 있게 여기는 것은 그것들이 또 다른 목적을 위한 수단이기 때문이라고 말한다고 하자. 그들의 생각에 대해서 우리는 모두 상당히 전율할 것이다. 그러나 여러 활동에 종사하는 사람들에게 그 활동이 내재적 가치를 가질 수 있게 만들어 주는 것은 무엇인가에 관해서 오직 한 가지 설명이 있을 것으로 기대하고 그것을 찾아낼 이유가 있다고 볼 것인가? 아마 선험적인 것이건 다른 것이건 간에, 그 어떤 논변도 그런 활동에 내재적 가치를 부여해 주는 한 가지 이유를 밝혀 줄 수 없을 것이다.

피터스는 아주 난해한 논문인「교육의 정당화(The justification of education)」(Peters, 1973b, Ch. XII)에서 자신의 최종 입장을 제시한다. 선험적 논변은 교육의 일부 주제에 관한 사고에서 여전히 도움이 될 수 있다. 이 밖에도 피터스의 그런 논변들을 조심스럽게 따라가 보면 만족할 만한 통찰을 얻을 수도 있다. 모든 강력한 도구들이 그러하듯 선험적 논변도 조심스럽게 사용해야 한다. 케빈 해리스(Kevin Harris, 1979)나 다른 사람들의 다음과 같은 지적을 늘 염두에 두어야 한다. 현재 사람들이 갖고 있는 사고방식을 밝혀내려고 노력하는 일은 비판보다는 옹호를 하는 편이 되기 쉽기 때문에 개념 분석과 선험적 논변은 보수적 성향을 갖고 있다. 하버마스의 지적처럼 선험적 논변을 철저하게 파고들지 못할 경우 그럴 위험이 생기게 될 것이다.

5. 유 산

피터스가 교육에 관해서 저술하고 가르치기 시작한 지 거의 반세기가 지났다. 사람들은 아직도 그의 저술을 읽고 도움을 받을 것이다. 그러나 그는 과거에는 그랬을지 모르나, 지금은 교육사상이나 교육정책에 직접적인 영향을 미치지 못한다. 몇 가지 이유를 찾을 수 있다. 우리는 지금 생각을 적게 하는 문화에 살고 있다(물론 도서 판매라든가 대학 입학을 보면 철학이 여전히 인기를 끌고 있다). 은퇴한 피터스는 정치가들이나 교육행정가들과 접촉하지 못하므로 영향을 미칠 수 없다. 또한 피터스는 지적 명확성과 이해에 진지하게 헌신하는 모습을 보여 줄 수 없기 때문에 학생들에게 감명을 주는 일도 할 수 없다. 그러나 피터스의 헌신적 노력과 공헌에 힘입어 교육철학 분야의 저술과 학술지는 엄청난 발전을 이루었다. 여기서 피터스의 스타일을 많이 엿볼 수 있을 것이다. 그것은 자유민주주의의 가치 틀 안에서 일상 언어를 사용함으로써 신중한 논변을 제시하고 또 실천을 이끌어 가려는 스타일이다. 그러나 그 속에서 옹호되고 있는 의견들은 다양하다. 교육철학은 이제 거의 다문화적인 것이 되고 말았다. 과거에는 별로 연구되지 않았던 니체(F. W. Nietzsche), 하이데거(M. Heidegger), 오르테가(J. Ortega), 베이유(S. Weil), 사르트르(J. P. Sartre), 푸코(M. P. Foucault), 데리다(J. Derrida)와 같은 사상가들에게 뿌리를 뻗은 새로운 접근 방식들이 등장했다. 이 모든 것은 '서구적인' 것들이다. 그런데 교육철학은 이제 성숙했다. 제아무리 위대한 사상가라 할지라도 한두 사람에 의해서 교육철학이 지배받는 일은 없을 것이다. 피터스의 업적에도 불구하고, 영국이나 다른 나라의 교육정책은 그가 한탄할 정도로 기술/경영주의적 양태로 발전하였다. 막강한 정치적 입김 속에서 교사들이 교육을 밝혀 주는 원리를 성찰하거나, 판단력과 상상력을 발휘해 볼 여유를 갖거나, 혹은 그렇게 하도록 격려를 받거나 하는 일은 어려워졌다. 교육과정은 갈수록 제한된 실제적 목적들을 따라가고 있고, 자유로운 학습은 주변으로 몰리고 있다. 당연히 이런 추세는 반전될 수 있는 것이다. 그동안 상실되고 말았던 통찰, 지혜 혹은 그 밖의 좋았던 점들을 다시 찾아내기 위해서 다른 철학자들과 함께 피터스로 되돌아갈 수도 있을 것이다. 그렇게 될 경우 사람들은 현대의 교육철학이 그 형식과 내용 측면에서 피터스의 업적에 얼마나 크게 의존하고 있는지를 깨닫고 놀랄 것이다.

참고문헌

Peters

Peters, R.S. (1960) *Authority, Responsibility and Education*. London: Allen and Unwin (revised 1973).

Peters, R.S. (1964) *Education as Initiation* (inaugural lecture). London: Evans Brothers.

Peters, R.S. (1966) *Ethics and Education*. London: Allen and Unwin. 이홍우 역(2003). 『윤

리학과 교육』. 서울: 교육과학사.

Peters, R.S. (1970) 'Education and the educated man: some further reflections', in *The Proceedings of the Annual Conference, Volume IV.* Cambridge: Philosophy of Education Society of Great Britain. 최원형 역(2003). '교육과 교육받은 인간'. 디어든/허스트/피터스 편, 『현대 교육목적론』. 서울: 원미사.

Peters, R.S. (1972) *Education and the Development of Reason* (edited with R.F. Dearden and P.H. Hirst). London: Routledge and Kegan Paul.

Peters, R.S. (1973a) *Reason and Compassion: The Lindsay Memorial Lectures.* London: Routledge and Kegan Paul.

Peters, R.S. (Ed.) (1973b) *The Philosophy of Education.* Oxford: The University of Oxford Press.

Peters, R.S. (1974) *Psychology and Ethical Development.* London: Allen and Unwin.

Peters, R.S. (1977) 'Ambiguities of liberal education and the problem of its content', in K.A Strike and K. Egan (Eds.), *Ethics and Educational Policy.* London: Routledge and Kegan Paul.

다른 문헌들

Cooper, D. (Ed.) (1986) *Education, Values and Mind: Essays for R.S. Peters.* London: Routledge and Paul.

Edel, A. (1973) 'Analytical Philosophy at the Crossroads', in J.F. Doyle (Ed.), *Educational Judgments.* London: Routledge and Kegan Paul.

Habermas, J. (1992) *Moral Consciousness and Community Action* (trans. C. Lenhardt and S.W. Nicholson). Cambridge: Polity Press.

Harris, K. (1979) *Education and Knowledge.* London: Routledge and Kegan Paul.

Newman, J.H. (1915) *On the Scope and Nature of University Education.* London: Dent. (First published in 1851.)

Taylor, C. (1995) *Philosophical Arguments.* Cambridge, MA: Harvard University Press.

제10장

탈구조주의, 포스트모더니즘과 교육

Richard Smith

이 장의 목표는 모더니티, 포스트모더니티(post-modernity), 포스트모더니즘뿐만 아니라 구조주의와 탈구조주의(post-structuralism)라는 용어를 독자들이 기본적으로 이해할 수 있도록 돕는 것이다. 당연히 독자들은 그런 용어들과 교육이 서로 연결될 것으로 기대할 것이다. 실제로 나는 그 용어들과 그 안에 들어 있는 아이디어들이 연관성을 갖고 있는데 이 점이 교육에 관한 근본 아이디어와 분리될 수 없다고 주장할 것이다. 또한 나는 이와 같은 '포스트(탈)~' 아이디어들이 중요한 것이라는 점을 밝혀내고자 한다. 실제로 나는 이런 점들에 대해서 어떻게 대응하는지가 교육철학이 현재 당면한 가장 중요한 과업에 속한다고 믿고 있다. 그것들을 제대로 논의하기에는 부족한 지면이지만, 나는 어떤 의미를 어느 정도 밝힐 수 있을 것으로 기대한다.

일부 사상가나 저술가가 왜 '포스트모던적 전회(postmodern turn)'를 했는가? 이를 이해하려면 그들이 반대하는 '모더니티'가 무엇인가를 먼저 알아야 할 것이다. 이를 위해 먼저 역사적으로 개관할 필요가 있다. 흔히 말하듯이, 서구인들은 대략 4백 년 동안 모더니티의 시대를 살아왔다. 모더니티의 시작을 언제로 볼 것인가? 이에 대해서는 아직 명확한 합의가 없다. 이 문제에 대한 상이한 견해는 다음과 같이 표현할 수 있다(Lawrence Cahoone, 1996: 12-13).

> 서구에서 모더니티는 프로테스탄트 종교개혁, 로마 가톨릭 교회의 보편적 권력에 대한 거부, 에라스무스와 몽테뉴를 대표로 하는 인본주의적 회의주의의 발전과 더불어 16세기에 시작되었는가? 혹은 그것은 갈릴레오, 하비, 홉스, 데카르트, 보일, 라이프니츠, 뉴턴의 과학 혁명과 더불어 17세기에 시작되었는가? 혹은 그것은 미국과 프랑스의 공화주의 정치이론 및 혁명과 더불어 18세기에 시작되었는가?

어떤 이는 모더니티의 시작을 16세기 말에서 17세기 초에 이르는 과학 혁명의 시기로 잡는다. 이 시기는 윌리엄 하비(William Harvey)의 혈액 순환의 발견(혹은 재발견), 로버트 보일(Robert Boyle)과 로버트 후크(Robert Hooke)의 기체 법칙과 스프링 발견, 윌리엄 길버트(William Gilbert)의 자성 연구, 안드레아스 베살리우스(Andreas Vesalius)의 업적에 따른 해부학의 발달이 나타났던 때다. 다른 사람들은 모더니티의 근원을 그보다 더 앞에서 찾는다. 가령 베살리우스가 『인체론(*De Humani Corporis Fabrica*)』을 출간하고, 코페르니쿠스가 『천체의 혁명(*De Revolutioni-bus Orbium Coelestium*)』을 출간했던 1543년까지 거슬러 올라가기도 한다.

모더니티의 핵심은 그 시기와 기원을 언제로 잡는가와 관계없이 우리가 오늘날 **과학**이라고 부르는 것이다. 그 당시에 흔히 '자연철학자들'이라고 불렸던 '과학자들'의 발견과 창조는 아주 강력하고 생산적인 것이었다. 그렇기 때문에 실험과학과 이를 뒷받침해 주는 논리와 수학은 존중받을 만한 엄밀한 지식의 모델이 되었다. 오늘날 우리가 너무 잘 알고 있듯이, "과학자들이 발견한……." 이라는 말이나, 흰 가운을 입은 과학자들의 실험실 영상과 함께 소개되는 뉴스는 진리와 객관적 주장을 시사해 주는 것이어서 시청자들의 비판적 능력을 무력화해 버리기도 한다. 가장 훌륭한 지식에 대한 이런 생각이 고착화된 데에는 중요한 요인이 두 가지 더 있었다.

첫째, 과학적 **방법**에 대해서 설명하려고 했던, 즉 지식에 도달할 수 있는 체계적 절차를 제시하고 싶었던 야망이 있었다. 그런 절차를 배우려고 노력하기만 한다면 사람들은 모두 그것을 활용할 수 있을 것이다. 이런 프로젝트는 프랜시스 베이컨(Francis Bacon)으로까지 거슬러 올라간다. 그는 새로운 귀납적 방법을 찾고자 했다. 이것은 모든 체계적 사상가들이 자신의 탐구의 기반으로 활용할 수 있는 것이다. 베이컨의 시도가 담겨진 책은 『신기관(*Novum Organum*)』으로, 새로운 매뉴얼 혹은 새로운 핸드북을 의미한다. 그것은 '방법 매뉴얼' 이었고, 아리스토텔레스의 논리의 매뉴얼이었던 오래된 『기관(*Organum*)』을 대체하기 위한 것이었다. 베이컨은 중세 이후 사용되었던 아리스토텔레스의 논리가 효력을 잃어버린 것이라고 보았다(그것은 논리적 논변이 타당한가를 밝히는 데에는 사용될 수 있으나 새로운 지식을 찾는 데에는 사용될 수 없다). 베이컨의 영향력은 엄청났다. 그는 1660년대 왕립학회의 창설에 기여했다. 올바른 방법을 찾으려는 그의 관심은 데카르트의 철학에 반영되었다. 베이컨의 『신기관』이 출간된 지 17년 후에 데카르트는 『방법서설(*Discourse on Method*)』을 저술했다. 그런데 데카르트는 그보다 약 10년 전에 『마음의 지도를 위한 규칙(*Rules for the Direction of the Mind*)』을 저술하였다. 이 책에서 제시된 규칙 4는 '사물의 진리를 발견하려면 방법이 필요하다.'는 것이다.

둘째, 흔히 확실성에 대한 열망이 있었다고 말해진다. 이를 이해하려면 당대의 역사적 사건을 어느 정도 파악할 필요가 있다. 17세기 전반에 유럽에서는 대격변에 버금가는 갈등이 있었다. 30년 전쟁은 본질적으로 가톨릭과 프로테스탄티즘의 싸움이었다. 그것은 대략 1618년에 시작하여 1648년 웨스트팔리아 평화조약으로 끝났다. 대체로 용병으로 구성된 군대들이 중부 유럽을 휩쓸고 다녔고, 잘못된 종교를 가진 죄 때문에 독일 인구의 1/3이 살육을 당했다고 한다. 영국에서는 1642~1651년에 시민전쟁이 일어났고, 이때 찰스 1세가 처형되었다. 그는 신권에 의한 통치자였다. 그는 스스로 그렇게 보았고, 그에게 반항하는 많은 사람도 그렇게 보았다. 이 전쟁에서 성인 남자의 10% 정도가 사망했다. 이는 20세기의 두 차례 세계대전에서 사망했던 사람들의 비율보다 훨씬 더 높은 것이었다.

역사적 사건과 지적 운동의 상관성을 완벽하게 정당화한다는 것은 불가능한 일이다. 그러나 여기서 설득력 있는 사례를 찾아볼 수는 있다. 살육을 일삼는 종교 분쟁과 교리를 뛰어넘어, 우리가 보편적 합의와 평화에 도달하는 데 기반이 될 근본적 확실성은 무엇인가? 영국의 많은 사람은 세계의 종말을 예언하였다. 만일 신이 정해 준 왕을 죽이는 일이 허용된다면 그 밖에 안전하게 살아남을 수 있는 것이 도대체 무엇인가? 태양계의 안정성도 커다란 관심을 불러일으킨 이슈였다. 지구를 포함한 위성들이 태양의 주위에서 궤도를 벗어나 허공으로 빠지지 않도록 보장해 줄 것은 무엇인가? 태양계만 위험한 것이 아니었다. 왜냐하면 태양계의 규칙성과 안전성은 신의 이성이 자연 세계에 반영되어 있다는 믿음의 확실한 근거로 간주되었기 때문이다. 따라서 영국의 뉴턴, 독일의 라이프니츠와 그들의 많은 추종자가 태양계의 안정성과 창조주의 합리성을 입증할 수 있는 가장 엄밀하고 확실한 방법을 찾게 되었다. 그 방법은 수학적인 것이었다. 뉴턴의 대단한 명성은 물리학의 법칙을 발견한 데 있었다. 그것은 만유인력의 역제곱 법칙으로, 태양, 지구 및 다른 위성들을 제자리에 있게 해 주고 그것들을 지속적으로 붙들어 주는 것이다. 따라서 사람들은 신까지도 제자리에서 합리적 우주를 주관하고 있다는 확신을 가질 수 있었다.

이제까지의 역사적 개관을 종합해 보자. 17, 18세기의 성공과 불안은 과학, 그리고 그 기반에 놓여 있다고 간주되었던 수학적/기하학적 추론 방식이 지식에 이르는 유일한 참된 길이라는 생각이 고착되는 데 영향을 미쳤다. 그것은 선택의 여지가 없는 길이었다고 말할 수 있다. 갈릴레오는 자연이라는 책은 오직 수학자들만 읽어 낼 수 있다고 말했다. 뉴턴은 갈릴레오가 옳았음을 입증하였다. 말하자면 신의 이야기는 뉴턴적인 것이었고, 베이컨이 찾고자 했던 방법은 원리적으로 발견되었다. 어떻게 해서 이런 생각이 우리가 계몽주의 시대라고 말하는 '기나긴 18세기' 를 거쳐서 19세기로 이어졌는가? 그리하여 온갖 영역의 학문과 주제에서 그 이후의 저술가/사상가들이 각자의 영역에서 베이컨과 뉴턴이 되려고 하였는가? 이를 밝히는 일은 어렵지 않지만 그런 역사적 고찰을 불필요할 정도로 확대시킬 것이다.

이와 같은 것이 바로 일부 사람들이 후기 현대(late modernity)의 시대라고 말하는 21세기에 우리가 이어받은 마음가짐이다. 그것은 과학이 최선의/유일한 지식이며, 모든 인간 활동 속에는 그 활동을 제대로 수행하는 방법이 반드시 있다고 거의 자동적으로 믿는 마음가짐이다. 과학의 숭배는 너무나 분명한 것이어서 구태여 예를 들 필요도 없을 것이다. 한두 시간만 TV 광고를 보고 있으면 요구르트나 치약에서부터 고양이 먹이나 엔진 오일에 이르기까지 얼마나 많은 제품을 '과학적으로 증명된', '과학이 입증한' 것이라고 홍보하고 있는지를 알 수 있다. 실험실에서 흰 가운을 입고 현미경을 들여다보거나 실험관을 들고 있는 많은 사람이 거기에 등장하는 것을 볼 수 있다. 과학을 언급하거나 암시하기만 해도 우리의 비판적 능력은 마취되고 만다. 또 다른 예는 학문 명칭에서도 볼 수 있다. 대부분의 대학에 사회과학대학이 있다. 그러나 거기서 연구되는 이슈/문제는 물리학이나 화학과 같은 과학처럼 **과학적으로** 다룰 수 있는 것들이 결코 아니다.

교육에서도 우리는 '방법' 에 대한 강박관념의 예를 많이 볼 수 있다. (그리고 이 책과 같은 지침서에서도 마찬가지다. 멀리서 예를 찾을 필요가 없다.) 아기를 잠들게 하는 일에서부터 '10대를 관리하기' 에 이르기까지 올바른 양육법을 제공해 준다고 공언하는 자기 지침서들이 엄청나게 많다. 그러나 가정생활과 같은 일은 함께 지내고, 신뢰를 쌓으며, 서로 경청하는 능력을 기르고, 서로 여유를 갖도록 도와주는 것을 학습하는 일일 것이다. 그런데 그것을 그저 조직하고 관리하는 문제로만 생각한다면 이것이 과연 최선인가 하는 의문이 생기지 않을 수 없다. 다시 말해서, 인간관계의 여러 측면을 '방법' 으로 생각하는 것은 최선이 아닐 것이다. 이것이 불분명한 예라고 한다면, 우리가 서로 매력적인 사람이 되는 관계를 생각해 볼 수 있다. 만일 그런 관계가 '유혹의 기술'이라는 조잡한 일로 환원되어 버린다면 이런 종류의 혹은 이런 수준의 관계에는 오직 '방법' 만 있을 것이다. 모든 일에는 반드시 방법이 있다는 생각이(그리고 어쩌면 외로움이나 매력 없음을 두려워하는 생각도 마찬가지로) 너무 강한 나머지 위와 같이 환원시키는 사람들이 있다. 심지어 '격파방법(annïhilation method)' 이라고 하는 것을 널리 판매하는 사람도 있고,[1] '지연시키기' 에서부터 '사람들을 굴복하게 만드는 일' 에 이르기까지 거의 모든 일을 해결해 준다고 광고하는 '위안 프로그램(tapping programme)' [2]을 비롯하여 수많은 방법이 판매되고 있다. 형식교육을 늘 괴롭히는 것은 새로운 방법으로 천년왕국이 도래하도록 만들 수 있다고 홍보하는 아이디어다. 아동이 행복에 관해서 학습하기만 한다면, 교사들이 최신 독서방법을 실시한다면, 혹은 학교와 대학의 격차가 '식역 개념들(threshold concepts)' 을 가르침으로써 없어진다면 만사형통할 것이다.

교육에 만연되어 있는 것이 바로 측정(measurement)과 양화(quantification)다. 모든 학교가 성적표에 따라 서열이 매겨진다. 마치 좋은 교육을 이루는 일이 공적인 검사나 시험의 점수를 가지고 계산하는 일인 것처럼 간주되고 있다. 교사들의 진로가 그런 점수에 따라서 열리기도 하고 막혀 버리기도 한다. 대학들도 미래를 기획할 때 일간 신문에서 산정한 서열표에서 '상위 10개 대학' 에 들어가도록 만드는 일에 주력한다. 교육 연구도 의학적/과학적 모형으로 흡수

1) http://en.wikipedia.org/wiki/Neil_Strauss#The_Annihilation_Method
2) http://www.tapping.com/

되어 버린다. 여기서는 '무엇이 통할 것인지' 를 확정 짓기 위해 설계된, 무선 표집 통제 실험이 '황금 표준' 이 되어 버린다. 그 성과는 표준화 검사/과제에서 개선된 비율로 표현되고 만다. 측정은 확실성을 제공해 주는 것으로 간주된다. 데이터베이스는 우리의 시대가 갈구하는 확신을 제공해 준다.

이제까지 나는 후기 현대의 특징들을 몇 가지 묘사하였다. 그리고 현대성의 출현, 즉 우리가 어떻게 해서 이렇게 되었는가를 설명하려고 하였다. 흔히 말하는 포스트모던적 저술가들의 핵심은 그들이 현대성에 대해서 아주 폭넓고 근본적인 비판을 제시한다는 점이다. 그들은 특히 과학/방법/측정에 사로잡힘, 이런 세태의 기반에 놓여 있는 지식관, 언어관, 예술관 그리고 일반적 인간관을 비판한다. 그들은 우리가 빠져 있는 혼란으로부터 벗어나기 위해서 그것을 먼저 이해하는 일을 최소한 도와준다. 바로 이 점에서 그들은 중요하다. 그들은 우리가 현대적 사고방식의 틀 밖에서 생각해 보도록 요청하고 있으며, 이 때문에 도발적이고, 때로는 거북스럽고, 자주 난해하게 느껴진다.

여기서 몇 가지 용어에 대하여 언급할 필요가 있다. 우리는 모더니티 혹은 후기 현대(late modernity)의 시대에 살고 있다고 나는 표현한다. 다른 사람들은 이를 포스트모더니티(postmodernity)라고 부르거나 포스트모던 조건(postmodern condition)이라고 표현한다. 자기 자신을 가리켜서 포스트모더니스트라고 말하는 사람은 거의 없다. (왜냐하면 이것은 그들이 특정한 방법을 따른다는 점을 암시하기 때문이기도 하다. 그들이 이를 싫어하는 이유를 나는 위에서 충분히 말했을 것이다.) 그럼에도 불구하고 포스트모더니티 혹은 후기 현대에 대한 체계적인, 대체적으로 철학적인 비판을 제시하는 그런 사상가/저술가들을 가리켜서 포스트모더니스트라고 말하는 것도 괜찮을 것이다. 내가 이해하는 한 '포스트모더니즘' 이란 포스트모더니스트들의 아이디어를 가리키기에는 느슨한, 그다지 만족스럽지 못한 용어다. '만족스럽지 못한' 이란 포스트모더니즘이 일정한 동질성, 심지어는 예측 가능성과 안전성을 암시하는 것처럼 볼 수 있다는 뜻이다.

이제 나는 일반적으로 포스트모더니즘의 전위라고 알려진 두 저술가에 주목할 것이다. 첫 번째는 장 프랑수아 리오타르(Jean-François Lyotard)다. 그는 1979년 『포스트모던적 조건(*La condition postmoderne*)』이라는 책을 프랑스어로 출간하였으며, 이 책은 1984년에 영어로도 번역되었다. 이 책은 원래 선진 사회에서 지식을 생각하는 방식에 대해 테크놀로지가 미친 영향에 관한 보고서로서, 퀘벡 정부로부터 의뢰받은 것이다. 리오타르는 컴퓨터 시대에 학습과 지식을 '정보'로 생각하게 되는 경향성에 관심을 쏟았다. 여기서 정보는 오직/전적으로 컴퓨터에서 기억 용량으로 전환되어 저장될 수 있는 것이며, 다시 꺼내어 조작할 수 있는 데이터다. 그 결과, 다른 종류의 지식/이해는 그저 낯선 것으로 보이고 만다. 또 다른 결과는 리오타르가 말하는 '수행성(performativity)'이라는 복잡한 현상이다. 컴퓨터로 인해서 가능하게 된 자료의 수집과 분석은 더욱더 효율성을 요구하게 되며, 이 효율성은 최소 투입으로 최대 결과를 산출하는 것을 가리킨다. 말하자면 학급 규모를 두 배로 늘릴지라도 시험 결과가 나빠지지 않는다면 수업이 더 효율적인 것으로 간주되는 것과 마찬가지다. "정말 좋은 시스템은…… 투입과 산출의 총체적 관계의 최적화"(Lyotard, 1984: 11)다. 이렇게 되면 다른 사람들과 비교하고, 효율적으로 '수행'하지 못하는 사람들을 식별하는 일이 곧바로 가능해진다.

그리하여 우리는 결과로 내몰리는 교육, 서열 순위, 시험 위주의 수업이라는 세계 속에 살게 된다. 그런 세계는 획일성을 요구한다는 점에 주목하자. (학교나 대학을 서로) 비교하고 판단을 내리는 데 필요한 것이 획일성이다. 지역산업에 대한 참여/봉사를 확대하는 데 헌신하고 있었던 대학이 자기는 옥스퍼드 대학과 똑같은 일을 할 수 없는 것이라고 하면서 불평해 봤자 아무 소용이 없다. 그런 대학도 결국 동일한 기준에 의해 판단될 것이고, 동일한 서열 순위표에 (틀림없이 훨씬 낮은 순위로) 자리할 것이다. 동일 척도로 측정될 수 없음, 즉 같은 단위로 계산될 수 없음의 대가는 클 것이다.

> 권력의 정당성은 시스템 수행의 최적화, 즉 효율성에 기반을 둔다. 우리가 행하는 모든 게임에 이런 기준을 적용하는 것은 부드럽건 거칠건 간에 모종의 테러가 된다. 조작 가능한(같은 단위로 측정될 수 있는) 것이 되거나, 그렇지 못하면 사라지리라(Lyotard, 1984: xxiv).

왜 이런 암울한 사태가 지속되어야 하는가? 그 대답의 일부는 우리의 무성찰적, 모더니스트적 마음가짐에 다른 측면이 있기 때문이다. 즉, 우리는 (의심할 바 없이 단일한 '방법' 을 특징으로 하는) 과학이 통일된/정합된 체계로서의 지식을 제공해 줄 것으로 기대한다. 오늘날 구식이 되어 버린 백과전서에 제시된 '지식의 나무' 를 생각해 보자. 아마 합리성이 나무줄기가 될 것이다. 이것은 실재 세계의 경험적 지식이라고 생각되는 과학, 그리고 계산하는 이성(즉, 수학과 논리)으로 갈라진다. 잎사귀와 가지 사이 어디쯤엔가 정치/문학/예술과 같은 불확실한 지식이 자리를 잡을 것이다. 이에 대해서 다양한 해석이 가능하겠지만, 그 속에는 지식이란 언제/어디서나 동일한 것이라는 기본 아이디어가 들어 있다. 그 이면에는 모든 지식은 순수과학의 모델을 따를 것이라는 가정이 놓여 있다. 이는 세계를 안다는 것은 세계를 있는 그대로 재현하는 것이라는 가정이다. 이를 가리켜 순진한 생각이라고 보는 데에는 (우리가 여기서 깊이 다룰 수 없는) 이유들이 있다. 예컨대, 우리는 언제나 우리 자신의 이론/편견에 의해 채색된 어떤 관점에서 세계를 바라보는데 위와 같은 가정은 이런 점을 소홀히 다루고 만다. 만일 우리가 자연과학에서 벗어나서 수학이나 시와 같은 영역으로 들어간다면 그와 같은 가정은 확실히 아주 심각한 문제가 된다. 만일 그런 식으로 생각한다면 지식은 중앙 통제를 받게 되고, 이런 통제는 무엇을 '실재(reality)' 로 볼 것인가, 그리고 무엇을 그것의 좋은 재현으로 볼 것인가를 결정할 권리를 갖고 있다고 오만하게 주장하는 사람들에 의해서 행해진다. 이와 반대로 포스트모던적 지식은,

> 권위 당국의 도구에 그치는 것이 아니다. 그것은 차이에 대한 우리의 감수성을 세련시키고, 동일 척도로 비교될 수 없는 것들을 관용하는 우리의 능력을 강화시킨다. 그 원리는 전문가의 상동성(homology)이 아닌 발명가의 배리(paralogy)다(Lyotard, 1984: xxv).

지식이 과학적으로/모던적으로 생각될 때, 즉 '전문가의 상동성(homology)'이 이상이 될 때에는 대부분의 경우 해당 영역의 전문가들이 '무엇이 올바른 해답인가?'에 대하여 합의할 것으로 우리는 기대하게 된다. 포스트모던적 지식의 원리는 발명가의 배리라고 리오타르가 말했을 때에는 편안한 합의가 있었던 곳에 이의(dissent)가 도입되고 또 통용되고 있는 지혜에 반발하는 새로운 아이디어가 등장하는 것을 염두에 두고 있었다. 만일 이것이 무정부적인 이야기처럼 들린다면, 다음과 같이 성찰해 보는 것이 중요하다. 오늘날 우리가 당연시하고 있는 수많은 아이디어, 즉 종의 숫자가 신에 의해 항구적으로 고정된 것이 아니라 진화하는 것이며, 태양이 지구를 돌고 있는 것이 아니라 지구가 태양을 돌고 있으며, 자본주의는 착취적이고 해로울 수 있다는 등의 아이디어가 현재와 같은 지위를 가질 수 있었던 것은 오직 '발명가들'(여기서는 다윈, 갈릴레오, 마르크스 등)이 나타나서 '배리'의 전개를 통해 당대의 정설이라고 하는 것들을 뒤흔들어 놓았기 때문이다.

앞에서 지적했듯이, 리오타르는 포스트모던적 지식이 차이에 대한 우리의 감수성을 세련시키고, 동일 기준에 의해서 비교될 수 없는 것들을 관용하는 우리의 능력을 강화시킨다고 말했다. 이 말은 우리에게 지식의 성격을 재검토해 보라는 요구다. 여기서 우리는 심각한 자폐적 아동을 생각해 볼 수 있다. 인습적 견해에 따르면, 이런 아동은 우리가 정상 아동이 당연히 갖고 있을 것으로 간주하는 여러 가지 능력을 갖고 있지 못하다. 자폐적 아동과 함께 지내는 교사들은 그들을 결함/결손이라는 측면에서 바라보는 것이 얼마나 부당한 일인가를 자주 토로한다. '장애가 없는' 아동에게서는 찾아볼 수 없는 온갖 종류의 특별한 능력을 그들이 갖고 있는 경우에는 특히 그렇다. 예를 들면, 자폐적 아동은 아주 고도의 예술적 능력을 갖고 있을 수 있다. 베토벤이나 고흐의 어린 시절에서 자폐증의 증세를 찾아볼 수 있다는 근거도 있다. 그런 아동을 두고, 영국 국가 교육과정의 표현처럼 단순히 '1수준으로 나아갈 단계'에 속하는 것으로 범주화해 버리는 것은 우스꽝스러운 일이다. 리오타르식으로 말한다면, 이런 범주화는 그런 아동이 다른 아동과 비교할 수 없을 정도로 어떻게 **다른가**에 대한 감수성을 보여 주지 못한다. 그런 차이점이 두드러지게 나타나지 않는 아동에 대해서도 똑같은 말을 할 수 있다. 우리를 이런저런 범주에 속하는 사람으로 간주하는 총체적인 합산 시스템 속에서 우리를 남과 다른 독특한 개인으로 만들어 주는 것이 제대로 드러나지 못하게 될 때, 우리는 부당한 감정을 심각하게 느낄 수 있다.

이제 또 다른 사상가인 프랑스의 철학자 자크 데리다(Jacques Derrida)를 살펴보자. 흔히 데리다를 가리켜 포스트모더니스트라고 말하지 않고 탈구조주의자(poststructuralist)라고 말한다. 따라서 용어에 대한 간단한 설명이 필요하다. 구조주의의 창시자로 널리 알려져 있는 스위스의 언어학자 페르디낭 드 소쉬르(Ferdinand de Saussure, 1857~1913)가 있다. 그는 언어가 어떻게 의미를 갖게 되는가에 관심을 쏟았다. 가령 한 단어의 의미는 그것이 가리키는 바에 의해서 주어진다고 생각하기 쉽다. 예를 들면, 영어 단어인 'table(탁자)'의 의미는 이 단어의 물리적 대상, 즉 내 컴퓨터가 놓여 있는 탁자에 의해서 주어질 것이다. 그런데 늘 그런 것도 아니다. 가령 'the', 'however(그러나)', 'Monday(월요일)'와 같은 단어는 그런 방식으로 의미가 주어지지 않는다. 그리고 'table'이라는 단어도, 예를 들어 'Table of Elements(원소표)' 혹은 'tabling a motion at a political conference(정치 모임에서 의안을 무작정 연기시킴)'에서 알 수 있듯이 그런 방식으로 의미가 주어지는 것은 아니다. 따라서 소쉬르는 언어가 세계를 있는 그대로 반영하는 것은 아니며, 일반적으로 언어는 '차이의 관계'를 통해서 의미를 갖게 된다고 말한다. 즉, 언어는 기호와 차이의 체계라는 말이다. '남자'의 의미는 '여자'가 아니라는 그 차이에 의해서 주어진다. '화요일'의 의미는 '수요일'이 아니라는 그 차이 때문에 생겨난다. '화요일'이 가리키는 화요일이 따로 있는 것은 아니다. 또한 '개'의 의미는 부분적으로 고양이가 아니라는 데 있다. 흥미롭게도, 아이들은 이런 방식으로 단어를 배운다. 어린아이는 처음에 작은 동물을 가리켜 모두 '개'라고 말하다가 얼마 후에야 비로소 작은 동물들을 고양이, 양 등으로 구별하기 시작한다. 셰익스피어가 말했듯이 장미는 무엇이라고 부르건 간에 아름다운 향기를 풍긴다. '장미'라는 단어 자체에 향기로운 냄새가 들어 있는 것은 아니다. 여기서 기호(rose)는 전적으로 임의적인 방식으로 기표(word)와 기의(concept)를 연결시킨다. 우리가 장미라고 부르는 것을 다른 이름으로 부를 수도 있다. 단어와 사물 간에 본질적 관계는 없다. 최소한 어떤 단어들은 의성어의 형태에서 나타나는 것처럼 본질적 관계를 표현한다고 생각할 수도 있겠다. 그러나 개가 짖는 것을 영어에서는 'woof, woof', 프랑스에서는 'oua, oua', 중국에서는 'mung, mung'이라고 다르게 말한다. 또한 단어와 그것이 가리키는 것 사이에 어떤 내재적 관계가 있는 것처럼 상상할 수도 있겠다. 예컨대, 칠판에 'giraffe(기린)'라고 쓰고 아이들이 쉽게 이해하도록 그중에서 ff를 키가 큰 두 마리 동물로 바꾸어 그려 놓고는 "이것 봐, 얘들아!" 하고 말할 수 있다. 또한 'look'이라는 단어 자체도 그 중앙에 두 개의 눈(oo)이 있는 것처럼 만들 수 있다. 칠판에 'look'이라고 쓰고 나서 'o', 'o' 처럼 표시함으로써 그 점을 더 분명히 드러낼 수 있다.

데리다는 소쉬르의 견해에서 한 걸음 더 나아갔다는 점에서 탈구조주의자다. 그는 언어가 근본적으로 불안정하다고 주장한다. 그는 최종적, 폐쇄적 시스템을 완벽한 지도처럼 기술하려는 프로젝트를 갖고 있다고 하는 구조주의자들에 대해서 반대한다. 의미는 언제나 연기된다(postponed)고 데리다는 말한다. 그것은 결코 최종적인 것이 될 수 없다. '끝남(closure)'이란 없다. 의미가 최종적으로 확정되는 경우는 없다. 이 말이 어렵게 들린다면, '스탈린(Stalin)'

의 의미를 다시 생각해 보자. 그것은 자기 동포를 수백만 명이나 학살한 미친 독재자를 의미하는가? 혹은 독일 나치에 항거하고 이를 격퇴시킨 소비에트 러시아의 영웅적 지도자를 의미하는가? 우리는 아직도 역사의 최종 심판을 기다리고 있다. 급변하는 세계 상황을 놓고 볼 때 어떤 의미에서는 시대마다 제각기 상이한(윈스턴 처칠, 그리고 의심할 것도 없이 미국의 부시나 영국의 블레어와 같은) 스탈린이 나타날지 모른다. 그렇기 때문에 최종 심판이라는 것도 없을지 모른다. 이렇게 보는 것은 상식일 것이다.

언어는 차이들의 체계다. 이 체계는 늘 유동적이다. 가령 두 용어 간의 차이를 지적할 때, 그중 하나가 다른 것보다 어떤 점에서 더 우월하다고 생각하는 경향이 우리들에게 있다. '남자' 는 '여자' 와 다르다. 여기서 성차별적인 언어(영어에서 가옥의 큰방을 'master bedroom' 이라고 말하는 것 등) 때문이기도 하지만 남자가 여자보다 우월하다고 가정하기가 얼마나 쉬운 일인지를 잘 알고 있다. 실재(현실)/외현(가상), 현존/부재, 이성 간/동성 간, 축어적/은유적 등과 같은 개념 쌍을 생각해 보자. 우리는 이들 쌍에서 앞에 나오는 용어들을 우월한 것으로, 나중에 나오는 용어들은 이차적/부차적인 것으로 생각하기 쉽다. 따라서 데리다는 텍스트에 대한 신중한 독해(읽기)를 우리에게 보여 준다. 신중한 독해를 통해서, 그런 개념 쌍은 180도로 뒤바뀌거나 전적으로 부정되고 만다. 이런 식의 독해가 바로 데리다가 '해체(deconstruction)' 라고 말하는 비평이다. 해체의 한 가지 사례로, 데리다(1981)는 플라톤의 대화편인 『파이드로스(*Phaedrus*)』에 대한 한 가지 독해를 보여 준다. 이 대화편에는 다른 주제도 많지만, (또 하나의 개념 쌍인 말하기/글쓰기에서) 글쓰기보다 말하기가 우월하다는 주제가 다루어지고 있다. 말해지는(그리고 들리는) 단어가 쓰이는 단어에 비해서 어떤 식으로든 더 우선한다고 상상하기 쉽다. 글쓰기는 말하기의 직접성을 포착하려는 (필연적으로 이차적인) 시도라고 상상하기 쉽다. ('워즈워스가 말하려고 하는바' …… 라고 글을 쓰기가 얼마나 쉬운지에 주목하자.) 소크라테스는 젊은 파이드로스에게 다음과 같이 말(이야기)한다. 말하기는 글쓰기에 비해 사상(생각)과 더 가까운 관계에 있다. 우리는 글을 쓰고 나서 '그것은 내가 말하려고 하는 의미가 아니다.' 는 느낌을 가끔 갖는다. 우리는 말하는 사람(화자)에게 '무슨 뜻이지요?' 하고 물을 수 있지만 글쓰기에 대해서 그렇게 물을 수는 없다. 이런 점 때문에 플라톤의 텍스트가 모두 그렇듯이 『파이드로스』를 대화편으로 쓴 것이다. 그러나 그것은 하나의 대화(dialogue)로 쓴 것이다. 이를 플라톤이 몰랐을 리가 없다. 이 대화는 은유, 비유적 언어, 수사학적 장치 등 문학적 수사학으로 가득 차 있다. 우리가 글쓰기보다 말하기의 우월성을 확인했다고 생각하는 바로 그 지점에서, 그런 주장의 강점을 우리에게 설득시켜 주는 것처럼 보이는 글쓰기의 질적 특성이 오히려 정반대의 주장을 보여 준다. 우리가 헷갈릴 정도로 말하기/글쓰기의 관계가 뒤집어지고 만다.

데리다의 폭넓은 관심을 한마디로 '로고중심주의(logocentrism)' 라고 요약할 수 있다. 이것은 텍스트/담론의 의미에 대한 보장(guarantee)을 그것의 외부에서, 예를 들어 '합리성' 이나 '이성' 이라는 개념, 신의 말씀[기독교 성경에 '태초에 말씀이 있었다.' 고 하는데 여기서 '말씀(word)' 이라고 번역되는 단어는 로고스이기도 하다], 글을 쓰는 저자나 말을 하는 화자의 의도, '실재하는 세계' , 우리가 '진리' 라고 말하는 것 등에서 찾는 경향을 의미하는 용어다. 이런 것들과 그 밖의 다른 것은 의미가 고정되고, 확실하게 되며, 전혀 불안정하지 않고 안정될 수 있다는 점을 우리에게 확인시켜 줄 수 있는 후보로 간주된다. 여기서 모더니티를 정의하는 특성의 하나로 앞에서 살펴보았던 '확실성의 추구' 가 생각날 것이다.

이 모든 이야기가 교육과 어떤 관계에 있는가? 이 점이 불분명할 것이다. 그렇다면 사람들은 언제나 실재/현실(reality)에 대한 모종의 버전을 갖고 있으며 이것에 의거하여 교육을 정당화하려고 한다는 점을 생각해 보자. 사람들은 실재/현실에 대해 권위 있는 지식을 갖고 있다고 명시적/암시적으로 주장한다. 흔히 교육의 목적은 '실재/현실 세계를 위해서' 필요한 기능을 젊은이들에게 가르쳐 주는 것이라고 말한다. 여기서는 진정한 실재/현실의 차원 속에 어떤 것이 들어 있고, 이는 확실히 알 수 있는 것이며, 이것을 다루는 데 필요한 기능이 무엇인가를 규정할 수 있다고 가정한다. 그것에 대한 해석들/관점들은 여기서 요청되지 않는 것에 속한다. 이런 맥락 속에서 실재/현실 세계는 특별한 사회적 공간으로 간주되기도 한다. 여기서 핵심 기능[key skills, 기능은 '열쇠(key)'라고 말하는데, 이는 존재론적 지위를 의미한다. 즉, 그런 기능은 실재/현실 세계로 나아가는 문을 열어 준다는 뜻이다]은 다른 사람들과 조화롭게 사는 법을 아는 좋은 시민에게 필요한 것이다. 때때로 실재/현실 세계는 개인이 공헌하기를 배워야 하는 (지구화된, 모든 곳에서 똑같은 방식으로 실재하는 세계라고 하는) 경제 세계로 간주되기도 한다. 일반적으로 이런 세계는 가혹하고 가차 없는 곳으로 이해된다. 따라서 우리는 아이들에게 허리띠를 졸라매고 점잖게 행동하도록 가르치지 못한다면 이것은 무책임한 일이라고 스스로 말하게 된다. 그런데 (나도 당연히 이렇게 말하는데, 성인들이 공식 교육을 마친 후에 행하는 모든 일이라는 의미의) 실재/현실 세계에서 사람들은 크로커스 꽃도 심고, 시도 읽고, 하프 연주도 배운다는 사실에 나는 주목한다. 나는 왜 교육이 이런 실재/현실 세계를 위해서 젊은이들을 준비시키지 않는지 진지하게 물어볼 수 있다. 이에 대해서 우리는 그런 실재/현실 세계에서 살고 있지 않다는 답이 곧바로 나올 것이다. 어쩌면 독자는 이와 유사한 경험을 겪었을 것이다. 사람들은 나에게 실재/현실 세계 속에서 살아갈 필요가 있다고 말해 준다. 이것은 내가 하지 않고 있는 어떤 일을 내가 하기를 그들이 바란다는 뜻일 것이다.

영국에서는 오랫동안 '현실', '현실' 세계, 그리고 (첨단 유행을 따르는 교사들, 진보주의자들, 이론가들, 학자들, 수사학자들 등으로 다양하게 불리었던) 도깨비 같은, 이름 없는 타자들로 이루어진 '가상' 세계를 이분법적으로 대조시키는 경향이 있었다. 그리하여 우리는 '당연한 진리'를 겁 없이 말하는 사람들과 부딪히게 된다. 그들은 모든 귀중한 것을 전복시키려는 세력으로부터 그것을 지키겠다고 주장한다. 역사는 이런 우울한 예를 보여 준다. 그런 전복 세력으로 내몰렸던 사람들이 바로 나치 독일의 유태인 지식인들, 그리고 미국에서 매카시즘 마녀사냥의 표적이 되었던 좌파들이다. 내가 이 글을 쓰고 있을 때 미국의 어느 부통령 후보는 자기 자신은 그런 기만적이고 반미국적인 인간들, 동양인, 엘리트 지식인이 결코 아니며, 평범한 이야기를 하고, 사슴 사냥을 하며, 하키 경기를 즐기는 아줌마라는 사실을 말하면서 이를 정치적으로 악용하려고 했다. 여기에 깔려 있는 이분법도 아주 흡사한 것이다.

영국 교육의 사례는 그처럼 극적인 것은 아니다. 그러나 마치 실천적/사실적인 것의 우월성을 주장하고, 이론적/사변적인 것을 비난하기 위해서 특별히 고용된 것처럼 느껴지는 일단의 교육학자가 가끔 등장한다. 나는 종전에 쓴 글(Smith, 2000)에서 그 당시 잉글랜드와 웨일즈의 장학국장이었던 크리스토퍼 우드헤드(Christopher Woodhead)가 출판했던 자료를 가지고 '해체적 독해' 를 시도하였다. 그가 1998년도에 행한 강연은 '피 묻은 길: 교육 개혁의 역사에서 얻은 교훈들' 이었다. 이에 대한 나의 분석의 일부분을 여기서 다시 소개한다. 그는 직무연수와 교장연수에 관해서 다음과 같이 이야기한다.

> 전문가의 연수과정에서는 보기만 해도 믿게 되는 경우가 있다. 가르치는 교사나 혹은 학교를 이끌어 가는 책임자는 신뢰성(credibility)을 갖는다. 이것은 그 자체로서 아주 중요한 것이다. 그뿐만 아니라 직무연수 과정은 특수한 과제들로 이루어진 실천 현장에 확고하게 뿌리를 뻗어야 한다. 이것은 의도적으로 반지성적 입장을 취하자는 것이 아니다. 교사들이 스스로 원하는 바와 장학 증거가 확인시켜 주는 점을 모두 인정하자는 말이다. 좋은 연수란 교사들이 당면하는 문제점을 해결하는 데 도움을 주는 것이다. 그것은 직접적으로 연관성이 있는 것이다. 나쁜 연수란 학문적 수사학, 이론화에 치우치는 경향, 이것이냐 저것이냐 하면서 천 개의 꽃을 피우려고 하는 것이다[원문 그대로임]……. 우리가 스스로 모임을 조직하고 또 우리의 경험을 공유하도록 요청받았던 경우가 얼마나 있었는가? 단적으로 말해서 우리가 원하는 것은 '성찰적 실천가' 인가, 아니면 아이들에게 읽기를 제대로 가르칠 수 있는 교사인가?

이런 이분법은 한쪽의 아이디어와 다른 한쪽의 아이디어를 서로 대조시킨다. 한편으로 단순한 현실이나 복잡하지 않은 상식을 암시해 주는 말들이 나타난다. '보기만 해도 믿게 되는, 확고하게 뿌리를 뻗은, 증거가 확인시켜 주는' 등이 그것이다. 다른 한편으로 허황된 이야기로 간주되는 것들이 나타난다. '학문적 수사학, 이론화에 치우치는 경향' —그저 말뿐인 공허한 말장난이 그것이다.

그러나 위 인용문을 조심스럽게 읽어 보면 이분법은 곧 무너진다. 첫 문장에서 연수의 핵심 특성은 실제로 **행하는** 것이 아니라 행하는 일을 **보라는** 것('보기만 하면 거의 언제나 믿게 된다는 것')이라고 말한다. 이런 독해는 두 번째 문장에서도 확인된다. 여기서 '아주 중요한 것이다.'라고 말하는 것은 전문성 개발을 이끌어 가는 연수책임자의 **능력**이 아니라 그에 대한 **신뢰성**이다. 물론 그를 신뢰할 수도 있겠으나('그가 20년을 봉직했다면 당연히 훌륭할 것이다') 사실상 전혀 쓸모 없는 사람일 수도 있다. 상식적인 이야기를 이렇게 깔아 놓는다면 그다음 이야기에 특별한 권위가 실리게 된다. 우리는 '교사들이 스스로 원하는 바와 장학 증거가 확인시켜 주는 점을 모두 인정' 해야 한다. 그런데 교사들이 원하는 바는 '**신뢰성**' 이라고 바로 앞에서 확인되었다. 여기에 온갖 문제가 뒤따른다. 아무튼 교사들이 원하는 것은 연수 책임자로부터 '인정받는' 것에 종속된다. 교사들이 원하는 것은 모든 것을 꿰뚫는 지혜와 '장학 증거' 사이에서 샌드위치가 되고 만다. 연수 책임자가 인정하는 바의 기반은 이런 것으로 가정된다. 결국 모든 것을 꿰뚫는 지혜와 '장학 증거' 는 같은 것이다(그리고 이렇게 이중으로 중요한 것이라면 그 '증거' 가 무엇인지 들어볼 것으로 기대하지만 우리는 그런 이야기를 듣지 못한다).

이 모든 이야기가 약간 복잡하다. 그렇다면 무엇인가를 밝혀 주고 있는 그다음 두 문장을 살펴보자. '좋은 연수란 교사들이 당면하는 문제점을 해결하는데 도움을 주는 것이다. 그것은 직접적으로 연관성이 있는 것이다.' 직접성이나 단순성은 여기서 상당히 수사학적인 영향력을 미친다. 그다음 문장은 수사학적 장치 중에서 가장 고전적인 것으로, 세 마디가 계속 이어진다('친구여, 로마인이여, 친애하는 동포여……' 처럼). 뒤에 나오는 말이 약간 더 길다. 인용문에서는 '학문적 수사학', '이론화에 치우치는 경향', '이것이냐 저것이냐 하면서 천 개의 꽃을 피우려고 하는 것'이 나타난다. 이것은 명료하지도 않고 경박하지도 않은 표현들이다. 그리고 이 세 마디에 이어서 응답을 기대하지 않는 두 개의 질문이 나타난다. 이것은 그야말로 **수사학적** 물음이다.

위 인용문은 치밀한 독해를 통해서 무너지기 시작한다. 그것은 솔직하거나 상식적인 이야기라기보다 아주 **수사학적**인 이야기다. 그것은 연설가의 특징적인 트릭을 여러 가지로 보여 준다. 그것은 상식적인 언어에 암암리에 호소함으로써, 그리고 이분법에서 '학문적 수사학'에 지나지 않는 것들의 반대편에 속한다고 주장함으로써 그 자체의 수사학적 성격을 아예 부정해 버린다.[3]

이상에서 데리다의 탈구조주의의 중요성이 조금 분명해졌을 것이다. 데리다의 탈구조주의는 교육의 실재/현실에 대해 권위 있는 지식을 갖고 있다고 주장하며, 이분법에서 열등한 쪽에 속하는 사람들을 침묵시킬 권리를 갖고 있다고 자임하는 사람들에게 강력한 도전을 가한다. 데리다의 관심은 이분법을 전복시키는 데 있다. 그것은 '텍스트'와 텍스트성, 문헌과 이론이 '실천'과 '현실'에 종속되어 버리는 이분법이다. 이에 대한 데리다의 관심이 어색한 것으로 느껴질 것이다. 그러나 인류의 역사에는 자신들의 생각과 딱 들어맞지 않는 아이디어를 갖고 있는 사람들의 텍스트를 불살라 버린 사례가 많다는 점을 떠올려 보자. 탈구조주의자들은 포스트모던적 사고에 소질이 있다. 포스트모던적 사고는 텍스트에 집중한다. 그리고 그것은 텍스트의 외부에 있는 어떤 것, 즉 '현실 세계'에 안이하게 의존하려고 하는 것을 배격한다. 아울러 현실 세계가 결코 자신들의 해석에 순종하도록 우리에게 위협을 가하려고 하는 사람들의 소망/

3) 이 분석은 나의 저술(Smith, 2000)에서 끌어온 것이다.

야심으로부터 독립된 것이 아님을 밝혀낸다. 여기서 해방의 가능성이 드러난다. 그것은 교육적으로 암울한 시대에 빛을 비추어 준다.

더 읽을거리

확실성의 탐구에 관한 역사적 배경을 알고 싶으면 Stephen Toulmin, *Cosmopolis: The Hidden Agenda of Modernity* (New York: The Free Press, 1990)를 참조하라. 이 장의 초반부에서 나는 그에게 의존하였다. 데리다의 접근에 관한 탁월한 해설은 Stuart Parker, *Reflective Teaching in the Postmodern World* (Buckingham: Open University Press, 1997)를 참조하라. 데리다의 저술에 관한 또 다른 해설로는 쉽지는 않지만 John D. Caputo, *Deconstruction in a Nutshell* (New York: Fordham University Press, 1997)을 참조할 수 있다. 포스트모던적 아이디어에 대한 비판적 관점을 찾아볼 수 있는 책으로는 Nigel Blake, Paul Smeyers, Richard Smith and Paul Standish, *Thinking Again: Education after Postmodernism* (Westport: Bergin and Garvey, 1998)이 있다. 어렵지만 리오타르와 데리다의 저서를 직접 읽어 보아야 한다. 특히 Jean-François Lyotard, *The Postmodern Condition* (1984); Jacques Derrida, *Of Grammatology* (trans. Gayatri Chakravorty Spivak) (Baltimore: Johns Hopkins University Press, 1974)를 읽어야 한다.

참고문헌

Blake, Nigel, Smeyers, Paul, Smith, Richard and Standish, Paul (1998) *Thinking Again: Education after Postmodernism*. Westport, CT: Bergin and Garvey.

Cahoone, Lawrence (1996) *From Modernism to Postmodernism: an Anthology*. Oxford: Blackwell.

Derrida, Jacques (1974) *Of Grammatology* (trans. Gayatri Chakravorty Spivak). Baltimore:

Johns Hopkins University Press. 김성도 역(2010). 『그라마톨로지』. 서울: 민음사.

Derrida, Jacques (1981) Plato's pharmacy. In *Dissemination* (ed. and trans. Barbara Johnson). London: Athlone Press.

Lyotard, Jean-Francçois (1984) *The Postmodern Condition: A Report on Knowledge* (trans. G. Bennington and B. Massumi). Manchester: Manchester University Press. 이현복 역(1992). 『포스트모던적 조건: 정보사회에서의 지식의 위상』. 서울: 서광사.

Parker, Stuart (1997) *Reflective Teaching in the Postmodern World*. Buckingham: Open University Press.

Smith, Richard (2000) 'Another space', in Pradeep Dhillon and Paul Standish (Eds.), *Lyotard: Just Education*. London: Routledge.

Toulmin, Stephen (1990) *Cosmopolis: The Hidden Agenda of Modernity*. New York: The Free Press. 이종흡 역(1997). 『코스모폴리스』. 창원: 경남대학교출판부.

제11장

페미니즘과 교육

Cris Mayo and Barbara Stengel

> 수많은 여성은 데카르트가 지식의 획득에 필요한 것이라 생각했던 기존 신념의 뒤흔들기나 붕괴를 늘 생생하게 직접 체험하는데, 이것은 여성이 자신의 방 안에 칩거하는 철학자이기 때문이 아니라 넓은 세계 속에 존재하는 여성이기 때문에 겪는 일이다(Langton, 2000: 127).

지난 40여 년 동안 더욱 많은 페미니스트(feminist) 계열 학자가 펜을 들고 키보드를 두드렸다. 그것은 그들이 사회생활과 교육을 둘러싸고 제기되었던 이슈에 대응하기 위해서, 그리고 그동안 무시당했던 이슈를 제기하기 위해서였다. 그들의 출발점은 그동안 망각되었던 관점, 즉 넓은 세계에서 여성으로서 살아가는 자신의 체험이라는 관점이었다. 그들의 출발점은 젠더(gendered) 정체성이었는데, 이것은 이윽고 비판적 탐구와 이론화의 초점이 되었다. 젠더 관점, 그리고 젠더 경험의 구성을 문제로 삼는 관점은 모두 페미니스트적이라고 특징지을 수 있다. 이것은 젠더 관점들의 다양성을 인정하고, 그 관점들이 탐구할 가치가 있다고 가정하는 관점이다. 이러한 철학적 출발점의 단순한 이동은 많은 건설적인 골칫거리를 낳았다. 즉, 이전에는 묻지도 않았던 질문을 던지고, 새로운 개념적 통로를 열어 주며, 때때로 비정통적인 탐구 양식들을 도입하기도 했다. 젠더 정체성을 가진 모든 사람을 포함하여 페미니스트 학자들은 교육철학 연구를 촉진시켰으며, 동시에 아주 널리 귀중하게 여겨졌던 몇 가지 가정에 대해서 파란을 일으켰다.

페미니즘(feminism)은 페미니스트 철학자들에게 범주와 방법 간의 긴장을 불러일으킨다. 페미니스트 철학자들이 '여성들' 을 자신의 개념적 출발점으로 삼을 때, 그들은 남성과 여성을 (인간의 가능성이 오직 두 가지뿐인 것처럼) 분화시키고, 또한 여성을 '타자' 로 만들어 내는 섹스-젠더(sex-gender) 프레임에 의존한다. 그들이 계몽주의에 기반을 둔 탐구 양식들을 사용하는 남성 경험을 탈중심화(decenter)하려고 할 때, 남성의 존재/사고 양식을 처음부터 중심에 놓고 보는 개념 장치에 의존한다. 이 전략은 자기 파괴적일 수 있다. 오드르 로드(Audre Lorde)라는 유명한 시인의 말처럼, "남성이라는 주인의 도구는 남성 주인의 가옥을 결코 무너뜨리지 않을 것이다." (Lorde, 1984: 112)

합리적/도덕적 존재로서의 여성, '여성들의 앎의 방식', '배려 윤리' 등에 관한 페미니스트들의 설명은 결국에 가서는 이런 탐구를 처음에 촉발시켰던 불균형적인 젠더 이분법을 비판하는 방향으로 나아간다. 균형을 회복시키는 일이 불가능한 까닭은 섹스-젠더 시스템, 그리고 그 안에 구축되어 있는 앎/행동의 기준이 불균형의 원천이기 때문이다. 마침내 그 시스템 자체와 이를 정당화하고 지지하는 서사들이 철저히 검토받게 된다. 바로 이것이 여기서 펼치고자 하는 이야기다. 후기 르네상스, 계몽주의 시대, 미국의 진보주의 사상에 뿌리를 두고 있는 것들부터 최근의 다성적, 다중 관점의 철학에 이르기까지 페미니스트 철학자들은 젠더(gendered) 관점이라는 것 속에 들어 있는 긴장과 싸웠다. 물론 그들은 총체적인 인간적 관점이나 혹은 어디에 속하지도 않는 관점(a view from nowhere)을 가정하는 데에 따르는 실용적/정치적/철학적 난점들을 인정하였다.

페미니스트 교육철학자들은 모든 페미니스트 이론가가 그랬듯이 여성들의 더 나은 삶, 그리고 젠더와 관계없이 모든 사람을 위한 사회역사적 운동의 실용적/정치적 차원들에 뿌리를 뻗으면서 사유한다. 이것이 그들의 사고의 순수성을 해친다고 주장하는 일부 비판가도 있지만, 이에 대해서 페미니스트들은 모든 형태의 사고가 모종의 실용적/정치적 의제에 뿌리를 두고 있으며, 자신들은 자신들의 의제를 단순히 인정하고 있을 뿐이라고 응수한다. 페미니스트 이론가들은 이런 특수한 실천적 이상을 참조하면서 내적 비판과 대화를 활발하게 지속하였다. 페미니스트 이론은 하나의 학파라기보다는 공통된 개념적/실존적/실용적 출발점이 특징적으로 나타나는 행위에 대한 사고 양식이다. 페미니스트 교육철학자들은 모든 사람을 위한 교육사상을 신중하게 전개하기 위해서 분석적, 해석학적, 현상학적, 실용주의적, 탈구조주의적 도구를 끌어들인다.

다음에서 두 가지 사항을 다룰 것이다. 첫째, 페미니스트 교육철학의 뿌리를 검토하기 위해서 페미니스트 철학을 구축해 온 몇몇 역사적 여성의 사상에 주목할 것이다. 둘째, 현대의 페미니스트 교육철학의 발전과정을 살펴볼 것이다. 이 두 가지를 통해서 페미니스트의 출발점(세계 속 여성들의 삶의 경험)이 지속적으로 가정들(assumptions)을 전복시키고, 또 다양한 양식의 탐구와 재현으로 전환하게 되었다는 점들이 밝혀질 것이다. 어떤 사람들은 세계 속에서 살아가는 여성들의 삶과 존재 방식이 철학적/교육적 그림의 일부분이 되도록 노력하였고, 다른 사람들은 우리가 공유하는 현실에 형태를 부여해 준 바로 그 범주들에 대해서 다중적/복합적 비판을 시도하는 프로젝트를 수행하였는데, 이 두 가지는 동일한 일이다.

1. 페미니즘 교육철학의 뿌리

교육에 관한 여성적 사고의 역사가 시간적으로 혹은 공간적으로 제한되어 있다는 것은 사실이 아니다. 그러나 그런 사고가 여성의 참정권이 정치 무대와 정치적 상상력을 사로잡은 이후의 세기에서 급속히 발전해 온 것은 사실이다. 젠더(gender) 중심적인 교육적/사회적/정치적 운동은 노예폐지 운동과 더불어 시작되었고, 미국과 유럽에서 참정권 운동으로 확대되었다. 그런 운동에서 교육적 배제와 정치적 평등의 연관성은 잘 이해되고 있다. 모든 사람의 학습 권리를 주장했던 초기 활동가들에서부터 여성들의 취업, 교육 및 정치 참여의 권리(블랙파워 운동, 게이 해방, 멕시코계 미국인 운동에서 여성들의 역할)를 보호해 줄 연방 헌법을 요구했던 1960년대 여성들의 조직적인 운동에 이르기까지 교육과 젠더 관심사는 서로 밀접하게 연관되어 있다. 점차적으로 여성의 정치/교육 운동은 서구의 패권적 지배를 비판하였고, 지구적/초국가적 이슈에 몰두하게 되었다. 우리는 지구적/초국가적 이론화의 출현에 주목하겠지만, 페미니스트 교육철학에 관한 우리의 논의를 서구의 전형(canon) 속에 확고하게 위치시킴으로써 그런 서구 중심적 지성사와 정치사를 반복하게 된다.

2. 근 원

페미니스트 교육철학의 뿌리에는 네 명의 여성이 있다. 14세기 프랑스 여성인 크리스틴 드 피장(Christine de Pizan), 18세기 영국 여성인 메리 울스턴크래프트(Mary Wollstonecraft), 20세기 초 미국 여성인 샬럿 퍼킨스 길먼(Charlotte Perkins Gilman)과 애너 줄리아 쿠퍼(Anna Julia Cooper)가 그들이다. 이 네 여성은 오늘날 페미니스트 활동가/철학자/교육철학자들이 제기하는 것과 같은 평지풍파를 일으킬 질문들을 제기하였고, 이에 대해 신중하게 고민하였으며, 논리적이고 때로는 반(反)직관적인 해답을 제시하였다. 그들은 제각기 남성과 여성이 도덕적/지적으로 기여하는 사회적 세계를 상상하였고, 경제적 공헌을 확대하여 그 안에 여성의 일도 포함시켰으며, 여성의 도덕적/지적/경제적 성장이 포함된 교육관을 제시하였다. 간단히 말해서, 그들은 모두 정치적/사회적/경제적 역할과 지위를 차별화하는 데 이용되었던 범주인 젠더에 주목하였고, 그런 범주의 이용에 대해서 비판하였다. 철학적 논변과 서사적/문학적 기법을 결합시킴으로써 그들은 독특하게 젠더(gendered) 중심적인 철학적 방법과 논변을 만들어 냈다.

1) 드 피장: 여성과 학습의 친화성

크리스틴 드 피장(Christine de Pizan)의 저술은 스무 가지가 넘는다. 그중 가장 알려진 것은 『여성들의 도시(*The Book of the City of Ladies*)』(1982)다. 드 피장은 '이성' '정직' '정의' 와의 상상적 대화를 통해서 여성이 처한 이중의 속박을 드러냈다. 즉, 여성은 제한된 사회적 역할을 수용하고, 자신의 제한된 발달을 수용한다. 위축되고 한정된 역할의 수용은 여성교육의 지속적 박탈을 정당화한다. 드 피장이 구상한 『여성들의 도시』는 인간의 삶에 대한 여성들의 긍정적/지적 공헌을 밝혀내는 다층적 논변을 대표한다. 이처럼 오래전에 드 피장은 여성에 대한 새로운 학문을 시도하면서 자신의 지적 삶, 그리고 왜 남성 저술가들이 그토록 여성들을 비방했는가에 대한 자신의 궁금증을 서술한다. 드 피장은 자아의 사회적 구성에 대해서 실용적으로 이해하고, 오늘날 '내면화된 억압'이라고 말하는 것의 위험성을 날카롭게 지적하며(de Pizan, 1982: 5), 그녀의 저서 속 해설가의 자기의심을 (방문객들이 올 때까지) 밝혀낸다. '이성(Reason)'의 심문을 통해서 해설가는 다음과 같이 이해하게 된다. 배웠다는 남자들은 해결책도 없이 핵심 이슈를 논의할 뿐이고, 인간 이해에 관한 중요한 문제들은 확실성을 거부하는 것이며, 경험과 판단이 제한된 사람들 때문에 자신의 경험과 판단을 희생시켜서는 안 된다는 것이다. '정직(Rectitude)' 과 '정의(Justice)' 는 드 피장의 해설가로 하여금 여성들의 '자연적 센스' 와 지성에 대한 자신의 경험을 긍정하도록 도와준다(pp. 86-87). 해설가는 다른 여성들의 이야기를 통해서 여성이 도덕적 덕에 도달할 수 있다는 점을 알게 된다. 그것은 신의 선물로 주어진 사려(prudence)와 오랜 노력을 통해서 얻어진 지식의 결합물이다. 따라서 해설가는 교육과 덕의 연관성을 기반으로 자신의 교육관을 옹호한다.

드 피장은 탁월한 논변을 전개한다. 그녀는 다양한 사회제도를 뒷받침해 주는 (기독교적이라고 하는) 가치와 목표를 활용한다. 그리고 모든 형태의 억압을 극복하기 위해서 그런 가치와 목표를 전형적인 남성과 여성의 행동에 적용한다. 그녀는 남성들이 여성들에게서 찾아내는 결점에 대해 반발하거나 변명하지 않는다. 오히려 공통의 사회적/정치적 삶에 대한 여성들의 공헌을 긍정적으로 밝혀내고, 그 과정에서 그녀가 말하는 '남성적 신화' 를 조심스럽게 해체한다.

드 피장은 남성과 여성이 별도의 영역과 기능을 갖고 있다는 점을 받아들인다. 그러나 교육이 사회적 기능에만 한정되어야 한다거나 지능이 영역에 의해 제한된다는 생각을 단호하게 거부한다. 여기서 『여성들의 도시』가 커다란 영향을 미친 것은 형식과 내용이 결합되는 방식 때문이다. 드 피장은 수준 높은 교육을 받은 유식한 여성이므로, 알레고리와 역사적 탐구를 통해서 한 가지 교육철학을 밝혀낸다. 그 책을 영어로 번역했던 얼 제프리 리처즈(Earl Jeffrey Richards)가 말했듯이, "여성과 학습의 친화성은 그 책의 매체이면서 메시지다. 둘은 서로 분리될 수 없다." (p. XIV).

2) 울스턴크래프트: 덕과 이성의 발휘

기독교적인 크리스틴 드 피장과 세속적인 메리 울스턴크래프트(Mary

Wollstonecraft) 사이에는 수세기와 계몽주의 시대가 끼어 있다. 드 피장은 기독교적 세계관의 이상을 수용하지만, 울스턴크래프트는 새로운 형태의 세속적인 사회정치적 제도의 형성에 대해 비판적이었다. 양자는 인간의 공통된 도덕적 특성에 초점을 두고 있으며, 도덕적 인간 됨의 성취와 교육의 중요성을 연결시킨다.

울스턴크래프트의 페미니스트 교육철학은 『여성의 권리 옹호(*Vindication of the Rights of Woman*)』에서 전개된다. 이 책은 교육적 관심사와 밀접하게 연관된 정치철학 저서다. 18세기 말엽, 울스턴크래프트는 소용돌이치던 정치적 논쟁에 참여했다. 그녀에 의하면, 시민들이 권리를 행사하도록 도와줄 교육이 없다면 그런 권리는 개인적/사회적으로 아무런 가치도 갖지 못한다. 지적 발달과 도덕적 행위를 연결시켜 주는 교육이 필요하다. 그녀는 다음과 같이 말한다. "내 생각에 가장 완전한 교육이란 신체를 강화시키고 마음을 형성하도록 가장 잘 계획된 이해의 연습이다. 다시 말해서, 개인을 독립적 인간이 되도록 만들어 줄 덕의 습관에 도달하게 하는 일이다." (Poston, 1988: 21)

울스턴크래프트의 페미니즘은 남성 지배에 저항하지 못하는 여성에 대한 좌절, 그리고 지배/복종 관계의 사회적 힘에 대한 인식의 혼합물이다. 울스턴크래프트는 자신이 쓴 『인간의 권리 옹호(*Vindication of the Rights of Man*)』에 대한 반응 때문에 놀라고 만다. 그녀의 이야기는 여성에 의해 출간된 것이었음에도 불구하고, **인간**('man' , all human beings)의 권리가 아닌 **남성**('men' , male human beings)의 권리를 옹호하는 것처럼 널리 해석되고 있음을 마침내 깨닫게 된다. 이를 바로잡기 위해서 그녀는 곧바로 『여성의 권리 옹호』를 쓴다. 그뿐만 아니라 그녀는 어떻게 교육이 남성과 여성의 본성을 형성하는가, 왜 지적인 시민을 위한 교육이 모든 사람에게 제공되어야 하는가를 밝혀낸다.

루소와 달리, 울스턴크래프트는 독립의 이상을 추구한다. 루소가 에밀의 삶을 다룰 때에는 자율성을 밝히지만 에밀은 소피에 의존하는 사람이다. 루소의 에밀과 소피는 하나다. 그의 자율성은 그녀에 대한 사회경제적 의존성을 요구한다. 이것은 루소도 인정하듯이 그녀에 대한 그의 성적(sexual) 의존성을 가장하고 있는 것이다. 울스턴크래프트는 에밀과 소피를 '우스꽝스러운 하나' 라고 말한다. 그것은 여성을 바보 혹은 나쁜 사람으로 만드는 남자의 횡포다. 울스턴크래프트는 남성과 여성 모두의 실질적 독립을 옹호한다. 그녀는 여성의 재생산 능력에 수반되는 사회적 책임을 인정하는 방향에서 독립성을 정의한다.

드 피장과 마찬가지로, 울스턴크래프트는 여성들의 '본성'에 대한 비우호적 판단은 잘못된 것일 수밖에 없다고 주장한다. 여성들의 본성을 두고 지성적이지 못하다, 인격이 없다, 변덕스럽게 행동한다, '분별없는 열정과 비굴한 악'이다 등 말이 많다. 이런 판단은 남성과 여성이 모두 공통된 교육을 받고 그 기반 위에서 평가가 새로워지기 전에는 비뚤어질 수밖에 없을 것이다. 따라서 울스턴크래프트는 두 가지 측면에서 전통에 도전하면서 여성들의 지성교육을 옹호하고 또 공학(共學)을 강력히 주장한다.

3) 길먼: '여성 노동'의 경제적 가치

드 피장과 울스턴크래프트와 마찬가지로, 샬럿 퍼킨스 길먼(Charlotte Perkins Gilman)의 이론적 방법론에는 논변과 서사가 포함된다. 길먼의 교육관은 사회적/정치적/경제적 세계에서뿐만 아니라 개인적 상호작용이 이루어지는 보다 친밀한 영역에서 여성들의 경험/지위에 대한 그녀의 이해와 결부되어 있다. 길먼의 저술은 페미니스트의 핵심 이슈를 중점적으로 다룬다. 즉, 여성의 굴종의 기원, 인간관계에서 자율성과 친밀성을 성취하려는 투쟁, 인간적/양육적 환경을 만들어 내려는 미래 세대의 양육/교육의 새로운 전략 등이다(Lane, 1990: 3-40).

길먼의 저술은 근대사회에서 젠더 구별이 수행하는 기능에 대한 비판을 확대/심화시킨다. 길먼이 『여성과 경제(*Women and Economics*)』에서 일찍부터 주목한 것은 젠더의 '치밀한 편견' (Gilman, 1898: 226)이다. 길먼의 주장에 따르면, 특히 여성에게 적용되는 현존하는 젠더 정형화가 사회 진보를 가로막고 있다. 그녀는 여성들이 사적 영역에서 '가정주부' 로서 그리고 어머니로서 행하는 일의 경제적 가치를 밝히기 시작했고, 산업화의 도래로 촉발된 가정생활과 사회적 교류의 패턴 변화는 '섹스관계로부터 단절된 개인들의 필요가 지속적으로 제공' 될 것을 요청한다고 주장하였다. 그녀는 가사에 대한 공동 책임을 위해 공동생활 방안을 제안한다. 그녀는 여성들이 인간이 되고 또 더욱 충실한 인간이 되게 할 수 있는 것은 단순히 미덕이나 지적 교육만이 아니라 의미 있는 일이라고 주장한다. 그러나 여성 자신에게 그와 같은 건전한 삶을 위한 조건을 마련해 주는 것은 넓은 의미의 교육이다. 길먼은 그녀의 유토피아적 소설인 『그녀의 땅(*Herland*)』(1915/1998)에서 여성교육에 대한 정교한 비전을 그려낸다.

『그녀의 땅』은 전쟁과 자연재해 때문에 여러 세대에 걸쳐 궁지에 몰린 여성 집단의 일상생활을 그려 내고 있다. 세 명의 남성 탐험가의 눈에 우연히 띄게 된 여성들이 등장한다. 이 여성 집단이 어떻게 해서 질서 있게 잘 살 수 있는지를 그 남자들은 전혀 이해할 수 없다. 이 점은 상당한 유머를 자아내며, 여성에 대한 남성의 철저한 고정관념이 어떤 것인지를 분명히 드러내 준다.

『그녀의 땅』에서 길먼은 새로운 사회를 그려 낸다. 여기서 모성과 연결되는 양육은 사회적 상호작용의 모든 측면에 걸쳐서 확대/심화되며, 이는 다중의 교육적 목적을 위한 것이다. 따라서 그것은 더 확실하고, 더 좁은 의미에서 '교육적' 노력이다. 이는 의사소통을 학습하기, 자연 세계를 발견하기, 자신의 경제활동 영역에 숙달하기와 비슷하다. 이런 '교육적' 노력은 상황 속의 경험이다. 다시 말해서, 그것은 공동체적 삶의 패턴으로 짜인, 그리고 (그때나 지금이나 학교의 특징이라고 말하는) 경쟁/비난/박탈이 없는 상황 속에서의 경험이다. 길먼에게 여성의 일은 집 안에서나 집 밖에서나 의미의 원천이기도 하고 사회 개선의 약속이기도 하다.

4) 쿠퍼: 인종과 젠더의 교차

미국에서는 남북전쟁 이후에 아프리카계 미국인들의 교육 및 휴머니티가 공적 지식인/교육자/정책결정자들로부터 주목받기 시작했다. 애너 줄리아 쿠퍼(Anna Julia Cooper)는 이런 사회적 현실에 대한 교차적 분석 틀로서 '젠더(gender)와 계급(class)'에 대해서 철학적 관심을 가졌다. 매닝 매러블(Manning Marable)이 지적하듯이, 쿠퍼는 당대의 저술가 중에서도 인종/계급/젠더를 결합시킨 선구적 인물이라고 할 수 있다(Lemert & Bhan, 1998). 오늘날 페미니스트 분석의 핵심 특성이라고 말하는 교차성(intersectionality)은 쿠퍼 및 초기의 흑인 페미니스트들의 노력에서 생겨난 것이다.

쿠퍼의 사상은 그녀의 사적/공적 삶의 경험에 근거한다. 이는 페미니스트 이론의 일반적 특징이다. 그녀는 '담론적 공간' 과 같은 해체주의적 개념들에 대한 한 가지 이해를 제시하며, 경제적으로 부유한 백인 남성에게 특권을 부여해 주고 타자들(흑인, 토착 인디언, 여성)을 식민화하는 미국 사회에 대해서 복합적인 구조주의적 비판을 제시한다. 그녀는 흑인 여성의 삶에 대한 통찰력 있는 이름 짓기, 섬세한 이론화, 그리고 마음의 교육에 대한 분명한 주장을 보여 준다. 그리하여 그녀는 페미니스트 교육철학의 발전에서 독보적 존재가 된다.

쿠퍼는 '남부의 흑인 여성' 으로서 발언을 한다. 그녀의 여러 가지 연설은 『남부의 목소리(*Voice from the South*)』로 출판된다. 그녀는 흑인 여성에 대한 처우를 처방하는 남성/백인들에게 '거기서 살고 있는 사람의 증언' 을 제시함으로써 대항한다. (부자와 백인의) 특권을 유지시키는 사회 구조에서 흑인 여성의 주변화된(decentered) 지위는 아무것도 아니다. 이런 지위는 그녀의 도덕적 비전과 책임의 토대가 되고, 그녀를 "인종의 소동 속에서 자신은 없었기 때문에 비교/판단/조언하는 데 더 적격자" (Lemert & Bhan, 1988: 114)로 만들어 준다.

쿠퍼는 자기 자신으로서, 해설가로서, 흑인 여성으로서 발언함으로써 유색인, 즉 흑인 여성뿐만 아니라 "앵글로색슨의 권력과 이기심이라는 강철 발바닥에 짓밟힌" (Lemert & Bhan, 1998: 108) 모든 여성을 위해 다층의 담론 공간을 만들어 낸다. 이런 서사적 장치를 통해서 그녀는 유색인 여성들이 카스트 기반 사회에서 말하도록 초대받지 못하거나, 말하지 못하도록 만드는 방식들을 탐구한다. 백인 페미니스트들을 '본질화' 하는 것에 대해 비판적이긴 하지만, 쿠퍼 자신은 모든 여성으로 하여금 가정을 만들고 지키는 사람으로서 자신들의 기본적/교육적 입장을 수용하도록 요청한다. 여성의 자아와 일이 묶여 있는 중심처로서 가정을 이해하고 있지만, 그녀는 여성을 분리된 영역에 한정시키지 않는다. 쿠퍼는 가정과 풍속의 언어를 사용함으로써 여성들의 비판적/도덕적 역할을 옹호할 뿐만 아니라 그 당시와 현재의 미국의 특징인 사회 내부적 식민화의 '구조적 단층선들' (Lemert & Bhan, 1998: 42)을 드러낸다. '여성 대 인디언'은 오늘날 미국 사회에서 작동하는 인종/젠더/계급에 대한 날카로운 비판이다. 쿠퍼는 백인 페미니스트들의 도덕적 장점, 남부 여성의 문화적 짐, (자신들의 특권이 위험에 처할 때까지 사회적 평등과 예의를 애호하는) 남부/북부 여성들의 지위 향상, 흑인 여성들의 억압, 국민 심리를 주도하는 남부적 이상 등에 대해서 깊이 성찰한다. 이와 더불어 그녀는 구조적 억압을 밝혀내고 또 그에 저항하는 여성/인디언/흑인들의 공통된 대의명분을 옹호한다.

이와 같이 네 명의 초기 페미니스트 교육철학자들은 젠더와 교육에 대한 최근의 연구에서 나타나는 긴장을 보여 준다. 그들은 제각기 여성들이 합리성의 세계, 즉 전통적인 교육 세계로 들어갈 것을 옹호하며, 자신들이 살았던 시대에 여성성을 규정했던 사회적/문화적 규범에 저항하는 상황에서 젠더 분석을 시도한다. 동시에 그들은 제각기 젠더 분석의 한계, 그리고 젠더 불평등이 새겨진 전통적인 분석도구와 표현 양식의 한계점에 대해서 비판적이다. 우리는 다음 절에서 분석을 위한 안경으로서 섹스-젠더 시스템을 수용하면서 시작하고, 새로운 젠더 가능성을 찾기 위해서 그 시스템에 대한 비판으로 나아가고 있는 교육철학의 진보를 밝혀 보면서 그런 긴장들의 발전과정을 드러낼 것이다.

3. 여성의 말과 글 속의 교육철학

일반적인 페미니즘이 그랬듯이, 현대의 페미니즘은 교육철학에 대해서 다양하게 접근한다. 이 중에는 남성 편향과 여성 배제를 설명하기 위해 특수한 이론들을 끌어들이는 개별 여성 학자들에서부터 지식의 구성과 확산을 재정의하기 위해서 서로 폭넓게 협력하는 여성 학자들에 이르기까지 다양하다. 교육이론과 교육실천의 형성에서 젠더의 중심성을 간과하는 경향은 여전히 남아 있다. 이런 점을 고려해 볼 때 그런 연구들의 양/질/다양성을 그려 내는 것이 중요하다.

젠더 분석은 페미니스트 교육철학의 핵심 물음들의 정치적 그리고 철학적 성격을 밝혀 준다. 젠더는 무엇이며, 젠더의 차이는 무슨 차이를 만들어 내는가? 이런 철학적 물음은 대부분의 철학적 물음과 마찬가지로 정치적/경험적 연관성을 갖는다. 젠더를 교육철학의 중심으로 끌어들임으로써 철학과 경험 연구 사이의 구분선을 가로지르는 물음들이 생기게 된다. 이와 함께 교육 접근에서의 공정성, 철학적 접근 방식들의 지적/도덕적/교육적 시사점, 일부 여성은 허용하고 다른 여성은 배척하는 인종/계급의 특권, 젠더 분석이 오히려 문제가 많은 젠더 규범을 현실화할 가능성 등에 관한 물음들도 생기게 된다.

이제까지 남성 지배적이었던 교육철학적 대화에 여성들이 진입하고, 여성들의 특수한 체화된 경험에 관심이 집중됨으로써 그런 대화의 언어는 도전을 받게 되었다(Leach, 1991). 여성들의 참여는 철학적으로 의미 있는 변화를 낳았다. 1972년 미국교육철학회의 심포지엄에서 바버라 안스틴(Barbara Arnstine), 맥신 그린(Maxine Greene), 엘리자베스 스타이너 마시아(Elizabeth Steiner Maccia)가 활약하였다(Leach, 1991). 그 후 1976년 그린은 여성으로서 두 번째로 미국교육철학회 회장이 되었다. 그린은 문학적/실존철학적 관점에서 "미국의 여성들이 자기 자신의 교육을 성취하기 위해서 창안해 낸 다중의, 가끔은 신비롭기도 한 장치(*Phi Delta Kappan*)"를 분석하였다.

『교육이론(*Educational Theory*)』에 실린 린다 니콜슨(Linda Nicholson)의 「여성과 학교(Women and schooling)」(1980)는 최초로 젠더를 핵심적인 분석 범주로 다루기 시작한 논문이다. 니콜슨은 교육제도에 대한 급진적 비평가들이 젠더를 누락시켰다고 비판하면서 다음과 같이 주장하였다. 즉, 학교교육의 기능은 다른 제도를 반영하는 방식으로 젠더화되었을 뿐만 아니라 학교가 공립/사립으로 분리됨으로써 젠더 차이를 유지하는 섹스-역할 시스템이 형성되도록 만들었다. 니콜슨의 마르크스주의적 페미니스트 분석, 그리고 메리 리치(Mary Leach)의 남성중심주의에 대한 비판은 여성에 관한 논의의 초점이 개별화된 배제에서 벗어나 젠더 차이의 체계적 형성(니콜슨은 사회경제적 제도, 리치는 담론 자체의 구조)에 대한 심층적 탐색으로 이동하도록 만들었다. 이와 동시에 다른 학자들은 교육적 가능성의 긍정적 모델을 찾기 위해서 여성의 경험을 분석하였다.

4. 여성이 만드는 차이

넬 노딩스(Nel Noddings)의 배려에 관한 연구는 여성의 특수한 처지/정체성을 구체적으로 다루는 것이 아니라, 여성들이 배려의 제공자로서 수행하는 역할의 강점이 윤리학과 교육을 위해 어떤 의미가 있는지를 다룬다. 노딩스는 배려 윤리(caring ethic)가 '본질적으로 여성적'이라고 주장한다. 노딩스는 관계를 중심에 놓음으로써 윤리학의 근본 자체를 판단으로부터 (도덕적 행위의 핵심으로서의) '애정이 담긴 상호작용'으로 이동시킨다(Noddings, 1984: 8). 캐럴 길리건(Carol Gilligan, 1982)의 도덕심리학 연구와 비슷하게, 노딩스 또한 윤리학과 존재론에서 젠더가 일으키는 차이를 강조한다. 페미니스트 철학자들은 여러 세대에 걸쳐서 자율적으로 판단하는 철학자에게 다음과 같이 주장하였다. 즉, 너를 낳아 길러 준 사람이 있다. 너는 다른 사람들과 이야기하고 교섭한다.

고립된 사상이라는 너의 주장은 믿을 수 없는 것이다. 노딩스의 연구는 그런 특성을 당연하게 간주한다. 여성들의 사회적 역할에서 '자연적 배려(natural caring)'가 분명히 나타난다. 이에 대해 노딩스는 현상학적 분석을 시도한다. 그리고 덜 친밀한 상황에서 배려관계가 있는지 없는지를 평가하는 데 사용될 수 있는 지표들을 찾아낸다. '윤리적 배려(ethical caring)'는 대화에 초점을 두는 것이며, 학교의 조직과 학습에 대해서 아주 분명한 시사점을 제공해 준다.

제인 롤런드 마틴(Jane Roland Martin)은 『대화를 다시 주장하기(*Reclaiming a Conversation*)』(1985)에서 그동안 자주 무시되었던 여성 철학자들의 사상을 재발견하여 제시한다. 이 책에서 마틴은 교육철학의 핵심 연구에서 젠더의 중심성을 재고찰함으로써 그것이 만들어 낼 수 있는 차이를 부각시킨다. 마틴에 의하면, 여성들은 철학/교육철학을 위해서 중요하고 독특한 공헌을 하였으며, 또한 역사적으로 볼 때 젠더 차별은 교육철학에 대한 정통적 연구에서도 핵심 특성이었다. 마틴은 이런 여성들과 젠더 차별에 우리의 주의를 환기시키고, "교육사상의 대상과 주체로서 여성들이 배제될 때 생기는 해악을 바로잡기"(Martin, 1985: 183)를 원한다. 따라서 마틴은 여성과 남성의 상호 의존성에 대한 이해를 강조하고, 또한 생산과정과 재생산과정 간의 관계에 대한 인식을 촉구한다. 마틴은 후기 저술에서 교육철학의 남성 편향성에 대해서 여전히 불만을 느끼고, 가정 영역에 대해 더 많은 관심을 쏟기를 촉구하였다. 또한 마틴은 모성관계를 배려윤리학의 출발점으로 활용했던 노딩스와 비슷하게 가정을 그녀의 시금석으로 간주하면서 학교제도를 공민적인 것에서 가정적인 것으로 끌어당겼다. 1980, 1990년대에 페미니스트 연구가 성장하였고, '무엇을 교육철학으로 볼 것인가?'에 대해 관심이 쏟아졌다. 이런 질문은 그 이전에도 제기되었지만 페미니스트 교육철학의 등장으로 재론되었다(Kohli, 2000). 리치의 주장(Leach, 1991: 298)에 따르면, 페미니스트 연구에 의해서 유발된 '불편함'은 "활발한 의견 교환을 통해서 '타협'하면서도 결코 최종 상태에 머물지 않는 과정이며, 우리에게 지속적인 자극을 줄 수 있다." 그것은 여성 목소리의 회복에서 배타적 담론에 대한 경고로 이행하고 있음을 시사해 준다. 그러나 배타성은 여전히 중요한 것이었다. 왜냐하면 철학자들이 교직의 젠더화된 노동, 그리고 여성 교육이론가들의 상대적 희귀성을 검토하였기 때문이다(Laird, 1998: 129; Hicks, 1999).

조 앤 파가노(Jo Anne Pagano)는 『가르치는 여성들(*Teaching Women*)』에서 여성화되고 체화된 가르침의 실천을 검토한다.

> 가르침의 예술에 관해서 이야기를 꺼낼 경우에는, 실제로 여성에 의해 가르쳐질 때, 그리고 여성을 가르칠 때 나타나는 차이점을 드러내야 하고, 그럼으로써 여성이 알고 있는 점들이 인정을 받을 수 있도록 만들어야 한다. 우리가 말하는 이야기는 우리 자신의 것이 아니다. 이런 인식으로부터 여성들의 가르침의 예술, 그리고 여성들을 가르치는 예술에 대한 충동이 비롯된다. 이런 충동이 촉발되는 것은 우리의 공적인 입장, 학자/교사로서 우리의 탁월성이 다른 종류의 고통, 개인적으로 나를 지워 없애는 고통을 우리에게 불러일으킨다는 점을 깨달을 때다(Pagano, 1988: 339).

일부 페미니스트 교육철학자는 젠더 분석이 탐구방법 및 비판적 페미니스트들의 교수법에 무엇을 가져다주었는지를 검토하였다. 다른 페미니스트 교육철학자들은 논변의 초점을 젠더 자체로 이동시키는 데 그쳤다. 예를 들어, 바버라 휴스턴(Barbara Houston)은 경험적 증거를 조심스럽게 추론/정리함으로써 '젠더로부터 자유로운(gender-free)' 교육이 젠더 편향성을 오히려 지속시킬 것이라는 점을 밝혀낸다. 마틴을 언급하면서 휴스턴은 교육이 '젠더에 민감한 목표'를 추구해야 한다고 주장한다. 여기서 젠더는 권력관계에서 형성된 정체성으로 이해된다. 휴스턴에 의하면, '젠더에 민감한 관점'은 젠더로부터 자유로운 관점보다 더 차원이 높은 질문들을 제기하고, 젠더를 개인적 속성에서 사회체제로 이동시킨다. 휴스턴에 따르면, 그런 관점에서 다음과 같은 질문들이 나타난다. "젠더가 여기서 작동하는가? 그것은 어떻게 작동하는가? 편향성을 제

거하기 위한 우리의 전략은 다른 어떤 효과를 낳는가?" (Houston, 1994: 131)

교육철학에 대한 페미니스트들의 참여는 새로운 배려적/비판적 대화를 촉발시켰다. 노딩스의 윤리학을 비판하면서도 지지하는 사람이 앤 딜러(Anne Diller)다. 딜러는 노딩스의 윤리학을 가리켜 영역 윤리학에 불과한 것이라고 주장한다. 이는 관계성(relationality)이 지구적 관계나 정치적 관심사로 제대로 옮겨지지 못했다는 뜻이다. 딜러는 노딩스의 윤리학이 '예종(servility)이나 초과의무 행위(supererogation)'를 요구하는 '위험한 윤리학'이고, 젠더 관계를 있는 그대로 고착화할 수 있는 것이라는 점에 대해서 비판가들이 더 관심을 가져야 한다고 말한다(Diller, 1996: 81-104).

린다 스톤(Lynda Stone, 1995)은 페미니스트 철학을 서사적 방법과 연결시킨다. 스톤에 의하면, 페미니스트 연구의 핵심은 방법론적 혁신이었다. 문학, 개인 관찰, 현상학 등은 철학의 깊이 있는 참여를 확대/향상/확산시킨다. 이런 방법론적 변화는 새로운 담론을 교육철학의 중심으로 끌어들인다. 이것은 남성주의자들의 "이성과 감성의 분리, 타자와 자아의 분리"에 대한 마틴의 비판(Martin, 1984: 346)이 반영된 결과다.

5. 차이/페미니즘

컬러 페미니즘을 주장하는 여성들(Anzaldúa, 1990; Collins, 1990; Combahee River Collective, 1982)의 연구를 비롯한 보다 새로운 페미니스트 연구는 차이의 소재인 여성의 몸에서 벗어난다. 그리고 차이, 인종 충돌, 계급, 섹슈얼리티의 교차를 검토하게 된다. 탈구조주의적 페미니즘에서는 젠더 정체성의 규제적 레짐(regulative regimes)과 그에 수반되는 미끄러짐과 전복들을 묘사한다. 여기서는 신비적인 형태의 여성성으로 되돌아가지 않고, 담론과 실천의 우연한 틈새들을 검토함으로써 젠더와 성적 규범(sexual norms)이 겉으로 보이는 것보다는 상당히 불안정하고 또 복합적인 것임을 보여 준다. 메리 리치(Mary Leach)와 브론윈 데이비스(Bronwyn Davies)의 주장에 따르면, 페미니스트 모더니즘이란 "학교에서 성 공평성을 환기시키기 위해서 이론화되어야 했지만 대다수 모더니스트 프로젝트에서 별로 이론화되지 못했던 핵심 이슈들이 주체성/언어/권력인데, 이들에 대해서 문제 제기를 하는 것"(1990: 322)이다. 종전의 모든 연구에서 '여성'과 '젠더'는 불확실한 범주로 남아 있었다. 그런데 1980년대 후반과 1990년대 전반에 이르러 '젠더'라는 범주의 불안정성은 교차 분석에 의해서 영향을 받았다. 교차 분석은 젠더를 인종 구분(racialization), 섹슈얼리티 및 다른 형태의 차이를 포괄하는 하나의 과정으로 보아야 한다고 주장하는 셈이다. 알레한드라 엘레네스(C. Alejandra Elenes)는 변경 관점(borderlands' perspectives)을 옹호하였는데, 이는 본질주의적 정체성들에 대해서 의문을 제기하고 갈등과 논란을 일으키는 지식을 중심에 놓는다(1997: 375). 종속된 사람들(여기서는 Chicana/os)은 그런 지식을 가지고 교육의 비판적/창조적 과정을 부각시킬 수 있다.

탈구조주의적 연구에 대해서 관심이 높아지고 있다. 이것은 젠더 기반적 비판이 '젠더'라는 범주 자체를 명시적/핵심적으로 비판할 뿐만 아니라 다른 형태의 차이를 끌어들이고 있음을 의미한다. 메건 볼러(Megan Boler)의 『감정의 파워: 정서와 교육(*Feeling Power: Emotions and Education*)』(1999)은 이런 변화의 신호탄이다. 그것은 사고에 있어서 정서가 차지하는 역할을 검토하고 정서 자체가 물질적 관계와 차이의 관계를 통해서 생산된 범주라는 점을 밝혀낸다. 볼러의 연구는 정서와 감정을 대체로 여성적 영역으로 간주하는 경향에서 탈피하려고 했던 것이다. 이 연구는 다문화주의의 도전과 잠재력을 받아들이면서, 감정의 전략/생산을 검토하지도 않은 채 감정을 사물화하는(reifying) 경향의 문제점을 드러낸다. 수잔 드 카스텔(Suzanne de Castell)과 메리 브라이슨(Mary Bryson)은『급진적 개입: 정체성, 정치 그리고 차이(*Radical In⟨ter⟩vention: Identity, Politics, and Differences*)』를 공동 편찬하였다. 이 책은 주변화되고 배제된 사람들의 관점에서 볼 때 교육 제도와 과정이 어떻게 작동하는지를 다룬 것이다. 이 책은 논의의 중심을 젠더 배제라는 단일 현상에서 벗어나 인종, 계급, 젠더, HIV/AIDS, 섹슈얼리티 및 이와 결부된 차이의 동인들의 교차관계로 이동시킨다. 그들이 검토한 것은 고등교육의 젠더 공평성 프로젝트로, 젠더와 주변화에 관한 사고에서 변화가 절실하게 요청되는 한 가지 맥락을 보여 준다. 이 프로젝트는,

> 도전하라고 공식적으로 재가를 받은 바로 그 문제들을 오히려 고착화/사물화할 위험이 있다. 이는 흔들리는, 부분적인, 우연적인, 특정 입장의 존재론을 가진 (예를 들면 젠더, 섹스, 형평성과 같은) 범주들을 사물화하고 유명론적으로 물화함으로써, 그리고 그런 담론적인 '기반'이 논란을 일으키는 엄청나게 불평등한 권력관계들을 은폐시킴으로써 그렇게 한다(Bryson & de Castell, 1993: 341).

데보라 브리츠먼(Deborah Britzman, 1995)은 젠더에서 섹슈얼리티로 이동한다. 브리츠먼은 어떻게 해서 낯선 이론(queer theory)이 읽기 실제뿐만 아니라 일반적 교수-학습에 대한 이해를 변화시킬 수 있는지를 검토한다. 그리고 교육적 담론에서 낯선 이론적 개념들을 핵심적으로 사용할 것을 주장한다.

오드리 톰슨(Audrey Thompson)은 「자줏빛 색이 아님: 교육적 배려를 위한 흑인 페미니스트 교훈(Not the color purple: black feminist lessons for educational caring)」(1998)이라는 논문을 썼다. 톰슨의 지적에 의하면, 마틴과 노딩스로부터 남성주의자의 편향성에 도전하는 쪽으로 이동하는 것이 보인다. 그러나 이것은 '여성' 을 다시 중심에 놓기는 하지만, 백인 여성의 경험을 마치 모든 여성을 대표하는 것인 양 보편화한다. 톰슨과 같은 비판가들은 페미니스트 교육철학에서 나타나는 반(反)본질주의적 동향을 밝혀 주고, (이와 관련된) 정체성과 공동체의 교차성/관계성을 강조한다. 페미니즘의 중심에서 벌어지고 있는 실

천들은 남녀를 불문하고 모든 사람이 젠더뿐만 아니라 경험과 지식을 다시 생각할 수 있도록 자원을 제공해 준다. 예를 들어, 톰슨과 기틀린(A. Thompson & A. Gitlin, 1995)은 의식화(consciousness raising)의 대화적 실천으로 되돌아갈 것을 제안한다. 이는 지식을 다시 이해하고, 차이를 주장하며, 지식을 재구성하는 한 가지 방식이다. 의식화는 정체성을 구조화하는, 감추어진 편향성과 실천을 드러내는 데 도움을 줄 수 있다. 이와 동시에 기술적(descriptive) 용어 속에 포함되지 않은 정체성/실천/지식의 측면들과 같은 여분의 것들은 교수법과 지식 구성을 다시 생각하게 해 줄 자원을 제공해 주기도 한다(Orner et al., 1996). 더 최근에 모위나 그리피스(Morwenna Griffiths)는 교직의 여성화는 젠더가 실천에 미치는 바를 이론화할 수 있는 기회를 제공해 준다고 주장한다. 그리피스에 의하면, 교직의 실천은 '새어 나가는(leaky)' 그리고 '끈끈한' 일이다. 이런 특성이 '사회적 계층화'를 완화시키고, '친화성'을 향상할 수 있는 다양한 상호작용을 장려해 준다(Griffiths, 2006: 396). 모린 포드(Maureen Ford, 2007)는 페미니스트들의 정치적 조직화와 이론화 사이의 연결을 촉구한다. 포드는 제휴(coalition building)를 위한 페미니스트들의 실천을 지지한다. 또한 그런 정치적 실천이 가르침과 교육철학을 다시 생각하는 데 시사점을 준다고 주장한다.

6. 젠더 분석을 위한 상이한 맥락

페미니스트 교육철학자들이 점점 더 주목했던 것은 지구적 차원의 젠더 차이와 환경의 지속 가능성이다. 바바라 테이어-베이컨(Barbara Thayer-Bacon)은 환경옹호론에 초점을 두면서, 여성과 자연 간의 문화적 연결 고리는 페미니스트들이 생태학적 맥락에서 권력관계를 비판하는 데 시사점을 준다고 주장했다. 휘리 리(Huey-li Li)는 에코페미니즘이라는 운동을 검토한다. 이 운동에서 전략적 본질주의와 다양한 지역성이 결합되어 나타나는 "교육적 프로젝트는 억압적 맥락들 안에서 윤리적 활동주의를 강조한다." 물론 여러 문화 간에 젠더에 대해서 똑같은 생각이 공유되는 것은 아니다(Li, 2007: 368).

페니 엔슬린(Penny Enslin)은 젠더 이슈의 하나로 지구화에 관심을 쏟는다. 엔슬린은 페미니스트 정치이론이 지구적 불평등을 고려해야 한다고 경고한다. 그녀에 의하면, "전 세계적으로 사람들이 지구화에 저항하고 또 서로 협력할 수 있는 평등한 능력 개발이 없는 지구화는 그에 따른 고통스러운 불평등을 악화시킬 것이 분명하다."(Enslin, 2006: 63) 그녀에 따르면, 불간섭이 서구적 지배를 피하게 할 수 있는 좋은 목표일 수 있겠으나, 그럼에도 서구의 페미니스트들은 지구적 교육 개선을 정치적으로 옹호할 필요가 있다(Enslin, 2006: 66-67). 그러나 질 블랙모어(Jill Blackmore)가 지적하듯이 페미니스트들은 아직 "'세계정치 체제'를 다룰 수 있는 정교한 이론이나 지구적 전략을 개발하지 못했고, 또한 국민국가들, 지역의 새로운 국가들, NGOs 사이에서 이론을 개발하는 정교한 방식들조차 개발하지 못했다. 그리고 세계정치 체제와 교육에서 그것이 어떻게 전개될 것인가를 아직 파악하지 못했다."(Blackmore, 2000: 486)

7. 페미니즘 교육철학의 미래

페미니스트 교육철학의 역사와 현재에 대해서 우리는 아주 간단하게 살펴보았다. 그렇지만 그 핵심 특성은 밝혀진 셈이다. 페미니스트 교육철학은 끊임없이 그리고 급속히 자체 모습을 재구성하고 그 속에 포함되는 학문 영역도 재구성하고 있다. 젠더를 하나의 분석 렌즈로서 조심스럽게/철저하게 사용하다 보면, 젠더라는 범주를 지지해 주는 시스템의 제약에 부딪히게 된다. 그리고 지배적인 사상/행위 시스템에 부딪히다 보면, 젠더와 그 비형평성을 확인할 수 있게 해 주는 바로 그 개념적/논리적 도구를 의문시하지 않을 수 없다. 일부 사람의 주장에 의하면, 우리는 교육사상과 교육실천에서 '포스트페미니스트' 시대에 진입했다. 그러나 여성들의 삶은 여전히 '남성적 관점으로 흡수될 수 없는' 철학을 위해 출발점을 제공해 줄 여지가 있다. 페미니스트 교육철학자들은 새로운 방식으로 이슈를 만들어 낸다. 그럼에도 불구하고 그들은 그들의 이론화를 촉발시켰던 관심사, 다시 말해서 젠더와 관계없이 모든 사람을 위해서 더 나은 삶을 확보하는 일에 여전히 뿌리를 내리고 있다.

페미니스트 학자들은 교육철학의 의미를 살려냈고, 또한 아주 널리 중요한 것이라고 가정되는 몇 가지 점에 대해서 파란을 일으켰다. 이런 주장은 맞는 이야기일까? 여기서 드 피장이 살았던 시대부터 오늘날에 이르기까지 페미니스트 교육철학자들이 주장했던 바를 요약해 보자.

- 젠더는 중요하다.
- 여성은 여성으로서 중요하다.
- 몸은 중요하다.
- 관계는 일차적이며, 상호작용은 교육적이다.
- 몸을 떠난 합리성은 지식에 이르는 유일한 길이 아니다. 감정도 지식을 위한 자원이다.
- 지식과 진리는 복수로, 상황적으로, 서사적으로 구성되며, 지식과 진리 주장 속에 권력관계가 함축되어 있다.
- 젠더 차이에만 의존하는 것은 인종/계급과 같은 다른 중요한 (문화 간의) 차이를 은폐시킨다. 즉, 본질화는 위험하며 가로지르기(교차, 횡단)는 핵심이다.
- 따라서 '여성'이라는 범주는 이를 만들어 내는 섹스-젠더 시스템과 마찬가지로 문제가 있는 것이다.
- 교육은 위의 주장들을 모두 고려하지 않고서는 이해될 수 없고 또 행해질 수도 없다.

이런 주장들은 여성에 관한 주장이기도 하지만 철학/교육철학에 항존하는 몇 가지 질문에 관한 주장이다. 이런 주장들이 어째서 철학자들의 일상적 업무를 혼란스럽게 만든 것인지는 쉽게 알 수 있다. 근대 철학은 지식을 정의하고, 지식의 주체를 제한하며, 윤리적 행위를 처방하는 데에 얽매여 있었다. 이런 근대 철학은 다음과 같은 제안에 부딪힌다. 즉, 여성들(그리고 모든 '타자')은 그동안 특별대우를 받았다고 비난받는 남성적 이상과는 다른 방식으로 지식에 도달하거나 혹은 사회적으로 구성될 수 있다. (남성중심으로 규정된) 보편적이고 지속적인 것에서 벗어나는 일은 사소한, 심지어는 철학이 아닌 것이라고 거부당할 위험에 처한다. 지난 수십 년 동안 교육철학은 다양성을 향해서 문호를 개방하였다. 그러나 여전히 다음과 같은 몇 가지 두려움이 남아 있다. 정체성이라는 '독소'가 철학의 굳건한 토양을 오염시키지 않을까? 철학적 담론을 강력한 논변과 영속적 진리에서 벗어나게 만들고, 얼핏 보기에 정치이론, 탈구조주의, 심지어는 질적/해석적 탐구의 (토대도 없는 것처럼 보이는) 이슈로 끌고 가지 않을까? 이런 우려는 이해할 만하다. 젠더, 그리고 갈수록 인종과 섹슈얼리티가 중심에 놓임으로써 변화가 나타나고 있다. 이런 가운데 일부 교육철학자는 그들이 알고 있는 교육철학의 종말이 오지 않을까 하고 두려워하기도 한다.

페미니스트 이론은 교육철학에 대한 접근방법을 변화시키고 그 초점까지도 이동시켰다. 따라서 그런 두려움의 근거가 빈약한 것은 아닐 것이다. 선구적 여성들에 관한 역사를 연구했던 거다 러너(Gerda Lerner)는 다음과 같이 주장했다. 역사 연구에서 젠더가 중심을 차지할 때 그동안 역사학을 지배하고 있었던 탐구 양식이 단순히 여성을 '추가하여 섞을' 수는 없었다. '새로운 시각'이 요청되었다(Lerner, 1979). 그렇다. 그동안 잊혀지고 있었던 여성 철학자들을 다시 찾아 나섰다. 여성 지식인들에게 주의를 기울이기 위해서 철학의 정전들을 더 넓게 정의하게 되었다. 우리도 여기서 그런 시도를 하였다. 그런 여성들을 철학으로 끌어들이기만 해도 여성들의 시각과 인식론적 관점이 철학의 지배적 양식/주제에 도전을 가한다는 점을 알 수 있다. 여성들이 타자로서 겪는 경험은 식민지 지배를 겪고 배척을 받았던 사람들의 경험과 공명하는 것이다. 그리고 페미니스트들의 이론화 작업으로 인하여 새로운 해석적/개념적/이론적 영역이 열리게 된다. 관계성이나 체화(embodiment)뿐만 아니라 젠더/인종/계급/섹슈얼리티를 가지고 철학적으로 고심하는 일이 나타난다. 이는 젠더를 다시 중심에 놓고 있는(그리고 나서 비판하는) 교육철학자들이 그런 일을 제대로 수행하기 위해서는 '간학문적' 전략으로 되돌아갈 수 있고 어쩌면 그래야 한다는 것을 의미한다. 왜냐하면 그동안 철학자들은 '간학문적' 전략을 통해서 철학의 전통을 세웠고, 페미니스트들은 그런 전통 속에서 계속 탐구하고 또 그런 전통에 도전해야 하기 때문이다.

더 읽을거리

드 피장(de Pizan, 1405/1982), 울스턴크래프트(Wollstonecraft, Poston, Eds., 1988), 길먼(Gilman, 1898, 1915/1998), 쿠퍼(Cooper, Lemert and Bhan, Eds., 1998) 등을 직접 읽어 본 사람들은 현대의 페미니스트 교육철학이 흥미로운 오랜 역사를 갖고 있음을 알 것이다. 그린(Greene, 1976), 마틴(Martin, 1984, 1985), 노딩스(Noddings, 1984)는 교육철학에서 페미니스트들이 확산되는 전환점을 마련한 사람들이므로 읽어야 할 필요가 있다. 현대의 페미니스트 교육철학의 발전과정을 더 깊게 알고자 하는 사람은 리치(Leach, 1991)의 탁월한 에세이, 그리고 스톤(Stone, 1994), 딜러 등(Diller et al., 1996)이 편찬한 선집을 보라. 페미니스트 교육철학자들이 언제나 다른 학문 영역(철학 포함)에서 활동하고 있는 페미니스트 이론가들과 끊임없는 대화를 나누고 있음을 기억해야 한다. 교육철학에서 전개되는 대화를 제대로 이해하자면 페미니스트들의 폭넓은 논의와 논쟁에 친숙해질 필요가 있다. 페미니스트 이론들을 일별할 수 있는 선집이 많이 나왔다. 그중 Kolmar and Bartkowski, *Feminist Theory: A Reader* (2009, 3rd edn. Boston: McGraw-Hill)가 역사적 접근과 문화 간 비교 측면에서 가장 좋다.

참고문헌

Anzaldúa, Gloria (1990) 'La conciencia de la mestiza: towards a new consciousness', in Gloria Anzaldúa (Ed.), *Haciendo Caras: Making Face, Making Soul.* San Francisco, California: Aunt Lute Books.

Blackmore, Jill (2000) 'Warning signals or dangerous opportunities? Globalization, gender, and educational policy shifts', *Educational Theory*, 50(4): 467–486.

Boler, Megan (1999) *Feeling Power: Emotions and Education.* New York: Routledge.

Britzman, Deborah (1995) 'Is there a queer pedagogy? Or, stop reading straight', *Educational Theory*, 45(2): 151–165.

Bryson, Mary and de Castell, Suzanne (1993) 'En/gendering equity: on some paradoxical consequences of institutionalized programs of emancipation', *Educational Theory*, 43(3): 341–355.

Collins, Patricia Hill (1990) *Black Feminist Thought: Knowledge, Consciousness, and the Politics of Empowerment.* New York: Routledge.

Combahee River Collective (1982) 'A black feminist statement', in Barbara Smith, Patricia Bell Scott and Gloria T. Hull (Eds.), *All the Women are White, All the Men are Black, But Some of Us are Brave: Black Women's Studies.* Old Westbury, New York: The Feminist Press, pp. 13–22.

de Pizan, Christine (1405/1982) *The Book of the City of Ladies.* New York: Penguin Classics. 최애리 역(2012). 『여성들의 도시』. 서울: 아카넷.

Diller, Ann, Houston, Barbara, Pauly Morgan, Kathryn and Ayim, Maryann (Eds.) (1996) *The Gender Question in Education: Theory, Pedagogy, and Politics.* Boulder, CO: Westview Press.

Elenes, C. Alejandra (1997) 'Reclaiming the borderlands: Chicana/o identity, difference, and critical pedagogy', *Educational Theory*, 47(3): 359–375.

Enslin, Penny (2006) 'Democracy, social justice and education: feminist strategies in a globalising world', *Educational Philosophy and Theory*, 38(1): 57–67.

Ford, Maureen (2007) 'Situating knowledges as coalition work', *Educational Theory*, 57(3): 307–323.

Gilligan, Carol (1982) *In a Different Voice*. Cambridge, MA: Harvard University Press. 허란주 역(1997). 『다른 목소리로』. 서울: 동녘.

Gilman, Charlotte Perkins (1898) *Women and Economics*. Boston: Small, Maynard and Company.

Gilman, Charlotte Perkins (1915/1998) *Herland*. Mineola, New York: Dover. 손영미 역(2002). 『여자만의 나라』. 서울: 한국문화사.

Greene, Maxine (1976) 'Honorable work and delayed awakenings: education and American women', *Phi Delta Kappan*, 58(1): 25-30.

Griffiths, Morwenna (2006) 'The feminization of teaching and the practice of teaching: threat or opportunity?', *Educational Theory*, 56(4): 387-405.

Hicks, Deborah (Spring 1999) 'The particular and the feminine: gendered accounts in educational theorizing', *Educational Theory*, 49(2): 251-264.

Houston, Barbara (1994) 'Should public education be gender free?', in Lynda Stone (Ed.), *The Education Feminism Reader*. New York: Routledge, 1994.

Kohli, Wendy (Summer 2000) 'Educational theory in the eighties: diversity and divergence', *Educational Theory*, 50(3): 339-357.

Laird, Susan (Winter 1998) 'Women and gender in John Dewey's philosophy of education', *Educational Theory*, 38(1): 111-129.

Lane, Ann (1990) *To Herland and Beyond: The Life and Work of Charlotte Perkins Gilman*. New York: Penguin Group.

Langton, Rae (2000) 'Feminism in epistemology: exclusion and objectification', in Miranda Fricker and Jennifer Hornsby (Eds.), *The Cambridge Companion to Feminism in Philosophy*. Cambridge: Cambridge University Press.

Leach, Mary (1991) 'Mothers of in(ter)vention: women's writing in philosophy of education', *Educational Theory*, 41(3): 287-300.

Leach, Mary and Davies, Bronwyn (1990) 'Crossing boundaries: educational thought and gender equity', *Educational Theory*, 40(3): 321-332.

Lemert, Charles and Bhan, Esme (Eds.) (1998) *The Voice of Anna Julia Cooper*. Lanham, Maryland: Rowman and Littlefield.

Lerner, Gerda (1979) *The Majority Finds Its Past: Placing Women in History*. Oxford: Oxford University Press.

Li, Huey-li (2007) 'Ecofeminism as a pedagogical project: women, nature, and education',

Educational Theory, 57(3): 351-368.

Lorde, Audre (1984) *Sister Outsider*. Berkeley: Crossing Press.

Martin, J.R. (1984) 'Bringing women into educational thought', *Educational Theory*, 34(4): 341-353.

Martin, J.R. (1985) *Reclaiming a Conversation*. New Haven, CT: Yale University Press. 유현옥 역(2002). 『교육적 인간상과 여성』. 서울: 학지사.

Martin, J.R. (1995) *The Schoolhome*. Cambridge, MA: Harvard University Press.

Nicholson, Linda (1980) 'Women and schooling', *Educational Theory*, 30(3): 225-233.

Noddings, Nel (1984) *Caring: A Feminine Approach to Ethics and Moral Education*. Berkeley: University of California Press. 한평수 역(2009). 『배려: 윤리와 도덕교육에 대한 여성적 접근법』. 서울: 천지.

Orner, Mimi, Miller, Janet L. and Ellsworth, Liz (1996) 'Excessive moments and educational discourses that try to contain them', *Educational Theory*, 46(1): 71-91.

Pagano, Jo Anne (1988) 'Teaching women', *Educational Theory*, 38(3): 321-339.

Poston, Carol (Ed.) (1988) *'Mary Wollstonecraft,' A Vindication of the Rights of Woman: An Authoritative Text, Backgrounds, The Wollstonecraft Debate, Criticism*. New York: W.W. Norton. 문수현 역(2011). 『여성의 권리 옹호』. 서울: 책세상.

Stone, Lynda (Ed.) (1994) *The Education Feminism Reader*. New York: Routledge.

Thayer-Bacon, Barbara (2003) *Relational (e)pistemologies*. New York: Peter Lang.

Thompson, Audrey (1998) 'Not the color purple: black feminist lessons for educational caring', *Harvard Educational Review*, 68(4): 522-555.

Thompson, Audrey and Gitlin, Andrew (1995) 'Creating spaces for reconstructing knowledge in feminist pedagogy', *Educational Theory*, 45(2): 125-150.

제12장

교육과 가톨릭 전통

Kevin Williams

삶에 대한 종교적 반응도 하나의 성향이다. 그것은 인간과 그의 운명에 대한 믿음, 확신, 태도, 느낌으로 이루어진 것이다. 종교는 세계를 이해하는 한 가지 방식을 제공해 주는데, 이는 믿음을 가진 자들의 삶을 전체적으로 밝혀 준다. 그것은 인간의 궁극적 운명을 실현하는 일과 일치된 방향으로 행동하고자 하는 도덕적 헌신의 원천이 된다. 기독교 신앙이 추구하는 운명/목적은 베드로의 제1 서한에 있듯이 '영혼의 구원'(Peter, 1: 3-9)이다. 인간의 삶과 목적에 대한 여러 가지 생각으로 엮어 있는 로마 가톨릭이라는 종교는 '교육의 목적을 어떻게 생각해야 할 것인가'에 대해서 분명한 시사점을 준다.

가톨릭의 관점에서 교육철학에 대한 성찰은 오랜 전통을 갖고 있다. 이런 철학은 바티칸의 문서에서 권위 있게 표현되고 있다. 이 문서는 모두 책으로 출간되어 있다(Franchi, 2007).

이는 특히 테리 매클로플린(Terry McLaughlin, 1996)과 같은 현대 교육철학자에 의해서 분석되었고, 다른 교육철학자들도 계속 인용하고 있다(예: Pring, 2007: 518). 종교적 훈령(orders)은 가톨릭 교육에 관한 통찰의 중요한 원천이 된다. 그중 가장 유명한 것은 성 이그나티우스(St. Ignatius)의 저술, 라 살르의 성 장-밥티스테(St Jean-Baptiste de la Salle)의 저술 등에서 찾아볼 수 있다. 수많은 탁월한 사상가, 예를 들어 성 어거스틴(St Augustine), 성 토마스 아퀴나스(St. Thomas Aquinas), 뉴먼 추기경(Cardinal Newman), 길버트 체스터턴(Gilbert K. Chesterton), 자크 마리탱(Jacques Maritain) 등은 가톨릭 교육에 대한 성찰의 결실이 어떤 것인지를 잘 보여 준다. 20세기 후반에 가톨릭 전통에서 파생된 급진적 관점은 이반 일리치(Ivan Illich), 파울로 프레이리(Paulo Freire)의 저술에서 나타났다. 주류 교육철학 내부에서 가톨릭 교육사상을 탐색/발전시킨 사람들은 존 헐데인(John Huldane), 테리 맥러플린, 리처드 프링(Richard Pring), 데이비드 카(David Carr) 등이다. 이 장의 끝에 제시된 참고문헌은 통찰력 있는 연구가 풍부하게 축적되어 있음을 입증해 준다. 이들 문헌은 철학적으로 치밀하고 또 엄밀한 것이다. 다시 말해서, 그저 그렇고 그런 뻔한 이야기라든가 열렬한 수사학, 혹은 맥러플린이 자주 지적했던 가톨릭적 '교육 떠벌거림(edu-babble)'과 같은 것들을 뛰어넘는 것이다. 철학적 관점에서 파드리그 호건(Pádraig Hogan, 1995: 53-59)과 코니 리안 세라핀(Connie Leean Seraphine, 2005: 20-24)이 예수 그리스도의 교육적 실천을 탐색한 연구도 흥미를 끈다.

어거스틴, 아퀴나스, 뉴먼, 마리탱과 같은 주요 사상가들의 저술에는 한 가지 특징이 있다. 즉, 그들의 교육 저술에는 포괄적 관점이 들어 있다. 예를 들어, 성 어거스틴의 저술을 읽을 경우에 사람들은 치밀하고 독창적이면서도 특별한 교육적 감수성이 담겨 있는 성찰을 보게 된다. 그의 교육관의 밑바탕에는 모든 인간이 추구하는 목적에 대한 그의 유명한 표현이 깔려 있다. 그의 『고백록(*Confessions*)』의 첫머리에 "우리의 마음은 당신에게서 쉴 때까지 편안할 수가 없습니다."라는 표현이 들어 있다. 그러나 가톨릭 철학의 핵심 인물은 당연히 성 토마스 아퀴나스다. 그는 짧은 글에서 교육을 직접 언급하기도 했지만, "가장 중요한 교육 문서"(Lawson: Beck, 1971: 113에서 재인용)라고 인정하는 것은 『신학대전(*Summa Theologica*)』인데, 인간의 완전한 삶을 위한 청사진, 그리고 삶과 삶의 목적에 관한 종합적 철학을 제시하기 때문이다. 아퀴나스에 따르면, 삶의 목적은 행복의 성취로, "지성에 의한 완전한 진리의 성취, 그리고 의지에 의한 지고한 선의 성취"(Beck, 1971: 117)라고 이해된다. 종합적 교육철학으로서의 토미즘(Thomism)은 프랑스 철학자인 자크 마리탱의 『기로에 선 교육(*Education at the Crossroads*)』에서 20세기에 적합한 언어로 재구성되었다. 이 책은 가톨릭계 외부에서는 별로 주목받지 못했다. 로버트 디어든(Robert Dearden)은 이런 점에 대해서 놀라움을 표시했으며(Carr et al., 1995: 162-163 참조), 그 후 네 명의 영국철학자는 1995년에 출판된 책(Carr et al., 1995)에서 마리탱의 사상을 영어 사용권 독자들에게 전달하고자 하였다.

이들 저자가 지적하고 있듯이, 아퀴나스의 전통 안에서 마리탱은 가톨릭 사상의 핵심에 기반을 둔 완전한 가톨릭 교육철학을 제시하고 있다. 그 핵심은 형이상학적 실재론, 영혼의 존재, (도덕적 삶의 기반으로서의) 자연법 이론, (사회적 삶의 기반으로서의) 공동선 이론 등에 대한 신봉이다. 이 장에서는 가톨릭의 진리, 혹은 가톨릭 신앙의 근본 철학을 방어하려 하지 않을 것이다. 이에 관한 문헌은 이미 아주 많으며, 이 책에서는 그런 철학을 변호하는 일이 적절하지 않다. 여기에서는 가톨릭 입장을 변호하는 가톨릭 교육철학은 제시하지 않을 것이다. 그보다는 카 등(Carr et al., 1995: 163)의 말처럼 거창한 철학적 물음에 대한 '가톨릭 교육이론'을 제시하고자 한다. 다시 말해서 가톨릭 관점에서 교육을 설명하고자 한다.

이 장의 논의 범위를 밝혀 보았다. 앞으로 전개하고자 하는 논변의 윤곽을 간략하게 제시하는 것이 좋겠다. 먼저 가톨릭 관점에서 교육의 목적을 고찰할 것이다. 그리고 가톨릭 교육의 교육적 정신을 설명하고, 이와 관련된 에토스에 대해서 고찰할 것이다. 그다음에는 교육 내용에 대한 가톨릭 입장을 탐색하고, 교육과정 안에서 종교교육의 역할도 검토할 것이다. 마지막으로 가톨릭 교육이 그 본질적 목적에서 벗어나 사회-정치적 운동으로 흐르고 있는 점을 비판적으로 지적할 것이다.

1. 문제의 핵심

서구적 전통에서 학습의 추구와 신에 대한 찬양은 서로 병행한다. 아일랜드의 초기 기독교 수도원에서도 그랬고, 중세 유럽의 성당학교에서도 그랬다. 신의 말씀을 전파하는 데 헌신하는 일은 교회의 미션에서 떼어 놓을 수 없는 측면으로 간주되었다. 이는 진지한 지적 노력이 언제나 가톨릭 전통에서 아주 우선적인 정책이었음을 의미한다. 가톨릭 전통에서 학습의 일차적 목표는 진리 추구이며, 가르침의 일차적 목표는 진리의 전수다. 이처럼 교육의 목적은 분명하다. 그렇다고 해서 모든 가톨릭에서 그 우선순위가 정확하게 동일하다는 말은 아니다. 그러나 가톨릭이라고 한다면 그 교육 목적은 삶의 궁극 목적에 대한 진리를 갖고 있으며, 그것을 젊은 사람들에게 전수하려고 노력한다는 확신에 기반을 두어야 한다. 가톨릭 교육철학의 밑바탕에 깔려 있는 진리 주장은 확고하다(Beck, 1971; Carr, 1999a 참조). 신토미즘 교육을 명쾌하게 진술하고 있는 조지 벡(George Beck)은 이를 잘 밝혀 주고 있다. 그에 따르면, 신앙은 "신의 권위에 의해서 수용된 진리 명제에 대한 지적 동의"(Beck, 1971: 124)다. 이 신앙은 진리라고 받아들이는 다음과 같은 명제들에 기반을 두고 있다. 즉, 신은 존재하고, 예수는 신의 아들이며, 죽음 이후에 삶이 있고, 인간이 이승의 삶을 살아가는 방식은 영원한 반향을 일으킨다. 이 지구 위에서 사라져 가는 시간은 "영원으로 나아가는 도약대"(Beck, 1971: 124)이며, '모든 교육철학을 구성하는 기반'은 바로 그런 진리들이다. 교육의 목적은 "남녀를 불문하고 삶에 맞추는 일이며, 삶의 목표는 그들을 영원에 맞추는 일"(Beck, 1971: 125)이다. 따라서 인간의 삶에 대한 가톨릭의 비전은, 성 토마스와 마리탱이 명확하게 밝혀 준 것처럼 '완전함의 이상'을 제시해 주며, 교육자들은 이에 따라 "인간의 발달을 평가"할 수 있게 된다(Carr et al., 1995: 168).

이와 같은 삶의 비전에는 한 가지 특징이 있다. 그것은 '유용성을 뛰어넘는',[1] 워즈워스가 그의 시 '세상은 우리에게 너무 과분하다(The World Is Too Much with Us)'에서 '벌어서 쓰는'이라고 말하는 것을 뛰어넘는 필연성이다. 체스터턴(Chesterton, 2004: 192)은 "전수되는 상태에 있는 진리"라고 말하는데, 바로 이를 대변하는 교육은 그와 같은 본질적 가치와 삶의 목적을 젊은이들에게 아주 분명하게 전해 주고, 그들이 그저 살고 있다는 사실을 뛰어넘어 삶의 질적 차원으로 들어가도록 한다.[2] 그렇기에 가톨릭 교육의 목적에 관한 미션 진술은 '전인'이나 '원숙한 인간'의 발달에 관한 평범한 이야기를 뛰어넘는다. 그렇지 않다면, 그것은 아무나 동의하게 되는 하찮은 이야기가 되고 만다. 그러나 만일 우리가 '원숙한 인간'이라는 용어를 고민한다면 신자와 비신자는 '원숙한'이 무엇을 의미하는지에 대해 큰 견해 차이를 보일 것이다. 여기서 문제가 되는 것은 (원숙한 인간을 향한) 열망이 아니고, 그런 인간의 발달에 대해서 어떻게 해석할 것인가 하는 점이다. 최소한 은유적 의미에서 '원숙한' 인간의 발달을 이야기한다면 누가 반대할 것인가?

다음과 같이 말하는 것이 아주 현명할 것이다. 가톨릭 교육철학은 진리에 대한 신봉에서 시작하며, 인간의 삶의 목적에 대한 실질적인, 두꺼운 혹은 종합적인 관념에 기반을 두고 있는 것이다. 그것은 자유민주주의 사회의 공립학교의 기반이 되고 있는 절차적, 얇은, 제한된 혹은 한정된 이론들에 기반을 두고 있는 것이 아니다. 가톨릭의 비전은 민주적 시민성의 증진과 부합될 수 없는 것

1) 이 부분은 메리 매카시(Mary McCarthy, 1967: 26)에서 가져온 것이다.
2) 여기서 나는 앨프리드 노스 화이트헤드(Alfred North Whitehead, 1926: 80)의 말을 약간 수정하여 썼다.

은 아니지만, 가톨릭의 선관(conception of the good)은 보편적으로 수용되는 것이 아니다. 이 점을 인정하고 들어가는 것이 마치 가톨릭이 모든 사람에게 온갖 것이 될 수 있는 것처럼 말하는 것보다는 더 정직한 일이 될 것이다.

그러므로 삶과 학습에 대한 가톨릭 비전에서 무엇이 본질적인 것인가를 처음부터 밝혀내는 일이 중요하다. 가톨릭 비전의 이면에 깔려 있는 핵심은 데이비드 카의 다음과 같은 말에 잘 담겨 있다. 그것은 "인간 영혼의 구원을 위해서 가장 최고로 영향을 미칠 수 있는 길, 진리, 삶에 대한 지식을 능동적으로 찾는 것" (Carr, 1999a: 185)을 포함한다.

2. 교육적 정신

마리탱이 재구성해 놓은 가톨릭 전통에서는 "교육의 핵심 목표로서 인간 됨의 총체성을 본질적으로 옹호하는 토미즘의 입장" (Carr et al., 1995: 170)을 긍정한다. 교육은 통합적이고, 전인에 관한 것이며, 평생의 일이다. 이런 총체성의 한 가지 특성은 이 세계에 대한 광범한 지적 파악이다. 미국의 저술가인 메리 매카시(Mary McCarthy)의 말처럼, 가톨릭 교육은 세계의 역사와 이념에 대한 한 가지 관점을 초등학교를 마치기 전까지 받아들이게 한다. 이런 과정의 '지울 수 없는' 효과는 "어릴 때 언어를 배우는 것과 비슷하다." (McCarthy, 1967: 25) 매카시가 인정하고 있듯이, 가톨릭 관점은 사실상 편향되어 있는 것이긴 하지만 학습자의 시각에서 볼 때 그 장점은 그런 관점이 메마르거나 죽은 것이 아니라는 것 그리고 그것을 밝혀 주는 '거친 파르티잔 정신' 에 의해서 역사를 살아 있게 만든다는 것이다(McCarthy, 1967: 25). 이런 파르티잔 정신의 또 다른 효과는 학생의 역사관에 정합성을 부여해 준다는 점이다. 이런 파르티잔 정신이 교육을 위해서 제공해 주는 것은 하나의 개념 틀 속으로 정보를 끌어들이는 자석과 같은 역할을 하는 관점이다.[3)]

매카시의 설명은 저메인 그리어(Germaine Greer)의 입장을 지적으로 다듬어 놓은 것이라고 볼 수 있다. 그리어는 "나는 가톨릭이며, 나는 신을 믿을 뿐만 아니라…… 그로부터 벗어나기를 원하지 않는다. 나는 가톨릭임을 아주 기쁘게 생각한다."(Bennett & Forgan, 2003: 103-104)라고 밝혔다. 이와 같이 가톨릭의 통합적/평생적 차원의 이미지를 흥미 있게 제시한 사람은 자기 자신의 수녀원 교육을 회고했던 언론인 앤 로빈슨(Anne Robinson)이다. 그녀는 "가톨릭은 종교가 아닌 국적이다. 나는 우리가 언제나, 언제나, 가톨릭이라고 생각한다."(Bennett & Forgan, 2003: 171)고 술회했다. 로빈슨의 글에 따르면, 그녀가 학교에 다녔을 때 교장선생님은 그녀가 가톨릭이라고 생각하지 못했겠지만, "나는 내가 가톨릭임을 안다. 만약 내 발가락이 어디에 부딪힌다면 나는 무심코 '예수, 마리아, 조셉!' 하고 외칠 것이다."(Bennett & Forgan, 2003: 171-172) 로빈슨의 이미지가 암시하는 점은 종교적 정체성이 매우 침투적일 수 있으며, 종교적 양육의 효과는 쉽게 지워 버릴 수 없다는 것이다. 위에서 가톨릭에 대해 '국적'이라는 은유가 사용되고 있는데, 이것은 신앙이 그 사명과 범위에서 볼 때 전적으로 국제적인 일이기 때문에 역설적이다. 가톨릭 신자로서 마리나 워너(Marina Warner)는 "우리는 국지적 국가주의를 초월하는, 흥미로운 방식으로 세계에 속한다."(Bennett & Forgan, 2003: 196)고 말한다. 아일랜드의 시인인 폴 더칸(Paul Durcan)은 가톨릭적 양육의 범위를 인상 깊게 말해 준다. "아일랜드 기독교는 내 영혼의 모국어이며, 아일랜드 로마 가톨릭 교회라는 제도와 관계없이 내 영혼의 모국어로 남아 있다."(Durcan, 2003: 121) 가톨릭 정체성의 오랜 흔적은 2007년도 조사 결과에서도 나타난다. 조사 대상이었던 프랑스인의 절반이 가톨릭 신자라고 밝혔으며, 그중 절반 이상이 신의 존재를 확고하게 믿었다(*Le Monds des Religions*, 2007: 26).

---

3) 철학적 관점에서 앨러스테어 매킨타이어(Alastair MacIntyre, 2001)도 가톨릭의 종교적 비전의 통일적 가치에 대해서 비슷한 이야기를 한다.

3. 에토스

가톨릭 학교는 진리를 가르치며, 전인을 가르치고 형성시킨다고 주장한다. 여기서 에토스(ethos)는 가톨릭 교육이론의 중심 이슈가 된다. 테리 맥러플린(2005)은 에토스의 교육적 중요성을 밝히려고 철학적으로 시도했다. 맥러플린에 의하면, 에토스라는 개념은 복잡한 것이며, 교육적 담론에서 피상적으로 취급되었다. 에토스의 중요성에 대한 인식이 그동안 미흡했던 까닭은 그것이 미션 진술에서 무덤덤하게 언급되었던 것과 연관되어 있다. 그런 무덤덤한 표현은 가톨릭 진술에서도 자주 나타난다. 따라서 에토스라는 용어를 사용할 경우에는 분명하고 엄밀하며 신중해야 한다. 그렇다면 에토스는 무엇인가? 모든 사회조직, 정당, 병원, 스포츠 단체, 학교에는 그 나름의 문화나 에토스가 있다. 이것은 널리 퍼져 있는 지배적인 정신/성격을 의미한다. 사람들은 학교 정신이라고 말한다. 이는 학교의 문화/에토스에서 중요한 측면을 가리킨다. '잠재적 교육과정' 이라는 용어가 사용되고 있는데 이는 그러한 문화나 에토스가 의미하는 바의 일부를 가리키기도 한다. 학교의 문화나 에토스가 교사/학생의 의식의 전면에 부각되기는 드문 일이지만 그 학교의 방문자들이 그것을 지각하는 경우가 많이 생긴다. 때때로 상징을 부각시키는 경우에도 학교의 문화나 에토스가 암시된다. 여기서 상징은 종교적 실천의 상징을 가리킨다. 혹은 그와 다른 상징을 가리키기도 하는데, 예를 들어 애국심/민족주의, 스포츠, 예술/학문 열정, 시민/공동체 참여의 상징이 있다. 에토스는 손에 잡히는 것은 아닐지라도 실재하는 것이다. 학교에서 사람들이 배웠던 것은 대부분 망각의 깊은 골짜기로 새어 나가 버린다. 그러나 그들이 다녔던 학교의 에토스에 대한 느낌은 의식의 일부분에 남게 된다. 이것은 놀라운 일이 아니다. 학교의 에토스는 거기서 지냈던 우리 삶의 질을 느끼게 해 주고, 우리 자신의 정체성을 형성시켜 준 중요한 요인일 수 있기 때문이다.

가톨릭 교육의 특징이 되는 에토스에서 특별한 것은 무엇인가? 그것은 정책 문제다. 즉, 그것은 복음의 메시지에 젊은이들이 헌신하도록 기르는 것을 목적으로 삼는다. 이것은 교육기관 내부에서 강화된다. 한 예로, 전례(典禮)를 중심으로 학년력을 구성하는 일이 있다. 브라이언 맥마혼(Bryan MacMahon)은 그의 자서전에서 "기독교의 렌즈를 통해서 집중적으로 살펴보아야 다가오는 새해가 의미를 갖는다."(MacMahon, 1992: 100)고 말한다. 가톨릭의 축일은 학교생활의 리듬이 된다. 예를 들어, 2월 첫날, 성 브리지드의 날, 재의 수요일, 성 패드릭의 날, 부활절, 할로윈, 크리스마스 등은 모두 그 나름의 빛깔과 흥분을 불러일으킨다. 이야기와 전설 듣기, 십자가 짜기, '이마에 재로 십자가 그리기', 카드 만들기, 성가 및 다른 노래 부르기, 학교 연극 참가하기 등, 일 년 동안 그런 계기를 기념하는 아이들 활동이 있다. 크리스마스 전통은 어두운 겨울철을 밝혀 주고, 특별한 매력과 기쁨을 끌어들인다(MacMahon, 1992: 106-107).

에토스는 학생에 대한 관심의 질적 차원과 연관되는 것이다. 가톨릭 교육의 에토스에서 한 가지 특징은 총체적 관심으로, 삶에 대한 종합적인 지적 안목을 길러 주는 일을 뛰어넘는 것이다. 그것은 아동의 전반적인 복지에 대한 관심도 포함한다. 물론 나중에 지적하겠지만 그런 관심이 가톨릭 제도의 독점물인 것처럼 생각하는 것은 잘못이다. 그럼에도 불구하고 아동의 전체적 복지에 헌신하는 정신은 특히 종교적 교단(orders)의 경우 놀라울 정도다. 소설가 메이브 빈치(Maeve Binchy)가 말했듯이, "수도사/수녀들이 갖고 있으나 다른 교사들이 갖고 있지 못한 것은 그들의 의무에 대한 놀라운 헌신이다……. 그들의 삶은 우리였고, 그들을 우리가 그토록 잊을 수 없는 것은 그들의 의무에 대한 헌신 때문이다."(Bennett & Forgan, 2003: 34) 저메인 그리어도 비슷한 말을 했다. 수도사/수녀들은 우리가 언제나 배려받고 있다는 점을 확인시켜 주었다. 그들은 언제나 우리 곁에 있었다(Bennett & Forgan, 2003: 104). 그리어의 말에 따르면, "수도회 학교에서 아이들은 아주 포괄적인 방향에서 보살핌을 받는다. 왜냐하면 수도사/수녀는 봉급이 영향을 미칠 수 없는 헌신을 지니고 있기 때문이다." (Bennett & Forgan, 2003: 34) 런던 마리스트(Marist) 수녀원의 에블린 원장 수녀님이 말했던 것처럼, "학교 문을 닫을 때에도 우리가 아이들을 잊지 못하고 그들을 생각한다는 점을 아이들이 믿기를 원한다." (Bennett & Forgan, 2003: 205)

가톨릭은 인간의 삶과 목적에 관한 진리를 갖고 있다고 믿는다. 이런 믿음은 교육과정에 대한 접근에 시사점을 준다. 그렇지만 지식의 전수에 대한 가톨릭의 접근이 파당적이라거나 개종시키려고 하는 것이라는 말은 아니다.

4. 교육의 내용

종교적 신념 자체는 풍부한 문화적 맥락 속에 뿌리를 뻗고 있으며, 위대한 경전 공부는 일반적 문화 교양의 함양에도 기여한다. 유대-기독교 경전은 인간의 삶에서 신의 행위에 대해 민감하게 만들 뿐만 아니라 서구 문화 유산의 위대한 보고이기도 하다. 구약/신약 성서는 이런 유산의 문학적/도덕적 자본의 일부분을 차지한다. 그러나 가톨릭 교육이론에서 종교의 위치를 논할 때에는 두 가지 차원에서 이야기한다. 하나는 종교 과목의 역할이고, 다른 하나는 일반적 교육 내용에 대한 가톨릭 관점이다.

1) 종교 과목

지식의 종교적 차원에 대한 인식은 가톨릭 교육만의 특별한 관심이라고 말할 수 없다. 종교적 내용은 학교 교육과정 전체에 들어 있다. 그것은 공교육에서 종교를 배제하고 있는 (특히 프랑스와 미국의) 사법적 범위 안에서 드러난다. 최근 프랑스의 교육부는 필요한 경우에는 교육과정 전반에 걸쳐서 종교(*le fait religieux*)를 가르치는 것(종교에 관한 정보 제공을 의미함)을 의무 사항으로 부과

하였다(Williams, 2007 참조). 미국 공립학교의 교육과정에는 종교가 없다. 이것은 자유교육을 지도하는 원칙들의 존중이라는 관점에서 볼 때 문제가 될 수 있다(DeGirolami, 2008; Strike, 2007 참조). 왜냐하면 자유교육은 상이한 세계관에 대해서 개방적이고, 진정한 의미에서 종합적인 방향을 추구하기 때문이다. 이런 의미에서 볼 때, 교육과정 전반에 걸쳐서 종교적 이슈에 대해 최소한의 진지한 관심을 기울일 필요가 있다.

종교는 문화의 핵심 부분이다. 따라서 종교는 학교 교육과정에서 다양한 형태로 표현될 수 있다(Carr, 2007 참조). 맥마흔에 따르면, 종교는 문화적 보고이며, 가톨릭교회는 "내 신앙의 수레일 뿐만 아니라 내 문화의 알찬 원천"(MacMahon, 1992: 100-101)이다. 기독교 유산은 서구 문화의 수많은 성취에서 중심을 차지한다. 종교/신앙은 회화, 조각, 음악, 문학 등 수많은 위대한 예술작품에 영감을 주었다. 조이스 킬머(Joyce Kilmer)의 유명한 시에서, "나는 나무처럼 사랑스러운 시를 결코 볼 수 없으리. 시는 나와 같은 바보들이 만들지만 나무는 오직 신만이 만들 수 있네."는 신의 창조의 자비로움에 대한 외경심을 표현하는 부분이다. 메리 매카시는 시를 이해하는 데 필요한 종교적/신학적 관심의 범위를 논하였다. 성인 독자들이 영국의 형이상학적 시인들을 읽으려면 어느 정도로 신학을 공부해야 하는데, 이것은 "대학의 인문교양 과정에서 성서를 위대한 문학으로서 배우는 것과 비슷한 일이며, 영양분으로 만족감을 얻는 일만은 아니다." (McCarthy, 1967: 24) 매카시의 주장에 의하면, 미국의 대다수 학생이 "문화적 결손을 보충하기 위해서는 이런 비타민 주사를 맞는 것 외에는 달리 의지할 것이 없다."(McCarthy, 1967: 24) 종교교육의 효력은 '영양분으로 만족감을 얻는' 이라는 이미지에서 놀라울 정도로 드러난다. 이와 대조적으로, '문화적 결손을 보충하기 위해서 비타민 주사를 맞는다.'는 이미지는 학교에서 종교 공부를 배제할 경우에 나타나는 결과를 생생하게 전해 준다. 존 밀턴(John Milton)의 '실낙원(Paradise Lost)', 조지 허버트(George Herbart, 1593~1633)의 '칼라(The Collar)', 존 던(John Donne, 1572~1631)의 '내 가슴을 때려 주소서 삼위일체의 신이여

(Batter my heart three-person'd God)', 제라드 맨리 홉킨스(Gerard Manley Hopkins, 1844~1889)의 '신의 위대함(God's Grandeur)'과 같은 시를 젊은이들에게 가르치는 일은 그들의 문화적/종교적 유산 속으로 더 깊이 들어가도록 하는 일이다. 일반적인 문화 교양과 종교적 이해 사이에는 중요한 상호관계가 있기 때문에, 종교교육은 종교를 믿는 신자들에게만 해당되는 이슈가 아니라 일반적으로 공적 관심사가 된다.

2) 교육 내용에 대한 가톨릭의 태도

교육과정에 들어 있는 지식 전반에 대한 가톨릭의 태도에 중요한 특징이 하나 있다. 그것은 비도구적/비공리적 입장으로, 교육 내용과 실제 생활의 연관성을 부정하지 않는다. 가톨릭 전통에서 지식은 일차적으로 다른 어떤 것, 특히 세상에서 잘되기 위한 수단으로 기여하는 것이 아니다. 앞에서 지적한 대로, 종교적 신앙은 인간의 삶과 목적에 대한 우리의 생각과 얽혀 있고, 따라서 그것은 학교 교육과정에 포함되는 문화의 중요한 요소가 된다. 기독교는 케이크의 아이스크림처럼 문화에 덧붙인 종교적 가치가 아니다. 그렇다고 해서 기독교적 수학, 과학, 지리, 역사가 있다는 말은 아니다. 기독교에서는 교육과정에 들어 있는 과목/영역을 신의 창조물의 상이한 측면에 대한 인간의 마음의 반응이라고 생각한다. 인성교육, 보건교육, 관계교육, 성교육 등과 같은 영역에 우리가 접근할 때 인간의 신체적/심리적/영성적 안녕에 대한 기독교의 특별한 비전이 우리를 안내해 준다는 점은 분명하다.

이런 비전은 다른 영역의 지식 및 교육과정에 널리 퍼져 있다. 세속적 관점이나 종교적 관점에서 볼 때, 창조가 경외/존경심의 원천이 되는 것은 아주 적절하다. 피조물에 대해서 인간이 가져야 할 책임에 대한 관심, 그리고 이를 젊은이들에게 전하고자 하는 열망은 어떤 종교를 믿건 간에 모두가 공유하는 점이다. 가톨릭의 관점에서 과학은 통제의 도구라기보다는 젊은이들이 이 세계에 대해서 존중심과 외경심을 경험할 수 있는 수단이다. 이런 태도는 일부 교육정책 결정자가 과학/기술 영역을 마치 인간이 자연환경을 통제하고 지배하려는 관심의 표현으로 지각하는 것과 정반대가 된다. 과학은 인간이 세계를 더 존중하고 사랑하도록 발달시키는 수단으로 생각할 수 있다. 이것은 세계의 물리적 현상에 대해서 수용적/반응적 태도를 증진함을 통해서 비로소 가능한 일이다(Walsh, 1993: 103). 이런 관점에서 월시(Walsh)는 아인슈타인의 말을 인용한다.

> 섬세하게 조율된 자연은 시끄럽고 소란한 환경으로부터 높은 산들의 정적으로 달아나고자 한다. 거기서 시야는 맑은 공기를 뚫고 자유롭게 펴지고, 영원을 향해 구축된 평온한 능선을 포근하게 따라간다……. 인간으로 하여금 이런 일을 할 수 있게 해 주는 마음 상태는 경배하는 신앙인이나 사랑하는 사람들의 그것과 비슷하다(Walsh, 1993: 103).

실천적인 교과를 가르치는 일에도 종교적 차원이 있을 수 있다. 왜냐하면 기독교는 인간의 행위를 신의 창조적 활동에 참여하는 것으로 이해하기 때문이다. 이런 이해는 기독교의 위대한, 특히 베네딕트 수도원의 전통에 뿌리를 두고 있다. 수도원/수녀원은 언제나 학습과 노동의 공간이었다. 실천적 교과를 가르치는 일은 그런 견해에 의해서 활기를 띤다. 동시에 그런 가르침에는 이 세계에 대한 종교적 반응의 한 측면을 전달하는 일도 포함된다.

가톨릭 교육에서 가장 귀중한 점은 "공리성을 뛰어넘어"(McCarthy, 1967: 26) 세계와 연결되는 것, 그리고 단순히 산다는 사실을 뛰어넘어 삶의 질과 연결되는 것이다. 이 말은 그런 교육 목적을 그처럼 존중하는 것이 가톨릭 철학에만 들어 있다는 뜻이 아니다. 가톨릭 철학에서는 그런 목적들이 진지하게 중시되고 있다는 뜻이다. 가톨릭 사상의 특징은 학습하고 있는 것에 대한 주의집중, 그리고 학생들이 그런 학습정신으로 들어가게 하거나 올바른 정신 속에서 올바른 성향을 가지고 학습하게 하는 관심이다. 어떤 활동을 하든지 그 활동의 정신으로 들어가는 것, 그리고 그 활동을 도덕적/교육적으로 적절한 이유에서 추구하는 것은 서로 연결된다. 이런 학습 태도를 길러 내는 것이 가톨릭 교육철학의 본질적 특성이다.

3) 종교교육

여기서 분명해진 것은 가톨릭의 차원에서 볼 때 교육은 종교교육에 '국한된(localized)' 것이 아니라는 점이다(Davis, 1999: 216). 그러나 교육과정에서 종교교육은 아주 중요하다. 종교교육의 일차적 목적은 가톨릭 교육의 그것과 일치한다. 즉, 종교교육은 젊은이들이 자신들의 삶 속에서 신의 초월적 행위에 대한 인식과 감수성 속에서 성장할 수 있도록 하는 것이다. 종교교육은 종교사회학의 방식으로 종교적 신념을 연구하는 것을 수용할 수 있으나, 교리적 성격을 가진 종단의 종교교육은 특수한 것이어서 사회학적인 것과 혼동해서는 안 된다. 종교교육에는 교리의 기반에 대한 인식론적 의심은 없다. 교리를 가르치는 일은 성 어거스틴의 실천적/이론적 관심사에서 아주 중요한 활동이다. 여기서 양극단은 피해야 한다. 한 가지 극단은 종교는 믿음의 세계에 속하는 것이지만 그 밖의 지식은 사실에 확고한 기반을 두고 있다는 프랑스인들의 견해다(Williams, 2007: 685-686 참조). 다른 한 극단은 모든 지식 주장은 종교 신자들의 그것과 하등의 차이가 없는 신앙 행위라고 말하는 입장이다. 가톨릭 신학은 철학적/역사적/문예적 지식에 기반을 두고 있다. 가톨릭 신앙의 중심에 들어 있는 명제들, 예를 들면 신은 존재한다. 그리고 죽음 이후에 생명이 있다는 명제들은 철학적 탐구가 가능한 것들이다. 구약/신약 성서 공부는 역사적/문예적 학문의 도구를 끌어들인다. 진리 추구를 향한 진지한 공부는 가톨릭 전통에서 아주 중요한 것이며, 성 토마스와 뉴먼 추기경은 지성의 함양을 아주 높게 평가하였다. 이성의 사용을 강조하는 것은 샬럿 브론테(Charlotte Brontë)가 『교수(*The Professor*)』에서 서술한 약탈적 가톨릭과 같은 버전을 주입시키려는 시도와 전혀 다른 일이다. 브론테는 로마의 마법에 의해서 "뒤틀리고 사로잡힌" 영혼에 대해서, 그리고 "어떤 전제적인 고해 신부의 손아귀에서 사상과 행위의 독립성"을 포기하도록 강요받고 있는 젊은이들에 대해서 이야기한다(Brontë, 1989: 131). 이와 전혀 다르게, 전수되고 있는 상태의 신학인 가톨릭 교리는 이성에 뿌리를 둔다.

따라서 가톨릭 종교교육은 진리를 갖고 이를 젊은 세대에게 소통하고자 한다는 확신에서 수행되는 것이지만, 가톨릭의 전통은 교화(indoctrination)의 시도를 전적으로 배제한다. 교리적 성격을 갖고 직접 행해지는 종교교육 안에는 교화적인 것이 전혀 없다. 그리고 개방성의 원칙을 존중하면서 교리를 가르치는 한, 교리의 특수한 필요와 가치를 긍정하는 일에 억압적인 것이 전혀 없다. 자유 원칙의 존중은 특정 종교로 아동들을 입문시키는 일을 배제하지 않는다. 이런 입문이 없다면 실제로 진지한 의미에서 종교를 가르칠 수 있는 길이 막힐 것이다. 이는 마치 실제로 아이들에게 특정 게임이나 활동을 해 보도록 가르치지 않고서는 스포츠를 가르칠 수 없는 것과 마찬가지다. 또 특정 언어를 가르치지 않는다면 언어를 가르칠 수 없는 것과 마찬가지다. 조지 산타야나(George Santayana)는 이 점을 아주 잘 지적해 준다. "특정 언어를 사용하지 않은 채 말하려고 하는 것은 특정 종교를 갖지 않고 종교를 가지려고 하는 것처럼 헛된 일이다."(Santayana, 1954: 43) 특정 종교를 따르지 않는 종교교육 프로그램이 젊은이들을 그 종교의 전통을 생생하게 경험하도록 입문시킬 수 있을 것이라고 기대하는 일이 과연 현실적인지는 의문스럽다.

또한 특정 신앙의 관점에서 예지와 정직성을 갖추고 수행되는 종교교육은 다양성의 존중과 전적으로 부합될 수 있다. 관점이 없는 관점이란 없다. 이렇게 볼 때, "진정으로 개방적이고 서로 존중하면서 다른 신앙과 대화"할 수 있는 기반은 데이비드 카가 은유적 힘을 끌어들이면서 주장하듯이, "어느 특정 신앙의 문법에 적절하게, 지적으로 참여하는 토양에서 마련되는"(Carr, 1999b: 454) 것이다. 물론 신앙인이건 세속인이건 간에 성인들의 개종 시도에 대해서 젊은이들이 강하게 저항하고 있음을 과소평가해서는 안 될 것이다. 특정 종교 안에서 인간을 형성시키는 교육에 대해서 반대하는 사람들이 그 종교 안에서 젊은이들이 쉽게 교화될 수 있다는 점을 과장하고 있는데 이것은 심각한 문제다. 제임스 조이스(James Joyce, 1991)는 『젊은 예술가의 초상(*Portrait of the Artist as a Young Man*)』에서 성인들의 교리적 의도에 대해서 인간이 저항할 수 있음을 상상력을 동원해서 강력하게 표현하고 있다. 조이스 자신과 마찬가지로, 스티븐 디덜러스(Steven Daedalus)는 여러 측면에서 호소력을 갖고 있고, 그에게 끈질기게 달라붙는 가톨릭 신앙에서 멀어지고 만다.

조이스의 소설에 나오는 스티븐의 교육에 대한 성찰은 가톨릭의 종교교육과 도덕교육에 대해서 흥미 있는 통찰을 제공해 준다. 스티븐은 가톨릭 신앙 속에 지적으로 입문되고, 또 종교적 삶의 방식으로 입문된다. 이 과정은 종교교육과 도덕교육에 대한 가톨릭 전통과 부합된다. 다시 말해서, 그것은 종교적 실천에 뿌리를 뻗어야 할 필요성과 종교적 진리의 추구에서 이성을 발휘할 필요성을 모두 긍정한다. 마리탱이 도덕교육의 차원에서 지적했듯이(Carr et al., 1995), 도덕교육이란 직접적으로 가르치는 일이라기보다는 그와 연관된 감성과 성향을 "긍정적이고 전(前)합리적인 애정의 상황과 조건 속에서 길러 주는 일"이다. 이것이 누락될 경우, "도덕성의 명시적 규칙이 인간의 마음에 커다란 호소력을 발휘할 것이라고 기대할 수 없다."(Carr et al., 1995: 173) 도덕적 이성의 제시는 "긍정적 인간관계라고 하는 보다 근본적인 전합리적 유대의 토양에 확고하게 뿌리를 뻗을"(Carr et al., 1995: 173) 필요가 있다. 이런 설명에 따르면, 이성(추론)은 도덕적 삶에서 '핵심'이지만 결코 '토대'가 되지 못한다. 도덕적 잘삶, 그리고 공동선을 추구하는 정의는 "추상적 법칙이나 원칙보다는 특수한 형태의 삶과 정서에 토대를 두고 있는 것이며, 그 속에서 형식적인 윤리적 규칙은 구성적인 것이라기보다는 규제적인 것"(Carr et al., 1995: 175)이다.

가톨릭 도덕교육에 대한 이런 설명은 아주 권장할 만한 것이다. 그러나 가톨릭 전통 속에는 더 비판적으로 검토해야 할 부분도 있다. 다음 절에서는 마지막으로 이 점을 다루고자 한다.

5. '사물을 올바른 이름으로' 부르기: 가톨릭 전통에서 목적의 표류

다른 종교와 마찬가지로 기독교도 상호 지원을 증진시키는 공동체적 정체성을 형성시킨다. 또한 기독교는 기독교 공동체의 경계선을 뛰어넘어 다른 사람들, 특히 가난한 사람들을 돕는 데 헌신할 것을 요구한다. 이런 점에서 기독교 공동체는 아주 강력한 형태의 시민적 유대를 갖는다. 발전하고 있는 여러 나라에서 기독교 기관들이 수행했던 놀라운 일들은 기독교 사상의 '상상된 공동체'가 종교나 국가의 경계선을 넘어 확대되고 있음을 보여 준다. 기독교의 세 가지 주요 덕은 신앙, 희망, 자선(charity)이다. 이 중에서 자선이 가장 중요하다. 인정이 넘치는 구제 활동을 긍정하는 일은 기독교 교육이론에서 핵심적이다. 그러나 가톨릭 교육 프로젝트의 이런 측면을 과장하지 않는 것도 중요한 일이다.

최근 들어 교육에 관한 일부 가톨릭 사상은 소위 목적론적 표류라는 것 때문에 고통을 겪었다. 그것은 가톨릭의 일차적 목적으로부터 멀어져 가는 움직임이며, '사회정의'와 연관된 강력한 목적 때문에 그 일차적 목적이 심각하게 약화됨을 의미한다. 가톨릭 교육에 관해서 논의할 때에는 뉴먼 추기경의 다음과 같은 조언을 기억해 두는 것이 중요하다. "사물을 올바른 이름으로 부르자." 그리고 "본질적으로 서로 다른 아이디어를 혼동"하지 말자(Newman, 1901: 144). 빈곤으로 고통받고 있는 사람들의 복지에 헌신하는 일은 의제(agenda)에 사로잡힌 의식화(consciousness-raising)에 빠질 수 있다. 모든 것을 올바른 이름으로 불러야 한다. 교육은 교육이고, 선전 활동은 선전 활동이다. 아무튼 개종시키려는 의도를 가진 교육에 대해서는 의문을 제기해야 한다. 자비로운 동기가 교실 안에서 개종을 보장해 줄 수 있는 것은 아니다.

게다가 합리주의를 따르는 이런 일에는 늘 위험이 도사리고 있다. 보편적 선의와 너그러움이라는 이상을 제시하는 일은 일상생활에서 별로 효과가 없다. 다른 사람들의 돈을 가지고 너그러움을 베풀기는 쉬운 일이다. 부의 재분배를 옹호하는 일이 열망적 수사학을 극복할 수 있으려면 경제 세계가 어떻게 돌아가고 있는지에 대한 이해에 근거를 둘 필요가 있다. 정의에 관해서 아주 매력적인 아이디어를 앞세우는 가톨릭 신자들이 있다면, 그들은 그런 아이디어가 조세제도와 어떻게 결부되는지를 설명할 수 있는 수준에 도달해야 한다.

이렇게 정치적 십자가를 지는 일은 흔히 배타주의자들의 도덕적/시민적 주장과 연결된다. 가톨릭 교육이론에 대해서 그런 주장이 나타나는 경우도 있다. 긍정적인 가치들이 많겠지만, 그것들은 가톨릭 교육에서만 특별한 것도 아니고 또 독점할 수 있는 것도 아니다. 물론 교육은 학문적 성공만이 아니라 불우한 사람들에 대해서도 관심을 쏟아야 한다. 이런 생각은 가톨릭의 교육적 비전의 일부분이 될 수 있다. 그러나 이런 가치나 헌신이 마치 가톨릭 교육기관의 성격을 규정하는 것들 중에서 대표적인 것이라고 보아서는 안 된다. 교육이란 학문적 성공을 의미한다는 확신은 교육기관이라면 반드시 제대로 갖추어야 할 특성이다. 그러나 불우한 사람들에 대한 헌신은 가톨릭 학교의 독점물이 아니다. 일부 가톨릭 학교가 눈에 띄게 엘리트주의적인 것은 사실이다. 그런데 가톨릭 이론가들이 물어보아야 할 것은 가톨릭 학교가 아동의 복지에 깊이 헌신하는 인도적 세속학교와 서로 어떻게 다른가 하는 문제다. 우리는 교사가 자기 학생들에게 헌신하는 모습을 가장 열정적으로 진술한 사례를 알베르 카뮈(Albert Camus)의 유작인 『최초의 인간(*The First Man*)』(1995)에서 찾아볼 수 있다. 그런 헌신은 카뮈의 자전적 소설에 나오는 교사에게서뿐만 아니라(Camus, 1995: 106-137), 부록에 수록되어 있는 카뮈의 실제 교사가 보낸 편지에서도 찾아볼 수 있다.

이 세상은 물리적인 것이고, 궁극적으로 과학적 측정이 가능하다는 확신에 의해서 지탱되는 세속적 교육관이 있다. 이와 별도로 교육은 물질적 재화의 축적에 관심을 쏟는 일이라고 보는 견해가 있다. 이 두 가지는 구별되어야 한다.

철학적 물질주의를 옹호하는 사람이라고 해서 조잡한 소비주의적 교육관을 꼭 신봉해야 하는 것은 아니다. 이런 이유로 현대 교육의 '소비자 지향성'에 대해 가톨릭 교육이 적대적인 것처럼 홍보하는 슬로건들은 피곤할 정도로 나타나고 있다. 예를 들어, 가톨릭 학교에 관한 유명한 책(McLaughlin et al., 1996)의 뒤 표지에는 "공립학교가 갈수록 시장의 가치에 지배당하고 있는 반면, 가톨릭 학교는 대안적이고 보다 인간적인 학교 비전을 제공하는 것으로 보인다."라는 글귀가 있다. 이런 주장은 가톨릭 교육이 시민적/도덕적 덕의 함양에 있어서 독점적이며, 가톨릭 학교만 진정으로 타인들의 복지에 관심이 있다는 점을 시사한다. 이렇게 오만한 주장은 바리세인과 세리의 우화에서 비난받는 자만(自慢)을 드러낸다. 이런 가톨릭 교육관을 옹호하는 사람들의 오만은 가톨릭 교육의 미션에 대한 전통적 해석의 일각에서 나타났던 권위주의적 자기 정당성과 별로 차이가 없는 것이다. 가톨릭 교육철학을 설명할 때, 현대의 '개인주의적 소비의 윤리' 혹은 '개인주의적, 경쟁적, 소유적 문화'를 도덕적으로 비난할 필요까지는 없다. 이것은 마치 인간 존재가 여러 세대를 거치면서 극적으로 더 이기적/탐욕적으로 변했음을 깨달은 것처럼 보인다. 복음서를 읽어 보면, 우리는 이기심과 탐욕이 인간 심리의 새로운 특성이 결코 아님을 알게 된다.

요컨대, 가톨릭 교육의 도덕적/시민적 목적으로 옹호되고 있는 많은 것은 다른 교육기관에서도 옹호받고 있다. 그렇다면 가톨릭 교육이론은 인간의 삶에 대한 가톨릭의 견해에서 독특한 점에 초점을 둘 필요가 있다. 가톨릭의 인생관과 세계관에서 중심을 차지하는 것은 진리, 덕, 그리고 삶의 목적에 대한 어떤 실질적 생각이다. 그 목적은 영원한 성스러운 생명에 참여하는 일이고, 이것이 모든 인간이 추구하는 궁극 목표다.[4)]

4) 이 글은 존 머레이(John Murray), 윌 머피(Will Murphy), 케이트리오나 윌리엄스(Caitriona Williams), 패트릭 윌리엄스(Patrick Williams), 특히 데이비드 카(David Carr)의 도움을 크게 받았다. 이 글에 결함이 있다면 모두 내 탓이다.

더 읽을거리

Catholic Education Inside Out, Outside In (James C. Conroy ed., 1999)이나 *The Contemporary Catholic School: Context, Identity and Diversity* (McLaughlin, O'Keefe, and O'Keeffe ed., 1996)에 귀중한 논문들이 많이 들어 있다. 바티칸의 교육 관련 문서 중에서 많은 것을 *An Anthology of Catholic Teaching on Education* (Franchi, 2007)에서 찾을 수 있다. 한 권의 책으로 보려면 *Catholic Education: Distinctive and Inclusive* (John Sullivan, Dordrecht, Springer, 2001)가 좋다. 가톨릭 교육철학에 대한 철학적 통찰이 탁월한 글을 보려면 맥러플린(T.H. McLaughlin)의 저작들, 특히 'A catholic perspective on education' (2002)을 보라. 최근에 출간된 그의 유작은 데이비드 카(David Carr), 존 홀데인(John Haldane)과 리처드 프링(Richard Pring)이 편집한 *Liberalism, Education and Schooling: Essays by T.H. McLaughlin* (Thorverton, Exeter and Charlotesville, VA: Imprint Academic, 2008)이다. 가톨릭 교육에 관한 맥러플린의 글이 그 책에 다시 수록된 것은 일반교육에 관한 그의 논의, 특히 그의 교사론에서 그의 가톨릭 교육철학이 나타나기 때문이다.

참고문헌

Beck, George Andrew (1971) 'Aims in education: neo-Thomism', in T.H.B. Hollins (Ed.), *Aims in Education: The Philosophic Approach*. Manchester: Manchester University Press, pp. 109–132.

Bennett, Jackie and Forgan, Rosemary (Eds.) (2003) *Convent Girls*. London: Virago Press.

Brontë, Charlotte (1989) *The Professor*. London: Penguin.

Camus, Albert (1995) *The First Man*. London: Hamish Hamilton. 김화영 역(2006). 『최초의 인간』. 파주: 열린책들.

Carr, David (1999a) 'Catholic faith and religious truth', in James C. Conroy (Ed.), *Catholic Education Inside Out, Outside In*. Dublin: Veritas, pp. 163–187.

Carr, David (1999b) 'Spiritual language and the ethics of redemption: a reply to Jim Mackenzie', *Journal of Philosophy of Education,* 33(3): 415–461.

Carr, David (2007) 'Religious education, religious literacy and common schooling: a philosophy and history of skewed reflection', *Journal of Philosophy of Education,* 41(1): 659–673.

Carr, David, Haldane, John, McLaughlin, Terence and Pring, Richard (1995) Return to the crossroads: Maritain fifty years on, *British Journal of Educational Studies,* 43(2): 162–178.

Chesterton, Gilbert (2004) *What's Wrong with the World.* Kessinger Publishing (1st edn., 1910).

Davis, Robert A. (1999) 'Can there be a catholic curriculum?', in James C. Conroy (Ed.), *Catholic Education Inside Out, Outside In.* Dublin: Veritas, pp. 207–229.

DeGirolami, Marc O. (2008) 'The problem of religious learning', *Boston College Law Review,* 49(5): 1212–1275.

Durcan, Paul (2003) *Paul Durcan's Diary.* Dublin: New Island.

Franchi, Leonardo (Ed.) (2007) *An Anthology of Catholic Teaching on Education.* London: Scepter.

Hogan, Pádraig (1995) *The Custody and Courtship of Experience: Western Philosophy in Philosophical Perspective.* Dublin: The Columba Press.

Joyce, James (1991) *Portrait of the Artist as a Young Man.* New York: Penguin Group (Signet Classic). 성은애 역(2011). 『젊은 예술가의 초상』. 파주: 열린책들.

Le Monde des Religions (2007) 'Dossier: La France est-elle encore catholique? Sondage: Les catholiques á la loupe', *Le Monde des Religions,* 21(janvier/février): 23–28.

McCarthy, Mary (1967) *Memories of a Catholic Girlhood.* Harmondsworth, London: Penguin.

MacIntyre, A.C. (2001) 'Catholic universities: dangers, hopes, choices', in Robert E. Sullivan (Ed.), *Higher Learning and Catholic Traditions.* Notre Dame, IN: Notre Dame University Press.

MacMahon, Bryan (1992) *The Master.* Dublin: Poolbeg.

McLaughlin, Terence H. (1996) 'The distinctiveness of catholic education', in Terence McLaughlin et al. (Eds.), *The Contemporary Catholic School: Context, Identity and Diversity.* London: The Falmer Press, pp. 136–154.

McLaughlin, Terence H. (2002) 'A catholic perspective on education', *Journal of Education and Christian Belief,* 6(2): 121–134.

McLaughlin, Terence H. (2005) 'The educative importance of ethos', *British Journal of Educational Studies,* 53: 306–325.

McLaughlin, Terence, O'Keefe, Joseph, S.J. and O'Keeffe, Bernadette (Eds.) (1996) *The Contemporary Catholic School: Context, Identity and Diversity.* London: The Falmer Press.

Newman, John Henry (1901) *The Idea of a University: Defined and Illustrated.* London: Longman, Green and Co. 이진우 역(2000). 『대학의 이념』. 대구: 계명대학교출판부.

Pring, Richard (2007) 'The common school', *Journal of Philosophy of Education,* 41(4): 503–522.

Santayana, George (1954) 'My philosophy of religion', in D.J. Bronstein and H.M. Schulweis (Eds.), *Approaches to the Philosophy of Religion.* Manchester, NH: Ayer Company Publishers, pp. 41–49.

Seraphine, Connie Leean (2005) 'Jesus of Nazareth 4BCE-AD29', in Joy A. Palmer (Ed.), *Fifty Major Thinkers on Education: From Confucius to Dewey.* London: Routledge, pp. 20–24.

Strike, Kenneth A. (2007) 'Common schools and uncommon conversation: education, religious speech and public spaces', *Journal of Philosophy of Education,* 41(4): 693–708.

Walsh, P.D. (1993) *Education and Meaning: Philosophy in Practice.* London: Cassell.

Whitehead, A.N. (1926) *Religion in the Making.* Cambridge: Cambridge University Press. 김희헌 역(2012). 『진화하는 종교』. 서울: 대한기독교서회.

Williams, Kevin (2007) 'Religious worldviews and the common school: the French dilemma', *Journal of Philosophy of Education,* 41(4): 675–692.

제13장
교육사상가들

Robert Manery

이소크라테스(ISOCRATES, BC 436~338)

그리스의 철학자. 소크라테스와 혼동하면 안 된다. 이소크라테스의 스승은 프로타고라스, 고르기아스, 소크라테스였다. 그는 수사학과 웅변의 교사였다. BC 392년에 설립한 그의 학교는 대단히 성공하였다. 이소크라테스에 따르면, 교육은 개인들이 성공적인 삶을 살아가는 데에 필요한 실천적 기능을 갖추도록 준비시키는 일이다. 아테네에서 정치적/경제적 생활을 준비하려면 웅변 기능을 학습해야 했다. 그러나 이소크라테스는 소피스트들의 접근 방식을 애호하지 않았는데, 그들은 누구나 그런 기능을 배울 수 있다고 주장했다. 이소크라테스는 그런 기능을 발달시키는 데 세 가지 요소, 즉 타고난 능력, 실천, 훈련이 필요하다고 보았다. 여기서 훈련이 가장 중요한 것은 아니다. 말을 잘하려면 좋은 인간이 되어야 한다. 도덕성은 그냥 가르칠 수 있는 것이 아니다. 오직 좋은 사람이 되어야 훌륭한 웅변을 구성하는 고상한 가치들을 설득력 있게 말할 수 있다.

주요 저술 ||

Alcidamas (소피스트들에 대항하여).

Antidosis (안티도시스).

아리스토텔레스(ARISTOTLE, BC 384~322)

그리스 철학자. 그는 플라톤의 제자였다. 그의 저술은 아주 다양한 주제를 다룬다. 그의 저서 『형이상학(*Metaphisics*)』에서의 첫마디인 "인간은 천성적으로 알고 싶어 한다."는 유명한 말로 교육의 근거를 제공한다. 사람들은 자신들의 세계를 이해하고 싶어 하는 타고난 욕구를 갖고 있으며, 따라서 교육은 사람들에게 이해를 제공해 주어야 한다. 그런데 『니코마코스 윤리학(*Nicomachean Ethics*)』에서는 또 다른 교육 목적을 제시한다. 그것은 덕 있는 인간의 발달이다. 이 책에서 아리스토텔레스는 인간의 삶의 목적으로 '에우다이모니아(eudaimonia)'를 주장하는데, 이는 흔히 행복이라고 번역된다. 그것은 좋은 삶을 살아감이며, 내적 탁월성의 추구를 포함한다. 그러므로 덕은 좋은 삶에 필요한 것이다. 인간의 교육은 덕을 추구하는 인간을 이끌어야 한다.

주요 저술 ||

Nicomachean Ethics.

Metaphysics.

Politics.

퀸틸리아누스(QUINTILIAN, 35~100)

로마의 수사학자. 베스파시아누스 황제로부터 최초로 수사학교 교장으로 임명받았다. 그는 무엇보다도 수사학 교사였다. 그의 책 『웅변교수론(*Institutio oratoria*)』은 웅변가를 교육시키는 교육 시스템을 제시한다. 그는 학생들의 인지적 능력이 단계적으로 발달한다는 점을 알았으며, 이런 단계에 알맞게 교육 시스템을 설계하였다. 학생들은 7세까지는 좋은 습관과 올바른 화법을 배우고, 7세부터 14세까지는 읽기와 언어를 학습한다. 퀸틸리아누스는 이 시기의 학습은 일차적으로 감각으로부터 배우는 일이며, 수업 활동은 이런 점을 감안해서 설계되어야 한다고 주장했다. 14~17세 학생들은 문법학교에 들어가서 라틴어/그리스어, 음악, 기하, 천문, 체육에 대해서 배운다. 문법학교를 마친 후의 공부는 웅변가가 되는 데 필요한 수사학과 말하기 기능에 집중한다. 이에 더하여 학생들은 시, 희곡, 산문, 역사, 법, 철학 등에 대해서 배울 수 있다. '교육받은 인간' 에 대한 퀸틸리아누스의 생각은 웅변가였다. 웅변가의 특징은 말하기 기술, 폭넓은 지식 그리고 좋은 도덕적 성품이다.

주요 저술 ||

Institutio oratoria (94).

어거스틴(AUGUSTINE, 354~430)

성 어거스틴은 초기 교부로서 플라톤의 저술로부터 큰 영향을 받았다. 『교사론(*De Magistro*)』에서 그는 조명설(illumination theory)을 제시하였다. 그에 따르면, 플라톤의 말대로 새로운 지식은 과거 삶의 회상이라기보다는 사물에 대한 조명의 결과다. 우리의 마음은 그것을 지각하도록 만들어진 것이다. 교사는 다른 사람에게 어떤 것을 가르쳐 줄 수 없다. 교사가 할 수 있는 것은 조명이 가능한 상황 속으로 학생들을 끌어들이는 일뿐이다. 어거스틴에 의하면, 모든 진리의 원천은 신이며, 플라톤의 이상적 형상은 신의 법칙으로서 자연법을 통해서 표현된다.

주요 저술 ||

De Magistro (389).

Confessions (398).

City of God (426).

에라스무스(ERASMUS, DESIDERIUS, 1466~1536)

네덜란드의 인문주의자/신학자. 그는 교육에 관한 저술에서 아동의 조기 발달의 중요성, 그리고 아동이 좋은 습관을 갖도록 해야 할 부모 역할의 중요성을 역설하였다. 그는 부드러운 수업을 옹호하였다. 교육의 목적은 지혜, 성실성, 자제심, 친절, 관용의 함양에 있다고 보았다.

주요 저술 ||

Encomium Moriae (우신예찬), 1509.
De Ratione Studii (올바른 교수법에 관하여), 1511.
Institutio principis Christiani (기독교도 군주의 교육에 관하여), 1515.
De Pueris Statim ac Liberaliter Instituendis, 1529.

베이컨(BACON, FRANCIS, 1561~1626)

철학자/의회주의자. 베이컨은 과학적 방법의 옹호자였다. 그는 인문주의 전통을 거부하였고, 자연철학의 새로운 일반 이론을 주장하였다. 여기서 그는 지식의 가지들에 통일된 구조가 있음을 옹호하였다. 그는 인간 사회는 과학적 발견을 통해 지식을 확장시킴으로써 완전하게 만들 수 있다고 주장했다. 사회의 진보는 인문주의자들의 책 공부를 통해서가 아니라 사회와 과학의 통합을 통해서 가능하다.

주요 저술 ||

Bacon, Francis (1985) *The essayes or counsels, civill and morall.* (Michael Kiernan, Ed.). Oxford: Clarendon Press.

Bacon, Francis (1994) *Novum organum; with other parts of the great instauration.* (Peter Urbach and John Gibson, Trans. and Eds.). Chicago: Open Court.

Bacon, Francis (2000) *The advancement of learning.* (Michael Kiernan, Ed.). Oxford: Clarendon Press.

코메니우스(COMENIUS, JAN AMOS, 1592~1670)

체코의 교육자. 그는 범지주의(pansophism)를 옹호하였다. 그는 신학과 철학을 종합함으로써 보편적 지식을 구성하려고 시도하였다. 코메니우스는 범지주의 외에도 남녀, 빈부를 가리지 않는 보편적 교육을 제안하였다. 그는 몇 가지 교육 원칙을 명시하였다. 아이들에게 흥미가 있는 것들을 가르쳐야 하고, 학습을 강제해서는 안 된다. 놀이는 학습의 본질적 요소다. 그는 아이들이 단계를 거치면서 발달한다는 것, 이런 단계를 교육실천의 지침으로 활용해야 한다는 것을 인식하였다. 코메니우스는 이런 원칙에 따라서 교육 목적을 위한 그림책 사용을 선도하였다. 그의 책 『세계도회(*Orbis Sensualium Pictus*』(1658)가 바로 그것이다.

주요 저술 ||

Janua linguarum reserata (언어의 열린 문), 1631.

Didactica Magna (대교수학), 1657.

Opera Didactica Omnia (교수학 전서), 1657.

Orbis Sensualium Pictus (세계도회), 1658.

밀턴(MILTON, JOHN, 1608~1674)

17세기 영국의 시인. 그는 『교육에 대해서(*Of Education*)』라는 작은 책을 썼다. 그는 3학 4과의 중세적 교육 시스템을 비판하였고, 문학을 중시하는 다양한 범위의 교과를 포괄하는 인문주의적 교육과정을 제안하였다. 이런 교육과정의 목표는 인간에게 그의 사회적 역할을 준비시키는 교육을 제공하는 것이다.

주요 저술 ||

Of Education (1644).

로크(LOCKE, JOHN, 1632~1704)

그의 정치이론은 아주 유명하다. 그는 교육이론에 크게 기여하였다. 인간의 마음은 백지(tabula rasa, 빈 서판)이며, 외부의 영향을 쉽게 받는다. 따라서 아동이 자라난 환경이 그의 발달에 결정적으로 중요하다. 아동기는 자아를 만들어 가는 습관이 형성되는 시기다. 교육의 주된 목표는 도덕적 훈련, 올바른 사회적 기능의 학습, 지혜의 발달, 그리고 유용한 지식의 획득이다.

주요 저술 ||

An Essay Concerning Human Understanding (1690).
Some Thoughts Concerning Education (1693).
Of the Conduct of the Understanding (1706).

칸트(KANT, IMMANUEL, 1724~1804)

독일의 철학자. 그의 형이상학, 인식론, 도덕철학, 미학, 종교철학, 정치철학은 이 분야의 사상에서 여전히 영향을 미치고 있다. 그는 교육에 관하여 특별한 저술을 남기지 않았으나, 그의 인식론과 도덕철학은 교육사상에 큰 영향을 미쳤다. 물론 여러 저술에서 교육에 대해서 논평하기도 하였다. 그는 교육의 목적은 개인으로 하여금 참된 도덕적 행위를 할 수 있도록 자율적으로 사고할 수 있게 하는 것이라고 주장하였다. 그것은 단순한 습관이나 맹목적 순종이 아니라 합리적 인식의 관점에서 행하는 행동을 가리킨다. 교육적 수업의 과제는 학생의 자유와 책임이 균형을 이루도록 하고, 자율적 개인에게 필요한 독립적인 합리적 사고를 증진시키는 일이다.

주요 저술 ||

Kritik der reinen Vernunft (Critique of Pure Reason), 1781.

Grundlegung zur Metaphysik der Sitten (Groundwork of the Metaphysics of Morals), 1785.

Kritik der praktischen Vernunft (Critique of Practical Reason), 1788.

Kritik der Urteilskraft (Critique of Judgment), 1790.

페스탈로치(PESTALOZZI, JOHANN HEINRICH, 1746~1827)

스위스의 교육자. 그는 고아원에서 경험한 바를 기반으로 삼아 교육이론을 개발하였다. 그의 교육 목적은 개인의 도덕적 인격을 발달시키는 일이었다. 그는 이 목적이 정서적으로 안정된 학습환경을 조성함으로써 가장 잘 달성될 수 있다고 생각했다. 그는 자신의 사상적 기반을 자연 법칙이라고 생각했던 것이다. 그는 이런 자연적 법칙으로부터 여러 가지 공리를 구성하였다. 그의 직관(Anschauung)이란 수업은 감각 지각, 직관, 개념 형성에 기반을 두어야 한다는 기본 이념을 가리킨다. 그의 교육관에 따르면, 학습은 감각적 지각에 기반을 두어야 하고, 구체적이고 단순하고 친숙한 것으로부터 보다 복잡하고 추상적이고 낯선 것으로 나아가야 한다. 이런 수업의 목표는 개인의 지적/신체적/도덕적 능력을 조화시키는 것이다.

주요 저술 ||

Lienhard und Gertrud (1781).

How Gertrude Teaches Her Children (1801).

오웬(OWEN, ROBERT, 1771~1858)

웨일즈의 유토피아 사회주의자. 그는 사회 변혁의 핵심은 교육이라고 믿었다. 그는 공동체주의적 모델을 제안하였다. 여기서 공동체의 전체 구성원은 아동들을 양육시키는 환경을 조성할 책임을 갖는다. 교육의 목적은 공동체주의적 이상에 기반을 둔 윤리적 시스템을 증진시키는 일이다. 오웬은 가족 단위를 이런 공동체주의적 이상의 잠재적 방해물로 간주하였고, 이에 따라 유아학교를 제안하였다. 아동을 가능한 한 일찍부터 유아학교에 다니게 하고, 가정의 해로운 영향력으로부터 벗어나게 했다. 그는 1825년에 인디애나 주 뉴하모니에 공동체를 건설하였다. 그것은 광범한 사회 개혁을 도모할 모델 공동체로 간주되었다. 그러나 이 공동체는 지도자들 간의 싸움이 끊이지 않았기에 1929년 해산되었다.

주요 저술 ||

Owen, Robert (1963) *A new view of society and other writings*. London: J.M. Dent and Sons; New York: E.P. Dutton and Co.

Owen, Robert (1969) *Robert Owen on education: Selections*. (Harold Silver, Ed.). Cambridge: Cambridge University Press.

헤르바르트(HERBART, JOHANN FRIEDRICH, 1776~1841)

19세기 독일 철학자. 그의 사후에 비로소 그가 교육계에 미친 영향이 널리 알려졌다. 그는 교육이 그 자체를 위한 것이어야 한다고 주장하였다. 교육의 초점은 학생의 개성이다. 개성(개인이 가질 수 있는 흥미)과 도덕적 인격은 구분된다. 양자는 모두 중요한 교육적 관심이다. 수업방법이 학습의 심리적 과정을 따라야 한다는 아이디어를 전개하였다. 그의 동기이론에 의하면, 학습은 개인의 흥미 위에서 구축되어야 한다. 그는 새로운 수업은 학생들의 사전 지식에 기반을 두어야 한다는 생각에서 5단계 교수법을 창안하였다. 그는 19세기 말의 교사 훈련에 큰 영향을 미쳤다.

주요 저술 ||

Über die ästhetische Darstellung der Welt als das Hauptgeschäft der Erziehung (On the aesthetic representation of the world as the main concern of education), 1804.

Allgemeine Pädagogik aus dem Zweck der Erziehung abgeleitet (General pedagogy deduced from the aim of education), 1806.

Umriss von pädagogischen Vorlesungen (Outlines of pedagogical lectures), 1835.

프뢰벨(FROEBEL, FRIEDRICH WILHELM, 1782~1852)

유치원의 아버지라고 흔히 말하고 있다. 그는 페스탈로치의 업적으로부터 큰 영향을 받았다. 그러나 프뢰벨의 사상은 신성한 통일성이라는 생각에 기반을 두고 있다. 그에 의하면, 신성한 사상은 자연 세계에서 나타나는 신의 작품과 행위를 통해서 표현된다. 이 신성한 표현이 인간 행동의 모델이다. 다시 말해서, 구체적인 작품 속에서 표현의 통일성을 나타내야 한다는 뜻이다. 인간의 발달은 신성한 법칙과 조화를 이루는 각 개인의 창조적 잠재력이 펼쳐지는 과정이다. 교육의 목적은 이런 발달을 조장하고 지원하는 것이다. 이런 목적을 위해 프뢰벨은 아동을 위한 프로그램을 개발하였다. 이 프로그램은 아동이 자신의 세계의 보편적 통일성에 대한 통찰을 얻도록 하기 위해서 설계되었다. 그는 여러 가지 교육도구를 만들었다. 은물(gifts, 고정된 형태의 장난감 혹은 프뢰벨 블록)과 작업(occupations; 짓기, 모형 만들기, 바느질, 종이접기 등)이 그것이다. 이를 활용함으로써 실재의 통일성은 그가 말하는 미의 형상(Forms of Beauty, 조화/비례/리듬/균형과 같은 미의 원리들을 표현하는 창조물), 삶의 형상(Forms of

Life, 아동의 삶으로부터 사물들을 재현함), 지식의 형상(Forms of Knowledge, 수 개념들의 재현)을 통해서 밝혀질 수 있다.

주요 저술 ||

Froebel, Friedrich Wilhelm (1886) *The education of man*. (J. Jarvis, Trans.). New York: A. Lovell.

Froebel, Friedrich Wilhelm (1900) *Pedagogics of the kindergarten*. (J. Jarvis, Trans.). New York: D. Appleton.

뉴먼(NEWMAN, JOHN HENRY, 1801~1890)

가톨릭 성직자/교육자. 그는 '옥스퍼드 운동' 의 중심 인물이었다. 이 운동은 잉글랜드 교회의 가톨릭적 토대를 재정립하기 위한 것이었고, 자유주의에 대한 반동이었다. 이 시기 뉴먼은 영국 성공회의 목사였지만, 성공회에 대해서 갈수록 비판적이다가 마침내 가톨릭으로 전향하였다. 그는 더블린으로 가서 아일랜드 가톨릭 대학 총장이 되었고, 거기서 『대학의 이념(*The Idea of a University*)』을 저술하였다. 그의 주장에 따르면, 대학은 자유교육을 증진시켜야 한다. 이것은 지식의 폭, 그리고 개인이 선택한 분야에서 지식의 깊이를 강조한 것이다. 그는 당시의 대학이 지식의 생산과 전파의 역할보다는 학위 수여의 역할을 강조했던 점에 대해 비판하였다. 그는 자유교육이 적절한 도덕교육을 제공해 주지 못한다고 느꼈다. 따라서 교회가 대학을 지도하는 데 능동적인 역할을 수행해야 한다고 보았다.

주요 저술 ||

Newman, John Henry (1890) *Apologia pro vita sua: Being a history of his religious opinions*. London: Longmans, Green, and Co.

Newman, John Henry (1959) *The idea of a university*. Garden City, New York: Image Books.

Newman, John Henry (1965) *On the scope and nature of university education*. London: Dent; New York: Dutton.

밀(MILL, JOHN STUART, 1806~1873)

영국의 철학자. 처음에는 공리주의와 경험주의를 옹호하였다. 그는 모든 지식이 경험에 비추어서 검증되어야 한다고 주장했고, 인간이 직관적 지식을 갖는다는 점을 부정했다. 그는 도덕적으로 올바른 행위는 최대 다수의 최대 선을 추구한다는 공리주의적 선언을 지지하기도 했다. 그는 공리주의에서 파생되는 것으로 보았던 자유의 원칙을 옹호하였다. 사람들로 하여금 자기 자신의 행복을 자유롭게 추구하도록 해야 한다. 밀은 여성들도 동등하게 접근할 수 있는 보편적 의무교육을 강조했다. 그는 종교적 주장의 진리는 경험적으로 결정될 수 없는 것이기 때문에 종교적 견해를 학교에서 가르쳐서는 안 된다고 보았다. 그에 따르면, 교육의 목적은 경험주의의 노선을 따라서 엄밀하게 지식을 추구하도록 마음을 훈련시키는 것이고, 또한 개인의 행복은 타인들의 행복과 서로 연관된다는 도덕적 이해를 전수하는 것이다.

주요 저술 ||

Mill, J.S. (1971) *John Stuart Mill on education*. (Francis W. Garforth, Ed.). New York: Teachers College Press, Columbia University.

Mill, J.S. (2003) *Utilitarianism and on liberty: including Mill's 'Essay on Bentham' and selections from the writings of Jeremy Bentham and John Austin*, 2nd edn. (Mary Warnock, Ed.). Oxford: Blackwell.

마르크스(Marx, Karl, 1818~1883)

독일의 정치학자/철학자. 그의 정치이론은 자본주의 사회에 대한 비판을 제시하고 공산주의 혁명을 요청하는 것으로 유명하다. 자본주의 사회에 대한 그의 비판은 교육에 대해서 분명한 함의를 갖는다. 마르크스에 따르면, 자본주의 사회에서 인민은 상품으로 환원된다. 사회는 개인이 수행하는 기능에 가치를 부여하며, 개인들을 경제 세력이 요구하는 역할을 수행하도록 만들려고 한다.

경제 세력은 사회와 역사를 만들어 간다. 마르크스에 의하면, 이런 상황은 개인의 경험을 제약하고, 그를 세계/공동체/자아로부터 심각하게 소외시키는 것이다. 이런 억압적 상황으로부터 인민을 해방시키기 위해서 요청되는 것이 바로 역사와 사회에 대한 변증법적 견해를 증진시키고, 이에 따라 가능한 변혁을 낳을 수 있는 교육이다.

주요 저술 ॥

Marx, Karl (1906) *Capital: a critique of political economy.* (Samuel Moore and Edward Aveling, Trans.). (Friedrich Engels, Ed.). Chicago: Charles H. Kerr and Company.

Marx, Karl and Engels, Friedrich (1959) *Basic writings on politics and philosophy.* (Lewis S. Feuer, Ed.). Garden City, New York: Doubleday.

Marx, Karl and Engels, Friedrich (1965) *The Communist manifesto.* (Samuel Moore, Trans.). (Joseph Katz, Ed.). New York: Washington Square Press.

스펜서(SPENCER, HERBERT, 1820~1903)

영국의 철학자. 그는 과학과 진화론을 옹호하였다. 그는 이런 관심을 철학, 정치, 윤리학, 사회학, 교육학의 영역으로 확대시켰다. 「어떤 지식이 가장 가치 있는 것인가?(What Knowledge is of Most Worth?)」에서 그는 다음과 같이 확고한 해답을 제시하였다. 과학은 그가 인간의 삶을 지지해 주는 필수 활동들이라고 범주화한 것들을 수행하는 데 필요한 지식을 제공해 준다. 인문학은 불필요하고 비효율적인 것이다. 그는 전통적 수업을 배격하고 발견학습과 같은 것을 옹호하였다. 그는 아동에게 사실을 이야기해 줄 것이 아니라 그들이 지식을 발견하도록 유도해야 하며, 교육자의 추론이 아닌 아동의 흥미가 교육과정을 지배하도록 해야 한다는 원리를 제시하였다. 또한 수업은 단순한 것에서 복잡한 것으로, 구체적인 것에서 추상적인 것으로, 경험적인 것에서 합리적인 것으로 나아가야 한다. 그는 아동중심 학습의 옹호자들과 비슷한 주장을 그들보다 먼저 내세웠다. 즉, 교육은 아동의 흥미와 필요에 기반을 둔 교육 프로그램을 촉진시킴으로써 자아가 발달되는 과정을 장려해야 한다.

주요 저술 ||

Spencer, Herbert (1896) *Education: intellectual, moral, and physical*. New York: D. Appleton and Company.
Spencer, Herbert (1901) *Essays: scientific, political, and speculative*. London: Williams and Norgate.
Spencer, Herbert (1928) *Essays on education etc*. London: Dent.

아널드(ARNOLD, MATTHEW, 1822~1888)

영국의 시인/문학비평가. 아널드는 영국 정부의 학교장학관(1851~1886)을 역임하였다. 그는 자유교육을 옹호하였다. 자유교육은 모든 학생이 문화(생각되고 알려진 최선의 것. 예술/문학/과학/철학/역사/종교 등)가 제공해 주어야 할 가치와 자질을 접할 수 있도록 하는 것이다. 아널드에 의하면, 문화 공부는 사회의 공통된 경험을 제공해 주며, 문화 속에서 대표되는 인간의 완전 가능성의 이상을 향하여 개인들이 노력하도록 이끌어 준다.

주요 저술 ||

Arnold, Matthew (1869) *Culture and anarchy*. London: Smith, Elder and Company.
Arnold, Matthew (1973) *Matthew Arnold on education*. (Gillian Sutherland, Ed.). Harmondsworth: Penguin Education.

프로이트(FREUD, SIGMUND, 1856~1939)

오스트리아의 심리학자. 프로이트가 공헌한 점들이 너무 많아 요약하기가 어렵다. 그는 정신분석학의 창시자다. 그의 무의식 이론은 아동을 어떻게 볼 것인가에 대해서 커다란 영향을 미쳤다. 특히 아동기에 발생한 일들이 개인의 성격 형성에 미치는 중요성에 대한 그의 이론은 삶의 초기 단계가 개인의 삶에서 결정적 시기이며, 아동기의 트라우마로 인하여 나중에 무질서가 발생할 잠재 가능성을 최소화하기 위해 특별한 주의를 기울일 필요가 있음을 시사한다.

주요 저술 ||

Freud, Sigmund (1950) *The interpretation of dreams*. (A.A. Brill, Trans.). New York: Modern Library.

Freud, Sigmund (1962) *The ego and the id*. (Joan Riviere, Trans.). (James Strachey, Ed.). New York: W.W. Norton.

Freud, Sigmund (1965) *The psychopathology of everyday life*. (Alan Tyson, Trans.). (James Strachey, Ed.). New York: Norton.

Freud, Sigmund (1966) *The complete introductory lectures on psychoanalysis*. (James Strachey, Trans. and Ed.). New York: W.W. Norton

Freud, Sigmund (1977) *Case histories I: 'Dora' and 'Little Hans.'* (Alix Strachey and James Strachey, Trans.). (James Strachey, Ed.). Harmondsworth: Penguin Books.

비네(BINET, ALFRED, 1857~1911)

프랑스의 심리학자. 비네는 지능검사의 개발에 큰 영향을 미쳤다. 그는 정신 연령이라는 개념을 개발하였고, 시몽(Théodore Simon)과 함께 비네-시몽 검사를 개발하여 아동의 지능을 측정하였다. 이 검사는 인지 능력과 연령을 비교하여 정신 연령을 측정한다.

주요 저술 ||

Binet, Alfred and Simon, Théodore (1973) *The development of intelligence in children: The Binet-Simon scale*. (Elizabeth S. Kite, Trans.). New York: Arno Press.

뒤르켐(DURKHEIM, ÉMILE, 1858~1917)

교육사회학의 개척자. 뒤르켐은 교육을 사회화 과정으로 보았다. 교육은 성인 사회의 삶을 위해서 젊은이들을 준비시킨다. 그는 자유주의적 휴머니즘을 옹호하였다. 교육의 목표는 개인이 사회 속에서 기능하고, 사회에 기여하게 하면서도 그 사회 안에서 자율적일 수 있도록 하는 것이다. 또한 그는 도덕교육이 가장 중요하다고 보았으며, 교육에서 세속적 도덕성을 옹호하였다.

주요 저술 ||

Durkheim, Émile (1956) *Education and sociology*. (Sherwood D. Fox, Trans.). Glencoe, IL.: Free Press.

Durkheim, Émile (1961) *Moral education: A study in the theory and application of the sociology of education*. (Everett K. Wilson and Herman Schnurer, Trans.). New York: Free Press of Glencoe.

Durkheim, Émile (1977) *The evolution of educational thought: Lectures on the formation and development of secondary education in France*. (Peter Collins, Trans.). London: Routledge and Kegan Paul.

Durkheim, Émile (1979) *Durkheim, essays on morals and education*. (W.S.F. Pickering, Ed.). (H.L. Sutcliffe, Trans.). London: Routledge and Kegan Paul.

슈타이너(STEINER, RUDOLF, 1861~1925)

오스트리아의 철학자/교육자. 슈타이너는 인지학(Anthroposophy)과 발도르프 교육을 창시했다. 인지학의 기반은 다음과 같은 가정이다. 인간은 특수한 훈련, 그리고 도덕적 상상력/직관/테크닉의 발달을 통해서 영성적 세계를 지각할 수 있고, 이것은 과학적 방법에 의한 물질 세계 연구와 비슷한 방식으로 탐구될 수 있다. 슈타이너는 영성적 세계를 지각하는 데 필요한 창조적/도덕적 기능을 발달시키고 이에 필요한 교육/훈련을 제공하기 위해서 발도르프 교육을 개발하였다. 발도르프 교육은 개인의 자유, 창조성, 도덕발달을 강조한다. 유아교육은 감각-지각과 경험에 초점을 둔다. 그다음 단계(7~14세)는 상상력과 창조성에 초점을 둔다. 14세 이후의 교육은 추상적 사고, 윤리적 추론 그리고 사회적 책임에 초점을 둔다.

주요 저술 ||

Steiner, Rudolf (1972) *A modern art of education: Fourteen lectures given in Ilkley, Yorkshire, 5-17 August, 1923*. London: Rudolf Steiner Press.

Steiner, Rudolf (1973) *Theosophy an introduction to the supersensible knowledge of the world and the destination of man*. London: Rudolf Steiner Press.

Steiner, Rudolf (1976) *Practical advice to teachers: Fourteen lectures given at the foundation of the Waldorf School, Stuttgart, from 21 August to 5 September 1919*, 2nd edn (Johanna Collis, Trans.). London: Rudolf Steiner Press.

화이트헤드(WHITEHEAD, ALFRED NORTH, 1861~1947)

영국의 수학자/철학자. 화이트헤드는 과정철학(process philosophy)으로 주목받았다. 과정철학에서는 존재가 끊임없는 변화의 과정에 있다고 본다. 우리가 구체적이고 불변하는 것으로 경험하는 것들은 유동적 대상의 일시적 표출일 뿐이다. 이런 표출을 가리켜서 그는 경험의 경우라고 부른다. 경험의 경우는 각기 그 이전의 모든 경우에 영향을 받으며, 모든 미래의 모든 경우에 영향을 미친다. 그의 형이상학은 그의 교육사상에 큰 영향을 미쳤다. 모든 것이 변화의 상태에 있기 때문에 지식 자체도 변하지 않을 수 없다. 그러나 비록 우주가 끊임없는 변화의 상태에 있을지라도 이 과정은 보편적 힘에 의해서 영향을 받기 때문에 변화는 확인될 수 있다. 교육받은 인간은 그런 양상을 파악하기 위해서 자신의 마음을 능동적으로 활용하는 사람이다. 화이트헤드에 의하면, 교육은 리듬을 따르며, 학습자들은 낭만적 단계, 엄밀성의 단계, 일반화의 단계의 세 단계를 거친다. 낭만적 단계에서는 새로운 것에 대한 홍미가, 엄밀성의 단계에서는 정밀함과 사실적 지식의 체계화에 대한 욕구가, 그리고 일반화의 단계에서는 원리에 대한 파악이 나타난다.

주요 저술 ||

Whitehead, Alfred North (1957) *The aims of education: and other essays*. New York: Macmillan.

Whitehead, Alfred North (1960) *Process and reality: An essay in cosmology*. New York: Harper.

미드(MEAD, GEORGE HERBERT, 1863~1931)

미국의 사회학자. 미드는 퍼스(Charles Peirce), 제임스(William James)와 함께 실용주의 철학을 창립하였다. 그의 주장에 의하면, 마음과 자아는 사회적 맥락 속에서 기호에 의한 의사소통의 과정을 통해서 발달한다. 따라서 교육은 공동체적 환경에서 다른 사람들과의 놀이, 게임, 사회적 의식에 참여함으로써 이루어져야 한다.

주요 저술 ||

Mead, George Herbert (1934) *Mind, self and society*. Chicago: University of Chicago Press.

몬테소리(MONTESSORI, MARIA, 1870~1952)

이탈리아의 의사. 몬테소리는 이탈리아 최초의 여의사였다. 그녀는 정신병동에서 아동들과 접촉한 이후 교육사상에 관심을 쏟았다. 그녀의 교육사상은 루소, 페스탈로치, 프뢰벨의 아동중심 전통을 따랐다. 그녀는 몬테소리 방법을 개발하였다. 그것은 상이한 개념들을 예시하는 학습 활동들의 설계로 구성된다. 아동은 원하는 대로 각각의 활동을 자유롭게 활용한다. 그러나 그가 원하는 개념을 학습하기 전에는 다음 활동으로 진행하지 못한다. 교사의 역할은 교수자라기보다는 관찰자/촉진자다. 물론 교사는 아동이 각 활동에 참여하기 전에

각 활동의 적절한 활용을 보여 주며, 자기 학생들을 위해서 학습환경을 설계할 책임을 진다.

주요 저술 ||

Montessori, Maria (1964) *The Montessori method.* (Anne E. George, Trans.). New York: Schocken Books.

Montessori, Maria (1967) *The discovery of the child.* (M. Joseph Costelloe, Trans.). Notre Dame, IN: Fides Publishers.

Montessori, Maria (1967) *The absorbent mind.* (Claude A. Claremont, Trans.). New York: Holt, Rinehart and Winston.

Montessori, Maria (1969) *The secret of childhood.* (M. Joseph Costelloe, Trans.). New York: Ballantine Books.

킬패트릭(KILPATRICK, WILLIAM HEARD, 1871~1965)

미국의 교육자. 킬패트릭은 듀이의 학생이면서 친구였다. 그는 프뢰벨의 아이디어로부터 영향을 받았다. 일반적으로 레인(Homer Lane)이나 닐(A. S. Neill)과 같이 진보주의적 교육자로 분류되지만 발달론자이기도 하다.

주요 저술 ||

Kilpatrick, William Heard (1918) *The project method.* Teachers College Record 19 (September), 319-334.

Kilpatrick, William Heard (1929) *Education for a changing civilisation.* New York: Macmillan.

러셀(RUSSELL, BERTRAND, 1872~1970)

영국의 철학자. 러셀의 연구는 수학, 논리학, 언어학, 정치이론, 역사, 교육 등에 걸쳐 있다. 교육에 관한 저술에서 그는 교육의 첫 번째 관심은 인간의 삶의 목적들과 필연적으로 연결되어 있는 교육의 목표들을 확인하는 것이어야 한다고 주장했다. 그는 인류가 새로운 아이디어에 끊임없이 노출되어야 한다는 실증주의적 견해를 주장했다. 그러므로 교육의 목표는 자유롭고 개방적인 탐구다. 그는 전통적인 수업방법들을 개방적 탐구의 증진, 그리고 지식 추구에 대한 사랑에 해롭다고 하여 배척하였다. 철학은 중요한 역할을 수행할 수 있다. 즉, 철학은 세계에 대한 상상력을 통한 참여를 포함하며, 지식에 대한 사랑 그리고 세계에 대한 호기심을 북돋아 준다. 1927년 러셀은 그의 아내 도라(Dora)와 함께 웨스트서섹스에 비콘힐 학교(Beacon Hill School)를 설립하였다. 이 학교는 협동과 학생의 자유를 강조하는 민주적 이상에 따라서 운영되었다.

주요 저술 ||

Russell, Bertrand (1926) *On education, especially in early childhood*. London: George Allen and Unwin.

Russell, Bertrand (1932) *Education and the social order*. London: George Allen and Unwin.

Russell, Bertrand (1948) *Human knowledge: Its scope and limits*. London: George Allen and Unwin.

Russell, Bertrand (1961) *The basic writings of Bertrand Russell*. (R.E. Egner and L.E. Denonn, Eds.). London: George Allen and Unwin.

레인(LANE, HOMER, 1875~1925)

미국의 교육자. 잉글랜드 도셋의 소연방(Little Commonwealth) 학교 공동체의 책임자로 활동했던 그의 경험은 그가 강제성이 없는 민주교육관을 발전시키는 데 도움을 주었다. 그는 또한 교육에 대한 구성주의적 접근을 옹호하였다. 여기서 개인의 자유와 자연적 호기심은 지식의 전수를 포함하는 전통적인 수업방법보다 더 가치 있는 것으로 받아들여졌다. 그의 연구는 서머힐 학교를 창건했던 닐(A. S. Neill)에게 큰 영향을 미쳤다.

주요 저술 ||

Lane, Homer (1928) *Talks to parents and teachers*. London: Allen and Unwin, 1928.

닐(NEILL, A. S., 1883~1973)

영국의 교육자. 닐은 서머힐 학교(Summerhill School)를 세웠다. 그는 학생들이 학교정책을 결정하는 데 참여할 수 있고, 또 언제 공부할 것인가를 스스로 결정할 수 있는 교육을 옹호하였다. 그는 학생들이 개인적 자유를 경험할 수 있는 비강제적 환경을 제공하는 것이 다른 교육적 관심보다 더 우선한다고 주장했다.

주요 저술 ||

Neill, A.S. (1960) *Summerhill: a radical approach to child rearing*. New York: Hart.
Neill, A.S. (1966) *Freedom-not license!* New York: Hart.

아이작스(ISAACS, SUSAN, 1885~1948)

영국의 교육자. 아이작스는 정신분석학적 기반 위에서 진보주의 교육을 옹호하였다. 그녀는 학습이 자유를 요청한다고 주장하였다. 이것은 클라인(Melanie Klein)의 영향을 받은 것이다. 너무 많은 자유를 경험한 아동들은 자신들의 과도한 공격적 충동에 관한 죄책감의 희생자가 될 수 있으므로 자유와 제약은 균형을 이룰 필요가 있다. 그럼으로써 아동은 자신의 본능을 사회적으로 수용될 수 있는 방식으로 표현하는 것을 배우게 된다.

주요 저술 ||

Isaacs, Susan (1930) *The intellectual growth in young children*. London: Routledge.
Isaacs, Susan (1933) *Social development in young children*. London: Routledge.

Isaacs, Susan (1935) *Psychological aspects of child development*. London: Evans.
Isaacs, Susan (1948) *Childhood and after*. London: Routledge and Kegan Paul.

만하임(MANNHEIM, KARL, 1893~1947)

헝가리의 사회학자. 만하임은 지식사회학의 창시자다. 그의 주장에 의하면, 지식은 사회적/문화적/경제적 힘에 의해서 형성되며, 개인의 지식은 그가 사회 속에서 차지하는 지위에 의존한다. 그러나 그는 상대주의를 경계하였는데, 그것이 자기부정적인(진리를 전제하면서도 진리의 존재를 부정하는) 것이라고 보았기 때문이다. 따라서 그는 관계주의(relationism)라는 개념을 발전시켰다. 이는 어떤 지식은 오직 특정 시간과 장소에서만 진리라고 주장한다.

주요 저술 ||

Mannheim, Karl (1936) *Ideology and utopia: An introduction to the sociology of knowledge*. London: Kegan Paul, Trench, Trubner and Co.
Mannheim, Karl (1959) *Essays on the sociology of knowledge*. (Paul Kecskemeti, Ed.). London: Routledge and Paul.
Mannheim, Karl and Stewart, W.A.C. (1962) *An introduction to the sociology of education*. London: Routledge and Kegan Paul.

리드(REID, LOUIS ARNAUD, 1895~1986)

영국의 교육자/철학자. 리드는 교육이 감정과 정서를 소홀히 하는 경향이 있으며, 이것은 예술을 통해서 바로잡을 수 있다고 주장했다.

주요 저술 ||

Reid, Louis Arnaud (1962) *Philosophy and education*. London: Heinemann.
Reid, Louis Arnaud (1986) *Ways of understanding and education*. London: Heinemann.

피아제(PIAGET, JEAN, 1896~1980)

스위스의 심리학자. 피아제는 아동 발달 연구에 커다란 영향을 미쳤다. 그는 아동기의 발달을 4개의 인지 단계로 나누었다. 아동은 이런 단계들을 거치면서 점차적으로 추상적 개념과 추론에 더욱더 익숙해져 간다. 이 이론은 교육적으로 중요한 시사점을 갖는다. 일정 연령에 도달하지 못한 아이들은 어떤 유형의 추론을 할 수 없으며, 어떤 추상적 개념을 이해할 수 없다고 보기 때문이다.

주요 저술 ||

Inhelder, Bärbel and Piaget, Jean (1958) *The growth of logical thinking from childhood to adolescence an essay on the construction of formal operational structures*. (Anne Parsons and Stanley Milgram, Trans.). New York: Basic Books.

Inhelder, Bärbel and Piaget, Jean (1964) *Early growth of logic in the child classification and seriation*. London: Routledge and Paul.

Piaget, Jean (1960) *The child's conception of the world*. London: Routledge and Kegan Paul.

Piaget, Jean (1965) *The moral judgement of the child*. (Marjorie Gabain, Trans.). New York: Free Press.

Piaget, Jean (1970) *Science of education and the psychology of the child*. (Derek Coltman, Trans.). New York: Orion Press.

Piaget, Jean (1973) *To understand is to invent: The future of education*. (George Roberts and Ann Roberts, Trans.). New York: Grossman Publishers.

비고츠키(VYGOTSKY, LEV SEMYONOVICH, 1896~1934)

러시아의 심리학자. 비고츠키는 발달/인지 심리학과 교육에서 몇 가지 중요한 개념들을 발전시켰다. 그는 역사적 상황에 처해 있는 문화 속에서 발달하는 인지에 관한 이론을 개발하였다. 아동의 발달은 인지적 도구의 획득이며, 이것은 그가 처한 특수한 문화와 사회에 기능적으로 통합되는 데 필요한 것이다. 그는 '근접발달영역(Zone of Proximal Development)'이라는 개념을 발전시켰다. 이것은 아동이 스스로 성취할 수 있는 것과 성인이나 더 유능한 또래의 지도를 받아 성취할 수 있는 것의 차이를 확인할 수 있게 해 준다. 이 개념은 아동이 자신의 능력을 벗어나서 수행할 수 있는 정도에는 한계가 있음을 인정한다. 그것은 인지발달의 사회적 측면을 인정하는데, 아동이 보다 유능한 실천가를 흉내냄으로써 학습하기 때문이다. 비고츠키의 또 다른 중요한 개념은 내적 언어(inner speech)로, 사회적 상호작용을 통해서 배우는 상징의 내면화를 포함한다. 상징의 내면화 과정은 개인과 사회의 통합을 촉진시키도록 개인 행동을 규제한다.

주요 저술 ||

Vygotsky, Lev Semyonovich (1971) *The psychology of art.* Cambridge, MA: MT Press.

Vygotsky, Lev Semyonovich (1978) *Mind in society: the development of higher psychological processes.* (Michael Cole, et al., Ed.). Cambridge, MA: Harvard University Press.

Vygotsky, Lev Semyonovich (1986) *Thought and language.* rev. edn (Alex Kozulin, Trans. and Ed.). Cambridge, MA: MIT Press.

Vygotsky, Lev Semyonovich (1987) *The collected works of L.S. Vygotsky.* (Robert W. Rieber and Aaron S. Carton, Eds.). (Norris Minick, Trans.). New York: Plenum Press.

오크숏(OAKESHOTT, MICHAEL, 1901~1992)

영국의 철학자/정치이론가. 오크숏은 합리주의를 반대하였다. 그에 따르면, 합리주의는 일련의 사회적 목표들을 향해서 인간의 실천들을 코드화/조직화하는 것이다. 그는 합리주의를 빈곤한 인류관이라고 보았다. 규칙에 따르지 않는 수많은 실천과 삶의 양식은 인간의 끊임없는 참여와 타협을 요구한다. 이런 실천과 삶의 양식은 전통적 실천과 암묵적 지식으로부터 파생되는 것이며, 그렇기에 단순히 무정부주의적인 것은 아니다. 교육적으로 그는 자유교육을 옹호하였다. 자유교육이란 지적/도덕적 전통으로 입문되는 것이며, 그렇지만 일정한 거리를 두면서 그런 전통에 참여할 수 있도록(그에 대해서 다시 생각하도록) 입문시키는 것이다.

주요 저술 ||

Oakeshott, Michael (1933) *Experience and its modes*. Cambridge: University Press.

Oakeshott, Michael (1975) *On human conduct*. Oxford: Clarendon Press.

Oakeshott, Michael (1989) *The voice of liberal learning: Michael Oakeshott on education* (Timothy Fuller, Ed.). New Haven, CN: Yale University Press.

애들러(ADLER, MORTIMER, 1902~2001)

미국의 철학자. 애들러는 도덕철학, 지성, 종교, 정치, 교육에 대한 저술을 남겼다. 그는 개인의 지적/도덕적 발달을 증진시키는 자유교육을 주장했다. 그의 교육 모형은 서구 문명의 위대한 사상과 저서를 공부할 것을 요구한다.

주요 저술 ||

Adler, Mortimer and Mayer, Milton (1958) *The revolution in education*. Chicago: University of Chicago Press.

Adler, Mortimer (1961) *Great ideas from the great books*. New York: Washington Square Press.

Adler, Mortimer (1977) *Reforming education: The schooling of a people and their education beyond schooling*. (Geraldine Van Doren, Ed.). Boulder, CO: Westview Press.

Adler, Mortimer (1982) *The Paideia proposal: An educational manifesto*. New York: Macmillan.

스키너(SKINNER, BURRHUS FREDERIC, 1904~1990)

미국의 심리학자. 스키너는 행동심리학 연구를 선도하였다. 그의 이론에서 모든 인간 행동은 자극에 대한 반응에 의해서 결정된다. 행동은 강화와 처벌을 통해서 조건화될 수 있다. 교육적으로 볼 때, 스키너의 이론은 교실 행동이 강화와 처벌의 활용을 통해 관리될 수 있다는 점을 주장한다. 더 중요한 사항으로 스키너는 가르침에서 조작적 조건화를 효과적으로 활용할 수 있다고 제안했다. 그는 교실에서 강화의 부적절한 사용이라고 그가 생각했던 것을 교정하고자 프로그램 학습을 개발했다. 그는 교수기계를 창안하였다. 이것은 신중하게 프로그램된 방식에 따라서 자료를 학습할 수 있도록 하기 위한 것이다. 여기서는 강화 테크닉에 관한 그의 연구에서 개발된 지침에 따라서 적절한 반응을 강화시킨다.

주요 저술 ‖

Skinner, B.F. (1948) *Walden Two*. New York: Macmillan.

Skinner, B.F. (1953) *Science and human behavior*. New York: Macmillan.

Skinner, B.F. (1968) *The technology of teaching*. New York: Appleton-Century-Crofts.

Skinner, B.F. (1971) *Beyond freedom and dignity*. New York: Knopf.

바르죙(BARZUN, JACQUES, 1907~)

프랑스 태생의 미국 교육자. 바르죙은 사상/문화의 역사를 연구했다. 그는 범죄/추리 소설에 대해서 백과사전적 지식을 갖고 있었고, 베를리오즈 음악의 열렬한 지지자였다. 그는 수년간 컬럼비아 대학에서 트릴링(Lionel Trilling)과 함께 고전 강좌를 운영하였다. 그는 대중문화를 싫어하지는 않았지만 고급문화와 자유교육을 옹호하였다.

주요 저술 ‖

Barzun, Jacques (1945) *Teacher in America*. Boston: Little, Brown.

Barzun, Jacques (1959) *The house of intellect*. New York: Harper Perennial.

Barzun, Jacques (2002) *A Jacques Barzun reader: A selection from his works*. New York: Harper Collins.

프라이(FRYE, NORTHROP, 1912~1991)

캐나다의 문학 교수. 그는 『비평의 해부(*Anatomy of Criticism*)』라는 명저를 남겼다. 문학비평에서 최초의 체계적 이론가로서 많은 사람으로부터 인정을 받았다. 그는 문예비평이 상상력을 훈련시킨다고 주장하였다.

주요 저술 ||

Frye, Northrop (1957) *The anatomy of criticism*. Princeton, NJ: Princeton University Press.

Frye, Northrop (1963) *The educated imagination*. Toronto: Canadian Broadcasting Corporation.

Frye, Northrop (1988) *On education*. Toronto: Fitzhenry and Whiteside.

블룸(BLOOM, BENJAMIN, 1913~1999)

미국의 교육심리학자. '블룸 분류학'이라고 널리 알려져 있는 것은 블룸이 교육 목표를 범주화한 것이다. 교육 목표는 6수준으로 분류되는데, 가장 낮은 수준의 인지적 과정에서 가장 높은 수준의 인지적 과정에 걸쳐 있다. 인지적 과정은 지식, 이해, 적용, 분석, 종합, 평가로 분류된다. 또한 그는 완전학습(mastery learning) 이론을 개발하였다. 이 이론에 따르면, 적절한 시간이 주어진다면 90% 이상의 학생이 기본 개념과 기능에 숙달할 수 있다.

주요 저술 ||

Bloom, Benjamin (1964) *Stability and change in human characteristics*. New York: John Wiley and Sons.

Bloom, Benjamin (1980) *All our children learning: A primer for parents, teachers and other educators*. New York: McGraw-Hill.

Bloom, Benjamin, et al. (1956) *Taxonomy of educational objectives: The classification of educational goals*. New York: David McKay and Co.

Bloom, Benjamin, Hastings, J.T. and Madaus, G. (1971) *Handbook on formative and summative evaluation of student learning*. New York: McGraw-Hill.

밴톡(BANTOCK, G. H., 1914~2003)

벤톡은 자신이 교육자로 불리기를 원했다. 그러나 그의 저술은 주로 역사적/철학적 성격을 띤 것이 많다. 그는 리비스(F. R. Leavis)의 제자로서 엘리엇(T. S. Eliot)의 교육관에 특별한 관심을 쏟았다. 그는 종합학교 운동에 반대하고 문법학교를 옹호하였으며, 진보주의 교육이론에 대해서 대체로 비판적이었다. 그는 교육에서 인문학의 중요성을 옹호하였고, 특히 과학 시대에 역사와 문학이 제대로 강조되지 못하고 있다고 믿었다. 또한 그는 산업화 시대에 나타난 근대 대중문화의 빈곤화에 관심을 가졌다. 근대 대중문화는 이전 시대의 민중문화와 다른 것이다.

주요 저술 ||

Bantock, G.H. (1952) *Freedom and authority*. London: Faber and Faber.

Bantock, G.H. (1963) *Education in an industrial society*. London: Faber.

Bantock, G.H. (1968) *Culture, industrialization and education*. London: Routledge.

Bantock, G.H. (1980) *Studies in the history of educational theory. Volumes 1: Artifice and Nature, 1350-1765*. London: George Allen and Unwin.

Bantock, G.H. (1984) *Studies in the history of educational theory. Volume 2: The Minds and the Masses, 1760-1980*. London: George Allen and Unwin.

브루너(BRUNER, JEROME S., 1915~)

미국의 심리학자. 브루너는 심리학적 개념들을 교육실천에 적용하는 데 굉장한 영향을 미쳤다. 구소련의 인공위성 스푸트니크의 성공적 발사로 인하여 미국에서는 위기 상황이 벌어졌다. 브루너는 미국과학원(National Academy of Sciences)과의 연구, 그리고 미국과학재단(National Science Foundation) 콘퍼런스를 통해서 명성을 얻었다. 그와 동료들에 의하면, 교육은 사실을 학습하는 일에 그치는 것이 아니고, 상이한 학문들이 어떻게 작동하는가에 대한 이해를 발달시키는 일이다. 또한 학습을 개인 활동으로만 보아서는 안 된다. 학생들은 공동체를 통해서 지식을 구성한다.

주요 저술 ||

Bruner, Jerome S. (1960) *The process of education*. Cambridge, MA: Harvard University Press.

Bruner, Jerome S. (1966) *Toward a theory of instruction*. Cambridge, MA: Belknap Press of Harvard University Press.

Bruner, Jerome S. (1996) *The culture of education*. Cambridge, MA: Harvard University Press.

그린(GREENE, MAXINE, 1917~)

미국의 교육철학자. 그린은 교육 및 교사교육에서 나타나는 도구적 가치에 대한 비판으로 유명하다. 그린은 교육에 대한 미학적 접근을 개척했다. 교육의 목적은 비판적 정신의 발달이라고 보았다. 다시 말해서, 교육은 사회를 형성해 가는 사건/세력에 대해 알게 하고 사회 변화를 일으켜야 한다. 비판적 인식을 발달시키기 위해서 문학과 예술의 역할을 열정적으로 주장해야 한다. 또한 문학과 예술은 개인이 정상적으로 접할 수 없는 다양한 인간적 경험을 제공해 준다.

주요 저술 ‖

Greene, Maxine (1965) *The public school and the private vision: A search for America in education and literature*. New York: Random House.

Greene, Maxine (1973) *Teacher as stranger: Educational philosophy for the modern age*. Belmont, Calif.: Wadsworth.

Greene, Maxine (1988) *The dialectic of freedom*. New York: Teachers College Press.

Greene, Maxine (1995) *Releasing the imagination: Essays on education, the arts, and social change*. San Francisco: Jossey-Bass Publishers.

프레이리(FREIRE, PAULO, 1921~1997)

브라질의 교육자. 프레이리는 주로 성인교육에 종사하였다. 그는 변혁적 교육을 주장하였고, 비판적 교수법 운동의 토대를 제공하였다. 그에 따르면, 교육의 목적은 의식화(conscientization)다. 이는 세계 상황을 변혁시키기 위해서 이에 관한 의식화를 촉진시키는 일이다. 그는 대화를 강조하는 방법론을 옹호하였고, 교사는 지식을 전수하는 권위자가 아니라 촉진자로 보아야 한다고 주장하였다. 그가 말하는 '은행저금식 교육' 에 대한 그의 비판은 진보주의 교육의 중심 개념이 되었다. 은행저금식 교육은 학생들을 빈 그릇으로 간주하고, 교사들이 선택한 지식을 그 속에 집어넣으려고 하는 교육을 가리킨다.

주요 저술 ‖

Freire, Paulo (1970) *Pedagogy of the oppressed*. (M.B. Ramos, Trans.). New York: Seabury Press.

Freire, Paulo (1970) *Cultural action for freedom*. Cambridge, MA: Harvard Educational Review Monograph Series, No. 1.

Freire, Paulo (1973) *Education for critical consciousness*. New York: Seabury Press.

Freire, Paulo (1985) *The politics of education: Culture, power, and liberation*. (D. Macedo, Trans.). South Hadley, Mass.: Bergin and Garvey.

Freire, Paulo (1994) *Pedagogy of hope: Reliving pedagogy of the oppressed.* (R.R. Barr, Trans.). New York: Continuum.

Freire, Paulo (1997) *Pedagogy of the heart.* (D. Macedo and A. Oliviera, Trans.). New York: Continuum.

Freire, Paulo (1998) *Teachers as cultural workers: Letters to those who dare teach.* (D. Macedo, D. Koike, and A. Oliveira, Trans.). Boulder, Colorado: Westview Press.

젠슨(JENSEN, ARTHUR, 1923~)

미국의 심리학 교수. 젠슨은 양육보다는 유전/천성이 개인 발달과 지적 발달의 결정 요인이라고 믿었다. 그의 연구 결과에 의하면, 낮은 수준의 지적 작업 능력(그가 1수준 학습이라고 말하는 것)은 전체 인종들 사이에 다소 균등하게 분산되어 있는 반면, 높은 수준의 지적 작업 능력(2수준 학습)은 아프리카계/멕시코계 미국인보다는 백인/아시아계 미국인 사이에서 의미 있게 높은 정도로 나타나고 있다. 이런 결론은 논란을 불러일으킨다.

주요 저술 ||

Jensen, Arthur (1973) *Genetics and education.* New York: Harper and Row.

셰플러(SCHEFFLER, ISRAEL, 1923~)

미국의 교육철학자. 셰플러는 교육철학에 분석적 접근 방식을 도입하였다. 그는 교육적 개념들에 대한 엄밀한 분석이 필요하다는 점을 역설하였다. 그는 교육을 근본적으로 도덕적 활동으로 보았다. 즉, 교육은 학생들의 안목을 변화시키는 일을 포함한다. 그러나 교육의 방식에서 학생의 판단을 존중해야 한다. 교육의 핵심은 합리성과 이성에 대한 관심이다. 교사의 역할은 합리성과 논리적 추론에 대한 이해를 증진시키는 것이다. 또한 교육철학이 일반 철학으로부터 괴리되어서는 안 된다.

주요 저술 ||

Scheffler, Israel (1960) *The language of education*. Springfield, Ill: Thomas.

Scheffler, Israel (1965) *Conditions of knowledge: An introduction to epistemology and education*. Chicago: Scott, Foresman, and Co.

Scheffler, Israel (1973) *Reason and teaching*. Indianapolis: Bobbs-Mereill.

Scheffler, Israel (1985) *Of human potential: An essay in the philosophy of education*. Boston: Routledge and Kegan Paul.

번스타인(BERNSTEIN, BASIL, 1924~2000)

영국의 사회학자. 번스타인의 최고의 그리고 가장 많은 논란을 불러일으킨 업적은 그의 코드 시스템(coding systems) 이론이다. 그는 언어실천을 검토한 후 정교한 코드(elaborated codes, 중산층의 언어실천)와 제한된 코드(restricted codes, 하층의 언어실천)를 구분하였다. 이 이론에 따르면, 교육 시스템의 언어 코드는 중산층의 정교한 코드이기 때문에 하층 학생들은 학업 성취에서 장벽에 부딪힌다.

주요 저술 ||

Bernstein, Basil (1971, 1973, 1975, 1990) *Class, codes and control*. 4 volumes. London: Routledge and Kegan Paul.

Bernstein, Basil (1975) *Class and pedagogies: Visible and invisible*. Paris: Organisation for Economic Cooperation and Development.

Bernstein, Basil (1996) *Pedagogy, Symbolic control, and identity: Theory, research, and critique*. London: Taylor and Francis.

Brandis, Walter and Bernstein, Basil (1974) *Selection and control: Teacher's ratings of children in the infant school*. London: Routledge and Kegan Paul.

워녹(WARNOCK, MARY, 1924~)

영국의 철학자/교육자. 워녹은 도덕철학과 실존주의에 관한 연구로 유명한 철학자다. 워녹은 옥스퍼드 여자고등학교 교장, 케임브리지 거튼 컬리지 학장, (특수교육 필요를 다룬) 국가 조사위원회 위원장을 역임하였다. 교육에 관한 많은 저술이 있다. 워녹은 정치적/도덕적/교육적 준거들 간의 복잡한 관계를 분석하였다. 교육이론의 중심 문제는 '교육과정의 내용이 어떤 것이어야 하는가?' 라고 주장했다.

주요 저술 ||

Warnock, Mary (1960) *Ethics since 1900*. Oxford: Oxford University Press.
Warnock, Mary (1970) *Existentialism*. Oxford: Oxford University Press.
Warnock, Mary (1977) *Schools of thought*. London: Faber.

일리치(ILLICH, IVAN, 1926~2002)

오스트리아 철학자/역사학자/사회비평가. 교육학계에서 일리치는 학교 시스템에 대한 비판과 탈학교 옹호론으로 유명하다. 그에 의하면, 교육제도는 다른 제도와 마찬가지로 억압하는 힘을 갖고 있다. 그는 교육제도를 대체할 대안적, 비형식적, 자기 주도적 형태의 교육이 필요하다고 역설했다.

주요 저술 ||

Illich, Ivan (1971) *Deschooling society*. New York: Harper and Row.
Illich, Ivan (1973) *Tools for conviviality*. New York: Harper and Row.

허스트(HIRST, P. H., 1927~)

영국의 교육철학자. 허스트의 지식형식론은 자유교육의 개념에 큰 영향을 미쳤다. 그는 교육의 인식론적 기반을 주장하였다. 즉, 상이한 지식의 형식들이 확인될 수 있으며, 이런 형식들에 대한 이해가 교육의 핵심이다. 이때 교육이란 합리적 마음의 발달을 가리킨다.

주요 저술 ||

Hirst, P.H. (1974) *Knowledge and the curriculum: A collection of philosophical papers*. London: Routledge.

Hirst, P.H. (1974) *Moral education in a secular society*. London: Hodder and Stoughton and National Children's Home.

Hirst, P.H. (1993) Education, knowledge and practices. in Robin Barrow and Patricia White (Eds.), *Beyond liberal education: Essays in honour of Paul H. Hirst*. London: Routledge, pp. 184-199.

Hirst, P.H. and Peters, R.S. (1970) *The logic of education*. London: Routledge.

콜버그(KOHLBERG, LAWRENCE, 1927~1987)

미국의 심리학자. 콜버그는 피아제의 발달이론을 응용함으로써 아동과 성인의 도덕발달 단계를 기술하였다. 그의 이론은 6단계를 기술한다. 도덕발달은 단순한 처벌-회피형 추론에서 시작되고, 마지막에는 도덕적 원리들로부터 추론하는 복잡한 단계에 도달한다. 피아제의 모델에서와는 다르게, 개인들이 모든 단계를 반드시 거치는 것은 아니다. 마지막 단계에 도달한 사람은 비교적 소수에 지나지 않는다. 콜버그는 '정의 공동체' 라는 학교를 발전시키기도 하였다. 거기서 학생들은 학교 공동체의 의사결정에 참여함으로써 학교에서 발생하는 상황에 대해 도덕적 판단을 내리는 경험을 쌓게 된다.

주요 저술 ||

Kohlberg, Lawrence (1981) *Essays on moral development*. San Francisco: Harper and Row.

Kohlberg, Lawrence, Levine, Charles and Hewer, Alexandra (1981) *Moral stages: A current formulation and a response to critics*. Basel: Karger.

Power, F. Clark, Higgins, Ann and Kohlberg, Lawrence (1989) *Lawrence Kohlberg's approach to moral education*. New York: Columbia University Press.

허쉬(HIRSCH, E. D., 1928~)

미국의 영문학 교수. 허쉬는 작가의 의도가 의미의 궁극적 결정자여야 한다고 주장하였다. 그의 주장에 따르면, 독해는 맥락적 지식에 크게 의존한다. 또한 교육의 주요 문제는 부족한 디코딩 기능보다는 '문화적 문해력'의 결핍이다. 그러나 허쉬는 그의 『문화적 문해력 사전(*Dictionary of Cultural Literacy*)』에서 중요한 문화적 참조점을 선정하는 준거가 무엇인가 하는 골치 아픈 질문을 제기하였다.

주요 저술 ||

Hirsch, E.D. (1996) *The schools we need and why we don't have them*. New York: Doubleday.

Hirsch, E.D. (1987) *Cultural literacy: what every American needs to know*. Boston, MA.: Houghton Mifflin Company.

Hirsch, E.D., with Kett, Joseph and Trefil, James (1993) *A dictionary of cultural literacy*. Boston, MA.: Houghton Mifflin Company.

윌슨(WILSON, JOHN, 1928~2003)

영국의 교육철학자. 윌슨은 도덕교육 영역에서 큰 영향을 미쳤다. 그는 도덕교육에 대한 모든 탐구에 앞서서 '도덕적' 이라는 것이 무엇을 의미하는가에 대해 분명한 생각을 가져야 한다고 주장했다.

주요 저술 ||

Wilson, John (1969) *Moral education and the curriculum: A guide for teachers and research workers*. Oxford: Pergamon Press.

Wilson, John (1973) *The assessment of morality*. Windsor, England: NFER.

Wilson, John (1985) *What philosophy can do*. Basingstoke: Macmillan.

Wilson, John, Williams, Norman and Sugarman, Barry (1967) *Introduction to moral education*. Baltimore: Penguin.

아이스너(EISNER, ELLIOT, 1933~)

미국의 교육자. 아이스너는 예술교육에서 큰 영향을 미쳤다. 그에 의하면, 교육은 예술적 사고방식(상상력, 직관)의 발달을 포함해야 한다. 또한 예술교육은 예술의 생산뿐만 아니라 미적 관심, 역사적 발달, 비판적 분석의 이해도 포함시켜야 한다고 주장하였다. 이런 형태의 예술교육의 옹호는 나중에 학문 기반적 예술교육(Discipline-Based Art Education: DBAE) 운동의 전개로 이어졌다.

주요 저술 ||

Eisner, Elliot (1972) *Educating artistic vision*. New York: Macmillan.

Eisner, Elliot (1982) *Cognition and curriculum: A basis for deciding what to teach*. London: Longman.

Eisner, Elliot (1985) *The educational imagination: On the design and evaluation of school programs*. New York: Macmillan.

Eisner, Elliot (1987) *The role of discipline-based art education in America's schools*. Los Angeles: The Getty Center for Education in the Arts.

Eisner, Elliot (2002) *The arts and the creation of mind*. New Haven: Yale University Press.

가드너(GARDNER, HOWARD, 1943~)

미국의 교육자. 가드너의 다중지능 이론은 엄청난 영향을 미쳤다. 이에 따르면, 인간은 자신의 경험을 이해하기 위해서 다양한 인지 능력(지능)을 동원한다. 그가 제시한 여덟 가지 지능은 언어적, 논리-수학적, 공간적, 음악적, 신체적, 대인적, 자아성찰적 그리고 자연주의적 지능이다. 이 이론은 인간이 각자 상이한 방식으로 학습하며, 수업은 이런 상이한 지능을 제대로 다루어야 한다는 제안에서 교육적으로 중요하다.

주요 저술 ||

Gardner, Howard (1985) *Frames of mind: The theory of multiple intelligences.* New York: Basic Books.

Gardner, Howard (1991) *The unschooled mind: How children think and how schools should teach.* New York: Basic Books.

Gardner, Howard (1993) *Multiple intelligences: The theory in practice.* New York: Basic Books.

Gardner, Howard (2006) *Multiple intelligences: New horizons.* New York: Basic Books.

역자 해설

이지헌

1. 교육철학이란 무엇인가

철학은 어떤 일인가? 교육철학이란 어떤 일인가? 필립스(D. C. Phillips)는 세 가지 사례, 즉 구성주의에 대한 자신의 분석, 스키너의 행동주의론, 루소의 자연주의 교육론을 통해서 철학이 무엇인가를 밝혀낸다. 그리고 그 안에 들어 있는 철학을 다시 철학의 성격/유형/영역에 따라서 세 가지의 철학관으로 설명한다.

첫째, 철학자의 활동을 철학의 '성격' 차원에서 설명할 수 있다. 철학자는 '메타 수준' 에서 연구하고, '메타 질문' 을 던지는 사람이다. 예를 들어, 스키너는 '인간 행동의 설명' 이라는 연구 영역에서 메타질문을 제기하였다. 그는 행동주의 심리학의 담론을 분석/명료화/성찰하였다. 이런 의미에서 스키너를 철학자로 간주할 수 있다.

둘째, 철학자의 활동을 철학의 '유형'에 따라 설명할 수 있다. 프랑케나(William K. Frankena)는 철학의 전통적 활동을 사변적(형이상학적), 규범적, 분석적 활동으로 구분한다. 구성주의에 대한 저자 자신의 분석적 작업, 루소의 『에밀』과 스키너의 연구에 들어 있는 규범적 요소, 사변적/형이상학적 이론 등에서 세 가지 유형의 철학 활동이 나타난다.

셋째, 철학자의 활동을 철학의 '영역'에 따라 설명할 수 있다. 철학의 활동 영역은 지식, 도덕/윤리, 미, 시민성, 개인/집단의 권리 등으로 구분할 수 있다. 여기서 인식론, 윤리학, 미학, 정치철학 등의 철학 영역이 나타난다. 이렇게 볼 때, 구성주의는 인식론에 관한 견해이고, 스키너는 『월든 투』에서 과학철학, 마음의 철학, 형이상학의 영역에 걸쳐 철학을 하였고, 루소의 『에밀』에는 정치철학이 들어 있다.

그렇다면 교육철학이란 무엇인가? 저자에 따르면, 교육철학은 어느 한 가지 철학 분야에 속하는 것이 아니라 "철학의 **전체 영역에 걸쳐 있는** 것"(p. 39)이다. 위에서 말한 것처럼, 교육철학은 ① 메타질문을 던지고, 메타이슈를 탐구하며, ② 규범적 작업을 수행하고, ③ 인식론적/윤리학적/정치철학적 이슈를 다룬다. 따라서 저자인 필립스는 교육철학을 다음과 같이 정의한다. "**교육철학이란 교육이라는 세계에서 발생하는 이슈들에 중점을 두고 철학적 탐구를 추구하는 탐구 영역이다.**"(p. 40) 그렇다면 중요한 물음이 남아 있다. '이런 교육철학은 왜 중요한가?' 저자는 이 질문에 대한 답을 직접 제시하지 않고, 대신 독자들로 하여금 두 권으로 된 이 책을 모두 제대로 읽어 볼 것을 요청한다.

교육철학에서 아마 가장 다루기 힘든 주제가 '교육철학이란 무엇인가?' 일 것이다. 필립스의 교육철학관을 더 살펴보려면 『다문화시대 대화와 소통의 교육철학』(곽덕주 외 역, 학지사, 2010)에 실려 있는 그의 글 '새천년을 눈앞에 두고' (pp. 83-95)를 참조하자. 이 책에서는 그린(M. Greene)과 파인버그(W. Feinberg)의 흥미로운 교육철학관도 함께 읽어 볼 수 있다. 프랑케나의 교육철학관은 오래전에 번역된 『교육철학』(안상원 역, 성원사, 1987)에서 볼 수 있다. 그리고 가장 최근의 글로 폴 스탠디시(Paul Standish)의 '교육철학이란 무엇인가?' 가 『철학이 있는 교육, 교육을 찾는 철학』(이지헌 역, 학이당, 2011: 17-46)에 들어 있다. 친숙한 내용을 글로 쓴 것이므로 비교적 읽기가 쉽다. 이와 별도로 철학이라는 '학문의 성격' 에 대해서 관심이 있을 경우에는 김상봉(2005: 114-126)을 참조하면 좋을 것이다.

2. 교육철학의 학파

교육철학을 연구하거나 가르치기 위해서는 그것을 어떤 방식으로든 조직해야 한다. 우리 주변에서 찾아볼 수 있는 '교육의 철학과 역사' 혹은 '교육철학' 이라는 제목의 책을 펼쳐 보면 그 안에 다양한 학파(-론, -주의, -사조, -이즘, -학)가 들어 있음을 알게 된다. 관념론/실재론/실용론, 진보주의/항존주의/본질주의/재건주의/실존주의, 포스트모더니즘/탈구조주의뿐만 아니라 요즈음에는 해석학/현상학/동양철학까지 다양하게 등장한다.

그렇다면 교육철학과 다양한 학파는 서로 어떤 관계에 있는가? 이 흥미로운 물음에 대해서 저자인 배로(Robin Barrow)는 도발적이고 자극적인 견해를 제시한다. 배로는 위와 같은 학파 중심의 접근 방식이 어느 정도 의미 있는 것임을 인정하면서도 이에 대해서 비판적이다. 왜냐하면 동일한 인물이 상이한 학파에 포함되기도 하고, 동일한 학파에 포함되어 있는 사상가들 간에 공통점보다는 차이점이 더 많은 경우가 자주 나타난다고 보기 때문이다. 따라서 배로의 견해에 따르면, 학파는 아주 부정확한 범주다. 다시 말해서, 여러 가지 '-주의' 의 논리적 지위/성격은 다양하다. 또한 -이론, 이데올로기, 철학적 관점 간에 어떤 차이가 있는지 불분명하다. 이렇게 본다면 학파 분류는 대체로 임의적이고 일관된 선정 기준이 없다고 말할 수 있다. 그러므로 학파 분류는 철학자/사상가를 제대로 다룰 수 있는 의미 있는 조직체계가 되지 못한다. 그렇다면 '-주의' 접근은 교육철학을 위해서 무슨 가치가 있는가? 이 질문에 대해서 배로는 상당히 부정적이다. 그는 '-주의'와 이에 귀속시키는 교육론 간에 분명한 논리적 연관성이 별로 없다는 점을 여러 가지 예를 통해서 밝혀내고 있다.

그렇다면 '철학적 분석'은 어떤가? 배로에 의하면 철학적 분석(분석철학)은 다른 '-주의', 이데올로기, 학파로부터 구별되어야 한다. 그에 의하면, '-주의'가 특수한 문제에 대한 특수한 철학적 관점이라면 '철학적 분석'은 활동을 가리키는 것이다. 즉, 철학적 분석은 개념들을 보다 충실하고 정합성 있게 분석/설명/탐구하는 활동이다. 요컨대, 철학은 '철학적 분석'이다. 이 관점에서 볼 때 교육을 제대로 이해하는 데에는 '핵심 개념들을 분석하는 일'이 중요하다. 다시 말해서, 교육철학은 특정 학파를 신봉할 것이 아니라 핵심적인 교육 개념들에 초점을 맞추어야 한다는 뜻이다. 배로가 보기에 교육철학의 핵심은 교육의 핵심적인 개념, 프로그램, 정책, 실천을 분석하는 일이다. 이런 입장에서 그는 포스트모더니즘, 실존주의, 해석학, 현상학에 대해서 과감한 비판을 제시한다.

우리나라의 '교육철학 및 교육사' 교재에는 미국의 진보주의, 항존주의, 본질주의, 재건주의가 들어 있었으나 최근에 이런 -주의가 없어지면서, 대신 실존주의, 포스트모더니즘, 해석학, 현상학, 분석철학이 강조되고 있는 경향이 나타나고 있다. 또한 학지사에서 20권으로 출간한 '교육의 역사와 철학 시리즈' 속에는 학파적 접근을 시도하는 저서들이 많이 포함되어 있다. 이런 관행(조직 방식)에 대해서 배로가 제시하는 날카로운 비판은 학문적으로 상당한 충격을 주고 반발을 불러일으킬 것이다. 여기서 우리는 '철학적 분석'을 기반으로 저술된 이돈희의 『교육철학개론』(박영사, 1977)에 주목하게 된다. 이 책에는 학파적 접근이 전혀 없다. 또한 배로는 그가 말하는 학파의 한 예로 해석학을 거론하고 있다. 해석학에 대한 배로의 입장이 타당한가에 대해서 의문이 들 경우에는 손승남(2001)의 『교육해석학』, 이상오(2008)의 『교육해석학: 이론과 적용』을 참조할 필요가 있다. 이와 함께 김상섭(2010)의 '교육철학의 실천적 전환: 해석학적 철학하기를 중심으로'를 참고하면 좋을 것이다. 끝으로 영국의 교육철학에 대한 피터스(Peters)의 반성과 전망을 성기산(1994)이 번역한 '교육철학'(최원형 외 공역. 『교육이론과 그 기초학문들』)을 통해서 살펴볼 필요가 있다. 교육철학을 어떻게 조직하여 가르치고 또 연구할 것인가는 우리에게도 여전히 중요한 과제에 속한다.

3. 교육철학과 교육이론

교육철학과 교육이론의 관계에 대한 저자인 데이비드 카(David Carr)의 견해는 무엇인가? 이는 다음과 같이 요약할 수 있다. 교육이론은 '교육실천'과 연관된 철학 및 (역사/사회학/심리학과 같은) 경험과학으로 구성된다. 교육실천을 위해서 교육철학보다 교육심리, 교육사회학과 같은 경험과학이 더 가치 있는 것이라는 견해가 널리 퍼져 있지만, 교육철학의 고유한 역할도 인정받아야 한다. 이런 주장을 뒷받침하기 위해서 D. 카는 다음과 같은 논변을 펼치고 있다.

첫째, 그는 플라톤에서부터 현재에 이르기까지 서구의 교육이론이 어떻게 변화했는지를 밝혀낸다. 그리고 20세기에 들어와서 특별히 달라진 점으로, 교육이론을 개발할 때 사회 연구 및 과학 연구의 증거에 기반을 둘 필요가 있다는 생각이 나타났음을 지적한다.

둘째, 20세기 철학은 분석적 의미의 철학으로, 다시 말해서 탐구방법이나 분석방법에 가까운 것으로 변했다. 이에 따라 '교육철학을 함'이란 교육적으로 문제가 있는 용어 사용을 명료화하는 방법을 가리킨다. 새로운 교육철학은 영국의 피터스와 미국의 셰플러(Scheffler)의 주도하에 발전하였다. 분석적 교육철학의 일차적 목표는 교육적 담론을 명료화하는 데, 그리고 교육 방안이나 교육적 논변에 들어 있는 애매성이나 오류를 찾아내는 데 필요한 분석 기능을 제공해 주는 것이다. 이런 교육철학은 언어/개념의 혼란을 제거함으로써 경험적 사회과학이 효과적인 수업방법을 찾아내도록 도와준다.

셋째, 위와 같은 패러다임은 이윽고 (Wilfred Carr로부터) 비판을 받게 되었다. 왜냐하면 그런 패러다임의 기반에는 '이론과 실천' 이라는 잘못된 이분법적 사고가 깔려 있고, 철학이 분석하는 개념들은 사회적/문화적 맥락으로부터 독립된 것이 아니라 사회와 문화의 구성물이라고 보기 때문이다. 따라서 철학과 사회과학 사이에 분명한 경계선을 긋기도 어렵고, '이론의 객관성' 을 받아들이는 것도 단순한 생각이다. 그러나 저자인 D. 카가 주장하는 것처럼, 만일 객관적 지식/이론의 가능성이 의심을 받게 된다면 교육의 실천을 위해서 교육이론이 갖는 가치까지도 의심을 받을 우려가 생긴다.

넷째, 이와 같은 W. 카의 비판은 어떤 근거 위에서 제기되는가? W. 카는 정초주의에 대해서 반대하는 입장에 선다. 그러나 D. 카에 따르면, 정초주의에 대한 급진적인 반대론 그리고 개념 분석에 대한 오해가 오히려 문제점이라고 할 수 있다. 특히 '교육과 관련된 용어들이 보편적 의미를 갖고 있다.' 고 전제하는 사람들은 요즈음에는 찾아보기가 어렵다.

다섯째, 교육이론에서 배우는 심리학/사회학 이론의 실험적/경험적 내용은 객관적 유용성과 영향력을 갖고 있는 것이고, 따라서 교육학을 위해 일정한 의의를 갖는다는 점을 인정해야 하지만 동시에 교육철학의 역할도 인정해야 한다. 왜냐하면 교육과 관련된 용어 사용을 개념적으로 정리하고, 교육과 연관된 '윤리적 원리들' 을 명료화하는 중요한 일이 늘 생기기 때문이다. 예를 들면, 학습/교수법 연구에는 여전히 윤리적 문제가 핵심 사항으로 들어 있고, 이것은 과학적/경험적 연구가 다룰 수 없는 부분일 것이다. 교육학에서 철학적(윤리적) 연구와 경험적 연구를 구별해야 하고, 철학적 차원의 중요성을 재인식할 필요가 있다.

최원형(1994)이 번역한 '교육이론' (최원형 외 공역. 『교육이론과 그 기초학문들』)에서 허스트의 견해를 살펴볼 수 있다. 또 이 장(pp. 80-84)에서 D. 카가 비판하고 있는 W. 카의 교육철학관에 대해서는 곽덕주, 나병현, 유재봉(2009)의 '실천철학으로서의 교육철학하기: Wilfred Carr의 견해를 중심으로' 를 참조하면 좋다. 교육이론에서 교육철학이 어떤 위치를 차지하는지에 대한 문제를 제대로 다루려면 이론과 실천, 철학과 경험과학 등의 관계를 상세하게 탐구해야 할 것이다. 왜냐하면 이론과 실천, 철학과 경험과학을 단순하게 이분법적으로 구별하기에는 양자의 상호관계가 너무도 긴밀하고 복잡하기 때문이다.

4. 교육철학과 교육실천

교육철학이란 무엇이며, 그것은 교육실천과 어떤 관계에 있는가? 앞에서도 언급했지만, 교육에 대해 철학적으로 사고한다는 것은 교육에 관해서 논의할 때 사용되는 언어에 파고들어 그 함의를 비판적으로 검토하는 일이다. 바꾸어 말해서, 교육철학은 교육정책이나 교육실천에 관한 진술과 정당화를 가지고 사고하는 일이다. 이런 관점에서 저자인 프링(Richard Pring)은 영국의 너필드 재단이 지원하는 '너필드 리뷰 사업' 을 중심으로 교육철학이 수행하는 실천적 역할이 어떤 것인가를 자세히 밝히고 있다.

너필드 리뷰 사업은 영국의 14~19세 학생들을 가르치는 교육체제 전반에 대해서 독립적, 종합적, 증거 기반적 검토를 시도하였다. 프링은 이 사업에서 말하는 '독립적' '종합적' '증거 기반적' 이 무엇을 의미하는지를 먼저 밝힌다. 그리고 '교육' 이 무엇을 의미하는지, '교육의 목적' 이 무엇을 가리키는지를 밝혀낸다. 그다음에는 '교육받은 인간' 이란 어떤 사람인가를 일곱 가지 자질/성취, 즉 지적 발달, 실천적 능력, 공동체 참여, 도덕적 성실성, 탁월성의 추구, 자아 인식, 사회정의를 통해서 밝혀낸다.

교육이 실현해야 할 이와 같은 목적들은 교육실천에 반영되어야 하고, 그리고 교육실천을 평가/개선하려는 개혁 방안이 과연 그런 목적과 논리적으로 연관되는지를 밝혀내야 한다. 그렇지만 이토록 중요한 교육 목적이 일부 집단이나 혹은 정부의 목소리에 의해서 일방적으로 지배받거나 편향된 방향으로 치우치는 일이 생겨서는 안 된다. 여기서 교육철학의 사명은 매우 중요하다. 다시 말해서, 교육철학은 교육과 관련된 언어 사용에서 나타나는 혼란에 대해 민감해야 하고, 교육 언어의 의미에 대한 깊은 관심을 통해서 지식의 성격, 가치 있는 삶의 종류, 교육의 궁극적 목적, 학습의 질, 교육 내용을 결정하는 국가의 권한 등과 같은 심층적인 물음을 가지고 고민하지 않을 수 없다. 이런 철학적 정신/마음은 오늘날 교사들과 교사교육자들에게 절실히 요청되는 부분이다.

언어는 사유의 길이며, 존재의 집이라는 말이 있다. 교육에 대한 중앙정부의 통제가 갈수록 강화되면서 효율성과 효과성의 언어가 지배하고 있는 것이 작금의 교육 현실이다. 경제 일변도의 언어가 교육 언어 전반에 확산됨으로써 이와 다른 종류의 교육 언어는 힘을 잃어버리고 사람들의 마음에서 점차 사라져 가고 있다. 잃어버린 교육 언어를 되살려 내야 비로소 망각되고 있는 교육적 희망도 다시 살아나고, 학교의 고유한 역할과 특성이 새롭게 중시될 수 있을 것이다. 우리의 교육철학도 교육에 대한 다양하고 깊은 이해가 담겨 있는 언어의 세계를 다시 살려냄으로써 교육실천이 본연의 역할과 위상을 찾도록 하는 데 기여할 수 있다. 한국의 교육 개혁에 대해서 권력으로부터 '독립된', 교육 활동의 전반에 걸쳐 '종합적인', 그리고 경험적 사실과 규범적 가치에 '근거를 둔' 평가 작업이 절실하게 필요하지 않은가? 그리고 이 거대한 사업을 위해서 교육철학이 중요한 역할을 수행해야 하지 않은가?

최근에 한국 교육철학계에서 교육철학은 '실천철학'으로서의 역할을 새롭게 수행해야 한다는 주장과 논의가 많이 나타났다. 이는 교육철학이 "교육 현실 안에서 실천적 행위를 비판적으로 성찰하고 보다 바람직한 이상적 가능성을 추구할 수 있도록"(양은주, 2008: 58) 제 기능을 발휘해야 한다는 주장으로 나타나고 있다. 한국 교육철학에 대한 새로운 요청을 숙고할 때, 프링의 글은 다음과 같은 의미를 갖는다고 볼 수 있다. 첫째, 프링의 글은 교육철학이 실천철학으로서의 역할을 수행해야 한다는 주장/호소에 그치는 것이 아니라 그러한 '실천철학 하기의 사례'를 직접 보여 주고 있다. 둘째, 실천철학 하기가 교육 현장의 실천가로서 '교사의 철학 하기'(김현주, 2008: 113)에 중점을 둘 수 있으나, 이와 다르게 프링의 실천철학 하기는 국가 교육체제 전반을 대상으로 삼고 있다는 점에서 차이를 보여 준다. 다시 말해서, 프링의 글은 교육개혁 정책에 대한 실천철학의 사례를 보여 주고 있다.

프링의 또 다른 글 '교육에 철학이 필요한가?' [이지헌 역(2011), 『철학이 있는 교육, 교육을 찾는 철학』, pp. 47-70]를 참조할 필요가 있다. 여기서도 그는 교육철학의 필요성을 다음과 같이 정리한다.

> 교육정책과 교육실천에는 암묵적인 아이디어가 너무 자주 횡행하고 있다. 이런 아이디어를 명시적으로 드러낸다면 우리를 혼란스럽게 만들거나 잘못 이끌어 가는 점들이 밝혀질 수 있다. 특히 지식의 성격, 가치 있는 것으로 간주되는 것들의 정당화, 인간 발달의 의미, 인간 행동을 설명하는 방식에 대해서 많은 혼란이 나타나고 있다. 이런 혼란과 의문을 학문적으로 체계적으로 다루는 것이 교육철학이다.

5. 플라톤과 교육

플라톤을 가리켜서 서양 교육철학의 창시자라고 말하기도 한다. 플라톤의 교육철학을 저자인 윌리엄스(Ieuan Williams)는 어떻게 안내하는가? 먼저 그는 교육철학에서 플라톤에 대해 진지하게 관심을 쏟아야 하는 까닭을 다음과 같이 밝힌다. 오늘날 민주적 풍토와 민주주의를 지탱하는 제도와 구조가 늘 취약한 상태에 있기 때문에 우리는 민주주의를 수호하고 강화시킬 필요가 있다. 이런 문제의식을 가지고 플라톤의 교육철학에 접근한다는 점은 아주 인상적이다.

플라톤의 『국가』에 의하면, 교육은 정의로운 사회를 창조/유지시키는 일에서 본질적인 역할을 맡는다. '인간의 영혼'과 '국가'는 동일한 구조를 갖고 있으며, 따라서 국가의 정의나 개인 영혼의 정의는 모두 동일한 형태를 갖는다. 국가나 개인 영혼이나 똑같이 동일한 원리, 즉 '이성의 지배 아래 각 부분들 사이에 통일된 조화가 이루어져야 한다.'는 원리가 적용된다. 이런 의미에서 볼 때, 교육이란 정의로운 사회를 위한 정의로운 시민들을 길러 내는 일이다. 이런 교육은 어떻게 제공/실천되는가? 플라톤의 생각에 따르면, 교육은 국가가 독점적이고 의무적으로 제공해야 하며, 그 내용/기능을 '사적 부문'에 맡겨 두어서는 안 된다.

플라톤이 상세하게 다루는 것은 '지도자 교육'이다. 지도자를 육성하기 위한 장기적이고 수준이 높은 학문적 교육이 제시된다. 이런 교육을 설명하기 위해서 플라톤은 '동굴의 비유(allegory of the cave)'와 '선분의 비유(simile of the divided line)'를 끌어들인다. '동굴의 비유'는 인간이 환상의 속박으로부터 해방되기 이전/이후의 상태를 보여 주기 위한 것이고, '선분의 비유'는 제대로 자격을 갖춘 지도자 계급에 필요한 교육의 구조/성격을 보여 주기 위한 것이다.

윌리엄스는 플라톤 교육사상의 의의를 어떻게 정리하는가? 그는 플라톤의 사상이 갖고 있는 매력을 ① 통합적 교육철학, ② 도덕교육의 중시, ③ 미적/문화적 교육의 가치, ④ 시민교육의 가치의 네 가지 차원에서 요약한다. 이와 동시에 그는 플라톤의 사상이 갖고 있는 위험성을 ① 인간의 심리에 대한 잘못된/비관적 이해, ② 권위주의적/불평등주의적인 계급적 사회관, ③ 정의에 관한 플라톤 이념의 내면적 한계의 세 가지 측면에서 지적한다. 플라톤 사상의 장점과 한계가 균형 있게 지적되고 있는 점이 아주 돋보인다.

플라톤의 교육철학에 대해서 오인탁(1996)의 '플라톤'(연세대학교교육철학연구회 편. 『위대한 교육사상가들 I』), 박재문, 서영현 공역(1996)의 『플라톤과 교육』, 임태평(1997)의 『플라톤 철학과 교육』, 김안중, 홍윤경 공역(2010)의 『플라톤의 국가론 강의』 등을 참조하면 좋다. 플라톤의 교육철학을 처음 공부하는 사람들에게 '동굴의 비유' 에 관해서 손승남 외(2012),『교육의 역사와 철학』(pp. 24-29), '선분의 비유' 에 관해서는 박종현 역(1997),『국가』(p. 441)가 도움이 될 것이다.

6. 루소의 『에밀』과 교육적 유산

서양 교육철학에서 플라톤의 『국가』에 견줄 수 있는 책은 루소의 『에밀』이라고 흔히 말한다. 이 책이 후대의 교육사상과 교육실천에 미친 영향은 지대하다. 따라서 저자인 마틴(Jack Martin)과 마틴(Nathan Martin)이 『에밀』을 중심으로 루소의 교육철학을 논의하는 것은 자연스러운 일이다.

이 글의 저자들은 『에밀』에 나타난 에밀의 교육을 자세하게 설명한 후, 루소의 교육적 유산이 무엇인가를 밝힌다. 구체적으로 루소의 사상이 후세에 끼친 영향을 ① 진보주의 교육과 대안교육, ② 아동중심 교육과 심리학적 교육, ③ 비판이론과 해체주의 등으로 자세하게 밝히고 있다. 특히 비판이론과 해체주의에 미친 루소의 영향을 다음과 같이 지적하고 있는 부분이 돋보인다. "현대 교육에 대한 수많은 비판이론가 그리고 해체주의자는 루소와 마찬가지로 개인들 간의 구별이 불평등을 낳는다는 점, 사회적 환경의 불평등을 자연적인 것으로 혼동해서는 안 된다는 점을 확신했던 것처럼 보인다."(p. 157) 독자들은 이 장의 의의를 다음과 같은 결론에서 확인할 수 있다. "『에밀』을 읽어 본 사람이라면…… 학생들의 인격적 발달을 잊을 수 없을 것이다. 그리고 대학, 학교, 일상생활에서 과도하게 나타나고 있는 관료적 절차주의나 사회적 공학을 직접 목격/체험해 본 사람이라면 누구나 루소……의 발언에 대해서 자연스럽게 공감할 수밖에 없을 것이다……. 루소는 더욱 고독한 길을 가라고 혹은 최소한 모든 것으

로부터 얼마간 떨어져서 건전한 거리를 유지하라고 촉구하였다." (p. 158)

오인탁(1998)의 '루소' (연세대학교교육철학연구회 편. 『위대한 교육사상가들 II』), 그리고 김상섭(2009)의 『현대인의 교사 루소』는 훌륭한 안내서다. 김상섭은 『에밀』의 중심 주제를 아래와 같이 요약한다(2009: 117). 여기서 그가 왜 루소를 '현대인의 교사' 로 생각하는가를 짐작할 수 있다. 『에밀』이라는 책은,

> 한마디로 말해 인간의 본성적 선함을 바탕으로 하여 사회적인 악과 왜곡된 역사의 방해를 뚫고 시민의 덕이 형성되는 과정을 묘사하는 것이다……. 또한 문명과 사회라는 인류의 형성과정을 기술하는 계통발생적인 기술로도 간주될 수 있다. 다시 말하면, 루소는 『에밀』을 통해 자연인 형성과정을 그려 내면서 동시에 부르주아 사회와는 다른 문명의 형성을 도식화하고자 한다.

7. 듀이와 교육적 실용주의

듀이는 미국이 세계의 최강국으로 부상하고 있었던 19세기 후반부에서 20세기 전반부까지 살았다. 그는 미국을 대표하는 철학자/교육철학자로서 과학과 테크놀로지의 발전을 긍정적으로 수용하고, 미국 사회의 자본주의에 대한 문제점에 대해서 지대한 관심을 쏟았다. 최근에 와서 로티(R. Rorty)라는 미국의 현대철학자에 의해서 듀이의 철학은 새롭게 주목받게 되었다.

이 장은 듀이의 삶을 그의 철학과 교육 활동을 중심으로 간단히 소개한 후, 그의 철학적 여정을 절대주의/도구주의/실험주의로 설명하고 나서, 그의 '경험' 의 철학과 '논리이론' 의 발전을 언급한다. 그리고 듀이의 교육철학이 '실험학교' 를 중심으로 태동하였고, 진보주의 교육사상으로 발전하였음을 논의한다. 여기서 듀이의 교육철학은 이원론의 극복, 유기적/전인적 교육관, 교육적 공동체, 성장, 탐구, 흥미, 자유, 경험 등과 같은 핵심 개념을 중심으로 설명되

고 있다.

듀이의 교육철학에 대한 비판으로 세 가지가 언급되고 그다음에 이에 대한 반론이 제시된다. 첫째, 듀이의 교육철학에서 상상력/정서가 소홀히 다루어지고 있다는 비판이 있다. 이런 비판에 대해서 그의 『사고의 방법』 『경험으로서의 예술』은 상상력과 정서를 매우 중시하고 있다는 반론이 제기된다. 둘째, 듀이의 교육철학이 추상적/지적 사상을 경시하고 있다는 비판이 있다. 이런 비판에 대해서 듀이는 개념, 아이디어, 논리를 중시한다는 점을 지적한다. 셋째, 듀이의 교육철학과 학교관은 기득권이나 기존 이익을 옹호하는 세력에게 도전하지 못하고, 자본주의의 현존 상태를 존속시킬 우려가 있다는 비판이 있다. 이런 비판에 대해서 듀이는 『공중과 그 문제』에서 공동체 안에서 서로 단결하는 공중이 지적/사회적 탐구를 통해서 교육제도를 혁신할 수 있는 가능성을 제시하고 있음을 언급한다. 세 번째 비판에 대한 반론은 그다지 강력하지 못하다. 공중, 그리고 민주적 삶을 실현시킬 수 있는 학교의 역할에 대한 듀이의 신뢰는 '순진한 수준' 에 있음을 인정하면서 이 장은 끝을 맺는다.

듀이는 우리나라에서 가장 많이 연구되고 있는 교육철학자다. 특히 한국교육철학학회의 『교육철학』(2010년 제50집까지) 및 『教育哲學硏究』(2011년 33권 1호부터), 그리고 한국교육철학회의 『교육철학』을 살펴보면 듀이의 교육철학에 관한 다양한 논문들을 찾아볼 수 있다. 듀이의 저서도 많이 번역되어 있는데, 그중에서 이홍우(2007)가 번역한 『민주주의와 교육』, 박철홍(2002)이 번역한 『아동과 교육과정, 경험과 교육』은 읽기가 쉽다. 듀이에 대해서는 박봉목(2000)의 '듀이' (연세대학교교육철학연구회 편. 『위대한 교육사상가들 IV』), 박찬영(2010)의 『존 듀이의 철학과 교육사상』(pp. 31-55)이, 프래그머티즘에 대해서는 심승환(2009)의 '프래그머티즘과 교육' (강선보 외 공역. 『현대 교육철학의 다양한 흐름 I』)이 도움을 줄 것이다.

8. T. S. 엘리엇의 교육, 문화

> 만약 우리가 교육을 정의할 경우 우리는 '인간이란 무엇인가?'를 묻게 된다. 그리고 교육의 목적을 정의할 경우 '인간은 무엇을 위한 존재인가?'라는 질문을 하게 된다. 그러므로 교육 목적에 대한 모든 정의는 숨겨진 혹은 함축된 철학이나 신학을 내포한다(T. S. Elliott, 1978: 김명옥, 2004: 246에서 재인용).

미국 태생의 영국 시인이자 문학비평가인 T. S. 엘리엇은 노벨(문학)상 수상자다. 교육철학에서 그에 관해 논의하는 경우는 아주 드물다. 엘리엇은 어떤 사상가인가? 그의 사상이 자유주의/민주주의/평등주의의 세계관과 아주 동떨어진 것인데도 왜 이 책에서는 그를 다루고 있을까? 그것은 아마 '전통' 과 '문화' 에 대한 그의 독특한 입장 때문일 것이다.

엘리엇의 주장에 따르면, '전통과 문화의 보존/전수를 강조해야 한다.' 이런 점에서 그를 전통주의자라고 말할 수 있다. 그러나 전통주의자들이 혼란스러워할 정도로 그에게는 '심오한 회의론' 이 있다. 또한 엘리엇은 '재능을 가진 개인을 육성해야 한다.' 고 주장한다. 이런 점에서 그는 진보주의자들과 일치하는 것처럼 보인다. 그러나 '어떻게?' 라는 점에서 진보주의자들과는 아주 다르다.

엘리엇의 교육사상은 어떤 것인가? 엘리엇의 교육론을 논하기 전에 영국의 근대 교육사상을 창시한 아널드(Arnold)의 문화관과 교육관이 먼저 설명된다. 왜냐하면 엘리엇은 아널드가 개척한 길을 따라간 사람이라고 보기 때문이다.

아널드와 엘리엇은 교육의 목적이 '문화의 연속성' 을 유지시키는 일이라는 점에서 일치한다. 그러나 그들의 문화관에서 차이가 나타난다. 아널드는 그 당시에 쇠퇴하고 있었던 종교적 믿음을 '대체' 할 수 있는 문화/교양을 추구하였다. 이와 달리, 엘리엇은 문화와 종교가 본질적으로 '뗄 수 없는' 관계에 있는 것이라고 생각했다. 엘리엇은 문화, 사회 구조, 교육의 연관성에 대해서 독특한 견해를 보여 준다. 엘리엇은 교육제도가 '문화 전수' 라는 과제에 대해 일차적 책임을 갖는다는 생각에 대해서 아주 비판적이다. 만일 그렇게 된다면 문화는 학교에서 가르칠 수 있는 것, 즉 수업 내용과 다름없는 것이 되고, 또 정부가 문화정책의 수단으로 앞세우는 평범한 것들이 되어 버린다고 보기 때문이다. 이와 달리, 엘리엇에 의하면 문화는 삶의 총체적 방식을 표현/재현하는 힘을 갖는 것, 심층 수준에서 느낄 수 있는 것, 의식적으로 명확하게 표현되기가 어려운 것이다. 다시 말해서, 문화는 '인간이란 무엇인가?'에 대한 심오한 종교적 이해를 기반으로 이해되어야 하는 것이다.

이런 관점에서 엘리엇은 '교육적 기회균등' 이라는 아이디어를 거부한다. 즉, 문화 전수를 위해서 교육의 목표를 의식적 수준에서 문화 전수의 역할을 감당할 수 있는 지적/문화적/예술적 엘리트들을 길러 내는 일에 두어야 한다. 이렇게 하지 않을 경우 '평등'이라는 이름하에 질적으로 수준이 떨어진 희석된 대체물을 대중에게 제공하는 헛되고 무가치한 일이 벌어질 것이다. 이런 엘리엇의 견해에 대해서 반발이 나올 것은 뻔하다. 즉, 그것은 민주사회의 근본 원칙으로 '평등' 을 옹호하는 시대정신과 부합되지 못한다는 것이다.

이처럼 부정적이고 비판적인 엘리엇의 교육관의 기반에는 무엇이 깔려 있을까? 거기에는 모종의 철학적/종교적 이념이 깔려 있다. 성공회 신자로서 엘리엇은 다음과 같이 믿는다. 즉, 인간 조건은 타락, 그리고 그에 따른 구원의 필요성이라는 측면에서 비로소 제대로 파악될 수 있다. 다시 말해서, 인간의 삶에서 제거할 수 없는 것이 바로 비참함/고통/부정의다. 따라서 구원의 희망은 오직 우리가 스스로 이겨 낼 힘이 '없다' 는 인식에서만 생길 수 있다. 즉, 타락의 상태에 처해 있는 인류는 너무 심각한 상태에 있기 때문에 만일 구원을 받지 못한다면 존재의 무의미와 허망함에 절망하고 말 것이다. 그럼에도 불구하고 사람들은 권력을 장악할 수만 있다면 무한한 진보와 개선이 가능하다는 정치적 환상에 빠지기 쉽다. 엘리엇은 이와 같은 유토피아적 정치관의 허망함, 인본주의적/진보주의적 사회사상에 대한 회의론, 교육적 진보주의의 '평범성'에 대해서 강한 혐오감을 드러낸다. 이처럼 엘리엇의 정치사회 사상과 교육사상의 회의적/부정적 측면은 기독교에 뿌리를 두고 있음이 밝혀진다.

동시에 엘리엇의 사상에는 브래들리(Francis Herbert Bradley)의 철학(형이상학과 인식론)이 깔려 있다. 엘리엇의 사상에는 원자주의, 파편화, 전체성의 분열에 대한 크나큰 우려가 들어 있다. 이런 점에 대항하여 그가 제시한 것은 '유기적으로 통합된 총체성'으로서의 문화라는 아이디어다. 그는 감수성을 강조한다. 특히 예술적 감수성이 종교적 감수성으로부터 멀어진다면 빈곤하게 될 위험이 있으므로, 종교적 감수성과 미적 감수성의 파편화가 문화의 유기적 총체성을 위협하지 않도록 해야 한다고 그는 역설한다. 엘리엇에게 문화와 종교는 상이한 관점에서 경험되는 것이지만, 결국 동일한 것이다. 따라서 새로운 세대들을 위해 문화적 전통을 보존/전수하는 과정에서 중요한 것은 사회의 삶의 방식이 살아나도록, 다시 말해서 인간 존재에게 무엇이 중요하며 궁극적으로 실재하는 것이 무엇인가에 관한 심오한 확신이 살아나도록 만드는 일이다. 그런데 엘리엇은 이런 능력을 실제로 갖고 있는 사람은 오직 소수일 뿐이라고 생각한다. 그렇다면 명료하고 발달된 감수성을 가진 소수를 골라내는 것이 교육에서 중요할 것이다. 이런 견해는 근대의 자유주의적/평등주의적/민주주의적 세계관에서 지지받기 어려울 것이다. 왜냐하면 '능력이 부족한' 사람들의 교육을 고심하는 교육자들에게 엘리엇은 전혀 도움이 되지 못하기 때문이다.

그렇다면 엘리엇의 교육사상은 오늘날 어떤 의미가 있는가? 저자인 리드(Andrew Reid)는 이를 두 가지 방향에서 찾아낸다. 첫째, 그의 교육사상은 교육의 성격과 교육과정의 우선순위에 대한 근본 질문을 환기시켜 준다는 점이다. 엘리엇이 주장한 대로, 만일 인간의 발달에서 미적, 지적, 도덕적, 영성적 '감수성'의 균형 잡힌 함양을 근본적으로 중요한 것이라고 본다면 우리는 문화의 가장 위대한 성취를 배워야 할 것이다. 둘째, 그의 교육사상은 문화상대주의에 대한 성찰을 요청한다. 엘리엇은 유럽의 기독교 문화를 '최고의/최선의 것'이라고 말한다. 그런데 이것은 서구 문화의 내부적 관점에서 보편적 가치판단을 내세우는 일이나 다름없다. 여기서 우리가 철학적으로 고민해야 할 점이 부각된다. 그것은 '객관적/합리적 정당화'와 '절대적 가치'라는 아이디어다. 여기서 문화상대주의의 장점과 단점에 대한 성찰이 필요하게 된다.

우리나라 교육철학자들에게 엘리엇은 비교적 낯선 인물일 것이다. 그러나 그의 시는 우리에게 낯설지 않다. 엘리엇의 시 『황무지』는 다음과 같이 시작된다. "4월은 가장 잔인한 달/죽은 땅에서 라일락을 키워 내고/기억과 욕망을 뒤섞으며/봄비로 잠든 뿌리를 뒤흔든다/차라리 겨울은 우리를 따뜻하게 했었다/망각의 눈(雪)으로 대지를 덮고 마른 구근으로 가냘픈 생명을 키웠으니……." (이창배 역, 2001: 47) 또한 다음과 같이 시작되는 그의 시 『네 사중주』도 아주 낯설지 않을 것이다. "현재의 시간과 과거의 시간은/아마 모두 미래의 시간에 존재하고/미래의 시간은 과거의 시간에 포함된다./모든 시간이 영원히 현존한다면/모든 시간은 되찾을 수 없는 것이다./있을 수 있었던 일은 하나의 추상으로/다만 사색의 세계에서만/영원한 가능성으로서 남는 것이다./있을 수 있었던 일과 있었던 일은/한 점을 향하고, 그 점은 항상 현존한다……." (이창배 역, 2001: 121)

엘리엇의 교육관을 이해하는 데 유익한 글로는 김명옥(2004)의 『T.S. 엘리엇과 영미시 비평』에 들어 있는 '엘리엇의 사회, 문화론의 성서적 고찰'(pp. 244-270)이 있다. 브래들리의 관점에서 엘리엇의 시와 산문을 해석한 김구슬(2009)의 『T.S. 엘리엇과 F.H. 브래들리 철학』에서 우리는 브래들리와 엘리엇의 연관성을 살펴볼 수 있다.

9. R. S. 피터스: 자유주의적 전통주의자

피터스가 발전시킨 교육철학은 두 가지 의미에서 자유주의적 사상을 담고 있다. 첫째, 피터스의 교육사상은 모든 사람에게 제공될 수 있는 자유교육관이다. 이것은 내재적으로 만족스럽고, 또한 민주시민에게 적합한 마음(정신)을 확충시켜 줄 수 있는 교육과정을 옹호한다. 둘째, 피터스의 교육사상은 정치적 자유주의의 교육관이라고 말할 수 있다. 이것은 '지식체계의 전수'에 관심을 쏟기보다는 아동을 이해하고 그들의 개성/자연적 성향을 자유롭게 발달시키는 데 관심을 쏟는 교육관이다. 저자인 데겐하르트(M. A. B. Degenhardt)는 이와 같은 피터스의 교육관을 '개념과 프로그램' 그리고 '가치와 정당화' 로 나누어 설명하고 있다. 그리고 피터스에 대한 네 가지 비판을 제시하고 그에 대한 반론을 덧붙인다.

먼저 피터스는 교육이라는 개념을 분석하였다. 그는 교육이라는 개념의 세 가지 준거를 제시하였다. 피터스가 분석한 교육의 개념에는 그의 독특한 교육관이 담겨 있다. 그것은 제작형 교육관이나 성장형 교육관과 다른, 입문(initiation, 성년식이라고도 번역함)으로서의 교육관이다. 저자는 '공적 전통에의 입문' 이라는 교육관이 어떤 것인가를 밝혀낸 다음에 『윤리학과 교육』을 중심으로 피터스의 교육철학을 설명한다.

피터스의 교육철학은 두 가지 질문으로 소개된다. 교육에 있어서 평등(혹은 공정성)의 원리는 어떻게 정당화될 수 있는가? 내재적 가치를 지닌 활동은 어떻게 정당화될 수 있는가? 이 두 질문에 대한 피터스의 견해와 정당한 근거가 제시된다. 여기서 피터스가 끌어들이는 논법은 칸트의 '선험적 연역' 이다. 피터스가 '선험적 정당화' 방식을 통해서 '평등의 원리' 와 '내재적 가치를 지닌 활동' 을 어떻게 정당화하려고 했는가가 자세하게 제시된다.

피터스의 교육철학에 대해서 어떤 비판이 가능한가? 그에 대한 비판은 네 가지로 정리된다. ① 피터스는 정서를 소홀히 했다. ② 그는 분석철학에만 빠져 있었다. ③ 그가 분석한 교육의 개념은 보편적인 것이 아니라 특수한 것이다. ④ 그의 선험적 연역은 실패다. 이런 비판에 대해서 저자는 ①과 ②의 비판을 반박하고, ③과 ④의 비판을 수용한다. 구체적으로 말해서, ① 피터스는 정서를 대단히 강조했다. ② 처음에는 그를 단순한 분석철학자로 볼 수 있었지만 나중에 그는 전통적 스타일의 철학을 스스로 수행했다. ③ 그가 분석한 교육의 개념은 보편적이라기보다는 한 가지 개념에 지나지 않는다. 더 정확히 말해서, 피터스가 분석했던 것은 '교육' 이라는 개념이 아니라 '교육받은 인간' 이라는 개념이다. 피터스는 그 점을 스스로 인정하였고 교육 개념의 다양한 의미를 받아들였다. ④ 피터스는 자신의 '선험적 연역' 을 전적으로 폐기하지 않았지만 그 한계를 인정하였다. 여기서 독일의 비판이론가인 하버마스(Jürgen Habermas)가 영국의 교육철학자인 피터스의 선험적 연역으로부터 자극을 받았고 이를 더 바람직한 방향으로 독자적으로 발전시켰다는 저자의 지적은 흥미를 끈다. 피터스의 교육철학을 요약한다면, 그것은 "자유민주주의의 가치…… 안에서 일상 언어를 사용함으로써 신중한 논변을 제시하고 또 실천을 이끌어 가려는 스타일"(pp. 223-224)이다. 그는 현대 교육철학을 위해 형식과 내용 측면에서 큰 공헌을 하였다.

한국에서 피터스의 교육철학은 지난 20여 년 동안 많은 관심과 연구를 불러일으켰다. 그렇다면 한국 교육철학은 무엇 때문에 피터스에 대해서 그 많은 관심을 쏟았을까? 이 문제를 생각할 때 다음과 같은 지적은 중요한 참고가 될 것이다. "현재 사람들이 갖고 있는 사고방식을 밝혀내려고 노력하는 일은 비판보다는 옹호를 하는 편이 되기 쉽기 때문에 개념 분석과 선험적 논변은 보수적 성향을 갖고 있다."(p. 223) 피터스에 관한 안내 글로는 이지헌(1986), 유재봉(2002), 조현철/박혜숙 역(2009)을, 피터스의 교육 개념 및 정당화에 관해서는 이홍우(1991)를 참조하자.

10. 탈구조주의, 포스트모더니즘과 교육

탈구조주의와 포스트모더니즘이란 어떤 사상이며, 교육과 어떻게 연결되는가? 이 질문과 관련지어 '포스트(탈)~' 아이디어의 중요성을 밝혀내는 일은 현대 교육철학의 중요한 과업이다. 저자인 스미스(Richard Smith)는 먼저 '모더니티가 무엇인가?'를 역사적으로 개관한 다음에 '포스트모던적 전회(전향)'가 나타난 과정을 밝혀낸다.

모더니티(modernity)의 핵심은 과학이다. 현대사회에 와서 과학적 방법과 확실성에 대한 열망이 생겼고, 이로 인하여 과학과 수학은 엄밀한 지식의 모델로 부상하였다. 이와 같은 지적 움직임은 당대의 역사적 사건과 연관성을 갖는다. 그리고 후기 현대사회에서 과학에 대한 숭배는 우리의 '마음의 자세'로 굳어졌다. 마침내 교육에서도 '과학적 방법'에 대한 강박관념이 나타났다. 과학을 앞세운 '새로운' 방법은 늘 형식적 교육을 어지럽게 만든다. 동시에 측정과 양화가 교육에 널리 퍼졌다. 다시 말해서, 성적표/서열/순위가 교육을 지배하게 되었다. 이렇게 과학/방법/측정에 사로잡혀 있고, 또 이에 기반을 둔 지식/언어/예술/인간에 대한 여러 가지 견해가 바로 후기 현대사회의 특징이다. 이런 점을 비판하는 사람들이 곧 포스트모던 사상가들이다. 그렇다면 혼란에서 벗어나기 위해 우리에게 먼저 필요한 것은 적절한 이해다.

포스트모더니즘을 어떻게 이해할 것인가? 이 질문에 대한 해답은 두 명의 사상가, 즉 리오타르(Lyotard)와 데리다(Derrida)를 중심으로 제시된다. 첫째, 리오타르의 사상은 1979년에 출간된 그의 『포스트모던적 조건』이라는 저서를 중심으로 설명할 수 있다. 여기서 그가 관심을 쏟는 것은 컴퓨터 시대에 학습/지식을 '정보'로 생각하는 경향성이다. 또 하나는 '수행성'이다. 컴퓨터를 통한 자료의 수집과 분석이 가능하게 되면서 날이 갈수록 '효율성'을 요구하게 된다. 즉, 효율적 수행이 널리 요구된다. 또한 효율성의 비교는 사람과 교육에 대한 비교/평가로 이어진다. 그 결과, 교육은 순위/성적/서열이라는 획일성에 사로잡히게 된다. 이런 동향의 근저에는 '과학적 지식관' 이 깔려 있다. 그것은 세계를 안다는 것은 있는 세계를 그대로 재현(표상)하는 것이고, 모든 지식은 순수과학의 모델을 따를 것이며, 지식은 언제 어디서나 동일한 것이라는 지식관이다. 이런 지식관에서는 '무엇이 올바른 해답인가?' 에 대해 전문가들이 합의할 수 있을 것이라고 기대한다.

그러나 편안하게 받아들이기 쉬운 '합의' 에 대해서 이의가 생기고, 널리 통용되고 있었던 '지혜' 에 대항하여 새로운 아이디어가 나타날 수 있다. 이 지점에서 포스트모던적 지식의 출현이 요청된다. 포스트모던적 지식은 '차이' 에 대해서 민감할 것을 요구하고, 동일한 기준으로 비교할 수 '없는' 것들을 관용할 것을 요구하며, 우리가 갖고 있는 지식관을 재검토하도록 자극한다. 예를 들어, 우리가 자폐적 아동을 차별적으로 대우한다면, 어린 시절에 자폐적 증세를 보여 주었던 베토벤이나 고흐와 같은 사람들까지도 획일적으로 대우해 버릴 것인데, 이것은 결국 독특한 개인의 발달을 억눌러 버리는 일이 되고 말 것이다. 여기서 새로운 지식관은 차이와 관용을 장려하게 된다.

데리다를 가리켜서 탈구조주의자라고 말한다. 구조주의 언어학자인 소쉬르(Saussure)와 대비시켜서 그렇게 부른다. 데리다는 소쉬르의 언어관에서 한 걸음 더 나아가 '언어는 근본적으로 불안정한 것' 이라고 주장한다. 언어에 최종적 의미라는 것은 없다는 말이다. 곰곰이 생각해 보면 오늘날에도 강대국에서 '스탈린' 이 등장하고 있고, 그들이 세계를 어지럽히고 있지 않은가? 또한 언어는 차이들의 체계라고 볼 수 있다. 이런 체계도 늘 유동적이다. 예를 들면, 요즈음에는 남자와 여자라는 성차별적 언어도 많이 달라지고 있다. 그뿐만 아니라 실재(현실)와 외현, 현존과 부재, 이성애과 동성애, 축어적 의미와 은유적 의미 등과 같이 굳어진 개념 쌍들이 갖고 있었던 의미체계조차도 흔들리고 있다. 그럼에도 불구하고 의미가 고정된, 확고한, 안정된 것이라는 생각은 아직도 남아 있다. (이런 생각은 확실성을 추구하는 모더니티의 특성에 속할 것이다.) 더 나아가

의미를 고정/고착시키기 위해서, 다시 말해 텍스트나 담론의 일정한 '의미'를 '보증'하기 위해서 사람들은 이성, 신의 말씀, 저자/화자의 의도, 실재하는 세계(현실 세계), 진리 등에 의존하려고 한다. 교육계를 보더라도 실재하는 세계(현실 세계)에 필요한 기능/능력을 길러 주어야 한다는 말이 유행하면서 커다란 영향력을 발휘하고 있다. 그런 말을 따르지 않는 사람들에 대해서는 곧바로 '세상을 모르는' '세상과 동떨어진' '현실과 무관한' 지식/이해라는 비난이 쏟아지고 그들을 배척/폄하하는 분위기가 확산된다. 또한 이런 유행 속에서 '실재하는 현실 세계'에 대해 관심이 없는 사람들은 '현실도 모르는, 현실과 동떨어진, 현실에서 벗어나는, 이론적인, 상아탑적인, 책 속에만 갇혀 있는 세계'에 빠져 있다는 비난이 쏟아진다. (실천을 강조하는 일부 교육철학관 중에도 이런 종류의 오류에 빠진 것은 없을까?) 여기서 데리다는 그와 같이 고착된 이분법에서 벗어날 것을 요구한다. 그렇다면 우리는 다음과 같이 질문해야 한다. 실재한다고 말하는 현실 세계란 어떤 것인가? 다시 말해서, 현실 세계를 무시하지 말라고 주장하는 사람들이 가리키는 진짜 세계는 과연 어떤 것인가? 현실적으로 권력을 장악한 세력들이 우리의 교육과 학교를 이끌어 가려고 하는 바로 그 '세계'는 어떤 것인가? 이런 점을 드러낼 때 우리에게는 비로소 억압에서 벗어날 수 있는 가능성이 열리고, 교육 세계도 '교육적인 세계'로 바뀔 수 있을지 모른다.

동일한 주제일지라도 필자가 달라지면 상당히 다른 방식/내용으로 설명할 수 있다. 이런 점에서 강선보 역(2009), '포스트모더니즘과 포스트구조주의'(강선보 외 공역. 『현대 교육철학의 다양한 흐름 I』)를 읽어 볼 필요가 있다. 탈구조주의와 교육에 관한 번역서로는 심승환 역(2007)을, '근대의 반성과 포스트모던적 교육사상에 대한 견해'로는 심성보(1995)를, 포스트모더니즘과 교육에 대한 기초적인 안내를 위해서는 김귀성, 노상우(2001)를 참조하자. 합리성이라는 교육 목적에 대한 포스트모던적 옹호, 포스트모더니즘과 도덕교육, 지식의 확실성과 포스트모더니즘 등에 관해서는 곽덕주 등(2010)이 공역한 『다문화시대 대화와 소통의 교육철학』의 7, 10, 15장을 참조하자.

11. 페미니즘과 교육

서구에서 페미니즘과 교육은 언제, 누구에 의해서 거론되었을까? 이 글은 페미니스트 교육철학의 근원을 4명의 여성에게서 찾는다. 그들은 14세기 프랑스의 드 피장(de Pizan), 18세기 영국의 울스턴크래프트(Wollstonecraft), 20세기 초 미국의 길먼(Gilman) 그리고 쿠퍼(Cooper)다. 이들 여성은 무슨 질문을 제기하였고, 어떤 해답을 제시하였으며, 그들이 품었던 세계관과 교육관은 어떤 것인가? 저자인 크리스 메이오(Cris Mayo)와 바버라 스텡겔(Barbara Stengel)은 이런 점들을 간명하게 밝혀낸다. 저자들의 주장에 따르면, 여성도 배울 수 있고, 여성도 덕과 이성을 함양할 수 있으며, 여성의 노동도 경제적 가치를 가지고, 성차별은 인종차별과 교차한다. 이런 논의를 통해 여성이 억압받고 있는 상황에서 나타나기 시작했던 처절한 목소리가 새롭게 들려온다.

그렇다면 현대 교육철학에서 여성의 목소리는 어떻게 나타났는가? 미국의 교육철학계에서 활동한 안스틴(Arnstine), 그린(Greene), 마시아(Maccia), 그리고 니콜슨(Nicholson)과 리치(Leach)가 그 중심에 있었다. 그들과 더불어 여성의 목소리는 교육철학에 차이를 불러일으켰다. 그렇다면 교육철학은 어떻게 달라졌는가? 페미니즘이 교육철학에 불러일으킨 변화는 노딩스(Noddings)의 '배려 윤리', 마틴(Martin)의 '여성을 포함한 교육적 인간상', 파가노(Pagano)의 '여성 교사들의 가르침의 특수성', 휴스턴(Houston)의 '사회체제에 반영된 젠더 차이', 딜러(Diller)의 '지구적/정치적 관점에서 제기된 배려윤리학 비판', 스톤(Stone)의 '새로운 방법론 추구' 등으로 소개된다.

페미니즘 연구는 어떻게 발전하였는가? 페미니즘의 초점은 '몸'에서부터

'차이의 교차' 로, 혹은 인종/계급/섹슈얼리티의 충돌 등으로 확대되었다. 주체성/언어/권력이라는 핵심 이슈도 다루어졌다. 또한 '젠더' 라는 범주에서 '감정/정서' 라는 주제로 넓혀지고, 점진적으로 주변화, 백인 여성 중심주의, 정체성과 공동체/실천/지식 간의 관계, 교직의 여성화, 정치적 조직화/실천 등으로 확대되었다. 마침내 페미니즘은 지구적 차원에서 젠더 차이 및 지속 가능한 환경 문제로까지 안목을 넓히게 되었다. 특히 여성과 자연의 연결은 생태학적 맥락에서 지구화와 권력관계를 비판해 보도록 촉구한다.

페미니스트 교육철학자들의 성과와 미래 전망은 어떠한가? 먼저 그동안 페미니스트 교육철학자들이 '젠더와 관계없이 모든 사람을 위해서 더 나은 삶을 보장하기 위해서 노력하였다.'는 점은 인정된다. 그동안 페미니스트 교육철학자들이 주장해 왔던 '아홉 가지' 명제가 여기서 제시된다. 이것은 오늘날 철학과 교육철학이 남성 중심적 시각/관점에서 벗어나고, 또한 탐구 주제와 접근 방식에서 더욱 다양해지고 유연해지도록 자극을 주었다고 말할 수 있다.

우리나라에서 페미니즘에 관한 논문/저서가 그동안 굉장히 많이 나타났다. 여기서는 교육과 연관된 것을 두 가지만 지적하고자 한다. 첫째, 페미니스트 교육철학자인 그린(M. Greene)과 그리피스(M. Griffiths)(심승환 역, 2009)는 '페미니즘을 하나로 엮어 주는 것이 무엇인가?'를 밝혀낸다. 그들은 '몸과 성', '성의 중요성', '상황을 고려한 철학 하기', '느슨한 학문 분류'의 네 가지를 제시한다. 그리고 정체성과 교육철학에 관한 자신들의 체험적 이야기를 들려준다. 페미니스트 교육철학에서 중요한 점으로 그들이 제시한 것은 '사회정의와 정치의 상호 연관성', '여성도 참여하는 공적 영역의 가치', '비유적 사고의 의의' 등이다. 둘째, 유현옥(2004)의 『페미니즘 교육사상』에서는 우리나라의 여성 운동과 여성교육론도 다루고 있어서 유익한 입문서가 될 것이다.

12. 교육과 가톨릭 전통

종교와 교육은 어떻게 연관되는가? 첫째, 특정 종교를 믿지 않는 입장에서 종교교육을 논할 수 있다. 둘째, 특정 종교를 믿는 입장에서 교육/종교교육을 논할 수 있다. 이 장은 후자, 특히 가톨릭 관점에서 교육과 종교교육을 논하고 있다.

가톨릭 종교는 교육의 '목적' 에 대해 분명한 시사점을 준다. 가톨릭 관점에서 교육철학에 대한 성찰의 역사는 오랜 전통을 갖고 있다. 이 장은 가톨릭 관점에서 교육을 네 가지 차원으로 밝히고 있다. 첫째, 가톨릭 관점에서 교육의 목적을 고찰한다. 둘째, 가톨릭 교육의 교육 정신/에토스를 설명한다. 셋째, 교육 내용에 대한 가톨릭 입장을 밝히면서 교육과정 내에서 종교교육의 역할을 논의한다. 넷째, 가톨릭 교육이 과도하게 사회-정치적 운동으로 흐르지 않고 본질적 목적에 충실해야 한다는 점을 주장한다.

첫째, 가톨릭 전통에서 학습의 일차적 목표는 '진리의 추구' 이며, 가르침의 일차적 목표는 '진리의 전수' 다. 가톨릭 교육철학의 기반이 되는 진리는 무엇인가? 그것은 다음과 같다. 신은 존재하고, 예수는 신의 아들이며, 사후에도 생명이 있고, 지구에서 살아가는 시간은 영원으로 나아가는 도약대다. 다시 말해서, 삶과 학습에 대한 가톨릭 비전에서 본질적인 것은 인간 영혼의 구원을 위해 가장 큰 영향을 미치는 '길, 진리, 삶' 에 대한 지식을 능동적으로 찾는 일이다. 이런 가톨릭의 교육 정신 속에서 교육은 통합적이고, 전인에 관한 것이며, 평생의 일이다.

둘째, 에토스는 교육적으로 중요하다. 에토스란 널리 퍼져 있는 지배적인 정신/성격을 의미한다. 학교의 정신이라는 말을 하기도 한다. 학교의 에토스는 거기서 지냈던 삶의 질을 느끼게 해 주고, 아동의 정체성을 형성시켜 준다. '에토스' 의 차원에서 가톨릭 교육의 특징은 무엇인가? 그것은 학교생활을 통해서 복음의 메시지에 젊은이들이 헌신하도록 가르치려고 한다는 점이다. 또한 가톨릭 교육의 에토스에서 가장 특징적인 것은 학생에 대한 '총체적' 관심이다. 가톨릭 교육은 아동의 전체적 복지에 헌신한다. 진정한 가톨릭 교육자들은 학생들이 학교에 있거나 학교 밖에 있거나 늘 그들을 기억하고 그들을 위해 생각한다.

셋째, 학교 교육과정에서 종교는 중요하다. 그것은 다양한 형태로 제시될 수 있다. 종교는 문화의 보고다. 특히 기독교 유산은 서구 문화의 수많은 업적과 성취에서 핵심을 차지한다. 따라서 종교는 신자뿐만 아니라 일반인을 위해서 공적 관심사가 될 수 있다. 그렇다면 교육과정에 대한 가톨릭의 입장은 무엇인가? ① 가톨릭은 교육과정에 들어 있는 지식 전반에 대해서 비도구적/비공리적 입장을 갖는다. 가톨릭 교육에서는 교육과정에 들어 있는 과목/영역을 신의 창조물의 상이한 측면에 대한 인간의 마음의 반응이라고 이해한다. 또한 실천적인 교과에도 종교적 차원이 들어 있다고 본다. 왜냐하면 가톨릭은 인간의 행위를 신의 창조적 활동에 참여하는 것으로 이해하기 때문이다. 가톨릭 교육에서 중요한 점은 공리성을 뛰어넘어 '세계와 연결되는 것', 그리고 단순히 살아간다는 사실을 뛰어넘어 '삶의 질과 연결되는 것'이다. 어떤 활동을 하든지 그 활동의 '정신'으로 들어가는 학습 태도를 길러 내는 것이 가톨릭 교육철학의 본질적 특징이다. ② 교육과정 속에 들어 있는 '종교교육'이라는 과목의 일차적 목적은 젊은이들이 신의 초월적 행위에 대한 인식/감수성 속에서 성장할 수 있도록 하는 것이다. 이런 가톨릭 종교교육은 '교화'의 시도를 전적으로 배제하는 것이고, 다양성의 존중과 부합되는 것이며, 도덕적 잘삶과 공동선을 추구하는 정의에 기여할 수 있는 것이다.

넷째, 가톨릭 교육은 가톨릭적 교육이 되어야 한다. 교육은 학문적 성공만이 아니라 불우한 이웃들에 대해서도 관심을 쏟아야 한다. 이런 생각은 당연히 가톨릭 교육의 비전에도 들어 있다. 그러나 그런 가치/헌신이 가톨릭 교육기관의 성격을 규정하는 핵심으로 간주되어서는 안 된다고 저자인 윌리엄스(Kevin

Williams)는 주장한다. 가톨릭 교육이론이 초점을 두어야 할 것은 인간의 삶에 대해서 가톨릭 입장이 갖고 있는 독특한 점이다. 다시 말해서, 가톨릭의 인생관과 세계관에서 핵심은 영원한 성스러운 생명에 참여하는 일이다.

교육은 종교와 밀접한 관계에 있다고 볼 수 있다. 이를 가리켜 함석헌은 "참된 종교는 교육적이어야 하고, 참된 교육은 종교적이어야 한다."고 말했다(유상덕, 2007: 15). 한국에서도 최근에 교육 문제를 종교성의 문제와 결부시켜서 논의하려는 시도가 나타나고 있다. 왜냐하면 교육의 새로운 출발점으로서 인간 내면에 잠재되어 있는 종교성에 주목하고, 종교성의 지평에서 교육의 의미를 심층적으로 재조명해야 할 필요성이 있다는 의견이 제기되고 있기 때문이다. 이 장과 관련된 좋은 글로는 최준규(2007)의 "그리스도교 전통에서 배우는 대안적 교육론: 가톨릭 학교 교사의 영성"(한명희 외 공저, 『종교성, 미래교육의 새로운 패러다임』)이 있는데, 이는 가톨릭 교육론을 제시하면서도 교사의 영성적 차원에 초점을 두고 있다.

13. 교육사상가들

이 장에서 소개되고 있는 일부 교육사상가는 조현철, 박혜숙(2009)이 공역한 『50인의 현대 교육사상가』에서도 자세하게 소개되고 있다. 다음 사상가들을 여기서 살펴보면 도움이 될 것이다. M. 오크숏, M. 그린, A. S. 닐, I. 일리치, P. 프레이리, B. 번스타인, S. 아이작, L. S. 비고츠키, B. F. 스키너, J. 피아제, L. 콜버그, J. S. 브루너, H. 가드너, B. 블룸, E. 아이스너.

참고문헌

강선보, 고미숙, 권명옥, 김상무, 김희선, 심승환, 장지원, 정훈(2009). 현대 교육철학의 다양한 흐름 I. 서울: 학지사.

강선보, 고미숙, 권명옥, 김상무, 김희선, 심승환, 장지원, 정훈(2009). 현대 교육철학의 다양한 흐름 II. 서울: 학지사.

곽덕주, 나병현, 유재봉(2009). '실천철학' 으로서의 교육철학하기: Wilfred Carr의 견해를 중심으로. 교육철학, 45, pp. 27-51.

곽덕주, 김상섭, 나병현, 유재봉, 한기철 공역(2010). 다문화시대 대화와 소통의 교육철학. W 콜리 편저. 서울: 학지사.

김구슬(2009). T.S. 엘리엇과 F.H. 브래들리 철학. 서울: 동인.

김귀성, 노상우(2001). 현대교육사상. 서울: 학지사.

김명옥(2004). T.S. 엘리엇과 영미시 비평. 서울: 한국외국어대학교출판부.

김상봉(2005). 도덕교육의 파시즘: 노예도덕을 넘어서. 서울: 길.

김상섭(2009). 현대인의 교사 루소. 서울: 학지사.

김상섭(2010). 교육철학의 실천적 전환: 해석학적 철학하기를 중심으로. 교육철학회, 교육철학, 50, 61-86.

김현주(2008). 교육철학의 성격과 역할: 실천철학을 지향하며. 교육철학회, 교육철학, 41, 93-118.

박종현 역(1997). 국가. 플라톤 저. 서울: 서광사.

박찬영 역(2010). 넬 노딩스의 교육철학. 넬 노딩스 저. 서울: 아카데미프레스.

박철홍 역(2002). 아동과 교육과정, 경험과 교육. 존 듀이 저. 서울: 문음사.

손승남(2001). 교육해석학. 서울: 교육과학사.

손승남, 이지헌, 김선구, 김희봉(2011). 교육의 역사와 철학. 서울: 학이당.

심성보(1995). 전환시대의 교육사상. 서울: 학지사.

심승환 역(2009). 탈구조주의와 교육. M. 피터스, N. 버블스 저. 서울: 교육과학사.

양은주(2008). 듀이의 프래그머티즘에 기초한 교육철학의 성격. 교육철학회, 교육철학, 43, 31-63.

연세대학교교육철학연구회 편(1998). 위대한 교육사상가들 I. 서울: 교육과학사.

연세대학교교육철학연구회 편(1998). 위대한 교육사상가들 II. 서울: 교육과학사.

연세대학교교육철학연구회 편(1998). 위대한 교육사상가들 III. 서울: 교육과학사.
연세대학교교육철학연구회 편(1999). 위대한 교육사상가들 IV. 서울: 교육과학사.
연세대학교교육철학연구회 편(2002). 위대한 교육사상가들 V. 서울: 교육과학사.
유상덕(2007). 근대 학교교육의 종교적 기반. 한명희 외 13인 공저(2007), 종교성, 미래교육의 새로운 패러다임. 서울: 학지사, pp. 5-15.
유현옥(2004). 페미니즘 교육사상. 서울: 학지사.
이돈희(1977). 교육철학개론. 서울: 박영사.
이상오(2008). 교육해석학: 이론과 적용. 서울: 학지사.
이지헌(1986). R. S. 피터즈의 교육철학의 재음미. 전남대학교교육문제연구소, 교육연구, 12, 1-21.
이지헌 역(2011). 철학이 있는 교육, 교육을 찾는 철학. R. 베일리 외 저. 서울: 학이당.
이창배 역(2001). T.S. 엘리엇 전집-시와 시극-. 서울: 동국대학교 출판부.
이홍우(1991). 성년식 개념: 피터즈. 교육의 개념. 서울: 문음사, pp. 61-95.
임태평(2008). 플라톤, 철학과 교육. 서울: 교육과학사.
조현철, 박혜숙 공역(2009). 50인의 현대 교육사상가-피아제에서 현재까지. J. A. 팔머 편. 서울: 학지사.
최원형 역(2003). 현대교육목적론. 디어든, 허스트, 피터스 편(2003), 서울: 원미사, pp. 9-30.
최원형, 성기산, 이장용, 한관일, 정학주 공역(1994). 교육이론과 그 기초학문들. Paul H. Hirst 저. 서울: 문음사.
한명희, 유상덕, 이은선, 고진호, 김관영, 김성숙, 김정규, 박석, 박영만, 신동은, 이거룡, 임재택, 최영란, 최준규 공저(2007). 종교성, 미래교육의 새로운 패러다임. 서울: 학지사.

찾아보기

《인 명》

《내 용》

저자 소개

* 저자 앞의 번호는 집필한 장을 가리킨다.

1. D. C. Phillips

Stanford University 교육철학 및 철학 명예교수. 미국교육학술원 회원. 미국교육철학회 회장을 역임했다. 19세기 후반과 20세기 사상사에 관한 저술을 남겼다. 과학철학의 관점에서 교육 연구의 철학적 문제를 탐구하였다. 11권의 책을 저술하고 140편의 논문을 썼다.

2. Robin Barrow

Simon Fraser University 교육철학 교수. 동 대학 교육대학장을 역임함(1992~2002). University of Leicester 교육철학 부교수였다. 영국교육철학회 부의장, 캐나다교육철학회 회장이었다. 철학, 교육학, 고전학 영역에서 25권의 책을 저술하였다. 최근 저서로는 *Plato* (Continuum), *An Introduction to Moral Philosophy and Moral Education*이 있다. 1996년에 캐나다왕립학회 회원이 되었다.

3. David Carr

University of Edinburgh 교육철학 교수. 저서로는 *Educating the Virtues* (1991), *Professionalism and Ethics in Teaching* (2000), *Making Sense of Education* (2003)이 있다. 편저로는 *Education, Knowledge and Truth* (1998, Jan Steutel과 공편), *Virtue Ethics and Moral Education* (1999), *Spirituality, Philosophy and Education* (2003, John Haldane과 공편) 등이 있다.

4. Richard Pring

Nuffield Foundation에서 백만 파운드를 지원한 연구 과제인 Nuffield Review of 14-19 연구책임자다. Oxford University(1989~2003) 교육학 교수 및 학과장을 역임했다. 최근 저서로는 *John Dewey: Philosopher of Education for the 21th Century?* (Continuum)가 있다.

5. Ieuan Williams

Swansea University 철학 강사. 관심 분야는 마음의 철학, 언어철학이다. 최근에 플라톤의 철학에 대해서 특별한 관심을 갖고, 현대의 도덕 문제/정치 문제와 관련지어 그 가치를 밝히고 있다. 최근 논문으로는 「Plato and Media Theory」와 「Plato, Citizenship and

Political Justice in Contemporary Society」가 있다. 최근에 그는 Richard Crossman의 *Plato Today* (1938)를 현대인에게 맞게 고쳐 쓰고 있다.

6. Jack Martin

Simon Fraser University 심리학 교수. 연구 관심은 심리학의 철학/역사, 사회발달적 심리학, 교육심리학이다. 자아와 인격 심리학에 흥미가 있다. 150여 편의 논문 및 공저가 있다. 최근 저서로는 *Psychology and the Question of Agensy* (2003, Jeff Sugarman, Janice Thompson과 공저, SUNY Press), *The Psychology of Human Possibility and Constraint* (1999, Jeff Sugarman과 공저, SUNY Press), *The Sociocultural Turn in Psychology* (Suzanne Kirschner와 공저, Columbia University Press, 근간)가 있다.

Nathan Martin

McGill University 음악학 박사과정. 그의 논문 「Rameau and Rousseau: Harmony and History in the Age of Reason」은 루소의 음악 관련 저술에서 Jean-Philippe Rameau의 화성이론의 수용을 다루고 있다.

7. James Scott Johnston

캐나다 온타리오 킹스턴의 Queen's University 교육학부 교육철학 조교수. 연구 관심은 실용주의, 대화에서 실용주의와 유럽철학, 탐구의 양식 등이다. 저서로는 *Inquiry and Education: John Dewey and the Quest for Democracy, Regaining Cionsciousness: Self-consciousness and Self-Cultivation from 1781-Present, Deweyan Inquiry: from Educational Theory to Practice*가 있다. 최근에는 *Educational Theory, Studies in the Philosophy of Education* 등에 논문을 게재하였다.

8. Andrew Reid

University of Glagow에서 철학을 연구하고, University of Edinburgh에서 은퇴할 때까지 주로 교육철학을 가르쳤다. 교육철학 저널에 많은 글을 기고하였다. 연구 관심은 교육의 성격과 목적이다. 교육사상가이자 문화사상가로서 T. S. Elliott에 대한 그의 관심은 전통적인 교육관 혹은 교수-학습관을 비난하는 사람들로부터 그를 옹호하려는 것이다.

9. M. A. B. Degenhardt

London School of Economics에서 경제학을 공부하다가 철학이 더 가치 있는 연구 분야임을 (뒤늦게) 깨달았다. 교직과정을 이수한 후 여러 해 동안 남로디지아에서 역사를 가르쳤다. 영국으로 돌아와서 교직생활을 계속하다가 시간제 대학원생으로 Richard Peters 교수 곁에서 철학을 공부하기 시작했다. 1978년 University of Tasmania 교육학 교수로 임명되었다. 현재는 은퇴하여 사상사 서적을 읽는 일, 그리고 문화, 가치, 교육과정에 관한 글을 쓰는 일에 흥미를 느끼고 있다.

10. Richard Smith

University of Durham 교육학 교수. 예술과 사회과학의 공동학위 지도교수를 수년간 맡았다. *Ethics and Education*의 편집장 겸 *Journal of Philosophy of Education* 부편집장이다. 최근 저서로는 *The Therapy of Education* (Paul Smeyers & Paul Standish와 공저, Palgrave Macmillan, 2006)이 있다. 연구 관심은 교육철학, 사회과학 철학이다.

11. Cris Mayo

어바나-샴페인의 University of Illinois 젠더와 여성학 부교수. 저서로는 *Disputing the Subject of Sex: Sexuality and Public School Controversies* (Rowman and Littlefield, 2004, 2007)가 있다. 다수의 논문을 *Educational Theory, Philosophy of Education, Review of Research in Education, Educational Philosophy and Theory, Sexuality Research and Social Policy*에 기고하였다.

Barbara Stengel

Millersville University 교육기초, 철학, 여성학 교수. 페미니스트 시각과 젠더 분석을 교사교육, 지식, 교수-학습의 도덕적 차원, Dewey 연구, 교육에서 정서의 역할 등에 적용하였다.

12. Kevin Williams

Dublin City University의 Mater Dei Institute of Education 조교수. 아일랜드교육학회 회장을 역임했다. 최근 저서로는 *Education and the Voice of Michael Oakeshott* (2007), *Faith and the Nation: Religion, Culture and Schooling in Ireland* (2005), *Why Teach Foreign Languages in Schools? A Philosophical Response to Curriculum Policy* (2000) 등이 있다.

13. Robert Manery

Simon Fraser University 교육학부 교육과정이론과 프로그램 박사과정 중이다. 연구 관심은 교육철학, 해석학 이론, 도덕철학, 문학과 언어예술 교육이다. 시에 관한 책으로 *It's Not As If It Hasn't Been Said Before* (Tsunami Editions, 2001)를 출간하였다.

편저자 소개

Richard Bailey

교육과 스포츠에 관한 저술가 및 이론가. Canterbury, Roehampton, Birmingham 대학 등에서 교수를 역임했다. 연구 관심은 철학, 체육교육, 인간학이며 학습과 전문성 개발에 중점을 두고 있다. 저서로는 *Education in the Open Society: Karl Popper and Schooling* (Ashgate), 편저로는 *The Philosophy of Education: an Introduction* (Continuum)이 있다. 학교교육과 스포츠에 관한 많은 책을 저술, 편집하고 있다. 25권으로 된 컨티뉴엄 교육사상 시리즈의 편집 책임자다.

Robin Barrow

Simon Fraser University 교육철학 교수. 동 대학 교육대학장을 역임함(1992~2002). University of Leicester 교육철학 부교수였다. 영국교육철학회 부의장, 캐나다교육철학회 회장이었다. 철학, 교육학, 고전학 영역에서 25권의 책을 저술하였다. 최근 저서로는 *Plato* (Continuum), *An Introduction to Moral Philosophy and Moral Education*이 있다. 1996년에 캐나다왕립학회 회원이 되었다.

David Carr

University of Edinburgh 교육철학 교수. 저서로는 *Educating the Virtues* (1991), *Professionalism and Ethics in Teaching* (2000), *Making Sense of Education* (2003)이 있다. 편저로는 *Education, Knowledge and Truth* (1998, Jan Steutel과 공편), *Virtue Ethics and Moral Education* (1999), *Spirituality, Philosophy and Education* (2003, John Haldane과 공편) 등이 있다.

Christine McCarthy

University of Iowa 교육정책 및 지도성 학과 부교수. 과거의 관심 분야는 지식, 마음, 예술에 관한 듀이의 사상이었다. 최근의 관심 분야는 예술작업, 마음, 의식 간의 관계다.

역자 소개

이지헌

전남대학교 사범대학 교육학과 교수로 재직 중이다. 주로 교육목적론, 비판이론, 대학교육에 관심을 두고 연구하고 있으며 최근에 논문 「본래성과 대학교육」을 『教育哲學研究』에 게재하였다. 주요 저 · 역서로는 『교육학의 이해』(3판, 공저, 학지사, 2012), 『교육의 역사와 철학』(공저, 학이당, 2012), 『대학은 무엇으로 존재하는가』(역서, 학이당, 2011), 『가르침이란 무엇인가』(역서, 교육과학사, 2011), 『철학이 있는 교육, 교육을 찾는 철학』(역서, 학이당, 2010) 등이 있다.

교육철학 1 - 이론과 역사 -
The SAGE Handbook of Philosophy of Education

2013년 2월 25일 1판 1쇄 인쇄
2013년 2월 28일 1판 1쇄 발행

엮은이 • R. Bailey · R. Barrow · D. Carr · C. McCarthy
옮긴이 • 이지헌
펴낸이 • 김진환
펴낸곳 • (주) 학지사
121-837 서울특별시 마포구 서교동 352-29 마인드월드빌딩 5층
대표전화 • 02)330-5114 팩스 • 02)324-2345
등록번호 • 제313-2006-000265호

홈페이지 • http://www.hakjisa.co.kr
커뮤니티 • http://cafe.naver.com/hakjisa

ISBN 978-89-997-0095-8 94370
978-89-997-0094-1 (set)

정가 16,000원

역자와의 협약으로 인지는 생략합니다.
파본은 구입처에서 교환해 드립니다.